U0135453

国家社科基金
后期资助项目

GUOJIA SHEKE JIJIN HOUQI ZIZHU XIANGMU

稀见文献与宋元诗文辑考

Philological Research of Song-Yuan Poetry and Prose
cited on Rare Texts

赵　昱　著

上海古籍出版社

2020年度国家社会科学基金后期资助项目

（项目编号：20FZWB008）

国家社科基金后期资助项目
出版说明

后期资助项目是国家社科基金设立的一类重要项目,旨在鼓励广大社科研究者潜心治学,支持基础研究多出优秀成果。它是经过严格评审,从接近完成的科研成果中遴选立项的。为扩大后期资助项目的影响,更好地推动学术发展,促进成果转化,全国哲学社会科学工作办公室按照"统一设计、统一标识、统一版式、形成系列"的总体要求,组织出版国家社科基金后期资助项目成果。

全国哲学社会科学工作办公室

序

王　岚

　　赵昱本科、硕士、博士以及博士后都在北京大学中文系古典文献专业学习,是典型的"三好学生标兵"。他是我招收的第一位博士生,平素聪明沉稳,视野开阔,好学深思,勤于笔耕,博士论文做的是《北京大学李盛铎旧藏之和刻本经部文献研究》。他的许多篇论文在发表前后都曾送我过目,但是当他的第一部专著《稀见文献与宋元诗文辑考》呈现在面前时,我还是颇为惊喜的。翻阅三十七万多字的书稿,仿佛又看见他一步一个脚印踏踏实实进步成长的经历。

　　赵昱接触宋诗整理,是在硕士生阶段,以 2010 年给《全宋诗》失收的宋诗作者按照生活时代先后编次卡片为开端。后来他又选修了相关课程,动手整理新出宋诗小家稿,利用辑佚材料给《全宋诗》做纠谬补缺的工作,参与到"《全宋诗》补正"的项目中来。博士阶段,适逢"《全宋诗》失收诗人诗作及专卷汇编"作为教育部人文社会科学重点研究基地北京大学中国古文献研究中心重大项目于 2016 年 11 月立项,他便正式成为了项目组成员。

　　《全宋诗》是北京大学古文献研究所编纂的大型断代诗歌总集,从 1986 年立项,到 1998 年底,历时 13 年,由北京大学出版社出版全部 72 册。它一经问世,便受到普遍重视,被研究者广泛使用,成为宋代文学研究的基础资料。但是随着时间的推移,其中越来越多的重收、误收、漏收现象被使用者发现和指出,于是北京大学中国古文献研究中心从 2003 年开始,又着手进行《全宋诗》的补编、补正工作,至今已 20 年。

　　这些年来,参加"《全宋诗》补正"的学生近百数,难得的是赵昱从深有兴趣,到渐次融入。他在项目组做了很多看似琐碎的日常工作,写卡片、立档案、收稿、送审,除了自己整理宋诗小家、订补《全宋诗》有关册次、撰写考证札记,还替其他同学的补正稿以及特殊的外稿作查补增订。这些任务有的是老师布置的,还有很多是他自己发现主动去完成的。经过了宋诗整理各个环节的实践锻炼,赵昱打下了扎实的基础,并明确将宋诗整理当作自己的一个主要研究方向,特别是在宋元诗辑佚方面挖掘出很多宝贵的资料,发表了一系列的论文。

《全宋诗》收录有别集传世的作家诗作,在版本说明中会交代所选择的底本、参校本,但也有版本调查不够广泛、遗漏重要版本的情况。

《全宋诗》册34刘子翚诗以明正德七年(1512)刘泽刻本为底本,但赵昱发现上海图书馆藏《屏山文集》残本十卷与现存最早的明弘治十七年(1504)刻本以及其他明清本卷次内容都不相同,更接近早期刊本的面貌,保存了不见于他本的诗文28篇(首),可为《全宋诗》以及《全宋文》补缺。

刘壎为宋末元初人,《全宋诗》、《全元诗》两见。《全宋诗》册69仅将刘壎作为小家,收诗14首;《全元诗》发现了刘壎的文集《水云村泯稿》,以明天启元年(1621)刻本为底本,收诗332首。赵昱则进一步根据晚出的清道光十年(1830)刘斯嵋爱余堂重刻本《水云村吟稿笺注》十二卷,续辑刘壎佚诗239首,并校补异文阙文等,使得刘壎诗作更为全备,还探讨了此本所增笺注、考证、年谱部分的史料价值。

《全宋诗》册10郑獬诗是赵昱负责补正的,他发现《郧溪集》中有10余首他人作品误收在郑獬名下,以致造成与其他唐宋诗重出,便予以加按订补。

总集是《全宋诗》辑佚的主要来源,通代总集、断代总集都包括在内,但域外有关文献并没有涉及。2017年,赵昱参加"北京大学第一届古典学国际研讨会",受北京大学外国语学院琴知雅副教授《北京大学藏朝鲜版古文献的资料价值——以收录于〈朝鲜版汉籍善本萃编〉的集部文献为中心》一文的启发,进而调查收藏在北大图书馆古籍部的海内孤本——朝鲜孙肇瑞编《格斋赓韵唐贤诗宋贤诗》一册(明成化十五年,1479,当朝鲜成宗十一年,孙胤汉刊本)。他从版本形态推断此书在刊版之初就发生脱叶,分析其体例内容,校勘其重要异文,并辑录出作者可考者佚诗6首及无考者43首,充分挖掘出这部由中国古籍东传、再与朝鲜半岛文化相融合的汉文学产物的独特文献价值。

类书是宋诗辑佚的渊薮,《全宋诗》对影印出版的现存《永乐大典》、《诗渊》已加利用。2013年,中国国家图书馆新入藏一册由海外华人捐赠的《永乐大典》卷二二七二—二二七四"模"韵"湖"字"诗文",且与馆内旧藏的卷二二七〇—二二七一一册、二二七五—二二七六一册首尾相连,引起轰动。在当年举办的善本展览上,读者能隔着橱窗看到几页真品展示,赵昱敏锐地观察到仅仅首尾两页就透露出此卷有宝贵辑佚价值的迹象。等到该册全部影印出版,赵昱立即展开穷尽式查考,分别辑出该卷收录的宋人佚诗、元人佚诗、宋元佚文、宋元词佚作;同时结合历代目录书的著录,分析考辨部分唐人别集的早期版本面貌、已佚明人别集的情况;还兼及诗人生平、交游,作品系年的具体考证。其研究既及时又全面,可以填补诸多空白。

宋代诗僧数量颇众,《全宋诗》一开始也是从各种传世典籍当中搜集僧诗,后来关注到了禅僧语录这类特殊文献,但有遗漏。朱刚、陈珏《宋代禅僧诗辑考》据此做了大量补佚。赵昱在僧诗考证上花费了许多功夫,整理了不少僧诗小家,还根据禅师语录对释善昭、释克勤、释宗杲诗做了补正,尤其对新发现、新披露的诗文材料多有留心。江静《日藏宋元禅僧墨迹选编》出版后,赵昱翻阅书中所录宋僧墨迹,计有释道潜、释祖元等 32 家、105 则,涉及尺牍、印可状、法语、诗歌、偈颂、序跋、题额等,尤以尺牍、诗歌、偈颂为多,是《全宋诗》以及《宋代禅僧诗辑考》所未关注的。经过一番查考,又新得宋僧佚诗 10 余首。

在宋诗整理的具体过程中,赵昱对断代总集的编纂有了切身的体会,触类旁通,连带着对《全宋文》、《全元诗》、《全元文》的编纂方式、体例有了充分的了解,对这几部大书的内容特点有所把握,对它们存在的共同问题进行了思考和总结。由此提升到理论层面,真切认识到辑佚"是与古典文献的外部存在形式(语言文字、版本形态、目录著录)和内部考察形式(异文校勘、真伪考辨、编辑结构)都有十分密切的关联,是一项需要综合利用目录学、校勘学、版本学、辨伪学、编纂学知识和技能方可有效实现的工作"。辑佚既要求全,更要求真,不可等闲视之。

宋元诗文辑佚的范围,包括总集、别集、诗话、笔记、类书、方志、书画题跋和散存各地的石刻、拓片、手迹等,所以在做具体整理工作时,需要对各类文献进行查考利用。分配给赵昱处理的辑佚材料是和其他同学类似的、随机的,但赵昱能捕捉到疑难点,然后深入查考,锲而不舍,把它们作为具体的个案加以研究,全面发掘这些稀见文献的价值。起初是无心插柳,但是经过长期的积累,回望过去,我们看到赵昱的研究涉及别集、总集、类书、谱牒、禅宗文献,已经由点及面,聚沙成塔,成果可观,且独具特色。这部书稿是赵昱长期以来对宋元诗文辑佚的研究结晶,提出了新见解,发掘了新资料,有裨于《全宋诗》、《全宋文》、《全元诗》、《全元文》这些新编总集的纠谬补缺和进一步完善,同时也是他成长经历的真实写照,可资更年轻的一辈学习取法。

从青年时代跟随我的导师孙钦善先生以及傅璇琮、倪其心、陈新、许逸民各位主编先生整理编纂《全宋诗》,到现在我和许红霞、李更、陈晓兰等老师带领赵昱等历届学生进行"《全宋诗》补正",可谓任重而道远。有朝一日应该还会对《全宋诗》作全面修订,而希望就寄托在像赵昱这样的青年学者身上。这也是对"薪火相传"的最好诠释吧。

2022 年 2 月 20 日于北京

目　　录

绪　　言

一、学术史的回顾

中国古代的总集文献,按照《四库全书总目》的概括,分为两种类型: "一则网罗放佚,使零章残什,并有所归;一则删汰繁芜,使莠稗咸除,菁华毕出。"①前者即今所谓"全集",后者则为"选集"。尽管随着时间的推移,又有"宋真德秀《文章正宗》,始别出谈理一派,而总集遂判两途"的分野②,但以《文章正宗》为代表的南宋理学家所编诗文选本,较之《昭明文选》以来久已形成的编选传统,区别在于:文章范围方面,开始大量收录《左传》、《国语》等经史著作中的名篇;宗尚旨趣方面,在"综辑辞采"、"错比文华"(萧统《文选序》)的艺术审美性之外,更多地围绕"谈理",强调理学道义的正宗或正统,实与全集与选集的对立无涉。

编纂一代全集,今天一般认为,始于明人冯惟讷《古诗纪》和梅鼎祚《历代文纪》。前者 156 卷,分为前集 10 卷、正集 130 卷、外集 4 卷、别集 12 卷;后者包括《皇霸文纪》、《西汉文纪》、《东汉文纪》、《西晋文纪》、《宋文纪》、《南齐文纪》、《梁文纪》、《陈文纪》、《北齐文纪》、《后周文纪》、《隋文纪》、《释文纪》等十二种。这两部著作,一方面"钜细兼收,义取全备"③,力图网罗唐以前的全部诗文作品,另一方面也有不少粗疏错漏,四库馆臣已经做了充分的辨析和揭示④。

---

① （清）永瑢《四库全书总目》,北京:中华书局,1965 年,第 1685 页。
② （清）永瑢《四库全书总目》,第 1685 页。
③ （清）永瑢《四库全书总目》,第 1721 页。
④ 例如,《古诗纪》提要称该书"时代绵长,采撷繁富,其中真伪错杂,以及牴牾舛漏,所不能无"(《四库全书总目》,第 1716 页)。《西汉文纪》提要称"鼎祚《皇霸文纪》,真伪糅杂,颇有炫博之讥",《南齐文纪》"是集于酬答之文,参错附录。及误载前代册诰,与诸集略同,而体例尤为丛脞","矛盾者正复不少。徒以一代之文,兼收全备而存之耳"(第 1720、1721 页)。

真正以"全"为题的断代总集,正式出现在清代①。首先,最能体现清廷人才力量与文学主张的两部大型官修断代总集成果——《全唐诗》《全唐文》相继问世。康熙四十四年(1705)三月至四十五年(1706)十月,彭定求等人遵照康熙皇帝旨意,以明人胡震亨《唐音统籤》1333 卷和清初季振宜《唐诗》717 卷为蓝本,"旁采残碑断碣、稗史杂书之所载,补苴所遗"②,仅用一年半的时间编成《全唐诗》900 卷,收录唐五代 2 200 多位作者的将近五万首诗,"相当完备地搜罗了唐代三百年间无论成集的或零星的篇章单句的诗歌,使我们较能概见唐诗的全貌"③。嘉庆十三年(1808),作为清代官方整理唐五代集部文献的延续,嘉庆皇帝有感于内府旧藏陈邦彦《唐文》"体例未协,选择不精",诏令董诰等人另外再"从《四库全书》及《永乐大典》、《古文苑》、《文苑英华》、《唐文粹》诸书内搜罗采取,普行甄录"④,重辑《全唐文》,彰显文治。然而由于嘉庆十八年九月天理教事变的发生,《全唐文》于次年二月便告成,编修宗旨也从最初的采辑全备向着实际的防流弊、正人心发生了微妙的变化⑤。全书 1 000 卷,收录唐五代作者 3 000 余人、文章 20 000 余篇,荦荦大观,亦为后世辑校整理唐人别集奠定了重要的文献基础。其次,康熙年间,郭元钎在元好问《中州集》10 卷的基础上,增补为《全金诗》74 卷,故又题《全金诗增补中州集》;康熙五十年(1711),更经由皇帝作序之后刊行,故又题《御定全金诗》。全书收录 358 位金代诗人的 5 544 首诗作,较之《中州集》,"所增之人,视旧加倍,所增之诗,视旧三倍。……金源一代之歌咏,彬彬乎备矣"⑥,金代诗歌文献的系统性整理实发轫于此。再次,就在《全唐文》开馆纂修之稍后,严可均以未能参与其事为憾,决定发愤独立编纂一部唐以前文的总集,即《全上古三代秦汉三国六朝文》。全书 746 卷,细分为《全上古三代文》16 卷、《全秦文》1 卷、《全汉文》63 卷、《全后汉文》106 卷、《全三国文》75 卷、《全晋文》167 卷、《全宋文》64 卷、《全齐文》26 卷、《全梁文》74 卷、《全陈

---

① 陈尚君《断代文学全集编纂的回顾与展望》提到:"胡氏同时人茅元仪所编的《全唐诗》1 200 卷,可能是最早以'全'字领摄一代作品的著作,可惜在战乱中失亡,仅有《凡例》存于其文集中,可略知其编例。"见《汉唐文学与文献论考》,上海:上海古籍出版社,2008 年,第 18 页。

② (清)永瑢《四库全书总目》,第 1725 页。

③ (清)彭定求等编《全唐诗·点校说明》,北京:中华书局,1960 年,第 1 册,第 1 页。

④ (清)董诰等编《全唐文》卷首《御制全唐文序》,北京:中华书局,1983 年,第 1 页。

⑤ 关于《全唐文》编纂的背景,特别是其间发生的政教事件对于成书的具体影响,参见夏婧《清编全唐文研究》第一章《〈钦定全唐文〉编纂考》第一节《〈钦定全唐文〉重辑缘起》,上海:上海古籍出版社,2019 年,第 11—13 页。

⑥ (清)永瑢《四库全书总目》,第 1725 页。

文》18卷、《全后魏文》60卷、《全北齐文》10卷、《全后周文》24卷、《全隋文》36卷、《先唐文》1卷、《韵编全文姓名》5卷等,收录唐代之前的作者约3 500人①。受到乾嘉考据学严谨学风的影响,严可均在编纂过程中,不仅广搜博采,力求辑录全备,而且翔实注明篇章的出处和卷数,便于核校,这是该书远胜官修《全唐诗》《全唐文》之处。

晚清以降,词集丛刻蔚然成风,王鹏运《四印斋所刻词》《四印斋汇刻宋元三十一家词》、朱祖谋《彊村丛书》、江标《灵鹣阁刻宋元名家词》、吴昌绶《双照楼景刊宋元本词》、赵万里《校辑宋金元人词》迭出继起,成为宋元词集集大成式董理之先声。随着词体渐尊的地位提升和词籍编刻的成果积累这两方面合力作用,断代词总集的出现也是顺理成章。正如20世纪30年代唐圭璋先生谈及《全宋词》辑编缘起时所称:"昔理堂焦氏尝谓一时代有一时代之所胜,唐诗、宋词、元曲其最著者。顾唐诗已有《全唐诗》之辑,而词曲则阙如也。自昔重诗,故历久不佚,若词曲后起,尊视者少,故日就湮没,四库馆臣当《永乐大典》犹存之际,锐意辑书而不措意及词曲,是诚一大憾事也。方今学术渐明,词曲一道,始与诗体同尊,词籍之发现亦日富一日,不于此时搜讨亡逸,则古人所存于天壤间者亦仅矣。即就词一端而论,自来无总集之刻,今传之《乐府雅词》、《花庵词选》、《阳春白雪》、《绝妙好词》、《草堂诗余》、《花草粹编》、《词统》、《词综》、《词律》、《历代诗余》、《钦定词谱》、《词综补遗》诸书皆选集也;而宋世所传之长沙刻本、临安刻本、闽中刻本,下逮毛、侯、秦、王、江、吴、朱、陶诸氏所刻,皆专集也。选集严去取,专集限多寡,俱不足以窥其全也。近日海宁赵斐云复于诸丛集外,辑得宋词五十六家,考校精审,突过前贤,增补遗佚,创获尤多,然未尝人尽网罗,犹是丛书性质也。昔者吾友江都任中敏,尝拟与予分四步合编《全宋词》:一、综合诸家所刻;二、搜求宋集附词;三、汇列选集;四、增补遗佚。惜中敏嗣后矢志教育,遂寝斯议。今余不揣谫陋,一依其四步为之,并旁采笔记小说、金石方志、书画题跋、花木谱录、应酬翰墨及《永乐大典》,统汇为一编,钩沉表微,以存一代之文献。计所辑词人已逾千家,篇章已逾两万,以自昔视为卑卑小道

---

① （清）严可均《全上古三代秦汉三国六朝文总叙》:"嘉庆十三年,开《全唐文》馆。不才越在草茅,无能为役,慨然曰:'唐之文盛矣哉!唐已前要当有总集。斯事体大,是不才之责也。'其秋,始草创之。广搜三分书,与夫收藏家秘笈金石文字,远而九译,旁及释道鬼神。起上古迄隋,鸿裁钜制,片语单辞,罔弗综录。省并复叠,联类畸零。作者三千四百九十七人,分代编次为十五集,合七百四十六卷。肆力九年,草创粗定。又肆力十八年,拾遗补阙,抽换之,整齐之,画一之。已,于事而竣。挚五厄之散亡,扬万古之天声。唐已前文,咸萃于此,可缮写。乌程严可均。"北京:中华书局,1958年,第1册,第2页。

之词,今亦足抵《全唐诗》之半,可快意也。……"①于是《全宋词》初稿在1940 年由商务印书馆在长沙印行,唐诗、宋词这两种各自朝代的代表性文体,至此皆诞生了一代全集。

从清代的《全唐诗》《全金诗》《全唐文》《全上古三代秦汉三国六朝文》而至民国时的《全宋词》,它们的编次体例无一不是按照帝后、宗室在前,一般的文人士大夫次之,闺媛、释道、神鬼等又次之的顺序,反映了封建社会的等级观念。新中国成立后,唐圭璋先生在 60 年代重新增补改编《全宋词》,不再依循帝王、宗室、诸家、释道、女流、无名氏等分类,一律以作者时代先后为序,这是断代总集编排上的显著进步。20 世纪 90 年代以来渐次出版的《全宋文》《全宋诗》《全元文》《全元诗》《全明文》《全明诗》等,也都遵从了这一形式(各书唯一的例外,在于《全宋文》《全宋诗》以宋太祖赵匡胤居首,《全元文》以元太祖成吉思汗居首,《全明文》《全明诗》以明太祖朱元璋居首,因为他们都是一个朝代开端的标志),以期纵向地呈现一代诗歌或文章的发展变迁风貌。

对于一代全集而言,求"全"既是一个现实的目标,又是一种理想的期待。现实的目标,要求编纂者广搜遍采各种类型的文献,努力做到不遗不漏,这就对辑佚工作的范围、程序以及参与人员的学术态度、水平均提出了更高的要求。而理想的期待,又意味着有所遗漏势必难免。例如,《全唐诗》之后,日本学者市河世宁(宽斋)就有《全唐诗逸》三卷,20 世纪又有《全唐诗外编》(包括王重民《补全唐诗》《敦煌唐人诗集残卷》、孙望《全唐诗补遗》、童养年《全唐诗续补遗》四种)和陈尚君《全唐诗补编》,进入 21 世纪还有周勋初、傅璇琮、郁贤皓、吴企明、佟培基主编《全唐五代诗》(初、盛唐部分)。《全唐文》之后,先有晚清陆心源《唐文拾遗》72 卷、《唐文续拾》16 卷,近有吴钢主编《全唐文补遗》(共十辑)和陈尚君《全唐文补编》。《全金诗》虽然"第一次给予金诗积极评价","将金诗提升到一代人文之作的高度",但"收录范围缺少广度与深度"②,存在着诸如《永乐大典》《诗渊》等明代大型类书保存的金人诗作,未见检索;王寂《拙轩集》及《辽东行部志》《鸭江行部志》所载诗篇,未予辑录;《道藏》所收金代全真家诗集,亦未抄出。至于方志、石刻中的金人诗篇,虽有攟拾,而遗逸甚多,离'全'尚远"等明显问题③;金诗整理的最新成果,当属薛瑞兆《新编全金诗》,计收诗家 600 余

---

① 唐圭璋《辑印〈全宋词〉缘起》,王婵、曹辛华整理《唐圭璋文集》,郑州:河南文艺出版社,2016 年,第 223 页。
② 薛瑞兆《金代文学文献研究的成就及不足》,《学术研究》2005 年第 3 期,第 130 页。
③ 薛瑞兆《新编全金诗·前言》,北京:中华书局,2021 年,第 1 册,第 43—44 页。

人、诗作 12 000 余首,又倍于前。而在严可均生活的时代,他不可能大量见到域外佚存文献和新出土金文铭刻,这就为清末杨守敬根据日本所获《文馆词林》、《文镜秘府论》和朝鲜所获《东古文存》、刘心源根据《奇觚室吉金文述》补充《全上古三代秦汉三国六朝文》提供了可能①。同样地,孔凡礼先生《全宋词补辑》,也主要是根据明抄本《诗渊》,辑补了 140 余位宋人的 430 多首词作。

综上所述,已知的存世文献数量巨大、种类丰富,同时伴随海内外古籍调查、影印的深入推进,新的稀见典籍不断被披露,这就决定了任何一部断代总集永远都无法真正实现绝对的全备。不但历史上的成果如此,当代的大型全集整理工程亦然。

二、当代宋元诗文辑佚的集大成——《全宋诗》、《全宋文》、《全元诗》、《全元文》谫论

1981 年,陈云同志发表《整理古籍是继承祖国文化遗产的一项重要任务》的讲话,关涉古籍整理的人才培养、组织规划、成果形式等多项内容,对新时期的古籍整理与研究工作做出了指导性部署。自 20 世纪 80 年代开始,一代全集的编纂进入了崭新的历史阶段。具体就宋元诗文的四部断代总集言之:《全宋诗》于 1986 年立项启动,1998 年作为北京大学百年校庆的献礼,由北京大学出版社出版,共计 72 册,收录 9 079 位诗人的 247 183 首诗作②;《全宋文》于 1986 年立项启动,2006 年由上海辞书出版社、安徽教育出版社联合出版,共计 360 册,收录 9 176 位作家的 178 292 篇文章③;《全元文》于 1990 年立项启动,1998 年至 2004 年陆续由江苏古籍出版社、凤凰出版社出版,共计 60 册、索引 1 册,收录 3 200 余位作家的 35 000 多篇文章④。以上三书,同属全国高等院校古籍整理研究工作委员会的重点项目(与《全唐五代诗》、《全元戏曲》、《全明诗》、《全明文》、《清文海》合称"七全一海"),在编纂期间能够做到互通有无、合

---

① 金开诚、葛兆光《古诗文要籍叙录》,北京:中华书局,2005 年,第 155 页。

② 漆永祥《简论〈全宋诗〉的编纂特色与学术价值》,《古籍整理出版情况简报》2000 年第 5 期(总 351 期),第 8 页。

③ 刘琳《从〈全宋文〉的"全"看其学术价值》,《宋代文化研究》(第 17 辑),成都:四川大学出版社,2009 年,第 1 页。

④ 陈开林《〈全元文〉补正》,潘美月、杜洁祥主编《古典文献研究辑刊》(第 27 编),新北:花木兰文化事业有限公司,2018 年,第 3 页。

力协作、彼此照应①。《全元诗》于 1985 年由孙楷第先生倡议，2002 年立项，2013 年由中华书局出版，共计 68 册，收录 5 000 余位诗人的 132 000 首诗作②。至此，宋、元两朝的诗歌、文章，基本都经过了标点、校勘、辑佚、考证，公元 10—14 世纪之间的思想、历史、文学、文化、社会、民俗研究也都具备了最基础的资料。

那么，如何衡量这些断代诗文全集的学术质量呢？陈尚君先生《断代文学全集编纂的回顾与展望》提出了八条标准：（一）搜辑全备；（二）注明出处；（三）讲求用书及版本；（四）录文准确，备录异文；（五）甄别真伪互见之作；（六）限定收录范围；（七）作者小传及作品考按；（八）编次有序；其后分别举例加以说明。例如，搜辑全备方面，"《全宋诗》因涉书过于繁难，方志仅以《宋诗纪事》等书已用者为限，于佛道书亦未充分利用，故缺漏尤多；而全书之末无小说志怪所收诗、无名氏诗及歌谣谶谚等类，则似因另拟编副编之故。上述诸端，可补数量较大"。甄别真伪互见之作方面，"《全宋词》最为妥善。……《全宋诗》继承了《全宋词》的善例，但似未贯穿始终"。编次有序方面，"《全宋文》大体沿《文选》以来的文体排列先后，分体而不循原集③。于此我似更赞同《全宋诗》的做法，凡以别集为底本整理的部分，一律保存别集原编的先后次第。这一做法的最大优点，是最大程度地保存原集先后排列所包含的作品间丰富信息，如北宋诸集中诗，分古近体后大致保存了作品先后写作的次第，对学者考定作品系年和写作动机，是极重要的线

---

① 《全宋诗》与《全宋文》分别收录有宋一代的诗歌和文章，编纂之初都是先从目录、版本方面入手。在资料调查的过程中，北京大学古文献研究所负责收集东部各省图书馆的宋人别集目录卡片，四川大学古籍整理研究所负责收集西部各省图书馆的宋人别集目录卡片，最后汇为一编，即《现存宋人别集版本目录》。曾枣庄《得门而入，事半功倍——现存宋人别集版本目录序》，见沈治宏《现存宋人别集版本目录》，成都：巴蜀书社，1990 年，第 1 页。《全宋文》与《全元文》所涉朝代前后接续，对于宋元易代之际的人物作品，"应《全元文》编辑部之请，《全宋文》删去宋、元之交部分作家，以编入《全元文》"，避免大量重复，因此《全宋文》未收之集，并非失收。祝尚书《宋人别集叙录》（增订本），北京：中华书局，2020 年，第 1479 页。然据笔者管见，其实偶有照应不周的遗漏，像陈仁子《牧莱脞语》20 卷、《牧莱脞语二稿》8 卷，《全宋文》与《全元文》悉未收。
② 杨镰主编《全元诗·前言》，北京：中华书局，2013 年，第 1 册，第 3 页。
③ 据《全宋文·编纂凡例》："每一作者之文，按以下文体类别及次第编排而不标文体名称：（一）辞赋；（二）诏令；（三）奏议；（四）公牍；（五）书启；（六）赠序；（七）序跋；（八）论说；（九）杂记；（十）箴铭；（十一）颂赞；（十二）传状；（十三）碑志；（十四）哀祭；（十五）祈谢；（十六）其他。"曾枣庄、刘琳主编《全宋文》，上海：上海辞书出版社、合肥：安徽教育出版社，2006 年，第 1 册，第 14 页。后来《全元文·凡例》仍之，见李修生主编《全元文》，南京：江苏古籍出版社，1998 年，第 1 册，第 2 页。这 16 类文体的归并及排序依据，大体参照了清代姚鼐《古文辞类纂》的文体分类而又有调整，说详曾枣庄《论〈全宋文〉的文体分类及其编序》，《全宋文》，第 360 册，第 240—275 页。

索。至于从群书中零散辑得的作品,可按体编排,也可按出处先后排列,循一即可"①。这篇文章最初提交于 2001 年 1 月香港大学中文系主办的 21 世纪中国学术回顾与前瞻研讨会,彼时《全宋文》、《全元文》尚未全部出版,《全元诗》尚未正式立项,所以多以《全宋诗》为例展开比较论述。而当我们今天直观地面对《全宋诗》、《全宋文》、《全元诗》、《全元文》这四部巨著,见证它们正在成为文史研究者赖以取材的资料宝库、并必将推动宋元文史研究的持续繁荣之时,更应当首先对参与其中的编纂者们表示充分的尊重与高度的礼敬。

当然,与一代全集的历史成果——《全唐诗》、《全金诗》、《全唐文》、《全上古三代秦汉三国六朝文》等相较,《全宋诗》、《全宋文》、《全元诗》、《全元文》也都不可避免地存在着这两个显著的通弊:误收和漏辑。

所谓误收,是指文献流传过程中,出于各种原因而将某一作品系于他人名下的现象。实际的作者与误题的作者,既有可能是同时代的人,也有可能是不同时代、甚至相隔数百年的人。朱腾云《〈全宋诗〉重出误收研究》第三章《〈全宋诗〉重出误收的时代情况》分"误收前代诗"、"误收同代诗"、"误收后代诗"三节,列举大量例证,分析辨明《全宋诗》误收汉、晋、南北朝、隋、唐、五代、辽、金、元、明等朝诗作和宋人宋诗之间张冠李戴的各种现象②。陈开林《〈全元文〉补正》第一章《〈全元文〉作家重收误收考》也详细考证了钟世美、王洪等 35 人,或非元代作家,或误署书丹、篆额之人为撰者(如第 5 例何秋崖《大盘龙庵大觉禅师宝云塔铭》,作者当为释庆源)③。《全宋文》和《全元诗》虽然尚无专著具体梳理误收情况,但是不乏单篇论文零散讨论④。

所谓漏辑,是指作品的失收现象。前文已述,基于传世文献数量众多、类型丰富、藏所分散的现状,稀见典籍层出不穷,新世纪以来更有蔚为大观之势,所以任何一部断代总集永远都无法真正实现绝对的全备,求全只能是

---

① 陈尚君《断代文学全集编纂的回顾与展望》,见《汉唐文学与文献论考》,第 25—31 页。
② 朱腾云《〈全宋诗〉重出误收研究》,北京:中国社会科学出版社,2017 年,第 126—197 页。
③ 陈开林《〈全元文〉补正》,第 25—39 页。
④ 例如,丁喜霞《〈全宋文〉误收同姓名唐人文举正》(《民俗典籍文字研究》第 13 辑,北京:商务印书馆,2014 年)、陈亮亮《〈全宋文〉重收、误收文章八篇作者辨正》(《华中学术》2018 年第 4 期)、王彬《〈全宋文〉误收唐人赋举正》(《江海学刊》2020 年第 1 期)、邓富华《〈全元诗〉补遗与辨误》(《古籍整理研究学刊》2015 年第 2 期)、石勖言《〈全元诗〉误收诗人考》(《古典文献研究》(第 18 辑上卷),南京:凤凰出版社,2015 年)、韩震军《〈全元诗〉误收唐宋人诗辨正(一)(二)》(《江海学刊》2019 年第 2、3 期)和《〈全元诗〉误收唐宋人诗斟考》(《华中学术》2021 年第 1 期),等等。

一种努力为之的奋斗目标。《全宋诗》编纂时就已经形成正编、补编两步走的计划,正编即现已出版的 72 册,补编"计划在正编基本完稿后进行"、"辑集范围主要是上述正编已及之外的明、清时期的各类书籍,以及书画题跋和散存各地的石刻、拓片、手迹、抄本等等"①。其后则有——陈新、张如安等《全宋诗订补》②,既对诗人小传、诗歌正文用字、诗作重出误收等进行订正,又辑补了不少佚诗;张如安《〈全宋诗〉订补稿》③,系编者独力调查 150 余种地方志及部分佛道二藏所收录的诗文文献之后完成逾百万字成稿的一小部分,只涉及《全宋诗》前 10 册;朱刚、陈珏《宋代禅僧诗辑考》④,在《全宋诗》的基础上,针对宋代禅僧诗作展开全面搜辑,亦可视作《全宋诗》的一个补编;汤华泉《全宋诗辑补》⑤,同样是编者以个人之力,历经十余年为《全宋诗》补得佚诗近 22 000 首、残诗零句 3 600 余则,其中《全宋诗》已收诗人 1 200 余家、未收诗人 1 500 余家⑥,辑佚范围涵盖了安徽地方文献、古代金石著作、《四库全书》(包括《四库全书存目丛书》、《续修四库全书》)、佛道二藏等;杨玉锋《〈全宋诗〉补遗与宋代文学研究》⑦,立足于《全宋诗》既有补遗成果,分别探讨地方志、书法文献、《永乐大典》等载录宋诗的价值、局限、讹误及其原因,并总结这些成果在考察宋人生平行迹和诗学思想方面的意义,最后还做了《全宋诗》补遗 80 首和《全宋诗辑补》指瑕 74 则的具体考辨,末附《〈全宋诗〉补遗相关论著编目》。上述著作之外,散见于各种刊物中的《全宋诗》订补论文(有些文章只就《全宋诗》已收诗作,或订正讹误,或校勘异文,或提供更早出处,与新补佚诗无涉,这里笼统言之,不再做更详细区分),更达将近 800 篇之多,兹不赘述⑧。《全宋文》辑补的文献来源,主要

① 北京大学古文献研究所编《全宋诗·编纂说明》,北京:北京大学出版社,1998 年,第 1 册,第 9 页。
② 陈新、张如安、叶石健、吴宗海等《全宋诗订补》,郑州:大象出版社,2005 年。
③ 张如安《〈全宋诗〉订补稿》,北京:群言出版社,2005 年。
④ 朱刚、陈珏《宋代禅僧诗辑考》,上海:复旦大学出版社,2012 年。
⑤ 汤华泉《全宋诗辑补》,合肥:黄山书社,2016 年。
⑥ 汤华泉《全宋诗辑补·后记》,第 12 册,第 6134 页。
⑦ 杨玉锋《〈全宋诗〉补遗与宋代文学研究》,杭州:浙江工商大学出版社,2020 年。
⑧ 杨玉锋《〈全宋诗〉补遗与宋代文学研究》第九章《〈全宋诗〉补遗相关论著编目》收录论文 230 篇(最后一篇《〈全宋诗〉补遗 356 首(含散句)》,实为张振谦《道教文化与宋代诗歌》的附录二),另有张如安《〈全宋诗〉订补稿》、陈新《全宋诗订补》和朱刚、陈珏《宋代禅僧诗辑考》三种著作。2003 年,"《全宋诗》补正"项目启动,迄今为止,已经搜集订补论文 700 余篇,但仍不可能完全穷尽。

是宋代别集和总集①、见于典籍首末和辑录体目录中的宋人序跋②、地方志和家族宗谱③、石刻碑铭④等，尤其以石刻碑铭为大宗，这与 20 世纪以来宋

---

① 张淘、金程宇《〈全宋文〉补遗（上）——以〈蟠室老人文集〉为中心》（《古典文献研究》（第 11 辑），南京：凤凰出版社，2008 年），周小山《宋人丘濬生平、著述考——兼补〈全宋诗〉、〈全宋文〉》（《中国典籍与文化》2012 年第 3 期），罗昌繁《〈西塘先生文集〉版本源流考述——兼补〈全宋文〉二篇》（《文艺评论》2013 年第 4 期），刘瑶《〈全宋文〉奏议类文章辑补八篇》（《宋史研究论丛》（第 28 辑），北京：科学出版社，2021 年），等等。此外，金程宇《稀见唐宋文献丛考》一书中的《日藏〈李元宾文集〉略记》《佚存东瀛的方岳诗文集及其价值》《静嘉堂文库所藏〈文章善戏〉及其价值》《〈凤墅帖〉与宋代文学辑佚》《美国所藏宋人墨迹脞录》《新见苏洵佚文七篇辑存》《曾巩佚作辨证、补遗及其来源考述》等篇，也辑录了不少《全宋文》失收的作品，北京：中华书局，2009 年。

② 陈开林《〈全宋文〉佚文辑补九篇》（与魏欣合作，《淮南师范学院学报》2015 年第 5 期）、《〈全宋文〉补遗十一篇》（《唐山学院学报》2016 年第 1 期）、《〈全宋文〉辑佚补阙十四篇——基于〈抱经楼藏书志〉集部的考察》（《忻州师范学院学报》2017 年第 3 期），梅华《〈全宋文〉所收文集序跋补遗七则》（《古籍整理研究学刊》2017 年第 3 期）、《〈全宋文〉所收文集序跋文补遗八则》（《古籍整理研究学刊》2018 年第 5 期），夏令伟《〈全宋文〉〈全元文〉补遗》（《江苏大学学报（社会科学版）》2017 年第 5 期），金建锋《〈全宋文〉所收佛典序跋文补遗八则》（《内江师范学院学报》2020 年第 7 期），等等。

③ 王可喜《王韶〈平戎策〉中处理民族关系的原则及借鉴意义——兼补辑〈全宋文〉中的王韶文》（《青海民族研究》2005 年第 2 期），郑利锋《〈全宋文〉补遗》（《中州学刊》2013 年第 9 期、2015 年第 4 期、2018 年第 6 期），李成晴《〈全宋文〉补遗 15 则》（《集美大学学报（哲学社会科学版）》2014 年第 4 期）、《〈全宋文〉补辑五篇》（《内江师范学院学报》2015 年第 1 期），李伟国《〈（嘉靖）湖广图经志书〉所录〈全宋文〉未收文考》（《历史文献研究》总第 34 辑，上海：华东师范大学出版社，2014 年），吕冠男《〈全宋文〉佚文八篇辑补》（《常熟理工学院学报（哲学社会科学）》2017 年第 3 期）、《〈全宋文〉补辑四篇》（《商丘师范学院学报》2017 年第 4 期），胡晓《〈全宋文〉补目四十二篇》（《重庆第二师范学院学报》2018 年第 2 期），郑斌《〈全宋文〉补遗》（《钦州学院学报》2018 年第 4 期），高印宝《〈全宋文〉补遗 13 篇》（《古籍整理研究学刊》2020 年第 2 期），王建勇《〈全宋文〉补遗七则——以明清家谱为中心》（《新国学》（第 19 卷），成都：四川大学出版社，2020 年）、《〈全宋文〉补遗四篇——兼考被遮蔽的王巩裔孙》（《宋史研究论丛》（第 27 辑），北京：科学出版社，2020 年），刘永海《〈全宋文〉补目 61 篇》（《历史文献研究》（总第 45 辑），扬州：广陵书社，2020 年），李思萌、王政《〈全宋文〉补遗四则》（《古籍整理研究学刊》2021 年第 4 期），等等。

④ 罗昌繁《〈全宋文〉补遗五篇》（《华中学术》（第 5 辑），武汉：华中师范大学出版社，2012 年）、《〈全宋文〉所收碑志文补遗五篇》（与尚永亮合作，《长江学术》2012 年第 4 期）、《〈全宋文〉所收碑志文补遗七篇》（《古籍整理研究学刊》2012 年第 6 期）、《〈全宋文〉补遗六篇》（《渭南师范学院学报》2013 年第 3 期）、《新见宋人碑志辑考汇评——〈全宋文〉补目五十七篇》（《文献》2016 年第 1 期），郑栋辉《〈全宋文〉所收碑志文补遗六篇》（《古籍整理研究学刊》2016 年第 5 期），赵一《新见石刻文献补〈全宋文〉十则》（《长治学院学报》2018 年第 6 期），赵逵夫《补作者不见于〈全宋文〉之北宋佚文七篇》《补作者见于〈全宋文〉之北宋佚文四篇》《补〈全宋文〉南宋佚文五篇（作者佚名）》《补作者不见于〈全宋文〉之南宋佚文四篇——隆兴和议前之作》（以上与赵祥延合作，依次刊于《文学与文化》2018 年第 3 期、《内江师范学院学报》2018 年第 11 期、《古籍整理研究学刊》2019 年第 2 期、《宁夏师范学院学报》2019 年第 6 期）、《补作者不见于〈全宋文〉之南宋佚文十二篇——隆兴和议后至开禧北伐间之作》（与赵玉龙合作，《黄河科技大学学报》2018 年第 5 期），刘亚龙《新见宋代墓志辑考汇评——〈全宋文〉补目三十篇》（《洛阳考古》2019 年第 2 期），等等。

人碑志墓铭的大量出土、集成刊布关系最为直接。这些重见天日的宋人碑志墓铭，数量当有千种以上，兼具历史学、文学、语言学、书法艺术学价值①，尚待更加系统的整理和深入的研究。迄今为止，关于宋文的补遗成果，首推李伟国《宋文遗录》②，编者积十数年之功，从宋人文集各种版本、宋代重要史书（如朱熹《五朝名臣言行录》、《三朝名臣言行录》）、宋代以降稀见地方志、以黄庭坚和米芾为代表的宋人法帖、新见宋人书简和公牍（如《宋人佚简》、《武义南宋徐谓礼文书》）、新出土宋代墓志石刻等类型文献中辑录宋人文章近 3 000 篇、约 260 万字，真正实现了宋文增补从数百篇论文提供诸多线索向有系统地辑佚、录文、标点、编排成帙的整理飞跃。而随着各类新材料的持续发现，仍有一大批宋文正在整理或即将整理，《宋文遗录》在未来也会再出版二编、三编，以利学界更方便地开展研究③。《全元文》的失收篇目，仅据陈开林《〈全元文〉补正》第五章《〈全元文〉佚文辑校》所列"《全元文》已收 161 位作家佚文 313 篇"、"《全元文》失收 242 位作家佚文 320 篇"和附录一《〈全元文〉学界辑佚成果汇编》、附录二《元人别集所收〈全元文〉佚文篇目汇编》的统计，当不少于 2 500 篇④，而且现在仍有新的成果不断发表。《全元诗》出版至今，辑补论文已有大约 30 篇，辑佚的文献出处以地方总集与方志文献（包括山水志、山寺志、宫观志等）为最多。

由此可见，每一种大型断代总集的出版问世，都必然会在学术界引起高度关注，形成热烈效应，带动一系列的讨论成果；也正赖这种"众人拾柴火焰高"式的积极参与，一代全集才能向着全备的目标日臻完善。

三、本书的主要内容

本书题为"稀见文献与宋元诗文辑考"，主要着眼于不同类型的文献——别集、总集、类书、谱牒、禅僧语录、书画墨迹等——在保存宋元诗文方面的各自独特价值，最后又通过具体个案，考察清代四库馆臣根据《永乐大典》等典籍重新辑编宋人别集以及今人在利用晚出的明清文献从事辑补和考辨的过程中发生的有意或无心之误，对宋人诗作的重出问题加以检讨。

为了更好地编纂宋元断代诗文总集，《全宋诗》、《全宋文》、《全元诗》、

---

① 何新所《新出北宋石刻碑志文献刍论》，《新宋学》（第 6 辑），上海：复旦大学出版社，2017年。该文又以前言形式收入其所编《新出宋代墓志碑刻辑录》（北宋卷），北京：文物出版社，2019 年。

② 李伟国《宋文遗录》，上海：上海书店出版社，2022 年。

③ 李伟国《宋文遗录·前言》，第 1 册，第 1—18 页。

④ 陈开林《〈全元文〉补正》，第 533—983 页。

《全元文》的编委们首先对现存宋元别集做了尽可能全面、细致的普查工作，并编制了相关的版本目录类工具书（如《现存宋人别集版本目录》、《国内所藏元人文集版本目录》①）。但是有些版本的信息判断有误，有些版本实未利用，留下了遗憾。前者如上海图书馆藏刘子翚《屏山文集》残本，并非"明弘治十七年刻本"，《现存宋人别集版本目录》、《中国古籍总目·集部》著录有误，从中更可辑出不见于他本的佚诗 6 首、佚文 28 篇；后者如清道光十年刘壎裔孙刘斯嵋爱余堂重刻本《水云村吟稿笺注》12 卷，时代虽晚，却收录刘壎诗作数量最多，只是《全宋诗》、《全元诗》都未充分关注。

历代总集文献，无论精选还是求全，都最直接地承载着编者的旨趣和意图，并且起到了保存作家作品的客观作用。宋人分类编选唐宋诗歌总集，或于北宋中后期就已付诸实践，体现了他们对于本朝诗歌的推崇，甚至"有一种自我经典化的意味"②。部分选本后来流传至古代的朝鲜和日本，又经过彼邦文人的注释、评论、删略、次韵，成为颇富文学文化意涵的珍贵佚存文献。《格斋赓韵唐宋贤诗》就是这样的范例——不仅较多保留了北宋诗人诗作的早期文字面貌，并有 49 首宋佚诗可资辑补，而且真实传递了朝鲜文人次韵发生的历史背景和个人心境，让一部文本的生命活力在域外受容的历史进程中得到了延续和彰显。有清一朝，受到区域认同观念逐渐强化和文献保存意识自觉提升的双重合力，在与地方志修纂更成系列、规模的交相辉映下，地方诗文总集的编选风气也更加炽盛，它们对于保存区域文学资源、构建区域文学图景无疑起到了积极的作用。特别是江南地区经济发达、人文荟萃，几乎省、府、县皆各有总集，"于部居州次之中，寓论世知人之义"③。但是这类文献时代既近，数量又夥，涉及的诗文作者往往名不见经传，因而过去多被忽视。现在集成式的文献影印方兴未艾，大量地方诗文总集汇编出版，许多文人的小传和作品得以更容易地获知，同样为辑佚的开展带来了材料上的便利。例如，收录于《历代地方诗文总集汇编》④的《方城遗献》、《彭姥诗蒐》二书，保存《全宋诗》失收宋人诗作 39 首，相关记载又可与其他史料的内容互为印证，对于断代全集整理和区域文学研究均有裨益。

---

① 据《全元文·前言》："北京师范大学古籍所于 1988 年 10 月，开始编纂《国内所藏元人文集版本目录》，对国内元人文集的收藏情况，进行了普查。1990 年 10 月，在完成该项目初稿的基础上，提出《全元文》编纂的设想。"第 1 册，第 2 页。《国内所藏元人文集版本目录》，今未见出版。

② 卞东波《宋代诗话与诗学文献研究》，北京：中华书局，2013 年，第 305 页。

③ （清）永瑢《四库全书总目》卷一九〇《甬上耆旧诗》提要，第 1732 页。

④ 杨忠、贾贵荣主编《历代地方诗文总集汇编》（全 500 册），北京：国家图书馆出版社，2016 年。

　　类书历来被视作辑佚渊薮，前人在这方面已经取得了丰硕的成果。可惜大型断代总集的编纂，于传世别集往往注意广求众本，判别源流，更好地确定整理底本和参校本，于其他典籍的版本则措意不多，随取随用，这就容易忽视不同版本之间的文字内容差异。类书的版本选用也存在这一问题。南宋陈景沂所编《全芳备祖》，现存最早刊本收藏于日本宫内厅书陵部，今天已经影印出版，国内更为易得的版本则是清文渊阁《四库全书》本。两本相校，早期刊本价值更加优胜。而《全宋诗》编纂期间，由于版本选用不一，导致了一些误收、漏收的情况，当予纠谬补阙。清代编修《四库全书》的契机之一，是经安徽学政朱筠奏请并军机大臣议定，辑校《永乐大典》，汇存佚书。时至今日，《永乐大典》流散世界各地，十不存一，每一册新见零本都会引发学界的高度重视和持续研究。2013 年，中国国家图书馆新入藏《永乐大典》（卷二二七二—二二七四），内容为"模"韵"湖"字诗文。通过详尽地梳理，我们共辑出宋元佚文 2 篇、宋人佚诗 162 首、元人佚诗 26 首（宋末元初之际的诗人诗作互有重合）、宋元词佚作 14 首，极大地扩充了宋元作家作品研究的文献资料，并为宋元别集的流传考察也提供了有益线索。

　　近古中国注重家族宗法，名门世家借助修撰宗谱家乘表彰前贤，敬宗收族。而这类文献往往只在家族内部有绪传承，不为一般的古籍目录所著录。南宋刘学裘的《刘氏传忠录》就是这样一部以刘韐、刘子羽、刘子翼、刘子翚、刘珙等崇安刘氏三代五忠为中心的著作。至清朝末年，又有程勋仰慕刘氏遗风，多方搜罗，成《刘氏传忠录续编》四卷。两书计有《全宋诗》失收之作 68 首；而其他已收之作，又因未经清人讳改，具有特殊的校勘价值。

　　除了传统文人士大夫，佛教僧侣也创作了数量可观的诗、偈、颂，它们大规模地保存在释藏当中，丰富了中国古代的诗歌图景。只不过《全唐诗》和《全元诗》均不收录佛门偈颂，仅有《全宋诗》在编纂进行中发现了僧诗的渊薮集中于禅宗语录、灯录以及《禅宗颂古联珠通集》，开始努力补救。但是当时一方面《全宋诗》已经出版了若干册，来不及再补进①，另一方面对于释教典籍的了解程度毕竟远不如传统四部之书，在此之前又没有可资借鉴的总集成果，这就意味着从各种《大藏经》及其续编中全面辑录有宋一代的偈颂作品尚处于尝试、摸索阶段。更何况，宋元时期，中日两国僧人的往来交流十分频繁，典籍记载之外，还有大量手书墨迹留存至今，内容不乏上堂、寄赠、贺寿、饯行等各种场合的诗偈，值得专门搜集和整理。因此，利用稀见文

---

　　①　孙钦善《〈全宋诗〉回顾与补编之展望》，《北京大学中国古文献研究中心集刊》（第 10 辑），北京：北京大学出版社，2011 年，第 91 页。

献辑佚宋元诗文,释教资料也独具特色。

　　最后还想指出的是,辑佚是古籍整理的重要环节,辑佚学是中国古典文献学的重要分支。辑佚的内容来源于存世古文献,成果又是这些既有内容的重构和再现,所以它不仅仅停留在简单、机械地抄撮群书或者只是将文字材料堆砌拼合起来的层面,而是与古典文献的外部存在形式(语言文字、版本形态、目录著录)和内部考察形式(异文校勘、真伪考辨、编辑结构)都有十分密切的关联,是一项需要综合利用目录学、版本学、校勘学、辨伪学、编纂学知识和技能方可有效实现的工作。对于宋元诗文辑佚来说,我们既要求全,更要求真;只有将求全建立在求真的基础上,才能切实运用科学的方法,取得更有意义的成绩。

第一章　别集版本与辑佚（上）
——上海图书馆藏《屏山文集》残本考

《屏山集》二十卷，宋刘子翚撰。刘子翚（1101—1147），字彦冲，号病翁，崇安（今福建武夷山市）人。韐子。晚归故乡屏山，学者称之屏山先生。海内名士多所从游，朱熹父松亦以子托之。高宗绍兴十七年卒，年四十七。《宋史》卷四三四《儒林四》有传。

刘子翚之诗文，初由其子玶于绍兴三十年编次成集，名曰《屏山集》，并嘱子翚生前好友胡宪作序。后十余年，门生朱熹又多方访求遗逸、反复雠订，至孝宗乾道九年（1173），"此二十卷者始克成书，无大讹谬"（朱熹《跋屏山集》）。自此，《屏山集》二十卷本历代相沿，流传不废。

《屏山集》最早见于陈振孙《直斋书录解题》卷一八著录，其后《宋史·艺文志》亦载"刘子翚《屏山集》二十卷"。今检明清诸家藏目，著录卷数悉同；间或有卷首一卷、附录一卷等，主要收录序跋、挽诗、祭文等篇章。而《屏山集》的最早刊行，当不晚于元世祖至元十七年（1280），《增订四库简明目录标注》卷一六谓"至元庚辰刻于崇安"，《续录》称"至元本有高凝跋"①，即证。

刘子翚《屏山集》，今存明清版本众多，计有明弘治十七年（1504）刻本（以下简称"弘治本"）、正德七年（1512）刘泽刻本、清初刻本、康熙三十九年（1700）刘秉铎刻本、雍正八年（1730）归三堂刻本、道光十五年（1835）佩三堂刻本、道光十八年（1838）秋柯草堂刻本、光绪十二年（1886）佩三堂刻本、光绪二十八年（1902）云屏山房刻本，以及具体时代未详之清刻本二种，又有明末叶树廉（1619—1685）旧藏抄校本以及清抄本、《四库全书》本等。其中，弘治本为祖本，后来各本皆从其所出。而上海图书馆另藏一部《屏山文集》残帙（存卷七至卷一〇、一五至二〇，共十卷，以下简称"上图本"），与明清各本的卷次内容差异显著，尤为珍贵。

---

① （清）邵懿辰撰、邵章续录《增订四库简明目录标注》，北京：中华书局上海编辑所，1959年，第724页。

一、《屏山文集》残本的行款版式与体例内容

（一）《屏山文集》残本的行款版式

《屏山文集》残本十卷（索书号：线善 856147－52），六册，馆内古籍卡片目录与网上检索系统均将其著录为"明弘治十七年刻本"。

首册前三页为董增儒手书题记二篇，次袁克文所题写书名页：中间大字"元椠屏山文集／见存十卷 寒云"，左行小字"丁巳冬月获于沪市二酉书屋"，右上钤"月中桂子，云外天香"，"寒云"二字署名上亦钤"寒云"阴方。

第一册为卷七，第二册为卷八，第三册为卷九、一〇，皆诗；第四册为卷一五、一六，第五册为卷一七、一八，第六册为卷一九、二〇，皆文，凡六册十卷。前三册为半叶十行，行十九字；后三册为半叶十行，行二十字。左右双边（间有四周单边），双顺鱼尾，细黑口，版心刻书名、卷次、页码。各卷卷端书题、目录多有不一致处（表1－1）：

表1－1　上图本各卷卷首版式体例一览

卷七、八	首行顶格"屏山文集上卷第七／八"，次行起为目录，目录与正文页码接连。 正文内容另起一叶，首行顶格"屏山文集上卷第七／八"，次行低一格"律诗"。
卷九	首行顶格"屏山文集卷第九目录"，目录与正文页码不接连。 正文内容另起一叶，首行顶格"屏山文集卷第九"，次行低一格"律诗"。
卷一〇	首行顶格"屏山文集卷第十"，次行起为目录，目录与正文页码接连。 正文内容紧接目录之后，不另起一叶。
卷一五	首行顶格"屏山文集卷第十五"，次行低四格"汉书杂论"，三行起为正文。
卷一六、一八、一九、二〇	首行顶格"屏山文集卷第十六／十八／十九／二十"，次行起为目录，目录与正文页码接连。 正文内容紧接目录之后，不另起一叶。
卷一七	首行顶格"屏山文集下卷十七"，次行起为目录，目录与正文页码接连。 正文内容紧接目录之后，不另起一叶。

各卷所见钤印，有"孤本书室"、"袁克文"、"董伯纯收藏图籍印记"、"董增儒所得金石文字"、"小琅环室鉴藏"、"董氏"、"激面轩董氏藏书印"、"增儒"、"卧沧"、"抱残"、"扈众"、"寒云藏书"、"董伯纯图书记"、"寒云心赏"等十余种。

正文之后，为朱熹跋文及元人高凝《书屏山文集后》，朱跋叶下有"季振

宜印"、"董增儒印"二朱方,高文尾页钤"扫尘斋积书记"、"礼培私印"、"褒存"、"董伯纯图书记"。全书最末,有费寅、董增儒跋各一,皆蓝格纸,费跋墨书,董跋朱书;又有袁克文跋一篇,写于白纸上。

书中另有夹签三张:"元椠《屏山集》系元代福建刻本,惜印时已至明代。用竹纸印,约存百五十叶,至少值三百至五百金。可请上海文管会主委徐森玉老人鉴别,并可设法卖出或交上海古籍书店。""有元翻宋本的李氏的'林泉第一'章子,最可宝贵。""元覆宋刻明印本《屏山集》,原二十卷,现存十卷,只合原书半数。书中除配叶外,存一百四十七叶。卷十末叶有李氏'林泉第一'章。系袁寒云旧藏。"对照字迹推测,疑董增儒所书。

据《现存宋人别集版本目录》、《中国古籍总目·集部》,这个本子也都被著录为"明弘治十七年刻本"①。然而,弘治本前九卷为文,后十一卷为赋、诗、词,与上图本先诗后文的编次截然不同,因此上图本显然不是弘治本②。至于它的时代论定:第一,朱熹《跋屏山集》首叶右下,有"季振宜印"朱方,盖原为季氏旧藏。核《季沧苇藏书目·宋元杂板书》有"宋屏山刘子翚集二十卷"③,当即此本。第二,高凝《书屏山文集后》称:"甲寅秋,获拜今左辖鲁斋公京兆庠,预讲席之末……至元己卯,因按事闽省,道建安而旋留止旬日,得际屏山裔孙,且出先生集文二十卷,皆晦翁公亲尝雠校……至元庚辰元日,覃怀高凝书于崇安官廨。"许衡(1209—1281),号鲁斋,高凝曾于甲寅(1254)秋入其讲席就学,那么"至元己卯"、"至元庚辰"当为元世祖至元十六、十七年(1279、1280),前引《增订四库简明目录标注》及《续录》中的说法便是根据这篇跋文的落款而来。第三,费寅、袁寒云、董增儒诸家题跋识语多谓"元椠"、"元代福建刻本"、"元翻宋本"、"元覆宋刻明印本"等,殆有其据。尤其"元覆宋刻明印本",这一描述最为具体,也能为书中的漫漶、断板现象找到较为合理的解释——书板直至明代仍在使用,难免日渐损毁,刷印效果不佳。而通过与弘治本及更晚出各本在版式特征、篇次内容等方面的考察比较(具体论述详后),我们也倾向于认同袁、董诸人的观点,或

---

① 沈治宏《现存宋人别集版本目录》,成都:巴蜀书社,1990 年,第 193 页。《中国古籍总目·集部》,北京:中华书局,2012 年,第 299 页。

② 明弘治十七年刻本《屏山集》,今藏中国社会科学院文学研究所、浙江图书馆、辽宁省图书馆、台北"国家图书馆"等处。台北"国家图书馆""古籍影像检索数据库"有弘治本原文图像,可资参考对照。此外,张元济先生在《明弘治刻本〈刘屏山先生集〉跋》中也称:"全集文凡九卷,赋、诗、词凡十一卷,与光绪刊本编次相同,而分卷略异……是则弘治所刻,在今日固无最古之本矣。"见《张元济全集》第 10 卷"古籍研究著作",北京:商务印书馆,2010 年,第 179 页。

③ (清)季振宜《季沧苇藏书目》,《海王邨古籍书目题跋丛刊》(第 1 册),北京:中国书店,2008 年,第 232 页。

者更确切言之,它至少能够在较大程度上反映刘子翚别集的早期刊本面貌,不似弘治本经过了重新的编次整合;但究竟是否"覆宋刻",今日由于宋刻《屏山集》的卷次、内容、刊刻情况等各方面信息早已于史无征,仅凭藏家的只言片语,尚难论定确凿。

(二)《屏山文集》残本的体例内容

明弘治十七年刻本《屏山集》,半叶十行,行十九字,四周双边,黑口,顺鱼尾,版心刻书名、卷次、页码;卷次顺序为先文后诗。后出各本,虽然偶有"分卷略异"的情况——弘治本卷一〇为《闻药杵赋》、《溽暑赋》、《哀马赋》三篇及《凉月》至《偶步》等24首诗,正德七年刻本、道光十八年秋柯草堂刻本、光绪二十八年云屏山房刻本等仍之;而清初刻本、雍正八年归三堂刻本、道光十五年佩三堂刻本、光绪十二年佩三堂刻本等将诗作全部移入卷一一最前,卷一〇仅保留三篇赋作,从而使得各卷涵括的文体不相混杂——但编排次序、收录数量基本一致,其实属于同一版本系统。与它们相比较,上图本无论在体例上还是在内容上都不相同。

首先,从版刻体例上看,上图本各卷最前几乎都有该卷细目,目录之后接该卷正文。唯一的例外是卷一五仅《汉书杂论》一篇,所以未出细目。全书卷首目录之外,正文各卷之前又出细目,且目录接连正文,这些都是承继宋刻别集的版式特征。等到明弘治十七年重编重刻《屏山集》时,卷一首行题"屏山集卷第×",次行题"宋文靖公刘子翚著",三行起为正文,其余各卷则只有首行大题书名、卷数,次行起为正文,不再保留各卷细目,形成了全新的面貌。

其次,从内容编次上看,上图本先诗后文,已与弘治以后各本先文后诗的总体顺序有别,而具体到各卷篇目,也不是整体对应的关系:

上图本卷七,始于《过邺中》、《金陵怀古》,终《景阳钟二首》、《春夜二首》,而在后出各本中,《过邺中》列于卷一四最末,《景阳钟二首》、《春夜二首》为卷一六之始。

上图本卷八,始于《赋双溪阁用蔡君谟诗声字韵》,终《次韵蔡学士岩桂》,而在后出各本中,《赋双溪阁用蔡君谟诗声字韵》在卷一六,接《春夜二首》之后,《次韵蔡学士岩桂》为卷一七之始。

上图本卷九,始于《得冲佑命》,终《秋宵》,而在后出各本中,《得冲佑命》在卷一七,接《次韵蔡学士岩桂》之后,《秋宵》为卷一七倒数第二诗。

上图本卷一〇,始于《春圃六言三首》,终《次韵温其见寄长句》,而在后出各本中,《春圃六言三首》在卷一七最末,《次韵温其见寄长句》距卷一八结束尚有十余诗。

上图本卷一五《汉书杂论》,即后出各本卷四《汉书杂论下》。

上图本卷一六"表十二首",即后出各本卷七"表"与"札子",且《代张丞相辞免札子三首》置于《代张丞相辞免不允谢表》后,与今本篇次有异。

上图本卷一七"启二十八首",即后出各本卷八"启"。

上图本卷一八"记五首"、"序二首",即后出各本卷五"记"、"序"。

上图本卷一九"杂著十四首",即后出各本卷六"杂著",且《修居上梁文》至《温公隶书铭》四篇整体置于各本首篇《示六经堂学者》之前。

上图本卷二〇"祝文四首"、"醮词一首"、"疏文四首"、"祭文三首"、"墓铭四首"(实际正文止于《致仕祝君墓志铭》"有是四者斯可为"一句,以下文字及《处士祝君墓表》、《熊氏令人陆氏孺人墓表》二篇皆缺),仅后二篇祭文及四篇墓铭相当于后出各本卷九的内容,且"墓铭四首"更细分为"墓铭"、"墓表"二体。

这样看来,这部《屏山文集》残本与明弘治以后各本的面貌差异,绝不仅仅是"诗"与"文"先后位置的单纯调整,而是后者对全部卷次内容都进行了有意识的重新整合,同时订正了原先分卷的一些疏误之处,例如上图本前四卷皆题"律诗",但实际收入了不少绝句,仅卷七就有《园蔬十咏》、《六言二首》、《池莲四咏分韵》、《雨歇》、《新湾》、《汴堤》、《天迥》、《铜爵》、《中渡》、《江上》、《一树》、《偶步》、《有感》、《晚宿》、《画船》、《送杜季习四首》、《李伯时画十古图郑尚明作诗诗辞多振绝因为同赋》、《景阳钟二首》、《春夜二首》等 19 首(组)之多,显然不是按体分卷。可惜由于原书只存其半,加之时代久远、材料匮乏,散亡部分的体裁编次如何,今日已经无法复原呈现了。

此外还值得注意的是,上图本保留了不见于今传各本的刘子翚佚诗 6 首、佚文 22 篇(表 1－2),且大多未为《全宋诗》、《全宋文》补辑。它们的发现,既是考察刘子翚交游、思想的有益材料,也充分说明弘治以后各本《屏山集》均非刘子翚诗文之全貌。上图本时代更早、体例不同,所收诗文更为完备,具有独特的文献价值。

表1－2　上图本所见刘子翚佚诗佚文题目一览

序　号	题　　　　　目	卷　次
1	哭王先生	卷七
2	赠谦师	卷九
3	送实师还金身	

序 号	题 目	卷 次
4	寄观妙法师	
5	李汉老得法云门有书见招因寄此诗	卷一〇
6	游瑞岩寺	
以上佚诗6首		
1	代天申节进银状	卷一六
2	代天申节功德疏	
3	代贺秦相启	
4	代贺秦太师启	卷一七
5—8	定婚书四首	
9	云岩院记	
10	双峡桥记	卷一八
11	报恩院记	
12	跋《华严经》	卷一九
13	谒文宣王文	
14	准敕祭诸庙文	
15	祈雨文	
16	祈雨罢散文	
17	母氏吕夫人设醮青词	
18	武夷修三清殿疏	卷二〇
19	华严开堂疏	
20	法海开堂疏	
21	法海移永福开堂疏	
22	祭亡室陆氏文	
以上佚文22篇		

二、《屏山文集》残本的钤印题跋与流传递藏

上图本的另一可宝贵处,在于它历经名家递藏,书中的大量钤印及题跋,为后人了解其流传始末提供了一定的线索。今依各人收藏先后,分别绍述。

1. 季振宜

季振宜(1630—?),字诜兮,号沧苇,泰兴(今属江苏)人。清顺治四年(1647)进士。初授兰溪县令,后升刑部主事,迁户部郎中,擢广西道御史、浙江道御史。康熙初巡视河东盐政,不久乞归。季氏家业雄厚,藏书富甲天下,半得自毛氏汲古阁,半得自钱氏述古堂,因此宋元善本尤多,"其书散出后,多归徐氏传是楼及内府"①。

前揭上图本的朱熹《跋屏山集》首页右下,钤"季振宜印"朱方,与《季沧苇书目·宋元杂板书》的著录相合。然而季氏身后二百年间,此本又归何人之手,今已不得而知②,至清末则为王礼培所藏。

2. 王礼培

王礼培(1864—1943),字佩初,号南公,别号潜虚老人,湖南湘乡人。光绪十九年(1893)举人,进士不第。三十一年任湘乡中学堂首任监督。民国二十二年至二十六年(1933—1937),任船山学社董事长。王氏搜书、购书,始于光绪二十年进京会试,后数十年间辗转京、津、沪、宁与湖湘,孜孜以求,积书十万余卷,其中不乏珍本③。取"校书如扫尘"之义,命其斋曰"扫尘斋",并手自校雠,撰写题跋。1927年前后,他将当时的部分私藏编成《复璧书目》一册求售,以资家用。王氏毕生藏书,除一部分后来毁于兵燹外,今日仍有不少见存湖南图书馆、中国国家图书馆、北京大学图书馆、上海图书馆以及台湾傅斯年图书馆、台北"国家图书馆"等处。

前揭上图本的高凝《书屏山文集后》尾页,钤"扫尘斋积书记"、"礼培私印"二方,即王氏藏印。只是此本鬻出极早,也没有王礼培自己的任何序跋文字留下,交代得书的时间、经过等,甚为遗憾。

---

① 郑伟章《文献家通考》,北京:中华书局,1999年,第79页。

② 据《天禄琳琅书目》卷六"元版集部"、《天禄琳琅书目后编》卷一一"元版集部",尚有三部《屏山集》,但序跋内容、钤印信息都与上图本残留之迹不同,疑非一本。(清)于敏中等《天禄琳琅书目》、彭元瑞等《天禄琳琅书目后编》,徐德明标点,上海:上海古籍出版社,2007年,第196、626页。

③ "积四十余年之力,得宋椠二十余种,元椠及明初本不下百余种,残缺者十居四五……"(《宋元版留真谱》跋),见《王礼培辑》,易新农、夏和顺编校,北京:民主与建设出版社,2015年,第183页。

3. 袁克文附费寅

袁克文(1890—1931),字豹岑,又字抱存(一作袌存),号寒云。祖籍河南项城,出生于朝鲜汉城。袁世凯次子。尝从李盛铎学习版本目录之学,喜藏书,尤嗜宋元旧本,并且"每得一书,或题书名,或手书题记,以识因缘"①。今览上图本,书前有袁氏所题书名页,注明"丁巳冬月获于沪市二酉书屋";书后又有跋文一篇:

> 《屏山文集》存上卷第七至十、下卷第十五至二十,凡十卷。前四卷皆律诗,后六卷为杂文。前卷每半叶十行,行十九字,后卷十行二十字。刻工拙劲,为元刊之最古者。明弘治覆本行字与前卷同,惟多题"宋文靖公刘子翚著"一行,无至元庚辰元日高凝跋。丁巳十一月获于上海。寒云。(钤"克文"细朱方)

"丁巳"为民国六年(1917)。袁氏在跋语中,详尽地记述了这部《屏山文集》的卷数、内容、行款、字体以及与弘治本的异同,认定其为"元刊之最古者"。书中"寒云"、"孤本书室"、"袁克文"、"寒云心赏"、"袌存"诸印亦散见于书名页、卷七首页、卷一五首页、高跋末页各处。今人辑录袁克文旧藏四部善本中的题跋识语,成果颇丰②,然而未及上图本此篇,可补一阙。

费寅(1866—1932),字景韩(一作晋韩),号复斋,浙江海宁人。光绪二十八年(1902)举人。曾任嘉兴教谕。辛亥革命后,于海宁硖石镇开设书肆,精通版本,为当时江浙一带的藏书家广泛搜购旧本。

上图本书后,有费跋一篇,专论此本版刻年代:"……顷得一本,卷末多至元庚辰元日覃怀高凝书后一篇,朱文公跋左下角有'季振宜印'朱记。《延令书目·宋元杂版》载宋刘子翚《屏山集》二十卷,即此本也。蒙古朝有两至元:一庚辰始,一庚辰终。高云'甲寅秋,获拜今左辖鲁斋公京兆府庠,预讲席之末',是高逮事许公,必为前庚辰无疑,上溯甲寅,已三十余年矣。宋亡于己卯,书后作于庚辰元日,为有元第一刊成(旁批:最初)之本,实宋椠也。惜佚其半,拟访求景补。天壤孤行多一善本,非尤幸事欤!海昌后学

---

① 李红英《袁克文集部善本书题跋辑录》,《版本目录学研究》(第四辑),北京:北京大学出版社,2013年,第84页。

② 李红英《袁克文经部善本藏书题识》,《文献》2011年第4期、2012年第1期;《袁克文史部善本藏书题识》,《文献》2013年第1期;《袁克文子部善本藏书题识》,《北京大学中国古文献研究中心集刊》(第12辑),北京:北京大学出版社,2012年;《袁克文集部善本书题跋辑录》,《版本目录学研究》(第4辑),北京:北京大学出版社,2013年;后总汇而成《寒云藏书题跋辑释》,北京:中华书局,2016年。

费寅谨志,时丁巳冬日。”

费跋与袁跋都作于民国六年冬,费跋在前,袁跋在后。结合费寅的书肆主人这一身份推测,大概是费氏先获得("顷得一本"),然后很快又入袁氏之手,时间相隔不远。因此,尽管费寅留下了自己的题跋文字,但他可能并未实际收藏这个本子。

4. 董增儒

董增儒,字伯纯(一作伯莼),江苏高邮人。早岁加入江苏教育总会(后更名江苏省教育会)。民国二年(1913)四月当选第一届国会众议院议员。晚居上海。富藏书,多有题跋留存。

上图本首有董氏题记二篇,其一称:

> 此残本《屏山集》,其详已载费跋、袁跋中。按之书面,残失久矣,不知为谁氏墨迹。慨自沧革时代以迄于今,二百余年中间,辗转授受,既未见于各家著录,亦无印记可稽。第卷中"扫尘斋"一章,据吾友秦曼青语,为湘潭王礼培。其人今尚在,平时搜罗善本,移换之速,几如民国十八年来军阀之变迁。其箧中宋元残本尚有百数十种,皆人世未见之品。想此书先归于王,后归于袁。袁为项城总统之二公子,素以陈思王自诩,性质惰落,亦无伦匹。其旋得旋失,固不足怪。而余丙寅夏五偶见于沪上博古肆中,惊为希有,不以其残,出洋百元而亟收之。殆存千金市骨之心,不图家况萧索,饥能驱人,小嬭嬛室中所有图籍,恐不复待子孙不肖,将转移姓氏矣。雨窗无赖,抚卷慨然。

> 己巳冬十一月望后一日,莼翁董增儒记于贞松斋。(钤"董增儒印"朱方)

其二称:

> "乱石槎牙泻怒涛,满船性命等鸿毛。莫夸好手翻成误,寄语舟人稳着篙。""盘石轮囷隐洞幽,烟笼月照几经秋。可怜琢作团团磨,终日随人转不休。""燕子营巢得所依,衔泥辛苦傍人飞。秋风一夜惊桐叶,不恋雕梁万里归。"

> 右诗三章,屏山咏《下滩》、《石磨》、《燕子》之什。余得此集,粗读一过,最爱诵此,并倩友人宋公威书于扇头。其时余长南昌中行二年,赣钞停兑,战事日急,纸币信用愈趋愈下。当局责余以整理,奸商利之以营私,余冒不韪,毅然任其重责。甫见效果,内忧外患交逼,侵凌不可

支拄。余求去之心益切，而物议愈见纷纭。卒以马回岭一役，政局骤变，赣钞作废，损失数十万。负责辞归时，正冬十一月也。郁郁家居数年，困穷皆此属阶，至今惭咎。当时观察，虽寓忧愤于咏吟，事后追思，终觉运数之有在，不然何心境衰飔至于此极也。前跋记竟，复述此节，以作私乘。莼翁挑灯记。（钤"莼翁"阴方）

书末又有董跋一段："考《通鉴纲目》，宋理宗宝祐三年，蒙古忽必烈征许衡为京兆提学。按是年乙卯，揆之高序云'甲寅秋获拜今左辖鲁斋公京兆府庠，预讲席之末'，则《纲目》所载已后一年。鲁斋于至元八年（小字：即宋度宗咸淳七年）拜授集贤大学士兼国子祭酒，在位几十年，至至元十七年八月致仕。仅补证于此。莼翁，辛未冬月。"①

这三篇文字，第一篇题记的时间最早，为民国十八年己巳（1929）冬，而得书更在三年之前（"丙寅夏五偶见于沪上博古肆中"，即1926年），其时袁克文尚在世，但书已易主，前后不过十年；跋文时间次之，为民国二十年辛未（1931）冬，根据书写位置推断，费寅跋文之后尚有半叶空白，董增儒便结合《资治通鉴纲目》的记载，考察许衡担任京兆提学与征拜高位的时间，续为补证；第二篇题记的时间则最晚（"前跋记竟，复述此节"），当时董增儒已经离职归家数年，心境衰飔，终日郁郁，忆及自1926年以来的政治、经济形势变化（1926年夏始得此本，同年11月，北伐战争中的马回岭战役结束，赣军大败，江西经济动荡，董氏完全辞去银行职务），又聊记数语。

除此而外，各卷首页、尾页，董氏钤印在在皆是，琳琅满目。

自1926年至新中国成立初期，此本一直为董增儒收藏。1956至1958年间，经由上海市文物保管委员会主任徐森玉（1881—1971，解放初期筹备建立上海博物馆和上海图书馆）的努力，这部《屏山文集》最终进入公藏，有了更好的归宿②。

---

① 今按，费寅跋、董增儒第一篇题记及跋这三篇文字，又见祝尚书《宋集序跋汇编》，北京：中华书局，2010年，第1308—1310页。《汇编》文字偶误，故本文重新整理录入。另外，《汇编》所据出处为"成化刻本《屏山先生文集》卷首"、"同上卷末"，然而核查各种善本书目，刘子翚似无成化刻本，未详何故。且《汇编》所录高凝《书屏山文集后》，亦出"成化刻本《屏山先生文集》卷首"，与上图本置于卷末朱熹《跋屏山集》后不同，祝氏所见，当非上图本。

② 前述白纸题签上有"可请上海文管会主委徐森玉老人鉴别，并可设法卖出或交上海古籍书店"一语。另检《上海市文物保管委员会善本书目三编》（线装），集部著录"《屏山集》二十卷，宋刘子翚撰，元刻本"，编印说明则称"本编书目，谨作为国庆九周年献礼"，"自1956年1月到1958年9月，我会在党的领导与徐森玉主任的亲自参加下，继续征集了一部分善本图书，为继初、续编刊出，定名三编"，可为印证。

三、《屏山文集》残本新见刘子翚佚诗佚文迻录

（一）佚诗 6 首

哭王先生

福善由来只戏谈，百年逝景寄风帆。儒宫已列专门学，墓碣犹书进士衔。春尽邻人耕废圃，夜长独鹤怨空岩。炉烟暗逐孤魂断，有客升堂泪满衫。　　上海图书馆藏《屏山文集》卷七

赠谦师

一衲垂垂老，诛茅隐旧峰。斋回寒渡雨，定起晓林钟。古淡焦桐意，昂藏野鹤容。爱诗犹有病，更约话南宗。

送实师还金身

心田种法是生涯，竹杖芒鞋度岁华。忆着旧山归去好，野庭开尽佛桑花。　　以上同上书卷九

寄观妙法师

飘飘仙李迥离群，洞口相逢酒半醺。顾我尘踪偶同事，幔亭风月合平分。

李汉老得法云门有书见招因寄此诗

闽南胜处卜幽扃，道骨仙风有典刑。荔子一林供宴豆，海光千里漾书棂。玄机未叩三三旨，荧座空瞻两两星。公若尚迟宣室召，应容净社寄余龄。

游瑞岩寺

蜡屐忽忽晓出城，看山不厌更山行。旧闻胜境来何晚，款谒慈容虑顿清。古峡风雷双剑在，夜龛钟梵一灯明。他时①净社如容我，竹几蒲团寄此生。　　以上同上书卷一〇

以上 6 首佚诗，皆不见于《全宋诗》册 34 卷一九一二——一九二二刘子翚名下。

（二）佚文 22 篇

代天申节进银状

伏以诏却羡余，仰识厚民之意；节临凤震，敢修及物之仪。上件银宝，

---

① "他时"，原作"它晴"，据明黄仲昭弘治《八闽通志》卷六改。

产自南荒，取由常赋，诚惟享上。窃因效于祝尧时，正急贤傥，堪充于铸鑫。

代天申节功德疏

伏以景命惟新，固三灵之所祐；至仁必寿，合众祷以弥增。爰假净缘，少伸丹悃，伏愿皇帝陛下懋膺戬谷，坐致安荣。暂驻骅于海隅，竛一戎于马上。复二百年之社稷，拨乱何难？享八千岁之春秋，承休未艾。

以上上海图书馆藏《屏山文集》卷一六

代贺秦相启

肆颁显册，诞布殊勋，正位元台，进阶一品。惟委任专则人言莫间，惟体貌重则国本增隆。慰舆情期向之公，寔今日登庸之盛。共惟某官，器函方大，德懋温恭，杰然居变乱之间，久矣见忠臣之节。鲁仲连欲蹈东海，盖耻帝秦；苏属国不屈匈奴，果闻归汉。荐膺图任，益罄谋谟。当敌人乍和乍战之秋，纷众口或异或同之论。不动声色，咸中事机。方震叠于皇威，爰更张于戎政。伍符尺籍，异太阿之倒持；悍将强藩，无四牡之项领。人情不骇，王室益尊。嘉猷默契于上心，休誉日孚于群听。铺敦江浒，岂惟绝狂胡饮马之谋；经略都畿，抑亦佐真主飞龙之运。动无不顺，事乃必成。某旧辱洪恩，喜闻明命。莫陪鹓鹭，一修雅拜之仪；但与渔樵，同讲中兴之美。

代贺秦太师启

伏审显膺册命，进陟帝师。惟大①勋伟业，常出于艰难；非绝品殊阶，则无以报称。既内崇于毗倚，亦外耸于观瞻。出自上除，无心不悦。共惟太师仆射公相②气钟英伟，德蹈中庸，忠亮贯于神明，声名播乎夷夏。高仲连之节，尝耻帝秦；喜季子之归，果闻昌鲁。荐膺图任，益罄谋谟。先审定于国维③，爰更张于戎政。宣公远虑，明国家臂指之权；德裕一言，解藩镇辅车之势。人情不骇，王室益尊。当敌国之寻盟，察天心之悔过④。绥之以德，断以不疑。逮诚意之既孚，凡指求而必获。同轨毕至，慰周陆反葬之思；跬步不忘，遂长信承颜之乐。事非众料，功异

---

① "大"，底本原缺，据《永乐大典》卷九一七引《刘屏山集》补。
② "公相"，《永乐大典》卷九一七作"相公"。
③ "维"，底本原注"欠字"，据《永乐大典》卷九一七补。
④ "过"，《永乐大典》卷九一七作"祸"。据上述异文可知，明初流传的刘子翚别集当仍有此篇《代贺秦太师启》，为《永乐大典》所引录，至弘治十七年重加编刻时脱去。
　　又按，以上四篇皆代作之文，而类似情形在宋人文集中也并不少见。"天申节"为宋高宗生辰（农历五月二十一日），建炎元年始行（《宋史》卷二四《高宗一》，北京：中华书局，1985年，第444页），"秦相"、"秦太师"即秦桧；或以其受人之请，辞多浮谀，不足以体现写作者的本来意志，加之秦桧擅权误国、卖主求荣，为后人所不齿，更与刘氏一门的忠义形象形成鲜明对比，因此有意删落，流传渐稀。

前闻。嘉猷允契于宸衷,流庆大敷于寰海。绣裳宝带,已承特异之恩;紫盖黄旗,克佐方兴之运。如天所授,何谋不成。某猥辱甄陶,喜闻播告。凫趋莫获,敢通削牍之诚;蝶梦徒勤,企想维垣之峻。

定婚书四首

《诗》戒及时,尤重婚姻之道;《礼》严必择,常高行义之家。古训可稽,私怀窃慕。伏念某学生某,见闻未博,已及成人。而令女小娘,淑彗①有称,实生庆绪。辄藉夤缘之请,以同伉俪之偕。同气相求,不疑何卜。岂惟受室,获修蘋藻之仪;抑亦登门,庶染芝兰之化。

比因媒妁,获布悃诚,蒙许以令女小娘子,与某侄某为婚者。女羁男角,期预缔于华姻;龟卜筮占,已参符于吉兆。岂特益敦于前好,庶几亲炙于大贤。尉浣之深,非言可述。

维桑与梓,曾无一舍之遥;亲仁善邻,况切平生之慕。敢敷诚悃,愿缀华姻。伏承令妹小娘子,凤称同体之贤,而某长侄某,方图内助之懿,比因傅道,已荷听从。迫兹良月之临,式谨元𬘓之聘。一言而决,由同气之相求;五世其昌,庶自它而有耀。

《摽有梅》,诗人所咏,贵男女之及时;咸其拇,《易》卦之辞,重阴阳之相感。以男某学《诗》学《礼》,仅守师谟;令女小娘采藻采蘋,凤闲姆训。念□□于事契,愿缔结于姻联。媒妁通诚,既□□□。□□(原注:欠五字)芝兰讲好,庶无负于襄心。　　　以上同上书卷一七

云岩院记

今云岩院非旧制也。院本在邑之南郊,熙宁间废。绍兴九年己未,闵雨甚,遍祈不应。民嗷嗷然,则相率之邻邑瑞岩,奉扣冰香火以归。即西郭空地,虔事之众感立从。越明年,鸠工造殿,以尊其像,楼其门而壮观之,遂以扣冰名庵,请讲僧师本主之。未几,本蜕去,士庶请禅师僧惟坚继其事。坚发心别创轮藏,以结众缘,欲求丘题舆数语,借重兹举。而丘公前是夕梦游净坊孤峰,于云圚庐角立,石径环山而上,状如云黄,觉而异之。黎明惟坚踵门而告,忻然许诺。由是远迩乐输营缔,益不劳而集。邑人以庵名为未称也,请于州,移龙岩院额以冠之。自经始至是八载,藏院落成。凡堂庑之缺、像设之未备者,钟鼓、幡幢之弗整者,皆足而新之。虽地形狭隘,不足以周旋施展,要之仿佛丛林,盖具体而微矣。由是衲子往来,皆息肩于此;邑人之输诚向善者,皆倚为焉依之地焉。

余念艰难以来,此邑兵祸尤甚,回禄、冯夷从而乘之,何数数然也。

———————————

① "彗",疑当作"慧"。

痛定之初，斯人生理微矣。是役之兴，初若不急，而群心翕然，赴之有不可遏者。夫其不可遏，必有出其真心而乐为者，当察其端如何。如其向于善也，则因而导之，如迅机流水，夫岂有所极哉！是一便也。导人而不乘其便，而勉强揉拂之焉，虽前挽后推，犹趑趄也。吾邦之人，劲而尚气，不为则必已，为则必不已，尤当慎其端，而不使轻用其气。斯气也，与生俱生，寔善本也。其发之锐，而寄之非其所，乃为非为邪，而不能自返。若诱而之善，岂不需然？故锐于农绩则安富，锐于工贾则用足，锐于孝友则父父、子子、兄兄、弟弟以和，锐于忠信则乡党交游以睦，是皆善用其气者也。圹庆既消，诚明日著，其所感动天地之和气，亦随而应之，夫岂有扎瘥杀伐之患耶？祸福无门，惟人所召，向之荼毒，不曰无征。斯人亦悔祸之延，而思有以自复也，相率而为此耳。予闻喜之，得观善事，熏之以慈，牧之以谦。彼其行行颔颔之态，潜化于冥冥之中，十固八九矣。是则斯役之举，虽暂劳小费，而弥乱息灾，神益教化，岂不大耶？事有可书，莫大于此，故惟坚来请记，因为发其要云。

双峡桥记

　　建溪自崇安发源，溪之东，屹然而高者曰梨岭，建之望山也。山之阳，众流合趋，至藉溪始大。岭之东有潭源①，众流合趋，至交溪始大。岭之北有梅岭，众流合趋，至瞿溪始大。三溪会而西，为聚洲所使。转而西南，与黄石、游畈等溪会。至是八川共流，滩濑之鸣②，激泓源浦，淑③之涵蓄。输清写浊，悉因势以来；畎溜峦瀑，从而附益之。巨派长澜，横画翻发，乃有章山屹其左，石峰耸其右。如顿如伏，如双阙峙，如怒猊斗，水出其间，折而复西焉。

　　桥跨两山，叠石为五墩，其二附岸④，刮土磨琼，合若无墼。上乃骈卧修干，礅以坚填，列飞宇十四楹，规模宏丽，且依山势，故益雄。先是暴涨，水为硖所束，漱地成穴，墩石无所寄，桥乃陷，观妙道人詹哲鼎新营之。或云下有山骨琐溪⑤，因冬涸，揭浮沙数丈，见石始创址。自靖康⑥丁未兴役，至是一周星⑦矣。

---

① "岭之东有潭源"，清程勋《刘氏传忠录续编》卷三作"梨之东有潭溪"。
② "滩濑之鸣"，《刘氏传忠录续编》卷三作"湍濑三鸣"。
③ "淑"，《刘氏传忠录续编》卷三作"淑"。
④ "叠"，《刘氏传忠录续编》卷三作"垒"；"二"，《刘氏传忠录续编》卷三下有"为"字。
⑤ "山骨琐溪"，《刘氏传忠录续编》卷三作"石骨锁溪"。
⑥ "靖康"，原作"宣和"，据《刘氏传忠录续编》卷三改。宣和间无丁未年，靖康丁未即靖康二年（1127）。
⑦ "星"，《刘氏传忠录续编》卷三作"天"。

既落成，与乡里之士游焉。桥介崇、建二邑间，往来憧憧，视昔艰险，如行茵席间。道人请文以记之，因念平生与方外士游，大率皆好为大言，处以不疑，彼其见是役也，必抵掌而笑，曰："安用拳拳于此哉，我将驾鼋鼍以为梁，引飞虹而践其背，翔翔于江海涛澜之上，不亦可乎？"吾闻其语矣，未见其人也。观妙道人无夸诞言，作平实事，营斯桥也，咄嗟而财聚力随，求①为一方之便，是可记也，于是乎书。

报恩院记

闽中招提，最号雄侈，惟建、剑之间为陋。其在村疃者，无异家居，三五苾刍，子承父业，裙而不衣，一切营办，劳劳不少休。鱼有塘，豕有圈，权子母之利，佐房室之饶，恬不知怪，曰"不如是，无以优游卒岁也"。至于屋老垣敧，荆荟庭下，曾不之恤，四顾萧然，无复户外之屦矣。

建炎己酉岁，叛军跳里中，扶携宵遁，武夷山乱定。自赤石还，假宿道旁萧寺，见檐栋重叠，翚飞波起，隐隐林烟岩翠间，心甚异之。解鞍逍遥，轩荣华厂，踌躇为之留行也。后一周星，清泉亨老访余曰："所居之邻曰'报恩院'，唐龙启间有僧庐之。乾德间神敬，遂营梵宇，是为第一代。逮本朝绍圣间，传九世矣。是为智能，有干蛊材，谓其徒曰：'院多历年所，日益朽弊，苟且怀安，心颜愧腼，尽舍其旧而新是，图乎？'乃募财兴役，始创三门，次严大殿。尊法有堂，处众有宇，寝有室，斋有庑，檐楹窗闼，金碧辉焕。塑大悲像，楼《华严经》，供器储偫，种种精致。又垦荒畴，营高廪，以为资众之计。自崇宁丙戌至绍兴庚申，乃视成是举也。智能唱之，道果和之，法厉、道怀以观资辅之。其力勤，其事备，夤缘子亨求文以记之。"

余省其言，乃凤昔经行之地也，慨然叹曰："不待揄扬，固已知其□事□纪实传远，何靳一文，然窃将有谂焉。夫释氏，导人为善者也。其教行中国，千有余岁，营缔相望，钟梵不绝，□欤盛矣。而世多督过之，今日哗然曰：'宜汰比丘矣。'它日则又哗然曰：'宜并兰若矣。'岂□人为善，而为是纷纷耶？盖目睹其徒为善者少，并怒为私贪饕垢戾者比比而是。道如安宅坦途，而弗由弗居也；律如三尺九章，而弗畏弗守也。回回遹遹，无异市井庸人。人嫉其如此，而靡衣媮食，□蠹吾民萌也，是以哗然攻之。使瞿昙犹在，然灯更生，见其弗克，是似亡赖如此，亦必屏而绝之曰：'非吾徒也！'何恧它人之籍籍耶？今智能辈强果自立，又与公周旋，有亲仁善邻之义，诚善矣。其必自今以往，表率其徒，一辈□习□□善类砥砺熏习，毋自弃，毋畏难，毋忽，毋竞，卒成其叶，以光师道，

---

① "求"，《刘氏传忠录续编》卷三作"永"。

以解世疑,不亦又善乎? 是则吾言之发,明教化、厚风俗之一端也。岂特轮奂之可纪,岁月之是存哉?"亨老曰:"善,请并书之。"绍兴癸亥元日记。　　　以上同上书卷一八

跋《华严经》

五峰居士翁挺归丘园,游心内典,手抄《华严经》。甫及二十一卷,而居士即世。比丘师圣续而毕之,讫八十卷,善始善终,成兹胜事。昔如来发明实地,演唱真诠。斯经也,目为诸佛秘密之藏,海涵日照,辉润惟均,不洞其机,其犹在涸辙之中、覆盂之下矣。今兹二友,雅尚同符。超悟无钻纸之迷,精勤笑博鹅之陋。流传宣布,诚足尚焉。然灵明廓彻,今古了然。世尊不来摩揭国,文殊不在觉城东。要须未开巷时,分明荐取方得;不然明窗净几,何妨过眼一遍。绍兴六年丙辰岁九月丙寅朔,潭溪居士刘某识。　　　同上书卷一九

谒文宣王文

惟王之祠,列在郡国。某为诸生,朝夕寅奉于其间;今以职守,来拜庭下。夫乘田委吏,盛德之所必亲,某安敢不勉也。酒脯区区,姑循旧礼。

准赦祭诸庙文

庚戌,瓯民范汝为啸聚回源,踰年益炽,凶声毒焰,凌□□(原注:欠二字)八郡之半。壬子,王师大集,汛扫悉平。谋臣矜智,武士谈勇,实有阴相其成功者焉? 今兹需恩,俾修奠冪。致旧典以陈仪,馨忱诚而达意。

祈雨文

旱既太甚,莫知灾孽之由;感而遂通,冀获神灵之祐。精处毕至,旬日屡更。虽蒙霡霂之沾,未解惔焚之势。民方咨怨,吏益惧惶,敢布忱诚,再□嘉贶。愿纵滂沱之泽,以成播殖之功。

祈雨罢散文

食乃政本,吏为民□。□旱暵之流行,遍群祠而有请。荣斋雩舞,祈无假于繁文;风马云车,欻已随于默祷。致灾谅由于己罪,敷泽乃荷于神休。坐□(原注:欠字)丰穰,敢忘贻报。

母氏吕夫人设醮青词①

福可祝而来,虽靡闻于往训;天不言而应,实默感于诚心。敢贡青笺,仰干绛阙。伏念臣桑榆晚景,闾阎微生。惜寸阴曡曡潜移,励精意

---

① 据李郦(字汉老)为刘铪所撰墓志铭,"继娶吕氏安康郡夫人",即刘子翚之"母氏吕夫人"。见《刘氏传忠录》卷一,《北京图书馆藏家谱丛刊》(闽粤[侨乡]卷),北京:北京图书馆出版社,2000年,第40册,第84页。

孳孳为善。日边雨露，深惭象服之宜；膝下冠髦，坐享板舆之养。蒙休有自，报德斯难。每如战战以临深，无日高高而在上。式涓人日，爰被家庭。广延羽褎之流，肃演琼文之秘。兰场蕙席，既明荐之恪修；飙驭景舆，想灵游之来下。伏望俯垂清监，丕锡真祺。阃门无无妄之灾，庆流泽衍；四境有有秋之乐，远至迩安。

武夷修三清殿疏①

祭神如在，敢忘恭肃之怀；视②漏弗填，曷称③穆清之奉。兹焉有作，孰曰不宜。惟武夷之名山，有冲佑之闳宇。自昔秦汉而上，显著灵踪；由我祖宗而来，益严祝④典。寔四境瞻依⑤之地，罄群心归恳之诚。流泽所加，无感不应。今则岁时浸久，栋桷就沦。有震风凌雨之凄其，无邃座虚帷⑥之肃若。欲加修缮，顾乏羡余，过者皆为怃然，曾孙之寄⑦何在？矧衡茅自庇，尚怀必葺之安；而仙圣所栖，宜起勿⑧倾之念。愿推乐施，以就胜缘。指廪推赢，傥更新于琳⑨馆；清心释累，会同宴于幔亭。

华严开堂疏

窃以闽多望□，俗罕真僧，故圆顶住山，皆方兄为地。云居扫迹，擅蜂房蚁穴之私；香积分烟，竞酒肆淫坊之乐。颓风甚矣，祖道缺然。欲增法席之光，宜慎当入之。举灯长老，堂堂古貌，了了彗心。开法藏之缄縢，承宗师之印可。远浮杯于楚泽，来驻锡于壶山。主此丛林，实由公选。棋逢敌手，岂可藏机？箭射三关，须知破的。请白椎而演秘，为清众之指南。

法海开堂疏

妄心离缚，如生龟脱筒；古德谈禅，似画蛇添足。只为千生万生颠倒，须假一句半句机缘。莹长老凤慕空宗，精修梵行。悟空花于尘里，

---

① 清董天工《武夷山志》卷五题作《重修三清殿疏》，清程勋《刘氏传忠录续编》卷三题作《修武夷冲佑观疏》。

　　按，高宗绍兴二年（1132），刘子翚提举武夷山冲佑观（李心传《建炎以来系年要录》卷五七，北京：中华书局，1988年，第989页），其后遂有重修三清殿之举。

② “视”，底本原缺，据《武夷山志》卷五、《刘氏传忠录续编》卷三补。

③ “称”，《刘氏传忠录续编》卷三作“胜”。

④ “祝”，《武夷山志》卷五、《刘氏传忠录续编》卷三作“祀”。

⑤ “瞻依”，原作“焉□”，据《武夷山志》卷五、《刘氏传忠录续编》卷三改。

⑥ “帷”，底本原缺，据《武夷山志》卷五、《刘氏传忠录续编》卷三补。

⑦ “寄”，底本原缺，据《武夷山志》卷五、《刘氏传忠录续编》卷三补。

⑧ “起勿”，原作“□忽”，据《武夷山志》卷五、《刘氏传忠录续编》卷三改。

⑨ “于琳”，底本原缺，据《武夷山志》卷五、《刘氏传忠录续编》卷三补。

挑明月于杖头。来居古道场，可谓善知识。时有居士道契、真诠，薰戒香、定香、知见香，无我相、人相、众生相。首加赏识，众乐瞻依。事既不无，言非得已。金篦刮眼，何劳面壁九春；木剑横眉，试舞还乡一曲。

法海移永福开堂疏

白云边散花净刹，闹市里多宝丛林。且道个是别是同，也不妨暂来暂去。踢翻木榍，何劳挨拶；当家拈出，金鎚要看。施呈老手，堂头和尚，凤捐尘累，顿了心宗。开觉路之津梁，透禅门之关捩。跏趺面壁，海静渊澄；棒喝逢场，山移石裂。来兹演法，允属当仁不须；底死藏机，试听打头一句。鼕鼕鼓响，共瞻猊座登时；晔晔电飞，谁识箭锋落处。

祭亡室陆氏文①

绍兴元年四月十八日，夫承事郎通判兴化军兼管内劝农事刘某，谨遣亲随黄庚，赍俸钱百千，往灵梵寺请僧十人，就□亡室陆氏孺人柩前，修佛事七日，仍设斋食，致祭于灵筵。

呜呼！死生有命，虽定数之难逃；夫妇之私，曷哀情之可已。念汝初庙见，而余丁家艰。枕由未几，□戈遽变，漂零航海，寂寞逃山，周旋几七八年，忧苦□千万状。分甘龘粝，人或难之；口绝怨嗟，汝为贤也。顷因随牒，弗获同车，岂期分手之言，遽作终天之别。朝犹在褥，夕已盖棺。陨壁②月于中天，锁琼台于长夜。川途阻绝，虽疾病而弗知；音讣流传，怅死生之已隔。只身海角，一恸神销。念契阔之几时，想音容之如在。昔□不早，今悔奚追。难招子母之魂，但沥肝肠之血。兴怀痛矣，悼往悠哉。趣徒御以赴哀，值简书之可畏。渠渠莫展，负负何言。托身于余，死而不见；恋禄居此，心固亡聊。寓斯文以写悲，冀幽灵之不昧。尚飨。　　　　以上同上书卷二〇

以上22篇佚文，《代贺秦太师启》、《双峡桥记》、《武夷修三清殿疏》已见《全宋文》册193卷四二五六、四二六〇，不过出处更晚；其余19篇则未见。

诚然，上海图书馆藏《屏山文集》残本中的这些佚诗佚文，多涉方外之人与事（诗如《赠谦师》、《送实师还金身》、《寄观妙法师》、《李汉老得法云门

---

① 据程勋《宋儒文靖公刘屏山先生实录》：“妣陆氏，浙之山阴人，故左丞佃之孙，奉直大夫真之女也。性谦淑能琴。先先生十有七年而卒，年二十有四。赠安人。”与此篇所载姓氏、卒年正合。见《刘氏传忠录续编》卷三，《北京图书馆藏家谱丛刊》（闽粤［侨乡］卷），第40册，第537页。
② “壁”，疑当作“璧”。

有书见招因寄此诗》《游瑞岩寺》,文如《云岩院记》《报恩院记》《跋〈华严经〉》《武夷修三清殿疏》《华严开堂疏》《法海开堂疏》《法海移永福开堂疏》等),确为考察刘子翚交游、思想的有益材料,且能补充其字号信息(《跋〈华严经〉》末署"潭溪居士")。而像《定婚书四首》《母氏吕夫人设醮青词》《祭亡室陆氏文》诸篇,以家庭生活中的婚丧内容为题材,兼具礼法与人情;特别是最后的悼亡之作,追忆自初识至永诀,情深意切,令人读罢潸然动容。

综上所述,上海图书馆藏《屏山文集》残帙十卷,系今日见存刘子翚别集之中最为特殊的一部,它的版刻体例、内容编次皆与自明弘治十七年刻本以降的明清各本不同,反映了早期刊本的面貌;虽然仅存其半,但有不见于他本的诗文作品 28 篇(首),辑佚价值丰富,可补《全宋诗》《全宋文》之阙;历经名家递藏,保留了大量的藏家钤印及题跋,讲述着辗转流传的过程。所以,无论是文献价值还是文物价值,它都弥足珍贵。

第二章　别集版本与辑佚(下)

——《水云村吟稿笺注》文献价值试论

刘壎(1240—1319),字起潜,号水云村,南丰(今属江西)人。早岁以诗文鸣。元世祖至元三十一年(1294),荐为建昌路学正。武宗至大二年(1309),迁延平路儒学教授。任满,诸生复留授业,又历三年乃归。仁宗延祐六年卒,年八十。平生"研经究史,网罗百氏,文思如涌泉"①,著有《水云村泯稿》、《水云村稿》、《哀鉴英华录》、《隐居通议》等。事见元吴澄《吴文正集》卷七一《故延平路儒学教授南丰刘君墓表》。

刘壎之诗、文,元时已编集,吴澄《墓表》即称"所著有《经说》、《讲义》、《水云村稿》、《泯稿》、《哀鉴英华录》、《隐居通议》,凡百二十五卷"。而经过明、清两朝的重新编刻之后,现存的刘壎别集,有《水云村泯稿》、《水云村稿》、《水云村吟稿》三种。其中,与他的诗作收录直接相关者,包括:① 明天启元年(1621)赵师圣刻本《水云村泯稿》三十八卷(其中诗四卷);② 清康熙四十一年(1702)顾嗣立编刻《元诗选》本《水云村稿》一卷;③ 清康熙三十五年(1696)裔孙刘凝注释并校刻、道光十年(1830)裔孙刘斯嵋爱余堂重刻本《水云村吟稿笺注》十二卷(康熙刻本为十一卷,今有台北"国家图书馆"藏旧抄本;道光本分原卷二"五言律诗"为两卷)。三者之中,《水云村泯稿》时代最早,且为诗文合集,但文字多有残损;《元诗选》本《水云村稿》只是一部选集,自然无法呈现刘壎诗作的全貌;《水云村吟稿笺注》前十一卷为诗、卷一二为诗余,收录诗作数量最多,各体兼备,又有刘氏裔孙详为笺注,末附清人新编《水村先生年谱》,尤其有助于刘壎生平经历与诗歌创作的综合考察。

崖山之岁,刘壎年届不惑,因而他在宋元两代的生活时间几近等长,故《全宋诗》、《全元诗》这两部由今人整理而成的大型断代诗歌总集中皆有其

---

① （元）吴澄《吴文正集》,影印文渊阁《四库全书》本,台北:台湾商务印书馆,1986 年,第1197 册,第 688 页。

人。此外,汤华泉《全宋诗辑补》作为《全宋诗》面世以来的最大一宗增补著作,参考了《全元诗》的既有成果,辑补刘壎佚诗 321 首(转录自《全元诗》者 317 首,出《水云村泯稿》;新辑集外诗 4 首)。然而必须指出的是,无论《全宋诗》、《全元诗》,还是《全宋诗辑补》,刘壎诗歌作品的搜辑其实都难称全备。究其原因,主要是学界将更多关注都放在了时代较早的明刻本《水云村泯稿》上,而忽视了对于晚出的清刻本《水云村吟稿笺注》的关注和利用。

一、《全宋诗》、《全元诗》、《全宋诗辑补》中的刘壎诗

(一)《全宋诗》中的刘壎诗

《全宋诗》册 69 卷三六一六页 43321—43325 共收录刘壎诗 14 首,分别是:《嘲贾似道》(出《隐居通议》卷一一)、《挽蜀帅张公珏》、《挽绵汉简诸公》、《挽四川制帅陈公》(以上出《全蜀艺文志》卷二四)、《补史十忠诗》(出《石仓历代诗选》卷二二三);另有残句二则:"羽纛金章映坐狱"(出《隐居通议》卷一〇),"水绕桃源堤上下,花迷金谷路高低"(出乾隆《建昌府志》卷六三)。细核之后却不难发现,其中明显的问题就有:

首先,主要文献出处为明人编辑的两部诗文总集——周复俊《全蜀艺文志》、曹学佺《石仓历代诗选》,没有关于刘壎别集的系统梳理和利用。刘壎由宋入元,历任建昌路学正、延平路儒学教授,后人多以元儒视之,其集亦归入金元别集之列(《四库全书总目》卷一六六"集部·别集类一九")。及至《现存宋人别集版本目录》,萃宋人别集的现存版本及藏所于一编,在断限方面则基本继承了各种古籍目录已经形成的传统,因此未收刘壎及其《水云村泯稿》、《水云村稿》和《水云村吟稿》。但是,编纂断代总集,既要遵循目录著录、囊括一朝一代的全部人物与作品,又要对于易代之际的人物与作品特别制定标准,以求全备。正如《全宋诗·凡例》所云:"本书收录断限,凡唐五代人入宋以后有诗者,将其入宋以前所作之诗一并收录;凡宋亡以前有诗者,将其入元以后所作之诗一并收录。"①而《水云村泯稿》卷四开篇先列"宋时旧作",作者自注:"余自少学诗,略成帙,中更乱离,散失殆尽。久之,访问交游间,仅存什一。不忍弃,姑录藏以志其旧。丙子宋亡后别为卷。"②其中,像《六庚》诗题下注"景定元年庚

---

① 《全宋诗》,第 1 册,第 23 页。
② (元)刘壎《水云村泯稿》,《元史研究资料汇编》影印明天启元年刻本,北京:中华书局,2014 年,第 6 册,第 151 页。

申"，即宋理宗景定元年（1260），《癸酉成都嘉定捷》中的"癸酉"即宋度宗咸淳九年（1273），皆宋亡以前诗作。因此根据《凡例》的要求，整理刘壎诗，应先从别集入手，由"宋时旧作"而至全部诗卷，兼括集外佚诗，方可保证全面、完备。

其次，误收刘壎之子刘麟瑞诗。《挽蜀帅张公珏》、《挽绵汉简诸公》、《挽四川制帅陈公》三诗，又见元赵景良编《忠义集》卷五、卷二、卷三，总题《昭忠逸咏》，署"丰民刘麟瑞"。据《四库全书总目》卷一八八《忠义集》提要："南丰刘壎作《补史十忠诗》一卷，述宋末李芾、赵卯发、文天祥、陆秀夫、江万里、密佑、李庭芝、陈文龙、张世杰、张珏之事，壎自为序。其子麟瑞，复取宋末节义之士，撰述遗事，赋五十律，题曰《昭忠逸咏》，凡四卷，亦自为前后序。……景良合二集为一编，又采宋末遗老诸作，续为二卷，……总名之曰《忠义集》。"①已对刘壎、刘麟瑞父子吟咏宋末死节之士的诗作归属做了清楚的分别。再看《全蜀艺文志》，径署"前人"，次于刘壎《挽四川制置使知重庆府张公珏》之后；然此"前人"当为前代之人，并非承前省题作者之例。由是观之，此三诗盖整理时误入刘壎名下，当删。

再次，《补史十忠诗》当替换更早出处。如前所述，元人赵景良合刘壎《补史十忠诗》、刘麟瑞《昭忠逸咏》为一编，更续其他宋末遗老诗作二卷，总题《忠义集》，文献时代远早于明人曹学佺编纂的《石仓历代诗选》，则此组诗出处宜用"元赵景良《忠义集》卷一"而非"明曹学佺《石仓历代诗选》卷二二三"。

（二）《全元诗》②中的刘壎诗

《全元诗》册9页342—407收录刘壎诗332首③。据作者小传之后的版本介绍："据中国国家图书馆藏明天启元年赵师圣刻本《水云村泯稿》三十八卷（卷二至五）缩微胶卷，编录刘壎诗。集外诗编在其后。明刻本《水云村泯稿》共存诗二九五首，但残缺较多，无别本可校。除其中两首仅存题目而未录，其他均照原文编入。赵景良《忠义集》附录诸公诗一，有刘壎《西捷》诗，已见《水云村泯稿》卷五，题作《凯歌一首》。《诗渊》四四一〇页有刘壎《送琴士归杭》，《皇元风雅》后集卷三作黄复圭诗。均未编入。"④具体言之，这332首诗作，包括集中出自《水云村泯稿》卷二至五的317首（即所谓

---

① （清）永瑢《四库全书总目》，第1708—1709页。
② 杨镰主编《全元诗》，北京：中华书局，2013年。
③ 原作"三〇八首"，未详何据，误。明刻本《水云村泯稿》共存诗319首，下文"二九五首"之数亦误。
④ 《全元诗》，第9册，第342—343页。

"其中两首仅存题目而未录")以及散见他书的《嘲贾似道》(出《隐居通议》
卷一一)、《补史十忠诗》(出《忠义集》卷一)、《送黄修永之武夷杜清碧学》、
《鹤》、《燕》(以上出《皇元风雅》后集卷二)、《止法》(出《元风雅》卷二八);
同时,对于《诗渊》误黄复圭《送琴士归杭》于刘壎名下的情况,版本介绍的
内容最后也做了必要的说明①。

　　较之《全宋诗》,《全元诗》以《水云村泯稿》卷二至五为底本编录刘壎
诗,又新增《送黄修永之武夷杜清碧学》、《鹤》、《燕》、《止法》等四首集外
诗,数量更多,内容更全。但是,在对底本文字的处理上,它也出现了明显的
失当,那就是认为《水云村泯稿》"残缺较多,无别本可校",甚至直接删汰了
两首仅存题目的作品,这样的做法显然与完整保存诗人诗作的宗旨相违背。

　　那么,《全元诗》没有收录的这两首仅存题目的诗歌面貌究竟怎样呢?
《水云村泯稿》,今有《元史研究资料汇编》影印明天启元年赵师圣刻本,检
核之后可知,这两首诗悉见卷五,分别是:

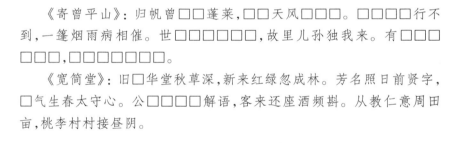

　　　《寄曾平山》:归帆曾□□蓬莱,□□天风□□□。□□□□行不
　到,一篷烟雨病相催。世□□□□□□,故里儿孙独我来。有□□□
　□□□□,□□□□□□□。
　　　《宽简堂》:旧□华堂秋草深,新来红绿忽成林。芳名照日前贤字,
　□气生春太守心。公□□□□解语,客来还座酒频斟。从教仁意周田
　亩,桃李村村接昼阴。

绝不至于诗句残缺不可辨识。而在《水云村吟稿笺注》卷六、卷七,前诗作
"归帆曾此近蓬莱,何事天风却引回。十里云山行不到,一窗烟雨病相催。
世家耆旧如翁少,故里交游独我来。有日舣舟寻隐处,碧桃花里认池台";后
诗作"旧日华堂秋草深,新来红绿忽成林。芳名照日前贤字,和气生春太守
心。公退倚栏花解语,客来还座酒频斟。从教仁意周田亩,桃李村村接昼
阴",内容完整,意象鲜明,兼有个别异文。同样地,其他诗句中的缺省文字,
亦可通过《水云村吟稿笺注》进行校补(其说详后),并非"无别本可校"。况
且就时代而言,《水云村吟稿笺注》仅晚于《水云村泯稿》七十五年,刘氏子
孙编刻先祖诗集时所据之文献材料今虽不得而知,但亦当有所本,可以
信从。

---

　①　《全宋诗》册 69 卷三六一六页 43321 刘壎名下亦未收《送琴士归杭》一诗,是。然依《全宋
　　　诗·凡例》,宜另立存目,说明《诗渊》之误。

由此观之,尽管《全元诗》在刘壎小传中已称其"所著……《水云村吟稿》十二卷、《水云村泯稿》三十八卷,今均存",却只注意到了《水云村泯稿》的版本时代更早而确定为底本,没有进一步发现两个本子在卷次、内容等方面的编排差异,从而忽略了《水云村吟稿笺注》的校勘、补阙价值,笼统地认为"无别本可校";更甚之处,则在于径自删去文句残损较多的诗作,一定程度上变乱了底本的原来面貌,实不可取。

(三)《全宋诗辑补》①中的刘壎诗

《全宋诗辑补》册 6 页 2656—2742 续补刘壎诗 321 首,包括转录自《全元诗》的 317 首和《送黄修永之武夷杜清碧学》《鹤》《燕》《止法》等另见于元人总集的 4 首。作为续补之作,《全宋诗》已收之《嘲贾似道》与《补史十忠诗》,《全宋诗辑补》便不再收录,而其中新增的最主要部分,又是从《全元诗》转录而来。这就意味着,《全宋诗辑补》一方面追随着《全元诗》,补入了《全宋诗》整理编纂时未曾利用到的刘壎别集《水云村泯稿》,确实是对《全宋诗》失收漏收现象的一次有益纠补。另一方面,它也因袭了《全元诗》的失当处理,即仅仅根据作为底本的《水云村泯稿》而忽视《水云村吟稿笺注》的参校价值——《全元诗》删略之诗,《全宋诗辑补》亦删略;《全元诗》未校之处,《全宋诗辑补》亦未校。可以说,正是由于转录工作的间接性与机械性,《全宋诗辑补》出现这些问题在所难免。

以上我们逐一分析了《全宋诗》、《全元诗》、《全宋诗辑补》各书收录刘壎诗作的情况,并从中注意到,由《全宋诗》而及《全元诗》,成果呈现的全面性和准确性都有了显著的提高,同时也暴露出来一些新的不足。而推动解决、以臻完善的关键,首先就是对于刘壎别集版本的更深入、细致考察。更确切言之,即不单纯局限于版本年代的早晚,而是从编排体例、卷次内容上综合比较各本;不仅仅着眼于明天启刻本《水云村泯稿》这一个本子,而是对清刻本《水云村吟稿笺注》的文献价值也予以应有之揭示。

二、《水云村吟稿笺注》的文献价值

《水云村吟稿笺注》十二卷,清道光十年(1830)刘斯嵋爱余堂重刻康熙三十五年(1696)刘凝注释并校刻本,一函四册②。扉页牌记:中间大字隶书"水云邨吟稿";右刻"道光庚寅年镌",左刻"爱余堂藏板",皆楷书。

---

① 汤华泉辑撰《全宋诗辑补》,合肥:黄山书社,2016 年。
② 今藏中国国家图书馆,索书号 82815;以下引文及录诗皆据此本,不再一一注明。另外,据《中国古籍总目·集部》著录,北京大学图书馆、天津图书馆、南京图书馆、山东省图书馆亦藏此道光十年重刻本。

是书半叶八行,行二十字,双行小注字数同;四周双边,单鱼尾,版心刻书名"水云邨吟稿"、卷次、页码。各卷首行题"水云邨吟稿卷×",次行署"南丰刘壎起潜著",三行署"十三世孙冠寰尚之编辑,十四世孙凝二至笺注,二十世孙斯嵋眉生校刊",四行署"后学阳湖龚望曾秋涧参阅,通州冯云鹓集轩、曲阜孔昭美缃文参校"。

卷首依次为刘斯嵋《重刻水云村吟稿序》、曾子良《水云村吟稿原序》、符遂序及刘壎《无名先生藏山诗稿序》、刘凝《水云村吟稿笺注序》及《重刻水云村吟稿总目》、《新刻水云村吟稿条例》;卷末包括吴澄《延平路儒学教授刘君墓表》、符遂《刘水村先生传》、刘都《跋水云村吟稿后》、龚望曾《水村先生年谱》、冯云鹓《重刻水云村吟稿跋》等。卷首、卷末及正文各卷之后,皆有专门的文字内容考证。

今据各篇序跋及其他相关材料大致可知:《水云村吟稿》作为刘壎之诗集,在他生前就已初步编成,并延请曾子良作序。明天启元年刻本《水云村泯稿》卷二七有一篇《曾平山序水云村诗》,称"金溪曾仲材子良,自号平山,南丰族裔也。以能赋擢咸淳戊辰第,累仕至建德府淳安令。甫三月,国事变,归隐山中,鬻文以自给。辛卯秋,予访之,年六十有八矣。盖别二十年而复会,欣然道旧。明年以予所作《水云村吟稿》往请教焉,辱为序曰……"①曾仲材(1224—?),字子良,号平山,宋度宗咸淳四年(1268)进士;"辛卯"为元世祖至元二十八年(1291),是岁刘壎谒访时已六十八岁的曾仲材,而作序事又在次年,则《水云村吟稿》的初编当不晚于公元1292年。其时刘壎年止五十三,因而他之后二十多年的诗作自然不会在这个初编本中有所反映②。明正德十二年(1517),程隆迁知南丰,偶阅刘壎诗作,"深叹其学识该博,笔力高古,即欲刊行,恨无全集,乃摘稿中诗,厘为十卷。将镂梓,命遂曰'子,邦人也,宜序诸卷端'";而符遂本人也认为刘壎诗"或系以甲子,或缀以引语,而宋季元初之事与夫终身履历,循循可考",于人于事大有补益之功,"程侯刊而表章之,真知言哉"(以上见符遂序)。可惜这个本子至清初即已湮没不传,仅有符遂的序文可窥梗概。康熙三十五年,刘凝回忆自己幼时在父亲刘冠寰的引导下接触先祖刘壎之诗,深感其"遒壮而激昂,为诗家上品",而今"回思童稚之年,倏忽耄耋已至。恐后此复归散逸,乃取先君藏本,参考订正,详为注释,并考时核事,俾得作者之意。……雠校既竣,因忆幼时所以

① (元)刘壎《水云村泯稿》,《元史研究资料汇编》影印明天启元年刻本,第 7 册,第 201 页。
② 另据《水云村吟稿笺注》卷七《酬刘其原》颔联"新知喜托宗盟重,旧作欣沾序语香",则刘其原也曾在刘壎生前将作品结集之后为其序。只可惜,这个集子的面貌乃至刘其原序皆已不存。

读公诗之馀，亦以见先君搜辑苦心，俾后之君子得以论次焉"（以上见刘凝《水云村吟稿笺注序》）。及至嘉庆、道光间，刘斯嵋"思竟先人之志"，嘱龚望曾、冯云鹓、孔昭美等人先后校阅，最终于道光十年重刻。由此观之，《水云村吟稿笺注》一书，始于刘氏裔孙刘冠寰搜辑遗佚而分体新定十一卷，中经刘凝考订笺释，最后刘斯嵋分原卷二"五言律诗"为两卷，"又以各家序为卷首，年谱为卷末，刊成全帙"，"另为考证数条，附于每卷之后"（《新刻水云村吟稿条例》），总成现在的篇幅规模。

诚然，这样一部《水云村吟稿笺注》，从严格意义上说来，当属清人辑编之作，时代较晚。不过由于今日几乎没有专门的刘壎诗集传存下来，《水云村泯稿》虽有硕果仅存之明末天启元年刻本，但它既为诗文合集，收录的诗作又很不完整，而《水云村吟稿笺注》只是略迟于《水云村泯稿》，更经过了刘氏子孙的精审校刻，所以我们认为，无论《全宋诗》还是《全元诗》中的刘壎诗辑补整理，乃至于专门从事刘壎诗歌艺术特色及成就的独立研究，都应当充分重视《水云村吟稿笺注》的文献价值。约略言之，其价值又可从以下三个方面予以着眼：

（一）校补异文

《水云村吟稿笺注》卷末《跋水云村吟稿后》称："其阙句阙字，则以意足成之，即予小子亦间补一二。余之所补，再有未安者，家君又从而更定之。家君之所补，间有推敲未定，亦必与予小子再三商榷，期于至当而后已。其阙脱已多不可复补者，则姑置之，其难其慎，大费苦心。此则康熙己巳年订定于崇义三余署中者也。"很显然，刘壎诗句中阙文的补足工作，主要是由刘凝于康熙二十八年（1689）完成的；但是他在进行这项工作的时候都有哪些参考、哪些依凭，《水云村吟稿笺注》中并没有做出任何具体交代或者清楚呈现，现在也只能暂付阙如了。

今以明天启元年刻本《水云村泯稿》（卷二至五）与清刻本《水云村吟稿笺注》对校，确实能够发现，《水云村吟稿笺注》在校异文与补阙文两个方面都颇有可取之处。

首先是校异文。《水云村泯稿》卷五《喜清堂》诗"茸纛金章映座狻"一句，《水云村吟稿笺注》卷八作"羽纛"，并于诗后按断："《隐居通议》云：'狻'字韵亦罕见有用者。予近有诗曰：'羽纛金章映坐狻。'或亦谓其稍新。"《隐居通议》是刘壎的个人笔记，这段话见于卷一〇"诗歌五·奇韵"条。这里引用笔记中的论诗之语作为诗句的印证，其文可从，《水云村泯稿》作"茸纛"或误。

其次是补阙文。如前所述，《寄曾平山》《宽简堂》二诗，《水云村泯稿》

文字残损较为严重,《全元诗》因而未收,但《水云村吟稿笺注》中的诗句内容完整,可资校补。这样的情形还有不少。例如,《水云村泯稿》卷三《丙午纪事》之后的三首诗,题目均缺,而根据《水云村吟稿笺注》则知,它们分别是《谌教授挽章》与《和李金事二首》;并且,《谌教授挽章》的首联和颈联完整,不似《全元诗》处理为"阙题",文字也大量以"□"替代①。

由此可见,刘壎诗的整理,并非如《全元诗》所云"无别本可校",《水云村吟稿笺注》在文字校补方面的重要性,当为整理者所注意。

(二)辑补佚诗

《水云村吟稿笺注》十二卷,各卷的内容依次为:卷一琴操 1 首、五言古诗 10 首、七言古诗 2 首,卷二五言律诗 68 首,卷三五言律诗 65 首,卷四七言律诗 25 首,卷五七言律诗 66 首,卷六七言律诗 65 首,卷七七言律诗 67 首,卷八七言律诗 52 首,卷九七言律诗 58 首,卷十七言律诗 55 首,卷一一七言绝句 10 首,卷一二诗余 30 首。《新刻水云村吟稿条例》最末也称:"是编五律一百三十三首,七律三百八十七首,合之琴操、五七古、七绝、诗余,共五百七十三首,亦云全备。世之君子倘能搜求遗佚,再为续编,以补其阙,是所望也。"较之《水云村泯稿》卷二至五收录的 319 首,《水云村吟稿笺注》更多出 200 余首作品(其间亦存在《水云村泯稿》有而《水云村吟稿笺注》未收的情况,可见两书并非简单包含的关系,后者不能完全取代前者),为《全宋诗》《全元诗》《全宋诗辑补》等书所漏。另外,《全元诗》新辑集外诗中,《止法》又见《水云村吟稿笺注》卷一"七言古诗",《送黄修永之武夷杜清碧学》《鹤》《燕》又见《水云村吟稿笺注》卷五"七言律诗";虽然元人所编元诗总集在时代上远早于辑刻于明清两朝的《水云村泯稿》和《水云村吟稿笺注》,但是就《全宋诗》《全元诗》中有别集存世之诗人诗作的编排体例而言,出处次序似仍以先《水云村泯稿》和《水云村吟稿笺注》这两种别集、后其他散见之书为宜。兹依原书卷次先后,续辑《水云村吟稿笺注》新见之诗(具体内容详后),以补《水云村泯稿》之未备。

(三)笺注、考证与年谱

1. 笺注

作为刘氏子孙,刘凝对于先祖诗集的编刻,除了"其难其慎"地补足阙句阙字之外,更重要的一部分心血,体现在"详为注释,并考时核事,俾得作者之意",即为之笺注的方面。总览全书,刘凝之笺注,既包括一诗之题解以及

---

① 另外,《和李金事二首》,《全元诗》题作《谢教导挽章》,未详何据。见《全元诗》,第 9 册,第 360 页。

标明刘壎作此诗之年岁，又涵盖了诗句中涉及的地理、人物、史事、典故、制度以及思想情感等内容。

　　例如，《水云村吟稿笺注》卷四《闻合州围解》，诗题下注："合州属四川重庆府，古濮国地，秦垫江西，魏合州，隋涪州，唐巴州。宋理宗开庆元年己未正月，蒙古主围合州，知州王坚拒守，屡败元兵。七月，蒙古主蒙哥卒于合州城下，解围北还。时公年二十。"这里包括了三层信息：一是合州区划辖属关系与历史地理沿革，二是这首诗歌创作的时事背景，三是刘壎作诗时候的年龄。卷八《和许右丞孝思诗》（二首），诗题下注"时公年六十有九"；其二"堂空二纪不堪思"，"二纪"注："水村之母卒于至元甲申，时年四旬有五。此诗云'堂空二纪'，则至大戊申，时年六旬有九。二诗借他人怙诗之感，写自己风木之悲，情真语痛，知其终身慕父母矣。"刘壎四十五岁时（元世祖至元二十一年，1284），其母揭氏病故①。二十四年后（元武宗至大元年，1308），他又有唱和组诗。藉由"堂空二纪不堪思"这一句及全诗其他意象（如"宰木云寒无客到，庭萱春寂有谁嬉"），不仅能够推知这组和诗的写作时间，而且可以想见随着时间的流逝，作者对于已故至亲的倍加思念。"二纪"一词的笺注，恰到好处地点明了这首作品更为深沉的情感寄托所在——不止他人之孝思，更是自我之孝思。

　　前引明人符遂为刘壎诗集所作序文称："……人惟喜少陵之诗，至有以史称者，有以圣称者。遂于水村之诗亦然。盖其出处趋背，景贤嘉善，闵时病俗，悉于诗发之。间于各题，或系以甲子，或缀以引语，而宋季元初之事，与夫终身履历，循循可考。"通过与杜诗的类比，强调刘壎的诗歌真实而生动地展现了其所经历的宋元易代之际的动荡图景，以及作者在这一动荡背景之下的颠沛经历，同样堪称"诗史"。而刘凝的笺注，也尤其注重突出刘壎诗作的个人性与时代性特色，使读者由诗及注，既能了解宏阔的时代背景，又能品悟个体的情深意切。

　　2. 考证

　　就在刘凝笺注刘壎诗集并付之剞劂百余年后，刘氏裔孙刘斯嵋又于道光十年重刻《水云村吟稿笺注》。与康熙时的初刻本相较，重刻本最明显的两处增益，一是各卷之后的"考证"，二是全书之末的"年谱"。

　　所谓"考证"，实即"原本旧注引证与正史间有不同，不敢妄议，谨将异

---

① 《先母揭氏孺人圹志》："先母揭氏孺人……生于宋开禧乙丑岁六月十有五日，终于至元甲申岁十一月十六日，享年八十。"见（元）刘壎《水云村稿》，影印文渊阁《四库全书》本，台北：台湾商务印书馆，1986 年，第 1195 册，第 411 页。

同另为考证数条，附于每卷之后"（《新刻水云村吟稿条例》），也就是针对刘凝的笺注内容与其他文献中的相关记载不同之处，不直接加以删改，而是另列于各卷之后，提供给后来的读者自行对比辨析。仍以《闻合州围解》一诗为例，题下注蒙古宪宗蒙哥围合州事在理宗开庆元年正月，解围于是年七月，而"考证"则云："按《宋史·理宗本纪》，开庆元年四月诏：守合州王坚婴城固守，百战弥厉，节义为蜀列城之冠，诏赏典加厚。八月，元宪宗崩于军中。九月，合州解围。与此不同。"核《宋史》原文，"（八月）乙酉，降人来言：大元宪宗皇帝崩于军中"；"（九月）庚午，合州解围，诏王坚宁远军节度使……兼知合州"①。则蒙哥卒于军中事当在八月之前，九月以王坚坚守合州有功而下诏封赐。同样是这段史事，《元史·宪宗本纪》正作"（八年十二月）甲辰，遣宋人晋国宝招谕合州守将王坚，坚辞之，国宝遂归"；"九年己未春正月……丁卯，大渊请攻合州，俘男女八万余"；"秋七月……癸亥，帝崩于钓鱼山，寿五十有二，在位九年"②。因此，刘凝笺注不误，而是刘斯嵋对于《宋史》的文字记载发生了理解上的偏差。不过也恰恰由于刘斯嵋的"不敢妄议"、"另为考证"，后人才得以在"笺注"与"考证"的对读之间做出更加审慎、准确的分析判断。

　　至于各卷"考证"的援引文献，《条例》只言及"正史"，但其实还包括《西江志》、《福建通志》、《明一统志》及《隐居通议》等，不仅限于《宋史》和《元史》二书。

　　3. 年谱

　　道光五年，刘斯嵋曾嘱龚望曾校阅《水云村吟稿笺注》，并撰成《水村先生年谱》。龚氏在年谱之后的识语中谈道："兹编诗虽未全，然而有不可没者，盖宋元之际目击板荡之忧伤，不得已而托于杜陵之以诗为史，华衮斧钺，悉寓于长言咏叹之中，则先生之诗，即宋元之逸史也。上下八十年间，事类纷如，指归不一，藉非年经月纬，次而列之，则知人论世者何由了如指掌哉！曾之辑是谱也，以事核诗，以年核事，故于旧注间有异同。至时事之无系于诗者，略而不书，盖参稽事迹而谨严出之，庶取信于将来云尔。后之君子，由谱以读先生之诗，由诗以合草庐之表，则得矣。"他也认同刘壎的作品具有"以诗为史"的功用，而这一年谱的编撰也以诗作内容与时势背景的契合为原则，尤重诗以系史、史以证诗，那些与诗无关的史事则一并从略。

---

①　（元）脱脱《宋史》，北京：中华书局，1977 年，第 3 册，第 866、867 页。
②　（明）宋濂《元史》，北京：中华书局，1976 年，第 1 册，第 53—54 页。

全谱以列表的形式,自上至下分作四栏,依次为纪年、时事、出处、诗。例如:

表 2 - 1 龚望曾《水村先生年谱》节录(原为横排,今改以纵列显示)

纪 年	时 事	出 处	诗
……			
(宋理宗)淳祐六年丙午		揭太孺人课以四子经书。性颖悟,过目成诵。	
……			
(宋理宗)景定元年庚申	春二月,蒙古引兵还。贾似道用刘整计,攻断浮梁,杀七十余人,使夏贵等杀其殿卒于新生矶,奏诸路大捷,召还朝。夏四月,蒙古主忽必烈立,使翰林侍读学士郝经来修好。贾似道幽之真州。经上书于帝及执政,且请入见,皆不报。	先生声名日著,与时辈汤斯立、曾唯仲、邓元实游陈令君琥之门,尤加敬礼。	《景定江上》《白鹿矶》《六庚》《吊李校书尊》《送女道士赴龙翔宫》
……			
(元世祖)至元十七年庚辰	以阿剌罕为右丞相,复大发兵击日本。	先生以兵祸频仍,风饕雪虐,矛折剑炊,独确守素业如平时。扁读书之堂曰寿文,作《寿文堂赋》。	《九日》《喜雨》《夜坐》《偶成》
……			

这样就将刘壎的 440 多首(组)诗系于宋理宗开庆元年(1259)至元仁宗延祐六年(1319)的 61 年之间,并辅以宋末元初的时事变迁,为刘壎诗歌创作的编年考察做了必要的准备。

总言之,笺注、考证与年谱三者,不仅是道光重刻本《水云村吟稿笺注》一书的有机组成部分,还可视作清代考据学风在前朝别集整理领域的影响产物。有清一代,前朝的别集整理"主要有两类著作:一类是校注,一类是辑集"①。而《水云村吟稿笺注》兼具这两项特征——刘冠寰多方搜辑先祖

---

① 孙钦善《中国古文献学史简编》,北京:北京大学出版社,2008 年,第 435 页。

刘壎诗作,分体编成十二卷,是为辑集;刘凝"乃取先君藏本,参考订正,详为注释",是为校注。而无论辑集还是校注,都力求完备、细致,广泛参证,缜密考订,这无疑是受到了考据之学的强烈影响。清代的考据学,远绍"以考据和文字、训诂见长的汉代经古文学的传统"①,在经、史两部成就最富。于是治史之风所及,别集的整理也开始出现史学化的倾向,即编纂年谱,同时力主实现以诗证史、以史证诗②。龚望曾纂集《水村先生年谱》,具体的做法就是"以事核诗,以年核事",希望后之读者"由谱以读先生之诗,由诗以合草庐之表";而从《水村先生年谱》的结构形式与内容对应来看,它也确实将刘壎诗重新打乱卷次,编年为之,更通过诗篇与时事的联结,为后人在理解诗作涵义、旨趣的基础上进一步探究刘壎诗歌情感以及人生态度的发展演变,提供了史料上的便利。

在《新刻水云村吟稿条例》的最后,刘斯嵋期待"世之君子倘能搜求遗佚,再为续编,以补其阙,是所望也"。事实上,刘壎诗,除却《水云村泯稿》卷二至五和《水云村吟稿笺注》前十一卷这两处最集中收录之外,其他卷次的相关文类之下亦有散见。例如,明天启元年刻本《水云村泯稿》卷一一、一二和影印文渊阁《四库全书》本《水云村稿》卷七悉为"题跋",其中《题懒绣图》、《跋戴松牛》、《题范蠡泛湖图》、《赵宗丞奏稿跋》、《黄蘗屋补玉楼记跋》、《蜀江图跋》等六篇文字之下还有题诗,《水云村吟稿笺注》就统一辑入卷一一"七言绝句"。类似的情况还有,《水云村泯稿》卷一三和《水云村稿》卷二"碑"下的《参政陇西公平寇碑》、《丰郡三皇庙碑》、《大田广佑王庙碑》、《贞元万寿宫碑》,各篇文字最末皆附以"诗曰",且采用统一的四言体式。而这四首作品,《水云村吟稿笺注》辑录时未收,《全宋诗》、《全元诗》亦未关涉。今日我们进行《全宋诗》的订补工作,也应将它们一并收录,力求更全面包罗刘壎诗作的数量和内容,也更完整呈现刘壎诗作的特色和价值。

三、《水云村吟稿笺注》新见刘壎佚诗辑录

刘壎诗,《全宋诗》收录 14 首,间有舛错;《全元诗》以明天启元年刻本

---

① 孙钦善《中国古文献学史简编》,第 415 页。

② 王雪玲《清儒整理唐代文献研究》第五章《唐代文学文献的整理与研究》专门论及:"清儒笺注唐人别集表现出了不同以往的史学化倾向,这种倾向主要表现在作者年谱的大量改订或补作、编纂别集或选集时的系年化倾向以及笺注过程中诗史互证方法的普遍运用等三个方面。"北京:中国社会科学出版社,2013 年,第 197 页。而与之类似,宋诗在清代重新获得关注乃至推重,宋集(包括别集和总集)在清代也屡见编刻之举,那么同样受到考据之学的影响,不仅唐人别集的笺注呈现出史学化的倾向,宋人别集亦然。

《水云村泯稿》(卷二至五)为底本编录,后附集外诗,但删除了两首仅存题目的作品,总计332首。今据清道光十年刘斯嵋爱余堂重刻本《水云村吟稿笺注》十二卷(前十一卷为诗),续辑刘壎佚诗,先列出《全元诗》删去的两首作品,并校补阙文。《水云村吟稿笺注》所见异体字,一以通行规范字体为准。个别诗作之下,加注按语,说明重出另见的情况。

寄曾平山

归帆曾此近蓬莱,何事二字原缺,据《水云村吟稿笺注》卷六补天风却引回。十里云山以上七字原缺,据《水云村吟稿笺注》补行不到,一篷《水云村吟稿笺注》作窗烟雨病相催。世家耆旧如翁少,以上六字原缺,据《水云村吟稿笺注》补故里儿孙《水云村吟稿笺注》作交游独我来。有日叙舟寻隐处,碧桃花里认池台以上十三字原缺,据《水云村吟稿笺注》补。

宽简堂

旧日原缺,据《水云村吟稿笺注》卷七补华堂秋草深,新来红绿忽成林。芳名照日前贤字,和原缺,据《水云村吟稿笺注》补气生春太守心。公退倚栏花以上四字原缺,据《水云村吟稿笺注》补解语,客来还座酒频斟。从教仁意周田亩,桃李村村接昼阴。 以上明天启元年刻本《水云村泯稿》卷五

闵 农

多稼盈望低复昂,半绿半已连云黄。老农呼儿喜欲狂,摘稻归作午炊尝。炊犹未熟犬声急,官中人已当门立。

止 法

乔木长千年,终不到霄汉。怒涛涨千尺,终亦有畔岸。倘非分限本截然,波吞天地枝插天。位极三公殊未惬,粟积千仓犹道乏。黄金满柜尚求多,华屋连云常苦狭。人心无足时,天道有止法。 以上《水云村吟稿笺注》卷一

按:《止法》诗,又见元蒋易《元风雅》卷二八。

舟泊新铺石矶头舟人登岸伐薪

帆收日影落,怅望倚苍湾。暮色水云淡,秋声竹树间。伐薪供夕爨,沽酒破愁颜。已作西江客,乡音不学蛮。 同上书卷三

蜀江图

右颍川德英父所藏蜀江图也,广仅半尺,修逾四丈。西起威州,东汔江陵,跨十有八郡。其间山川、城垒、人物、聚落、仙宫、梵宇、风帆、浪舶,历历在眼,真奇笔也。忆少日阅舆地志,极爱西川风景形胜雅,欲溯巫峡、瞰剑阁,周视古英雄争战处,略慰胸中之奇。顾蹉跎寖老,付来生矣。展玩伤怀,因寄一叹并赋之。

谁挈坤维入画图,东西川合汇荆湖。金汤夹岸提封接,玉帛连樯贡

赋输。剑阁几烦豪杰梦,锦城曾是帝王都。如今混一兵氛息,闻道烟花
渐似吴。　　　　同上书卷四

按:《蜀江图》诗,又见明天启元年刻本《水云村泯稿》卷一二、影印文渊
阁《四库全书》本《水云村稿》卷七。

雨　夜

记十年前事不同,十年事过已成翁。青山雨暗春风外,沧海尘飞永
夜中。聚散有时云弄影,去来无着月行空。古今一色花边梦,醉眼休看
绿似红。

新晴答友

几日云阴今日晴,晴阴无定莫关情。好花虽落香仍在,明月初沉影
又生。诗里弟兄来往热,梦中身世去留轻。他年老大怀今乐,别有新愁
入笛声。

病　起

窗外初惊落叶风,窗前尚喜草青葱。秋虹截雨天开运,晚鹭拖烟雪
点空。南北青山悲代谢,古今白日识英雄。关河落照无穷思,欲赋狼胥
托塞鸿。

寄盱城吟友

燕留花送两凄然,欲语无悰只自怜。碧草漫生新旧恨,白鸥那管去
来船。当时惜别情如海,今日相思月在天。太息停云何限意,愁听羌管
更啼鹃。

九日次韵

谁挽西江酿作醅,尽浇愁去莫重来。醉中天地昇平在,梦里衣冠仿
佛回。风雨黄花吟兴熟,燕云归路客心哀。焚香遥祝明年健,天际晴光
五色开。

奉还南居吟卷

城南曾此共文盟,别后东风几度经。永夜相思心白白,新年重会鬓
星星。杜陵老去诗犹壮,栗里归来酒未醒。乍喜相逢还欲去,一鞭春色
又长亭。

怀雪边黎使君

八表同昏夜气深,索居抱独执兰金。翻思旧日文章友,每动中宵感
慨心。四海弟兄云聚散,十年风月梦追寻。向来园泽重逢否,华表荒荒
鹤影沉。

送　春

青皇回跸竟何之,问着啼鹃也不知。深院落花人寂寞,空江微雨燕

差池。从知好景常流转,漫向东风惜别离。转眼寒梅飞作雪,春光依旧满天涯。

怀 友

云山万叠梦凄然,几度相思绝可怜。风雨恨无花耐久,古今宁有月长圆。清樽薄醉轻寒夜,画角孤吟欲晓天。此际此情那可说,断肠江路隔风烟。

依韵答友

老去无诗可细论,更无朋可共清樽。午风忽堕碧云句,春色顿生黄叶村。力战卫青方气锐,不侯李广但心存。深林趺坐间观化,何处鸟声叫日昏。

长笑安昌授鲁论,已输陶令酒盈樽。貂冠犹压雪霜鬓,麟冢已荒烟雨村。三径旧游人尚在,千年高致菊长存。芬芳今古惟名节,若问黄尘永昼昏。

除 禫

地老天荒日月催,几筵初彻寸心摧。楼头迎晓参挝鼓,枕上思亲万种哀。定省无期何处去,烝尝有位想归来。白云在望空肠断,冷落庭萱冷落开。

元夕立春前一日雪

开尽梅花岁又新,东风犹未到江滨。三阴难遏群阳长,一雪终来万象春。灯火久闲今市陌,胜旛还想旧衣巾。壮心不共流年老,信笔成诗亦有神。

晓 意

昨夜斜阳今复东,化机流转事何穷。雪霜千树总春气,云月一天终太空。周汉有人怀渗漓,秦隋无策壮英雄。心闲窥见元工妙,世眼昏花绿似红。

入 夜

入夜寒声响鬓毛,踏开藓色步亭皋。天容湛碧月华满,风叶吟清霜气高。巾褐适安吾黻冕,金珠换贵世靴袍。诗书门户知长久,肠断雕墙绿野蒿。

次揭亨泉韵

我亦怜君鬓早秋,力微何自为君谋。昔无人重杜子美,今有谁称马少游。烟雨昼酣方堕鹊,江湖春静且盟鸥。人间合有欧阳在,为放眉苏出一头。

清明雨中屯兵掠路

时际清明不厌晴,晴天虽暗亦分明。看今云雾翻千态,恨昔莺花老半生。路有滑泥新虎迹,树浮飞霭乱鸦情。松楸沥酒年年事,何事今年不敢行。

记梦芙蓉城 出入韵

瑶英陈迹几秋风,玉冷香销绿草丛。死去无情疑永别,梦游何处忽相逢。依然月照人如画,独惜钟鸣色已空。一笑未能忘幻想,又牵吟思绕芙蓉。

别谌桂舟宽其不遇之叹

相思永夜月行空,此世何人及此翁。后子云生书定贵,今韩愈在道谁同。一时好友俱头白,他日逢君只梦通。牢落中年欣聚会,归云流水又西东。

赋新楼

何处人间有此楼,此楼雄镇此南州。八窗界玉天光近,万瓦凝波月影浮。倚画栏看秦地阔,卷珠帘抚汉宫秋。茫茫九有飞尘满,移眼前溪认白鸥。

闲 将

闲将世事校前书,那得今犹与古如。丽日酣春尧舜代,清风解愠汉唐初。余生露叶哀庖鹿,何处江花纵釜鱼。四序自行天不管,悠悠谁此问乘除。

兵 后

辽鹤偶然归故乡,归来无复旧徜徉。看花缘断生何益,食粟身存死不香。少有狂心惟梦在,老无余念但诗忙。诗成无补人间事,却愧前知赤白囊。

午 坐

门掩薰风雨后晴,晴阶草色翠盈盈。庭无来客昼常静,树有余阴晚更清。世阅千年多丧乱,神闲一枕梦昇平。尘消下土无怀境,天上微垣夜夜明。

吴石云见访次韵

清绝江山泰伯乡,忆陪吟佩此徜徉。浣溪人老丹心壮,易水风悲侠骨香。卧石看云闲处乐,浇花觅句静中忙。即今此事真堪惜,不数君家老布囊。

再用韵寄周秋潭

潭上仙人老醉乡,思君何自共徜徉。□横百里心无碍,笔吐千花句有香。沧海尘扬迷去住,锦江春静任闲忙。寄贤多谢频相忆,倘念臣饥赠粟囊。

送黄修永之武夷问道

眼中尘雾正昏昏,华盖风高翠入云。一代风流超晋宋,百年礼乐寄河汾。波宽好看鱼龙化,天远空怜雁鹜群。亦有平生观海意,出门万里独惭君。

鹤

延颈池边照影晞,花明柳净思依依。年深色重丹砂顶,日暖光浮白雪衣。晴月梦回三岛去,看云思上九霄飞。玉箫声断秋宵冷,应有仙人忆未归。

燕

万里来从海外村,定巢时听语频频。帘风半卷重门晓,社雨初晴二月春。尾上系诗成往事,掌中学舞是前身。华堂茅屋依然在,几处相逢旧主人。　　以上同上书卷五

按:《送黄修永之武夷问道》、《鹤》、《燕》三诗又见元傅习、孙存吾《元风雅》后集卷四。

酬友人见寄

老天于我岂无情,未许安闲饱菜羹。旧说乱离今眼见,每闻征戍即心惊。万花过影空前事,一叶浮波寄此生。安得飞仙携手去,天风笙鹤碧云横。

答陈南居

万事何曾一事成,春风过处总关情。早知世味浑如醉,奚用书痴苦为名。刁斗夜严惊梦断,阑干昼倚看云生。云生云灭终无定,日晕红光凤一声。

寄月珠胡道人

自古求仙仙未成,痴心犹欲学长生。领垂素发年将暮,案有丹经道未明。永日晴风方岛近,行云流水世缘轻。刀圭倘许分残剩,看到黄河彻底清。

重到竹溪为易雪厓赋

前回曾此步溪云,蚤识鸾停把秀芬。别去何年频入梦,重来今日喜论文。露浮桂蕊天香满,秋入松声帝乐闻。醉里不须谈世事,碧栏干外正斜曛。

绣谷赏桂席间赋呈雪厓

万里西风雨里云,客来寻访此溪滨。三秋富贵众香国,四海清闲大

雅人。汉地山川今昔梦,谢家池馆旧时春。重来未卜聊沉醉,金屑堆中卧草茵。

访周小溪亦溪就次其韵

城南聚散不知年,溪外云深别有天。前度共吟今是梦,平生才到此何缘。晴峰带雾秋如画,夜榻论诗客不眠。坡颖情殷惜遽别,好诗频寄慰凄然。

曾陶曾葺书室题曰小木天

行秘书今隐薜萝,人间风月奈吾何。千山云气木天小,八表秋阴草地多。耽酒意真存洛社,论诗妙处按江沱。旧家群玉真仙府,横玉声声敕勒歌。

访庸斋徐参政

书已无成剑又休,翛然湖海泛扁舟。山中日月成空老,天下英豪愿共游。诗愧杜陵来蜀道,人如王粲托荆州。江天寸草涵春意,莫遣寒梅独自愁。

谒万平壑

日晕红光记昔时,垂绅如见凤来仪。云归懒作人间雨,昼永闲看局外棋。种菊久安陶径隐,采芝岂愿汉廷知。西江文脉今谁寄,敢为明公祝寿祺。

回　舟

悠悠岁暮出洪州,风熟帆轻解客忧。古岸沙平江水落,寒林叶净雪云浮。三千界内人俱别,五百里行天共愁。归去故山成独笑,未知何语对沙鸥。

送春诗示二儿

莺燕声沉树影深,谁将梅溽换春阴。四时流转无穷意,万象空明常定心。花落砚池香透墨,雨添泉溜韵鸣琴。诗窗对烛休辞醉,来日东风得似今。

赠东昌王国宾移戍

弓刀镇戍此盱滨,邂逅逢迎酒屡斟。万里山川南北路,三年唱和弟兄心。行云无定留还去,皓月长明古即今。异日重临寻旧友,春风门巷百花深。

访知州杨文卿

谁带春风特地回,使君五马向南台。旧曾玉笋班中立,新自水晶宫里来。仁气一陶开霁日,欢声四合动晴雷。关西家世多清吏,树树棠阴手自栽。

除夕泊青泥河

何曾守岁在天涯,独有今宵负岁华。残烛映舟浑似梦,短篷听雨且为家。周游湖海春何在,久历风霜老倍加。合室稽程数远近,不知归鹤已横斜。

癸巳元日

归帆何处度新年,古木平沙断岸边。云暗蓬窗天易晚,雨喧波面客犹眠。关心万事空闲寝,回首多生信宿缘。倏转东风嘘暖意,百花如锦照晴川。

湖上禊日出入韵

骄云媚日醉江南,客里虽愁兴亦酣。临水独怜新雪鬓,迎风谁守旧青衫。湖边花事九分九,陌上游人三月三。肠断故山寒食晚,东风何日送归帆。

别南康教授黄金岫

客窗同坐又同衾,湖海逢君意气深。几度相思才识面,一时别处总伤心。雁寒楚客书难寄,人立庐峰梦可寻。后日重吟何处是,西风愁听月明砧。

与何月泉

曾向湖东访好春,春风坐上识奇人。冰霜节概尘无染,绣锦胸襟笔有神。久别相思劳远梦,重逢共话是何晨。公余颇许论诗否,露滴松梢兴又新。

赠盱守刘东涯

天上词臣下玉堂,凝烟犹带御炉香。彩毫常挟风云气,委佩亲依日月光。四海声名属燕许,满城歌舞诵龚黄。蓬门此日瞻宗衮,好为斯文一表章。

送卢州判

满城父老竞攀辕,挥泪难留郡佐贤。轩豁襟怀行日月,光明政事照山川。春闲兵戟栖尘外,云捧朝裾近帝前。三载追随青眼久,去思何限倍凄然。

题醇堂崔教授琴轩

枌梓连封接翠阴,别来几度忆清吟。交情金石无疏密,兴趣丝桐自古今。此际归田成绝调,向来出岫本无心。平生亦慕闲中乐,应许时听月下琴。

寄谌桂舟

北面吟坛几十年,当时青鬓亦华颠。贫多废事闲风月,老不逢春叹海田。从涉历初俱是幻,正伤悲处莫逃禅。猛思细语今难得,长把烟云认辋川。

酬半溪徐县尉

东风披拂到盱滨,乍见论心似故人。剑气横秋干斗宿,笔花灿锦濯江岷。杏园曾记题千佛,桑海堪怜度几春。细读清吟增叹息,尚看老将画麒麟。

李德纯游石仙岩醉归和韵

檐无燕语为谁留,知为寻真步晚秋。俗眼颇惊山简醉,壮心独慕子长游。千年蜕在仙祠古,万仞崖开石室幽。恨不同行同酪酊,任教过午梦扶头。

赠别徐教惠诗

九天吹鹤水云乡,细语殷勤共一觞。砚有尘生诗久废,囊无金赠事空忙。梅花清入千山瘦,雪意寒侵四壁光。何日得寻君隐处,却将风月再平章。

不　寐

中夜无眠是老催,披衣趺坐帐慵开。书窗影白月初上,庭叶声喧雨又来。五转更残成昨梦,一弹指顷总飞埃。此生枉自人间驻,赢得江南庾信哀。

送别苍厓朱使君

森戟南州第五春,陶成千里太平民。诗书治郡无他巧,肺腑通天只是仁。月满归船吟卷在,花迎朝马诏纶新。依依父老肠应断,望绝飞帆尚水滨。

寿正心彭提举

又听箫声谱鹤飞,欣逢鞭影锦江归。长生录已标南极,不老仙应觐太微。阶药翻红催夜直,廷槐森翠焕春辉。明朝更醉中秋月,尚有嫦娥记绿衣。

酬盱城毛伯顺

故人再见眼终青,把酒论心百感生。前度卜邻如昨日,明朝分手重伤情。芳菲匝地春衫薄,烟雨横江去棹轻。系缆沙头君少住,晴天浪暖趁南征。

剩欲扬鞭赴玉墀,却嫌道远马行迟。安闲赖有天怜老,疏懒久无心作诗。二月莺花佳丽地,万家箫鼓太平时。春光如锦堪行乐,未暇谈经坐董帷。

曾芸翁诸孙携诗过访即用其韵以谢其祖孙

老去吟怀有几何，喜逢英妙共研磨。阶庭森立亝重见，楼阁连云得再过。吟不肯闲新意锐，别犹未忍故情多。愿翁与我俱强健，时傍仙棋看烂柯。

莫矜好句压阴何，苦学须将铁砚磨。毡旧岂无龙更跃，门高终有燕重过。百年文脉风流在，四世交情感慨多。珍重妙龄期远大，欲将老眼睨铜柯。

禊日陪使君展祭曾文定公墓下

曾向南阡酹石麟，五年重见草如茵。旌麾上冢劳贤守，星斗行天想哲人。祠貌已空碑字在，松楸虽旧路亭新。只今此事关风化，不比山阴宴暮春。

陪李使君泛舟小集江阁

宾从追随太守游，滁亭胜集又南州。画船滚浪江声急，皂盖迎风日色浮。官府清平人共乐，川原绿暗景如秋。龚黄岂为登临出，要看农田水足不。

禊祭南丰先生祠

州西祠庙久栖烟，喜见丹青映日鲜。貌像有灵春满面，文章无敌斗经天。瓣香酹酒从今日，盂饭浇盆忆去年。多谢使君敦美化，又留盛事照盱川。

寄李参相

曾劳南郡种棠阴，留得余春着物深。田里十年清似水，桑麻四野翠成林。满城香篆常遥祝，还镇旌幢幸蚤临。白发书生心更切，三千里外寄讴吟。　　　以上同上书卷六

赠冯知州

汉时循吏说冯君，今度梅川政又新。一片公心千里月，十分和气万家春。御屏风有题名在，要路津催接武频。吟客远来观政绩，好歌传播与舆人。

和李道判金精见忆就约集仙观晚会

蹁跹双鹤憩崔巍，遥想星娥笑靥开。飞落吟篇辉锦绣，洗成山色出蒿莱。灵泉秋酌曾浮菊，幽境春光定见梅。何必金精苦相忆，集仙有集便须来。

追和参政陈公金精山旧韵

崖壑苍寒与画同，灵山此地幻芳容。飞轺远避兵尘去，悬瀑常将石邃封。魁相曾游山欲舞，农人争看粟停春。至今吟墨光芒在，猿鹤应悲

不再逢。

梅江别友

几日言归未得归,滞留为恐履危机。鼪鼯出穴驿程阻,貔虎移屯人迹稀。楼鼓声悲惊客梦,瓦霜寒重透征衣。明朝定有平安报,急逐晴云向北归。

回首初来菊尚青,只今梅蕊已含英。故乡仅隔二百里,险路宛如千万程。谁涨风涛成久住,暗消日月只闲行。谢君多爱难为别,忍听阳关肠断声。

枕上怀归

萧然孤馆似累囚,太息元龙百尺楼。邻笛吹寒心欲堕,残灯照睡影同愁。兵戈断道何多难,风雪漫天更重忧。安得五丁开秀岭,归帆如箭赴南州。

还家月中观雪次韵

风吼霆声月映沙,檐垂冰溜尾如蛇。千山弄巧翻银浪,万卉先春献玉花。行役混茫迷马路,炊烟断绝几人家。城中亦有袁安卧,兔落乌腾出海涯。

和宪甫李侯别诗

红旆临藩屈相材,民和隐隐八音谐。三年流化周农亩,几度论诗醉郡斋。岸曲藏舟谁祖道,灯前分袂独伤怀。江天春晚人何在,东望长庚已海涯。

耐轩使君雨中移竹

森森翠节护香凝,似赴吟轩耐久盟。带雨移来龙气湿,拂云直上凤筒轻。首阳人瘦清风在,淇澳根深绿荫成。宾主两忘他日事,林间径造不须迎。

耐轩丁使君惠米

痴云留雨送残年,范甑空空正困然。仁蔼黄堂分廪粟,春回黔突动厨烟。不嫌井望餐埃墨,且免邻嗤辟谷仙。却笑唐人风谊少,更频颜帖诉时贤。

寄丁使君

使君久驻浦云堆,想极朦胧入梦来。五马临门驺从别,双禽报喜笑颜开。风喧楼角天俄晓,花满山城人未回。五百里程春似锦,早迎飞鞚反南台。

花朝入盱简曾唯斋

逾月檐花彻晓声,今朝才见转阴晴。寒威跋扈花犹怯,晓色张皇木向荣。亩有农耕牛影乱,路无泥滑马蹄轻。近城转觉风光好,何处知心出郭迎。

再　简

岂是知心倦出迎,多应期约未分明。去年夜话曾同醉,今度春游又续盟。旧友渐稀知影短,新愁易感即诗成。祝君同寿身长健,一岁东风一到城。

丁使君致祭南丰先生墓下病不及陪

瓣香寂寂乱云堆,上冢欣逢太守来。祠像有灵先哲在,堂封无托后人哀。松楸洒饭春禽舞,兰若行觞暮雨催。自笑蹒跚难及马,吟魂空想地莓落。

赠东平马先生

小驻南州得胜游,雅闻东府盛前修。典刑自见老成别,情绪聊为亲戚留。杜宇一声惊客枕,阳关三叠送归舟。相看等是头如雪,此后还能再见不。

古樟火有引

州南有塔,此邦文笔山也,前癸卯岁六月九日毁。占者曰:文笔生花矣。于是陈文定公试殿廷,中选擢魁,三仕至执政。今六十年,又逢癸卯岁,塔前古樟浸,柯叶滃郁,乃九月望日毁。占者又曰:樟,章也。光焰万丈,又文章之祥矣。气数循环,信而有征,故赋是诗。

文笔山头旧吐花,花今移树幻奇葩。枝柯红逗玲珑玉,烟雾青笼缥缈纱。历甲一周回瑞气,文光万丈耀明霞。近来庙论尊儒术,指日天风下诏鸦。

送陈教谕赴兴国

昔年两度饯君行,今度君行倍觉荣。华省名香鹏路稳,平川地近马蹄轻。客无毡坐官从冷,身有琴随梦亦清。彩笔未应淹泮水,早濡宫砚赋清平。

酬宣城沈如遇三首次韵

知谁剥啄扣柴荆,倒屣迎门笑语馨。诗得正传谐律吕,术多奇中炳丹青。来从闽峤身无碍,去上燕台笔有灵。幽独自怜无可款,竹间闲看鹤梳翎。

吾道何分越与荆,只相知处似兰馨。共谈往事心犹赤,独羡中年鬓尚青。效子长游缘访旧,明康节数已通灵。清朝急治需才俊,天际除书寄雁翎。

日日薰风长绿荆,闲花那更有余馨。入林放达同嵇阮,出塞功名付

卫青。銮玉鸣轩来俊杰，骊珠盈几压英灵。华颠犹荷相期远，谁借风云
起弱翎。

赠窦从善

春风满袖出长安，南北周游宇宙宽。撑挂一邛知体健，纵横万卷只
心观。名香多与公卿友，谊重还寻兄弟欢。风雨对床宜小驻，不须貂帽
犯新寒。

京报铨注

黄敕青袍恨颇迟，不成欢喜反成悲。凤楼捧檄亲何在，乌哺投林养
莫追。病骨灯前和影瘦，敝裘马上怯风吹。老来终羡清闲好，说与孤云
野鹤知。

迓李左丞侍母夫人回江西

六符瑞彩向江西，到处争迎喜欲飞。卷雨帘间棠转茂，赡云楼外棣
相辉。传闻满路人喧语，比似前来貌更肥。久别渴思亲袭绣，却怜老病
恋渔矶。

寿　诗出入韵

瑞气凝霜作好晴，梅花香里按箫笙。腊初三日佛出世，寿八千春帝
与龄。两字宽仁成美化，万家歌舞祝长生。棣华辉映萱闱乐，更看除书
下紫冥。

寄耐轩丁使君

一从江浒别旌旗，望断云间雁影稀。远道有书难与寄，斯文无主竟
何依。使君夜月应怀旧，季女寒砧正苦饥。亭下梅花飘作雪，柳条忍冻
待春归。

五月二十二日更初偶成

谁信东南有漏天，几旬愁见雨连连。檐声拍枕心俱碎，亩稑沉沙稻
岂全。市绝薪蔬人袖手，波翻川陆旅停肩。碧虚早放红轮见，留取瓢浆
待旱田。

雨中简聂使君

红斾初临轸虑深，发棠先事慰讴吟。清严凛有风霜气，仁厚终存父
母心。万灶炊烟无断绝，九衢行潦任淋淫。满城和煦开晴色，秋稼如云
地涌金。

送丁使君美仕有序

东平丁侯德谦之守南丰也，以清谨饬躬，以公明莅政，以谦恭礼士，以宽静宜
民。环丰四履，耕桑乐而鸡犬宁，犹昔颍川、渤海间也。而其嘉惠庠序也尤侈。宫
墙不修，则版筑而丹垩焉；门径不治，则涂墍而甃砌焉；曾文失传，则又梓刻而库藏

焉。其于吾道，何勤勤也若是？盖侯之政化根于经术，而心常属于斯文。襟度粹夷，标致闲雅，望而知其为儒者气象。至于公余吟咏，兴味更深，匪直弊弊于簿书期会而已，盖知本矣。清风古气，使人之意也消，俗吏何敢望邪？三年有成，介圭入觐，讴吟依依，厥声载路。为士者摭以为诗。或者采诗之官取而观焉，达于朝，书于太史，即循良使君、文章太守，侯也其兼之矣。选为公卿，端自兹始。大德乙巳岁孟夏月，刘壎为之序，而继之以诗。

正讶旌麾不小留，可堪风雨重离愁。才名东鲁无双士，政绩西江第一州。长陆日华催玉佩，上林春色媚貂裘。循良自是丰人恋，环拥南台挽去舟。

深仁何止洽桑麻，泮藻分春信有加。日射宫墙红映柳，云生砖影碧交花。有时听讲常停骑，无事评诗早退衙。更有余情新类稿，梓浮香墨吐天葩。

贽高风萧教二首

正肃闻孙独俊髦，胸襟游夏笔庄骚。稍从一郡临青佩，已当三年着绿袍。昼永宫槐烦倚席，春翻阶药待挥毫。斗枢星履芳踪在，稳步天风万丈高。

云浦花垣得纵游，浮萍曾傍李膺舟。百年世态灯前影，六十年华水上沤。挟册何长羞鲁泮，栖枝又幸托荆州。人如霁月争迎望，独喜身登近水楼。

正心彭公谓仆更三岁亦稀年矣因赋

更阅三春亦七龄，鶒飞何敢蹑鹏程。只欣老健犹相似，若比崇高岂易并。天际已传朱敕信，村中何羡绿袍荣。且期分我钱铿寿，共看黄河清复清。

借韵寄段录事

小队曾临野水滨，从容花径挹芳芬。清新隽绝庾开府，雄老浑如霍冠军。柏幕旧游人自别，盱城初政客能云。何时策杖姑山下，快睹胸中星斗文。

送别曾原青后有寄

分袂城东酒满斝，纸鞭袅袅步春阴。祖孙三世交情在，朋友一家风味深。宪幕芳名欣入手，离亭愁绪重关心。好持冰蘗行湘水，留眼休看暮夜金。

送赵大使

南郡司征候一春，九衢歌笑载深仁。风流尚觉王孙贵，意气偏于士女亲。月载归艎书卷满，花迎朝马诏编新。此行莫欲成空反，金鼎丹光自有神。

和聂子有

飞棹东游北固山，壮怀岂为避群讪。江沉蛟鳄春波稳，岸夹莺花霁影闲。道重岂贪金埒富，诗成未觉锦囊悭。椿庭爱睹斑衣舞，莫待秋深趁早还。

官船将发甘雨应期郡侯索诗

连朝暴暖护牢晴，忽地浓阴障太清。花信三分春满野，风声四合雨迷城。长江渐觉漫漫涨，巨舰何妨稳稳行。乐事相催公事了，醉游何处听流莺。

贽李佥事二首

临淮旗帜又东来，便觉山城喜色回。皦日行天群柱直，迅雷动地积阴开。民依华使安桑陇，帝待儒臣重柏台。泮藻宫槐生意少，春风好为拂枯荄。

筵开乡饮重盱城，端自皇华主夏盟。冠佩班联耆俊集，笙簧韵协雅歌清。几千人羡时难遇，六十年周礼再行。尚齿尊贤风教在，夜灯暮写入诗声。

郭书吏诗赠郡侯郡侯索和二首

云连桑陇笑声哗，雨足秋畦日影斜。宽大教条宣帝泽，泰平气象看农家。休衙人静香凝寝，约客吟清酒伴茶。红斾初行春未遍，不须便忆禁中花。

斗大山城春亦佳，仙舟小驻锦帆斜。平反功在光良史，游戏词工数当家。公退只餐官里饭，吟余时荐雨前茶。早陪使节青冥上，夜对金莲吐笔花。

喜正心彭州判病愈得除

百灵诃护体痊平，闲傍春烟煮药铛。黄纸又从天际下，红莲直向火中生。三千首要追仙白，八百龄须继祖铿。潇洒从今乐清健，莫因尘翳累圆明。

梦得云月一联甚清因足成之

蘧蘧梦蝶向何行，得句分明亦窈冥。山拥四围云淡淡，天垂一色月亭亭。老逢世易劳千虑，苦有谁知具五刑。已见寐中风景胜，后回长往不须醒。

芸亩曾通守复抚州庄田奉贺有引

比闻晋鄙薰德，齐人归疆，由先正神灵之默扶，亦明公德善之克绍赞叹无已，辄奉贺书。观今日规恢之孔艰，知昔时缔创之岂易。由是固守而充扩之，使复其全。

此谢庭孙枝责也,敢赞以诗。

雅志规恢有象贤,汶阳果复旧家毡。强奴狡狯施何地,严考英灵著在天。南亩膏腴归厚德,西风穭稑享丰年。孙枝秀茂宜加勉,要见金瓯似昔全。

送姚敬仲往金陵有引

敬仲袖辨诬书,诣御史府,诸贤赋诗赠行久矣。母夫人高年,小不快,坐是滞留。幸今寿康复常,勿药有喜,而天日又一新。予语敬仲曰:君其行乎?父母之于子,不止以问安侍膳为乐,而实以扬名显亲为荣也。君其行矣。时哉,弗可失。敬仲曰:诺。故作是诗以送之。

初春曾见着征衣,何事秋来尚掩扉。为恋高堂奉甘旨,倦从世路慕轻肥。黑风翻海天终定,白日行空露自晞。珍重亨衢云万里,彩衣早衬绿袍归。

酬刘其原

冉冉斜阳映短墙,更何情味话文章。新知喜托宗盟重,旧作欣沾序语香。一段衮褒荣朽腐,几年沟断见光芒。贫无润笔空惆怅,折赠梅花意更长。

赠墨竹杨月山

谁对梅花貌此君,山间老月独殷勤。渭川雨暗轻霏蔽,湘浦雪飞洒泪分。十丈鹅溪明水玉,一枝兔颖吐烟云。眼高剩着千金赏,喜见当时苏与文。

和赵月梅二首

升沉有分怨尤谁,妙句东来误见推。清贵还君前进士,衰迟笑我老农师。堂堂自许心如铁,冉冉从教鬓换丝。闻道蒲轮尊旧德,昭阳殿里看题诗。

悠悠书剑误平生,虚度江南七十春。壮日自期床积笏,暮年何意甑生尘。风云未快英豪志,霜雪终存造化仁。西日一窗红更好,辉辉曾照钓璜人。　　以上同上书卷七

寄李相

离日中天万象春,瞻云楼阁喜津津。太平宰相须元老,勋烈世臣能几人。秋色早催看马动,天恩行布召纶新。书生未分山中老,犹效唐人赋问钧。

和正心公九日韵

曾对西风纵两髦,忽惊垂白赋登高。喜传吟和来陶径,恨阻追陪共楚醪。佳节劝酬天下乐,急流勇退世间豪。公荣不饮无人问,着我层楼

醉几遭。

谢郡侯为坟山

平生经史乐萧闲，老矣何曾一到官。岂料哗民施桀黠，幸逢仁牧挫凶残。一时郡府星辰聚，七世邱坟草木安。多谢扶持何以报，新诗传播几人看。

徐懋明以先世行实见示

百行无如孝是先，几人珍重此遗编。两翁俪美追芳躅，千载留馨赖俊贤。文字纷披金石刻，声名辉焕斗牛躔。有孙如此翁无憾，纪述足供史笔传。

送林总管有引

某官三镇偏城，一循初政，号令严而军不肆，恩意深而民不忘，真有古将帅之风流、贤士夫之气象也。满期更戍，遽弃此邦，难泯去思，辄哦拙句。

英略雄姿万户侯，将星三度照南州。连营柳色威声肃，满市棠阴笑语稠。一岁仅周何遽别，千家相视叹难留。金门且缓朝天步，犹望高牙再此游。

送胡荣甫赴抚掾

别去军峰向五峰，绿阴芳草映花骢。三年州幕声华远，万里天衢步武通。时至早酬经世愿，公余剩课读书功。长亭空作阳关别，官禁无由酒一中。

送聂使君

公退翛然绝俗氛，旌麾时访水云村。谈经却喜儒生近，下士都忘太守尊。川泳虾飞多借润，燕留花送总消魂。重来揽辔江西道，犹拟携书共细论。

寄新喻丁州尹

一别光风阅几春，每从深静忆论文。渝川喜沛新霖雨，丰邑犹瞻旧日云。肝胆爱民真是母，姓名达帝定为卿。相思他日来相访，又听番人蔼颂声。

和许右丞孝思诗

因昔之思启我思，白头偏忆少年时。人游化国随春好，身侍高堂镇日嬉。旧梦可怜归汗漫，新音况复变侏离。余生如此知何乐，寒夜悲歌感盛衰。

堂空二纪不堪思，肠断当年定省时。宰木云寒无客到，庭萱春寂有谁嬉。斜阳欲落犹留恋，逝水难回苦别离。却羡诸君吟句健，江淹笔去叹吾衰。

平远刘提领到任

曾向沙头送客来,飞帆今又泊南台。五年湖海音尘断,万里风云步武回。花柳晴光韶景媚,弟兄情话笑颜开。刘郎前度诗盟在,只恨东风夺酒杯。

答赵水村

雁信迢迢恐未真,纵真也等俟河清。瓜催戍及疑辽邈,叶止儿啼侮老成。吉报漫供诗料富,残年久觉世缘轻。休将妄想昏灵府,匡坐闲观月独明。

孙知州挽诗

南旴老叟北儒英,政术精明学术醇。铁石刚肠摧释老,风霜辨舌走仪秦。泮增丹饰辉千载,郡乐清平仅一春。长啸峰头何太急,原注:孙登善长啸。东郊望断素车尘。

和吴叔升贺韵

斜阳历历下层峦,谁拟犹登仕路班。雁挟天风飞帝敕,马惊霜鬃戴朝冠。华裾仙客来云外,彩笔新诗出袖间。多谢相看情独厚,老无吟兴和偏难。

寄南城马尹

信步东郊迓小春,伊谁诃殿走红尘。光风器韵聪明尹,满月姿颜福德人。百里想夸田谷熟,一州幸与县花邻。青山不隔弦歌化,何日追随入幕宾。

和揭此观元寄参字韵

除书夜到换头衔,君有萧规我似参。懒共梅花依岭表,喜看剑气近旴南。白髭凝雪何堪仕,黄纸从天不是贪。好友多情远相忆,毫端虹气扫烟岚。

偶　成

风驱尘合本无因,邂逅人间骨肉亲。一聚偶缘春夜梦,三生那记旧时身。灯前儿女终须散,囊里金珠可认真。勘破根原归宿处,碧虚无际海无津。

送吏目王君宏有序

君出郎中,以儒术饬吏治,以善教得人心。郡幕三年,春温玉粹。官僚敬爱之,曰贤幕府也;士民欣戴之,曰善人君子也。盖尝观其处风波之中、上下两难之际,和而不流,介而能通,调娱补苴,浑然无芒角。卒能使郡事办而政绩成,非诗书通畅、义理纯熟,安能应盘错而不失其正乎? 授代将行,谣歌载路。士友撫为篇章,以纪君之美,以慰民之思,且以祝君之光亨。至大己酉仲秋,南丰刘壎为之序而继以诗。

秋已平分暑未清,盱滨折柳去帆轻。三年吏牍和平意,四野农桑恋慕情。书篆香浓人自别,云霄步稳道将行。论心重会知何日,忍听阳关肠断声。

和邱大使铸钱

几年废却水衡钱,气数回旋岂偶然。丹诏九霄催鼓铸,红炉四海尽烹煎。古来圜法终行世,今后方兄又弄权。十万腰缠吾事足,老欣重见太平年。

黄令史元名瑛易名德英求诗

犹记当年刘更生,易为刘向位公卿。汉朝旧事遗风在,江夏新称揭日行。吏牍小书云体粲,御瓯轻覆墨香清。却须实义常相副,德业超群始是英。

叔永程少尹堕楼病中奉问

俨若飞仙下九衢,飙尘缥缈护衣襦。元非投阁惊王莽,似与当楼救绿珠。梦里岂知千仞险,暗中自有百灵扶。漆园好语君知否,醉坠双轮神不殊。

题月潭曾君书楼

明月潭边百尺楼,此楼此境豁吟眸。神仙最爱天光近,松竹偏宜水气浮。架列牙签人自渺,槽倾珠滴客常留。借君一榻元龙卧,俯看江南数百州。

过江东即事

微微晚霁映林烟,准拟明朝丽日妍。一阵阴风寒裂地,千山暝色雨迷天。急投茅舍垂头坐,旋爇松梢暖足眠。灯影摇摇心欲堕,凄凉独宿大江边。

次日雨作宿月坎

何事寒凝豁不开,行行冻雨又飞来。问州远近路三舍,弄日阴晴云几回。泥滑如油人尽倦,足龟似刃仆堪哀。宽心明旦应须到,袖卷东风看市街。

道梦竹溪易琼帅

几年知己易琼州,永别俄逢汗漫游。健论铿金犹昔日,高坟埋玉已经秋。生前勋业多称蜀,梦里英灵尚摸刘。竹绕一溪云万叠,不堪回首望松楸。

朱使君墓下号苍厓

忆昔斯文雅受知,骑鲸缥缈竟何之。崑台位已升仙品,丰水人犹动去思。书阁留春无尽意，松楸凝雾有余悲。香熏马鬣空肠断，常想云边惜别时。

按：原为组诗二首，明天启元年刻本《水云村泯稿》卷五仅录其二，今补其一。

迓郡守傅待制劝农回

红旆催耕踏绿芜，晴花盈路水盈湖。农勤为见公如父，政美端由守是儒。万畚晓云翻陇亩，一鞭春色荫膏腴。康山又获西成望，径挟丰年觐帝都。

过　湖

从鱼门遡赵家庄，波面平宽草树荒。天碧四垂无障碍，山青一抹总微茫。帆回北面宜归棹，地入西江即故乡。风顺明朝到洪府，入城应不待斜阳。

客中谢耐轩丁使君下访

一别光风阅几春，多情怀旧每思君。曾依古塔聆清话，常想空山种白云。灵药贮瓢功济世，仙名著籍寿超群。老来欣得重携手，金鼎余丹定许分。

过大乾再韵

少时几拟谒西乾，往事功名付逝川。乘传有缘经福地，熏香无语愧衰年。龙光温粹遗容在，马鬣平夷瑞气鲜。愿见奎躔回景运，灯光炉篆大相悬。　　以上同上书卷八

水南山火

山吐金晶瑞剑溪，元非荧惑欲行威。初疑野烧分成阵，俄似边烽聚作围。树影玲珑红色透，焰声霹雳翠烟飞。祥光正与庠门对，对面青山已换绯。

鼐实亭小集

鼐实香中万玉团，殷勤携具倚阑干。蚁浮重碧杯频换，蟹劈轻黄肉未干。三老共欣容鬓似，一时堪入画图看。脩然冷坐回春暖，酩酊花前忘正冠。

立春日随班

曙色初分击鼓铛，生蔬熟粆祀勾芒。泥和粉饰牛成像，阶列班齐雁作行。三匝彩鞭才袅袅，四围白桋已彭彭。公庭宴罢方亭午，壬子新春化日长。

晚集水云村

余家丰水之滨，日与水云接，因以水云村自命，盖托兴尔。暨来延平，会春霁郊

行,出北关,步石瞪二三里,至一所,曰中厓禅庵。进而北沿小涧,至一刹,曰广教院。复回禅庵,有小阁跨泉石间,听水声如听雨。饭毕,西登一庵,曰清凉境界,则定光佛也。由西而南,曰水云村也。予笑曰:吾村乃在此邪? 昔名今实,殆若前定。于是循村而前,入谷口,略有人家。深入,有一亭曰云谷,乃宋龙图阁直学士叶公份坟庵,丰碑屹然。又深入,望其坟颇高峻,倦不克陟。惟见石羊,翁仲俱存,盖二百年于兹。裔孙犹有家其旁者,以酿自给。时海棠烂缦,斜日隐映,方池绿芹,布满可爱。因小饮亭上,逮暮而归,赋水云村一章以志之。

　　平生谩号水云翁,云水何曾有定踪。瘦影偶从闽地隐,孤村忽向剑津逢。东风陵谷花成锦,西日池台酒满钟。一笑虚名亦前定,便应卜筑老元龙。

春　望

　　客亭晓望物华鲜,春事于今又一年。清淡官曹佳丽郡,升平时世艳阳天。儿孙半遂家何远,书信全疏眼欲穿。坐想故园花更好,海棠映杏锦机连。

和吴爱泉投挚韵 吉溪人

　　投老何心逐宦游,当场堪笑弄俳优。欣逢大阮回青眼,自愧弥明带结喉。泉挟清音归独爱,溪藏吉兆异凡流。新知洒落新吟丽,谁似君能暗摸刘。

哭爱山陈州判

　　自许平生湖海豪,论诗几度共推敲。擢科名在人争羡,佐郡恩深众不啁。一别遽成千古隔,三生仅结数年交。西风吹泪西江远,肠断无因酹束茅。

和刘伯玉万户韵

　　家世勋名满八荒,碧幢临镇此分疆。三军令肃龙皆蛰,四履尘清马不忙。横槊赋诗豪气在,引杯看剑壮心长。衮衣待映班衣戏,莫为秋鲈便忆乡。

挚分宪

　　天际云乘绣斧来,双龙出水净氛埃。秋霜肃晓群阴伏,霁月当空八表开。小试澄清劳壮缵,久摅忠谠冠乌台。斯文何幸逢华使,泮藻青青生意回。

周书吏 文英,字茂实

　　丹笔凝霜肃剑成,辅星还拱福星明。胸蟠锦绣无双士,足跨云霄第一程。英略雄姿勋伐在,光风霁月道原清。欣逢书味同吾味,冷落宫槐待发生。

柴书吏琦，字国玉

秋风鞭鞯此重临，清彻龙津印素心。人在云霄新步稳，地多桃李旧恩深。暂陪使节驰原隰，行奉除书直禁林。见说泮芹曾借润，剩沾春色愿从今。

咏泉桂有引

泉南分司衙后古桂树，忽生旁枝，发三色花，或红、或黄、或六出如雪，皇庆壬子八月事也。佥事张侯巡按至彼泉，人为赋之，诸路学校共赋之。

云绕清源驻使华，秋风仙桂见奇葩。百年老干堆金粟，三色新英间雪花。政肃风霜通造化，瑞征草木表忠嘉。丹青写就浑如绣，传到天京史册夸。

赠郑见独学录授代

龙光飞舞入离觚，菊后梅前送子行。三载佩衿陶善教，九霄鞭鞯启修程。知心轻别情何忍，回首相思泪欲倾。早奉除书荣昼锦，重逢犹可话平生。

分宪祈晴有应

稼宝登场幸有秋，檐声连晓不胜愁。绣衣一念天心应，红日千山雨脚收。纠察无私宣德意，燮调有道解民忧。福星到处神明助，好挟丰年侍冕旒。

酬新龙溪王教谕字德刚

可人器韵自和平，乐有笙镛称有衡。青佩相看推胜士，绛纱久待诲诸生。文场校艺华今实，诗国抡材老更成。坐冷无毡辱车辙，骊珠满幅谢多情。

学校庆喜诗并序

皇庆初元小春朔旦，行台御史以诏书至，延平郡开读于分司，文武士民拜跪竦听：钦承圣恩，加惠学校，上自宣圣，下逮学官，诸生无不在玉音矜恤中。尧言温厚，鲁泮光华，愚不肖适典学事，祗被恩荣，真千载一时之遇也。稽首欣跃，敬赋拙诗，以侈学校之遭逢，以颂朝廷之徽懿。诸友而不忘君赐也，其共赋之。诗曰：

晓迎骢马到龙津，池藻宫槐转好春。天诏风雷齐鼓舞，圣门日月倍光新。太平正启文明运，乐育应多俊杰人。肃听布宣尤喜跃，训词温厚及儒臣。

答经师陈阳冈

绿阴芳草晚春天，几度思君阻笑言。室迩虽惭疏握手，诗来犹足慰销魂。病魔退舍身应健，宪老在庠道自存。三祝殷勤慎寝食，蒲轮有日被皇恩。

呈静远张佥宪

常记花前二月春，绣衣玉节渡龙津。一城愿借光华使，两郡先争魁杰人。丹笔冰霜静蜩螗，锦囊风月振松筠。建溪樵水诹询遍，乞与余波及晋邻。

寄雪楼程内相

别墅追随岁荐更，远从闽峤望神京。四朝元老经纶熟，一品崇阶宠数荣。燕许文宜专典则，范韩勋待秉钧衡。上元甲子昌期近，特寿耆英辅太平。

送朱方厓学正谒选

万仞方山出凤麟，幸分毡坐到龙津。共谈太极心相契，力护斯文意更亲。几度傍花欣得友，一朝折柳觉伤神。玉堂俊彦重携手，月映金莲步武频。

寿朱万户

轻寒轻暖晚春天，细柳营深见寿躔。红斾碧幢开大府，朱颜绿鬓记长年。双龙昼蛰耕农乐，万马春闲战士眠。来岁生辰应扈驾，御觞宣劝映貂蝉。

挚韩侯

亲提金印出宸京，肃拥霓旌镇剑津。五马晓行初压境，双龙夜舞为清尘。千年山斗家声在，累代圭裳相业新。宣化宽条成美政，万家和气四时春。

憔悴西江老病翁，饥驱逐禄向闽中。一官守拙三年冷，七表投闲万虑空。家远自怜归计缓，梦回常苦客愁攻。福星瑞彩新临照，末路遭逢是命通。

见御史刘汉卿

益部当年两使星，乘骢瑞彩聚延津。九重雨露光华远，一道风霜气色新。志在澄清先内郡，欢腾歌咏遍全闽。台纲政肃宸旒喜，联辔趋班对秉钧。

客寒五度换年华，几梦还家未到家。顾影自怜身老大，伤心常虑路倾斜。一官已是随风叶，万境浑如过眼花。丰沛同原欣有托，休教流落向天涯。

别从游韩君彦

清丽才华英妙年，文盟邂逅衍山前。暮龄何取叨师友，古道相期学圣贤。船载月归吾不恨，风翻海立子堪怜。原注：时乃父总管遭事。断肠话别殷勤祝,报答春晖快着鞭。

寒江钓雪

朔风动地暗云垂,水底游鳞渐打围。一叶冲寒摇箬笠,六花凝冻护苔矶。前村酒美鱼堪换,别浦舟移雁不飞。却有岸旁名利客,羡他潇洒老渔衣。

寄杏林使君军前

何处群狐敢昼鸣,竟烦画戟驻花城。福星正照妖星没,仁气先驱杀气清。境上旌旗张胜算,阵前笳鼓沸欢声。别来常想从军乐,恨不追随幕下英。

按:原为组诗二首,明天启元年刻本《水云村泿稿》卷五仅录其二,今补其一。

简张尚友

双龙溪上驻霓旌,一见何期意已倾。梦幻景中空老老,诗书社里合兄兄。枢环道妙风霆运,机杼文工锦绣索。好共登峰谈太极,休将尘翳涠灵明。

又简张尚友

鹏运南溟记昔年,曾闻洗日出虞渊。梦残犹挟风云气,境静漫寻香火缘。老笔有神天下士,太空无碍地行仙。醉余忽复谈前事,零落余情付逝川。

和张尚友韵

清坐空斋对夜灯,春寒犹重缊袍轻。云归月见千林影,树带风号万马声。久忆故山劳客梦,新从末路缔诗盟。东风陌上频携手,大白同浇块磊平。

又和雨中韵

斯文知己得相依,余子何堪计是非。风雨一窗留客驻,云山千态促人归。兴来尚借筹前箸,老去难穿短后衣。明岁今时定相忆,雁翎书帛莫相违。

新少尹

衍山笙鹤晓缤纷,共讶缇屏下紫云。凤阙星辰劳拱侍,龙津风月得平分。四封地瘠思慈父,三载民安待使君。去客小留观美化,愿腾驾颂刻碑文。

南平马尹诗与周茂实索和

衍山仙境似丹邱,倚郭弦歌得胜流。四履花深闲吠犬,千村稻获纵耕牛。庭无留讼仁声遍,卷有新诗爽气浮。休笑老来吟兴倦,元龙曾与共高楼。

寄随朝通事刘子德

二十年前丰水滨,襟怀光霁屡相亲。绮罗香里陪嘉客,冰玉筵中识俊人。深羡清班依绛阙,应怜白发委黄尘。闲思往事生悲慨,万里传诗写意真。

幸同丰沛忝宗盟,况是文盟重有情。鹤化无踪怀太岳,莺迁有喜羡修程。彤庭红药应催直,淡圃黄花岂望荣。雁过江南如念旧,数行香墨慰平生。

记十一月十九夜梦

客枕闻钟晓梦残,忽从梦里觐天颜。力陈尧舜皇猷在,如侍幽燕帝阙间。窗外花光交掩映,几前草圣自萦环。应难亲奉延英阁,一笑槐安国内还。　　以上同上书卷九

丙辰生日怀家

六月六夜寓延平西仙馆,梦先君时有盲相许寿。

四度生朝客异乡,今辰五度转神伤。酒杯有限陈仙馆,香篆无由达影堂。夜梦趋庭情缱绻,晓云拜望泪淋浪。明年此际家乡隐,满为劬劳酹一觞。

儿是行蜗举寿卮,孙居故里想颦眉。烟云环绕家山远,骨肉分暌老景悲。吟事久荒由兴懒,冷官何故欲归迟。盲人说梦如堪信,汤饼从今尚有期。

赠空洞道人

军峰绝顶望赢川,翠拥西江共一天。客里谈乡如旧识,梦中闻道是前缘。青山早放吾归老,丹灶终随子学仙。分手延津莫相忆,家山重会在春前。

送蒙古王教授赴宣慰司奏差

除书来自海云东,碧落清高捷径通。师席三年模范肃,国书万卷语言工。巍升帅阃声华重,渐近朝班步武穹。太息知心忽分手,何时何地醉春风。

晚窗即事

云房又见夕阳斜,惆怅光阴促岁华。蝉带乡音移远树,蝶迷秋色宿残花。几年此地长为客,后月今朝定到家。独愧宦游无所就,翻将家计委尘沙。

贺杨经历迁江西宪幕

清白传家出俊人,操如玉雪政如神。三年莲幕声名远,一札除书步武新。丹笔春融揽画诺,绣衣宵立赖诹询。福星移向江西照,遗爱成川

满七闽。

郭书吏

春动龙津霁色开,欢声如见令公来。风霜入笔消群慝,书传盈袊绝点埃。直节无惭陪六辔,清班有分傍三台。闽人欣遇郎星照,借与余光被草莱。

王书吏

有美三槐旧相家,流芳世世富才华。早提丹笔名偏重,饱阅青编句足夸。闽峤不烦裨黜陟,汉廷犹待别忠邪。却怜老树风霜惨,更借阳春为放花。

代寄宪使贺得除

绣衣久镇大江西,一道澄清沸口碑。笔挟风霜山岳动,胸涵冰檗鬼神知。昔陪宰府千官肃,今立台端四海熙。想有新来治安策,好将忠鲠对龙墀。

纪 梦

八月二十日午,梦细君,闻其歌声有曰:梦回归去,夜月犹存。觉而悲之。

何处神游遇细君,歌声缥缈隔窗闻。梦回皎皎惟存月,魂返茫茫倏化云。悟入始知真妄别,觉来堪叹死生分。西风千里催归急,手酹清尊泪洒坟。

治归闻次孙能琴

便鸿有字未曾迟,报道翁归已有期。两地平安行会面,一囊萧索莫颦眉。久思红溜浮金蕊,更想朱弦按玉徽。漫道还家愁可解,新愁转重有谁知。

喜 归

三载言归今始归,归帆恨不挟风飞。家山一步近一步,宦海百非真百非。树带晚红迎客棹,潮生秋碧漾鱼矶。饱餐官饭眠蓬底,悔不春中早突围。

王台驿

城楼已远莫回头,且向王台作小留。地静人闲正当午,天清云澹是高秋。驿官有分呼行酒,棹卒无言待换舟。记得曾回今五载,从今几载又来游。

九月十八日登舟怀旧辛亥离家,正用此日

忆昔南州初放船,于今恰是五周年。归程迟速虽云数,宦海升沉岂尽缘。西晖日斜身幸健,东篱秋老菊犹鲜。凭谁寄语乌山寺,归借函经阅五千。

至樵城别西麓危提举

樵麓西边别有春，烟萝洞锁避秦人。原注：所居号烟萝洞。名香岂为题千佛，身隐何曾染一尘。兰砌有人嬉彩服，草堂无梦到蒲轮。绝欣识面摅肝胆，恨不移家便卜邻。

别爱梅林通判

昔对军峰识德人，秋风二纪阻相亲。神仙曾赴霞城宴，原注：曾任台城。耆旧今安樵水滨。老景重逢还似梦，他年一笑在何春。临分三上加餐祝，后有新吟寄雁频。

别千户魏元洪

世传将略著勋劳，华阅连云毓俊豪。权总千兵年正妙，胸蟠万卷志尤高。尽驱象纬归吟笔，坐看貂蝉换战袍。幸遇知音惜遽别，便鸿时与寄风骚。

和录判程愚庄韵

一别江城阅几霜，重逢樵邸挹清扬。老夫殊愧烛之武，大将无嫌樊舞阳。诗思转新云满纸，心源常净水澄江。明朝分袂何时聚，拟向盱滨候月航。

别邵武使君廉方斋

山环碧玉驻麾旌，道上弦歌乐太平。三载政随春共好，一时人与叶俱轻。公庭日永无留讼，农亩年丰有笑声。愿仗冰心酬圣主，勋名早慰故人情。

赠上官书隐

五十年前久识君，朱颜光映彩衣春。海田影变疏鱼雁，书传香深隐凤麟。客里盍簪情话旧，病中分袂别愁新。故人有子真堪喜，更喜兰枝秀出尘。

赠光泽龙兴观吴道士

琳宇岩峣耸翠微，江西仙侣驻霞衣。山围福地龙常护，竹绕前溪鹤自归。别馆养疴留客寓，妙年问道似君稀。精勤倍入先天境，身挟刚风自在飞。

出樵关

望断樵关今出关，平川沃壤展愁颜。黄云覆陇日初旭，白雪铺茅霜未阑。千里故园明日到，三年归梦一时闲。最欣耳际乡音熟，不似闽中鴂舌蛮。

元旦即事呈郡守诸大夫

风花飘荡落闽山，乘驿归来赴晓班。鼓角一声惊雪霁，乾坤万象放春还。晴和已报丰年兆,调燮仍存善政间。新岁共看新令布,莺歌蝶舞共欢颜。

寄呈李平章

信是西江夙有缘,台星垂照又连年。三农东作耕膏雨,万骑南征净瘴烟。揆席增崇勋入石,钧容难老福如川。活民隐德应无限,回祝慈闱寿八千。

老来无地报公恩,一瓣心香子及孙。近毫投闲身幸健,微官虽冷道仍存。敝裘久客烟岚境,孤棹今还云水村。少待东风回暖气,幅巾藜杖造龙门。

闻赦有喜呈府中诸大夫

金鸡传赦下金台,万岁声呼彻九垓。汤网宏张涵雨露,尧言诞布走风雷。圆扉草满昼常静,复道花浓春顿回。问寝龙楼应一笑,皇孙有日定归来。

和叶圣夫韵

云黯江城欲雪天,敲门有客见奎躔。喜君诗似团花影,愧我官如上水船。多谢远临敦夙好,已忘轻别自何年。兴贤有诏槐黄近,鹗荐横飞北斗边。

久客思归今已归,归来风味只前时。三年薄宦飞蠹聚,一寸闲心野鹤知。倦欲挂冠希子庆,老惟学稼伴樊迟。岸花桂月堪娱老,让子声名显赤墀。

郡侯命和雪楼所寄诗

三谷云横绿野堂,文星光辅会星光。演纶语妙推温厚,补衮功成表直方。高处抽身名更重,闲中得句味尤长。太霄宫畔铜陵路,何日追随共笔床。

玉堂香墨列黄堂,邻烛分明万丈光。旧好益隆存古道,新吟丽美播殊方。最欣接境山川近,豫卜同朝日月长。只笑病翁甘老遁,北窗高卧竹筐床。

介轩上官贡士挽章

怡然颜巷究遗经,终贾年华已盛名。南郡几人延剑佩,西风一夜走旗铃。刚方育德知无玷,意气论交最有情。远客来归期话旧,断肠空听薤歌声。

寄素庵宗宪

风花曾堕剑江湄,多谢洪钧转化机。国士酬知肝胆在,归人怀旧梦魂飞。喜闻衣绣临封部,便拟收纶下钓矶。一抹斜阳光景浅,福星好借十分晖。

和善章王侯喜晴韵

疑是娲皇补漏天,连朝檐溜息涓涓。潮平人渡舟无险,水饱农欢亩有年。红日飞光腾海角,清风扫雾翳山颠。阴晴随祷即随应,拜赐黄堂已十全。

和尝稻

稻畦沾足尽滂洋,端赖穹苍若雨旸。赤水远行消耗戭,天田呈瑞见光芒。遥知秋稔千仓富,已报晨炊一饭香。老遇年丰成独笑,水云村是好家乡。

送赖求心讼胜归梅川

碧云暮合岁年深,重挹光风喜满襟。少日雄文推敌手,平生实学在求心。寒毡曾为弦歌助,老笔能回畎亩侵。秋色一鞭归兴速,西畴秫秬万黄金。

题东溪寿

东溪孙同知,父母同年八十,宁海州人为作寿诗。诗成,轴示予,求题缀一律。

星照昆俞见老人,当年喜气想津津。一门腏仕开三品,八袭修龄庆二亲。事往长留吟卷在,梦回犹记寿筵新。溪翁纯孝天应报,砌有芝兰续好春。

和医教游秋涧投献韵

名似千山耸岱宗,学如沧海百川从。春云态度夸吟句,霁月襟怀见德容。教本内经师范肃,班催中禁圣恩浓。十三科在勤披讲,南郡群医望正禺。

王侯生孙

庭槐秋绿长孙枝,吉朔仍逢甲子奇。袭庆有原由寿祖,承宗无忝定佳儿。水神玉骨生时别,紫绶金章异日期。锦褓抱来供戏剧,会看膝上诵翁诗。

和郡侯登山韵

闻道前诃上碧岑,崎岖步入楚云深。千峰绕郭烟笼翠,百谷盈畴地涌金。陟巘岂无行乐意,出郊端有近民心。明朝何处黄花酒,还许诗翁杖屦寻。

赠迁境陈学正赴江州任

江路初寒独宦游,荻花枫叶迓仙舟。学传正印开融帐,坐接寒毡近庾楼。振袂遄登铨部选,抱琴小作贾胡留。里门未忍轻分手,别酒相期帝子州。

戊午立春公宴郡侯索诗

又见泥牛五采新,喜晴此日好初春。天无风雪韶华媚,庭有笙簧笑语频。岁历换花逢吉戊,饼盘缕菜庆芳辰。却怜田里仍鱮顇,更待贤侯转化钧。

寿东溪孙同知

当年瑞气蔼溪东,新岁今欣令旦逢。琼管飞春开寿域,缇屏分月照军峰。庭前采服娱千岁,云际纶音下九重。醉到元宵能几日,金尊留映玉芙蓉。

谢观无极见访

太极之前本无极,强分名相寄称呼。明心悟入先天境,行脚来从旧帝都。道价已应喧上国,吟情犹自爱西湖。秋风门巷劳飞锡,一笑纷纷释与儒。

寄呈素庵宪使

忆昔延津别绣衣,秋风三度桂花枝。云开南浦知曾到,星照西江未见期。盂饭岂能忘旧德,瓣香长是托新诗。使华不鄙山城小,愿逐儿童飏彩旗。

九日戏吟呈郡侯

五马登高何处山,群仙环集碧云间。鹧鸪弦动秋声爽,鹦鹉杯行昼影闲。因忆年时陪末席,谁怜今日少欢颜。聊赊邻酒浮茱菊,望白衣人断往还。

己未元日

已是人间八十翁,倒书十八戏儿童。群儿竞笑师丹忘,好友偏期吕尚通。聚散有缘云弄影,去来无着月行空。春深拟筑圆龟驻,长日垂帘只守中。

春祭曾文定公墓下会饮崇觉寺

一瓣香薰千古坟,豁开星斗出重云。壶觞酌醴崇先哲,旌旆鸣驺导使君。兰若地清来胜集,松楸礼重为斯文。水声花影堪留玩,小驻归鞍任夕曛。

再　韵代曾裔酬答

松槚阴森远祖坟,自怜世胄散如云。出郊陪位劳诸友,上冢倾杯谢使君。权典增辉前貌像,吟编堪继旧碑文。九原亦自回生意,光润常如日未曛。　　以上同上书卷一〇

题懒妇图

昼长院静,孤倚绣床,放下金针,支颐似病,此画手堪入妙品。予尝宝一图,曰

伏女授书、孟母断机，又一图曰木兰代戍、凝妻断臂，今亡矣，未知较此孰胜也。客谓子母多言，且为此图赋诗。

手托香腮倚绣床，一庭绿荫映红窗。停针脉脉知何意，欲刺鸾凰怕见双。

题戴嵩牛

戴牛品入神妙，然世远难得真。此卷缣素，故暗四牛二童，几不可辨。及凝视远览，居然有趣。似春林烟雾溟濛，无限意度，殆真迹邪？昧者病其深晦，乃不知此画天趣正在苍茫杳霭中，可以神会，难与俗言也。谓予不信，请质之九方歅。大德丁未岁，为傅君跋所藏卷末，系以诗曰：

谁貌春阑穀觫闲，模糊难认色犂斑。庖丁成佛田单老，饱卧轻烟薄雾间。

黄渠屋补玉楼记

记玉楼事，唐人寓言耳。黄君为文以补阙，寓之寓也。辞清意远，真若登丹霄而与之遇，良工心独苦哉！然反复玩阅，鲜有剩处。更刊落镕炼，峻絜陗紧，即神聚气完，又尽善也。赞以诗曰：

白玉楼成记不传，至今人惜锦囊仙。羡君独步萧台境，携取琼章下九天。

题范蠡泛湖图

老范霸越沼吴，功存宗社，盖一代智士也。世论率谓有大勋劳，宜享大富贵，顾乃虑及乌喙，翩其鸿冥，不旋踵弃钟鼎等敝鞋，何太早计邪？噫，以功名自见易，以功名自终难。古今忠臣弗令终，正坐挟勋夸权，不思勇退。觉此老亦然，即黄金之铸，将易为属镂之赐，焉得智？《易》曰：知几其神乎。蠡也得之。老子曰：功成名遂身退。蠡又得之。展卷快睹，神采如生，故为之赋诗曰：

霸越功成早见几，春风一棹泛鸱夷。丹青半幅人千载，胜似黄金铸就时。

赵宗丞奏稿

大宗正丞白云先生赵公崇嶓，忠鲠如汉更生，词华如唐太白。幼尝把其光霁，蓬瀛昆阆中人品也。记宝祐乙卯岁，犬马齿甫十有六，时朝野推公奏牍切直，愿见弗获。厥后临汝侯高安公从容出示，屡见之。今云居翁卓荦济美，重加缋袭，又悉取陛对封事，钞纂弗遗，复使愚得见，而垂白已望八矣。慨乡哲之益远，幸遗稿之仅存。直气棱棱，重我哽咽。不觉形之永歌，且语翁曰：此君家隋珠和璧也，非君不能存此。惟君之曾元能永宝此，后或有编前代直臣传者，将采诸此。其诗曰：

六十年前梦渺茫，宗臣谏稿墨犹香。夕阳影落肠空断，门掩东风看海棠。　　以上同上书卷一一

按：《题懒妇图》、《题戴嵩牛》二诗，又见明天启元年刻本《水云村泯稿》卷一一、影印文渊阁《四库全书》本《水云村稿》卷七，"妇"作"绣"；《黄

渠屋补玉楼记》、《题范蠡泛湖图》、《赵宗丞奏稿》三诗,又见明天启元年刻本《水云村泯稿》卷一二、影印文渊阁《四库全书》本《水云村稿》卷七,《黄渠屋补玉楼记》"鲜",影印文渊阁《四库全书》本《水云村稿》作"辞"。

附：刘壎佚诗续拾

　　清康熙初期,刘壎裔孙刘凝曾将先祖文章结集为《水云村泯稿》二十卷,末附刘凝父亲刘冠寰《恕庵遗稿》一卷、刘凝《尔斋文集》一卷。他的这次操作,使得"《泯稿》、《吟稿》、《隐居通议》作为独立的著作从汇编状态分离出来"、"改变了'泯稿'作为一个汇编本收录诗、文、笔记的传统,在刘壎著作的编辑成书上,是个不小的革新"①。后来乾隆年间编修《四库全书》,集部别集类的十五卷本《水云村稿》即由刘凝编刻二十卷本《水云村泯稿》而来,只是所据底本的最后五卷(卷一六"乐语"、卷一七"疏语"、卷一八"上梁文"、卷一九"祝文法语"、卷二〇"词疏")既已残缺,加之又皆是"青词祝文,无关体要之作。其存佚无足为轻重,则虽阙犹不阙矣"②,所以馆臣径自摒弃,不再另行搜辑补缀③。又至清道光十七年(1837),刘斯嵋爱余堂亦有重刻本《水云村泯稿》二十卷,其中卷一六的 11 首乐语口号,《全宋诗》仍未收,兹逐录于次:

天基节锡宴乐语口号艺祖庚申正月四日即位,理宗甲子正月五日圣诞。

　　缥缈红云覆紫宸,御炉香值玉麒麟。华浓禁苑韶光媚,雪霁宫城晓色新。万国。(小字注:缺。)

寿崇节锡宴乐语口号咸淳丁卯

　　九龙诃水佛生时,沙麓光腾庆诞弥。桃熟瑶池欣日煖,花深帝里带春迟。三宫欢聚开金殿,万乘新来奉玉卮。好是古今难比处,后先寿节恰相期。

乾会节乐语口号咸淳丁卯

　　五色祥云拥赭黄,嵩呼队里佩环将。佛生一日神光见,帝寿千秋瑞节长。阛阓晴风方卷雨,扶桑晓色正当阳。天街拜舞年年事,今岁新称

---

① 杜春雷《宋遗民刘壎集版本考略》,《古典文献学术论丛》(第 3 辑),合肥:黄山书社,2013年,第 210 页。

② (清)永瑢《四库全书总目》卷一六六《水云村稿》提要,第 1426 页。

③ 与《四库全书》本《水云村稿》相较,道光十七年重刻本《水云村泯稿》在卷数上虽为完帙,但从下文引录的"乐语"内容来看,《天基节锡宴(小字注:景定甲子)》《乾会节锡宴》《新通判回旧交代》《权倅因教宴江倅》各篇文末小字注"诗缺"、《天基节锡宴(小字注:艺祖庚申正月四日即位,理宗甲子正月五日圣诞)》仅存前四句,可知在重刻之前已有内容残损。

第一觞。

南丰宰宴陈祕监乐语口号 陈千峰

清风凛凛似坡仙,四海千峰独伟然。湘浦水光浮月色,蓬莱云气接魁躔。人间又复添诗案,后世还应入史编。莫论升沈看晚节,更将直谏奏甘泉。

南丰县庚午科鹿鸣宴乐语口号 是科公魁亚榜,
时年三十有一。《新论》云:"人闻长安乐则向西而笑。"

南丰文献盛江西,宴彻嵩苹上帝畿。鹏背天风方隐隐,马头雪絮正霏霏。百花魁有梅传信,十里隄催柳染衣。恰好明年又逢未,不妨争取状元归。(小字注:张渊微以丁未科魁天下。)

通判饯太守赴湖南提举乐语口号

英荡浮湘为腐红,盱民无计借黄龚。严寒催展风霜手,薄酒堪浇冰雪胸。碧草绿波伤远别,莫云春树想重逢。江州司马深情在,后夜相思回雁峰。

通判宴交代乐语口号

袖有淮肥万顷秋,肯来盱水作监州。西风千里海沂咏,霁月一规松雪楼。霸尉未应诃李广,洛人新幸遇张侯。他年辇下相逢处,还记如今授篆否。

太守宴新倅乐语口号

老尽西风暑未收,谁教长史上南楼。红泉碧涧共明月,黄菊紫萸临晚秋。守相论心俱意气,江山满目记风流。酒酣说着英雄事,岘首云寒梦亦愁。

新倅回宴太守乐语口号

庾楼风月倚胡床,别乘平分此举觞。禾黍千村逢乐岁,菊萸满眼适重阳。五更鼓角秋声壮,深夜金杯醉兴长。报道汉亭严选表,玺书飞下带天香。

东倅宴西倅乐语口号

肥水中间棹小舟,却来盱水伴清游。东西同倚屏星驾,南北相逢松雪楼。涧碧泉红千里月,橙黄橘绿一年秋。饮阑联辔朝天路,记得如今共佐州。

江东倅宴西倅乐语口号

沂歌久已颂西屏,谁向东屏结弟兄。三谷烟霞俱入咏,一城风月共分清。飞觥聊举公堂醉,并辔相期莘路行。莫把江闽分异境,他年还得集耆英。　　以上清道光十七年爱余堂重刻本《水云村泯稿》卷一六据《宋史》卷四一《理宗本纪一》："（嘉定十七年十一月）己丑，诏以生日为天基节。"卷四六《度宗本纪》："（景定五年十月）戊辰，尊皇后谢氏曰皇太后，生日为寿崇节。""（景定五年十二月）甲辰，诏以生日为乾会节。"①则天基节、寿崇节、乾会节分别为宋理宗、谢皇后、宋度宗生日。而"景定甲子"当理宗景定五年（1264），"咸淳丁卯"当度宗咸淳三年（1267），因此《天基节锡宴》《寿崇节锡宴》《乾会节锡宴》诸篇正作于这两年。"陈千峰"即陈宗礼（1203—1271），字立之，理宗宝祐中知赣州（明董天锡《（嘉靖）赣州府志》卷八），后"拜太常少卿，以直宝谟阁、广东提点刑狱进直焕章阁，迁秘书监"②，是以称"陈秘监"。理宗景定四年，又拜侍御史，直龙图阁、淮西转运判官，迁刑部尚书。由此推知，《南丰宰宴陈秘监》或作于景定四年之前③。"庚午"为咸淳六年（1270），是岁刘壎中县试，赐宴，故有《南丰县庚午科鹿鸣宴》。至于《通判饯太守赴湖南提举》《通判宴交代》《新通判回旧交代》《太守宴新倅》《新倅回宴太守》《东倅宴西倅》《权倅因教宴江倅》《江东倅宴西倅》等，由于文中没有确切的时间、人物信息，具体系年亦暂付阙如。

作为四六文之一，"乐语"始于宋，主要在各种宴会场合使用，由词臣学士撰写、声伎优伶朗诵，以歌颂喜庆太平。明人徐师曾《文体明辨序说》云："按乐语者，优伶献伎之词，亦名致语。古者天子、诸侯、卿大夫，朝觐聘问，皆有燕飨，以洽上下之情，而燕必奏乐，若《诗·小雅》所载《鹿鸣》《四牡》、《鱼丽》《嘉鱼》诸篇，皆当时之乐歌也。……宋制，正旦、春秋、兴龙、地成诸节，皆设大宴，仍用声伎，于是命词臣撰致语以畀教坊，习而诵之；而吏民宴会，虽无杂戏，亦有首章：皆谓之乐语。"④就其体制形式而言，"乐语"一般既有致语（四六骈文），又有歌词、口号（七言诗）。而后一部分，《全宋诗》在两宋诗人名下大量收录。例如，周紫芝《太仓稊米集》卷六二"致语六

---

① （元）脱脱等《宋史》，第 785、892、893 页。

② （元）脱脱等《宋史》卷四二一《陈宗礼传》，第 12594 页。

③ 据《宋史》本传，陈宗礼"以监察御史虞虑言追两官，送永州居住"，刘壎《隐居通议》卷九"陈文定公诗句"条言之更详："其为广东提刑也，驻司韶州，州之皇冈有虞帝庙，尝题诗云：'南国熏风入帝歌，至今遗庙只嵯峨。一天晓色怀明哲，四野春光想太和。存古尚瞻虞衮冕，抚时几换禹山河。海滨乐可忘天下，解写灵明是老轲。'盖景定初也。时鄂围初解，江淮甫定，贾师宪挟勋入相。有虞虑者为监察御史，摘'几换山河'之语，笺注几字作平声，上疏劾公谤讪。……师宪怒，为取旨镌其官，责居永州。逾年而后放便，虽以诗得祸，而其名逾高。"影印文渊阁《四库全书》本，台北：台湾商务印书馆，1986 年，第 866 册，第 96 页。而《南丰宰宴陈秘监》诗中"人间又复添诗案，后世还应入史编"二句，殆指陈宗礼以诗触怒贾似道、责居永州一事。

④ （明）徐师曾《文体明辨序说》，罗根泽校点，北京：人民文学出版社，1962 年，第 169—170 页。

首"——《天申圣节乐语》、《周朝议宴新第》、《上元宴宾客》、《燕太守汪内相》、《燕吴奉使》、《二妙堂落成家集》,《全宋诗》册 26 卷一五三六页17430—17431 即据以收录各篇之末的致语口号;洪咨夔《平斋文集》卷一六《天基圣节锡宴致语》,《全宋诗》册 55 卷二八九七页 34613 同样省去了开篇的四六骈文而以《天基圣节锡宴致语口号》为题收录其诗;等等。因此,综合《全宋诗》对于易代之际诗人诗作的收录原则①和两宋致语口号作品在全书中的收录成例这两个方面,前述刘壎《水云村泯稿》卷一六"乐语"部分的11 首诗作,可为"《全宋诗》补正"加以利用②。

---

① 《全宋诗·凡例》:"本书收录断限,凡唐五代人入宋以后有诗者,将其入宋以前所作之诗一并收录;凡宋亡以前有诗者,将其入元以后所作之诗一并收录。"北京大学古文献研究所编《全宋诗》,第 1 册,第 23 页。

② 与《全宋诗》另行析出乐语口号的处理方式不同,元人所作乐语、致语等,《全元诗》一律不再单独收录篇末口号,且《全元文》编录刘壎文章,所据底本亦为清道光十七年爱余堂重刻本《水云村泯稿》,《四库全书》本《水云村稿》脱漏的最后五卷内容悉已囊括。所以,为了保持体例上的统一,这 11 首诗作概不视为《全元诗》之缺佚。

第三章　总集文献与辑佚（上）

——海内孤本《格斋赓韵唐贤诗宋贤诗》初探

古代中国与朝鲜半岛、日本列岛之间的人物往来、书籍流转，绵延千余年而从未中断。尤其书籍的流转，无论是从中国大陆东传朝鲜半岛、日本列岛，还是从朝鲜半岛、日本列岛回流中国大陆，都促成了一条在东亚汉字文化圈内独具特色的"书籍之路"。经由这条"书籍之路"，许多中国本土已经亡佚的文献得以在域外保存下来，并与当地的文化元素相互融合，再通过那些深受中国文化熏陶的域外文人的匠心和妙笔，创造出全新的汉文学成果。《格斋赓韵唐贤诗》、《格斋赓韵宋贤诗》就是这样的典型个案。它们以高丽时期（918—1392）流传至朝鲜半岛的宋人所编唐宋诗选集为基础、增入朝鲜时期（1392—1910）的文人次韵诗而编成，既是唐宋佚集的文学文献资料，又是李朝文人"诗言志"的情感表达。

一、《格斋赓韵唐贤诗宋贤诗》版本叙录

《格斋赓韵唐贤诗》一卷、《格斋赓韵宋贤诗》一卷，朝鲜孙肇瑞编，合为《格斋赓韵唐贤诗宋贤诗》一册，明成化十五年（当朝鲜成宗十一年，1479）孙胤汉刊本。

孙肇瑞，字引甫，号格斋、勉斋，安东（今属庆尚北道）人。明宣德七年（当朝鲜世宗十五年，1432）中生员，十年登文科，为集贤殿学士。后以兵曹正郎出知凤山郡事。景泰六年（当朝鲜世祖元年，1455），弃官归家。天顺元年（当朝鲜世祖三年，1457）后，拜户曹参议，不就。成化九年（当朝鲜成宗五年，1473）立墓竖碣，则此时已殁。原有遗稿四卷，已佚。今仅存《格斋赓韵唐贤诗》、《格斋赓韵宋贤诗》及散逸诗文寥寥数篇。事见《格斋先生文集附录》卷一《墓表》（高孟元撰）、卷二《墓碣铭》（郑宗鲁撰）等。

此本半叶十一行，"唐贤诗"部分行二十一字，"宋贤诗"部分行十八字；左右双边，细黑口，双鱼尾，版心分别刻"唐诗"、"宋诗"及页码。各卷首行顶格题书名"格斋赓韵唐贤诗"、"格斋赓韵宋贤诗"，卷末皆有孙胤汉跋语，其文称：

先大夫格斋擢占科第,历扬膴仕。至其晚年,弃官闲居,咏诗自娱。尝著《赓韵唐宋贤诗绝句》,又次《性理群书》诸贤诗。暨杂咏若干篇,仍教之曰:"有子若孙,盍亦绣之梓而传之后焉,是亦继述之一事也。"言犹在耳,炳炳琅琅,予于是自出帑藏,鸠集雕工。始于己亥年三月,六阅月而告成。其所以汲汲镂板以寿其传者,正以不耐桑梓之念、风树之思耳。若厥父肯堂、子不肯构云尔,则非予之所敢望也。予以是通追先志,而以传不朽于无穷欤。予前长兴库副使胤汉谨跋。刻字禅师正心、金祖林。成化十五年己亥八月日,本家开刊入上于密阳万鱼寺。

根据这段跋文可知:首先,孙肇瑞晚年闲居时,曾次韵唐宋诸贤绝句、《性理群书》诸贤诗作,以消遣余暇("弃官闲居,咏诗自娱")。今观《格斋赓韵唐贤诗》《格斋赓韵宋贤诗》的体例,各诗诗题之后,先列原诗,顶格书,后列孙氏次韵诗,低一格书,颇有同题追和之意趣。只不过,唐贤所选全是五言绝句,诗题下标明作者;宋贤所选全是七言绝句,诗题下不标作者,这就意味着只有依赖宋代以降的别集、总集、笔记、诗话等更多的他书资料才能知道作者究竟为谁,自然也增加了诗作归属问题的考察难度。其次,《格斋赓韵唐贤诗》与《格斋赓韵宋贤诗》的刊刻缘起,在于孙肇瑞生前曾明确地希望他的这些编著能够行于后世,因而成化十五年三月,其子孙胤汉捐资鸠工,延请正心禅师、金祖林二人刻字,开版于密阳(今属庆尚南道)的万鱼寺,既是秉承先父遗志,同时寄托自己的风树之思。此二书历时五个多月刻成,而流传迄今则更经过了将近540年。

《格斋赓韵唐贤诗》、《格斋赓韵宋贤诗》,现藏北京大学图书馆。首页钤"原兼闲印"、"于水草堂之印"、"苔香山房之印"、"泉石园印"、"养安院藏书"诸方,殆壬辰倭乱(1592—1598)时由丰臣秀吉掠入日本,入藏养安院。书前又有雏释幻象题识一页:"韩板唐贤诸者,丰太公征韩之役所获而归也。后赐之养安院,院藏之久,终今归于水主人之手,可谓无情之物亦择其主矣。呜呼,珍中之珍书者,代之希遇。明治辛巳四月一日,雏释幻象题。"段末小字又记:"唐贤诗误讹唐贤诸。""明治辛巳"当清光绪七年(1881),其时此册尚在日本;后为李盛铎所得,李氏身后又归北京大学①。时至今日,这部《格斋赓韵唐贤诗宋贤诗》作为海内孤本,价值异常珍贵,幸赖收入《北京大学图书馆藏朝鲜版汉籍善本萃编》(第9册)②影印出版,为

---

① 索书号:LSB/6537;版本信息、雏释幻象题识等又见《木樨轩藏书题记及书录》,张玉范整理,北京:北京大学出版社,1985年,第338—339页。

② 《北京大学图书馆藏朝鲜版汉籍善本萃编》(全10册),重庆:西南师范大学出版社、北京:人民出版社,2014年。

学界获睹其貌并进一步展开研究提供了极大便利。

二、《格斋赓韵宋贤诗》体例内容析论

《格斋赓韵唐贤诗》分天文、时节、花木、飞禽、杂咏、寻访、行役、登临、寄赠、酬答、送人、愁怀、留题、边事、投献、释道、游赏、乐府、郑卫、伤悼等 20 门，选录唐人五言绝句 163 首。而它所依据的唐诗选本，一般认为是北宋神宗熙宁元年（1068）编成的《唐贤诗范》三卷。是书即"以'天文'、'时节'、'花木'等分 20 门……在南宋时已佚，见录于《宋秘书省续编到四库阙书目》"，"板现存韩国海印寺，属于佛教典籍以外的'杂板本'，是高丽朝高宗丙午年（1246）刊刻"，其中"有 15 首不见于《全唐诗》。即便有存者，也可以校对异文"①。由此观之，《唐贤诗范》是一部北宋中期编选的唐人五言绝句总集，南宋时就已散佚，影响十分有限。但它却很早就传到了朝鲜半岛并有域外刻本问世（从神宗熙宁元年编成到高丽朝高宗丙午年刊刻，仅隔 178 年），进而在广泛流传的基础上更产生了专门的次韵之作。毫无疑问，这既是反映韩国汉文学中的次韵诗传统的重要资料，更是域外佚籍研究、特别是唐宋诗学文献东传朝鲜半岛之后落地生根、开花结果的生动受容例证，具有非同寻常的文学、文化意义②。

那么与之相比，《格斋赓韵宋贤诗》的情况又如何呢？它是以一部什么样的宋人总集作为次韵对象？其中选录了哪些宋人诗作？有没有不见于《全宋诗》的佚作呢？对于这些问题，无论中国学者还是朝鲜半岛学者似乎都还没有做过较为全面、细致的考察，得出较为清晰、准确的结论，故而该书所蕴含的丰富价值，尚待充分发掘。今试析之：

现存《格斋赓韵宋贤诗》共分宫词、天、时令、释道、游赏、花卉、谢答、投寄、禽兽、杂咏、人物、寻访等 12 门，选录七言绝句 160 首；又因为其中一叶缺脱，实际存诗 155 首。这里需要特别说明的一点是，根据版心页码，原书脱落第 27 叶，即《放触蛛网蝶》一首看似有目无辞，其余四首则从题目到内容悉付阙如。但通过各诗文字内容的考察，以及与孙肇瑞《格斋集》③中收

①　张伯伟《域外汉籍与唐诗学研究》，《学术月刊》2016 年第 10 期，第 107 页。

②　关于《唐贤诗范》和《格斋赓韵唐宋贤诗》，韩国学者的研究成果有：郑容秀《〈唐贤诗范〉的发现及其资料价值》，《石堂论丛》（58），2014 年，第 33—70 页；郑景柱《关于〈格斋赓韵唐宋贤诗绝句〉》，《石堂论丛》（60），2014 年，第 115—145 页。这两篇论文都是用韩语撰写，据北京大学外国语学院琴知雅副教授《北京大学藏朝鲜版古文献的资料价值——以收录于〈朝鲜版汉籍善本萃编〉的集部文献为中心》（北京大学第一届古典学国际研讨会论文，后发表于《古籍整理研究学刊》2018 年第 4 期，第 53—54 页）提供线索。

③　［朝鲜］孙肇瑞《格斋集》，《韩国文集丛刊》，首尔：韩国景仁文化社，1988 年，第 15 册，第 59—92 页。

录作品的详细比对，我们发现，第 16 叶末行为《木芙蓉》诗题，然而第 17 叶开始的"双双飞引过东墙，误触蛛丝粉翅伤。放汝却寻花径去，也宜从此减轻狂"一诗，是描述"放触蛛网蝶"的情形，第 17 叶末的《石井》原诗"山腰石有千年润，石眼泉无一日干。天下苍生待霖雨，不知龙向此中蟠"与第 18 叶开始的"春风吹过旧林丛，冷艳团团播淡红。随发随零难住景，宁为弘景爱松风"，韵脚全然不同，第 28 叶开始的"名山岂赖商羊雨，灵井奚因旱魃干。愁歇人人皆引颈，神龙何日奋泥蟠"才是《石井》一诗的次韵之作，加之第 26 叶末行为《放触蛛网蝶》诗题，因此可以推定，第 16、18 两叶之间脱落了第 17 叶，《木芙蓉》一诗有目无辞，而现在的第 17 叶，其实是在第 27 叶的位置（见下图）。从前后内容上看，第 18 叶的《对花有感》《郡人献花》《寄题僧院庭竹》《雪竹》诸诗，也仍然属于"花卉"门；《放触蛛网蝶》为"禽兽"门的最末一首诗，其后是"杂咏"门的《枕上》《晨征》《睡起》《石井》（以上第 17 叶）、《涡河龙潭》《新井》（以上第 28 叶）等。不过既然版心页码前后接连无误，则这一叶倒错当在刻板的时候就已经发生，并且一直延续下来。

由于文献不足征，《格斋赓韵宋贤诗》所依据的宋诗选本尚不明确——或许它和《唐贤诗范》一样，安静地庋藏于韩国的某个藏书机构，等待着被发现；或许它也早已散佚，天壤无存。不过，借助各种存世的他书资料，我们仍然能够先爬梳清楚这些"宋贤诗"中的大部分作者。

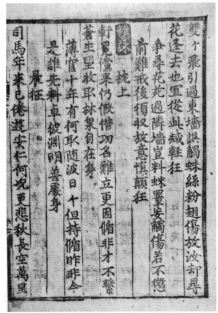 

图 3-1　《格斋赓韵宋贤诗》页 17A　　　图 3-2　《格斋赓韵宋贤诗》页 26B

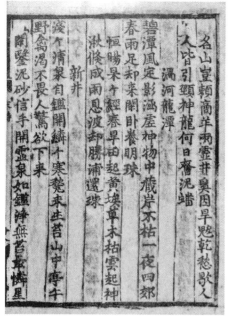 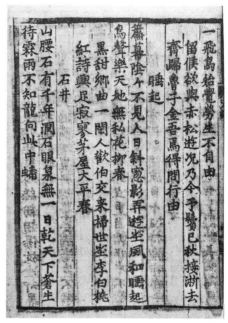

图 3-3　《格斋赓韵宋贤诗》页 28A　　　　图 3-4　《格斋赓韵宋贤诗》页 17B

　　具体言之,《格斋赓韵宋贤诗》今存诗作 155 首,其中作者可考的 112 首,作者无考的 43 首。而在这 112 首可以考知作者的诗里,还有 8 首明确为唐五代时人的作品(见下表),恰恰说明了它的编选质量小有瑕疵。

表 3-1　《格斋赓韵宋贤诗》误收唐五代诗作一览表

诗　题	正　　文	朝代、作者	出　　处
《宫词》	内人晓起怯春寒,轻揭珠帘看牧丹。一把柳条收不得,和风搭在玉栏干。	五代·徐仲雅	(宋)蔡絛《西清诗话》卷中
《宫词》	学画蛾眉独出群,当时人道便承恩。年年不见君王面,花落黄昏空掩门。	唐·刘媛①	(宋)郭茂倩编《乐府诗集》卷四二

---

① 刘媛此诗当题《长门怨》,为组诗中的第二首;北宋郭茂倩编辑《乐府诗集》,《长门怨二首》收入卷四二"相和歌辞",《全唐诗》卷二〇因之。闻人祥正《宫词集句》(其十八)首句"学画蛾眉独出群"下始署"潘阆"之名,后世遂误为潘阆诗。而《格斋赓韵宋贤诗》既题作《宫词》,就是承闻人祥正集句之误而将之视为宋贤诗。同样地,《全宋诗》据《知不足斋丛书》本《逍遥集》编录潘阆诗,亦误收了这首《宫词》,当予订正,见北京大学古文献研究所编《全宋诗》,第 1 册,第 628 页。

诗　题	正　文	朝代、作者	出　处
《萤》	水殿清秋玉户开，飞光千点去还来。无风无月长明夜，偏对阶前照绿苔。	唐·罗邺	（清）曹寅编《全唐诗》卷六五四
《玉门关》	西戎不敢过天山，定远功成白马闲。半夜帐中呈烛坐，犹思生入玉门关。	唐·胡曾	（清）曹寅编《全唐诗》卷六四七
《唐尧》	妖氛不起瑞烟轻，端拱垂衣日月明，何事四方无外役，茅茨深处土阶平。	唐·周昙	（清）曹寅编《全唐诗》卷七二八
《豫让》	门客家臣义莫俦，漆身吞炭不能休。中行智伯恩何异，国士终期国士酬。	唐·周昙	（清）曹寅编《全唐诗》卷七二八
《真感》	潇湘何代泣幽魂，骨化重泉志尚存。若道地中休下泪，不应新竹有啼痕。	唐·周昙	（清）曹寅编《全唐诗》卷七二八
《五湖》	东上高山望五湖，云涛烟浪起天隅。不知范蠡乘舟后，更有功臣继踪无。	唐·胡曾	（清）曹寅编《全唐诗》卷六四七

　　其余 104 首，悉为宋诗，共涉及 30 位作者。今依收录诗作数量多寡，排列如下（括号内为诗作数量，数量相同者以时代先后为序）：王安石（22）、欧阳修（13）、苏轼（12）、王禹偁（7）、释智圆（6）、陶弼（4）、潘阆（3）、林逋（3）、苏舜钦（3）、温琬（3）、秦观（3）、范仲淹（2）、曾巩（2）、郑獬（2）、黄庭坚（2）、释道潜（2）、李若水（2）、柳开（1）、钱昭度（1）、魏野（1）、蒨桃（1）、石延年（1）、梅尧臣（1）、张俞（1）、蔡襄（1）、李师中（1）、苏辙（1）、王雱（1）、刘秘（1）、秦觏（1）。就时间而论，这 30 人全部生活在北宋。生卒年代最晚的是李若水（1093—1127），钦宗靖康二年随帝至金营，骂敌不屈而遭残杀，年仅 35 岁。至于南渡诸家，皆未见选录，更不必说像陆游、范成大、杨万里这样的南宋诗坛巨匠了。因此我们推测，《格斋赓韵宋贤诗》所据的这部宋诗选本，极有可能在两宋之际、至晚在南宋初年就已经编成，所以收录的宋诗下限截至北宋末年，南宋的诗人诗作概未入选。

　　今人论及宋人选宋诗，以曾慥《宋百家诗选》为嚆矢①，宋人目录的翔实著录功不可没。无论是尤袤《遂初堂书目》，还是晁公武《郡斋读书志》、陈振孙《直斋书录解题》，都有《皇宋百家》、《皇宋诗选》、《皇宋百家诗选》的踪影。但曾书入选诗人尚有米友仁（1072—1151）、叶梦得（1077—1148）

---

① 卞东波《南宋诗选与宋代诗学考论》第一章《第一部宋人选宋诗——曾慥〈宋百家诗选〉考论》，北京：中华书局，2009 年，第 25—53 页。

等，"根据古人选本不存生者之例……则曾《选》可能完成于 1151 年之前"①，而《格斋赓韵宋贤诗》所据之宋诗选本既然仅收录北宋诗作，编成时代或更早于《宋百家诗选》。况且，按照主题分类的方式编选唐宋诗作，神宗熙宁元年编成的《唐贤诗范》并非北宋孤例②，延及南宋初年编成的这部宋贤诗选自在情理之中。只可惜，这两部分门别类的唐宋绝句选本终究昙花一现，还没能来得及进入南宋的书籍目录就散亡了；不过幸亏它们在不足百年的有限流传中远播朝鲜半岛，在彼邦刻印，化一而为百千，先后影响着高丽、朝鲜两个时期的文人学者学习唐诗五言绝句和宋诗七言绝句，时至今日更藉由《格斋赓韵唐贤诗》、《格斋赓韵宋贤诗》这样将原诗与次韵诗一同刊行的形式，成为了唐宋诗选佚集中的凤毛麟角③。

三、《格斋赓韵宋贤诗》的校勘价值

《格斋赓韵宋贤诗》选录的诗人诗作，一方面体现了以名家为主的原则，像欧阳修、王安石、苏轼，都是北宋诗坛上的名公钜卿，各领风骚，其他如王禹偁、林逋、范仲淹、梅尧臣、苏舜钦、曾巩、郑獬、苏辙、释道潜、黄庭坚、秦观等人，诗歌成就也很高。另一方面，由于所依据的宋诗选本编成时间较早，自然保存了许多与晚出刊本内容面貌不尽一致的异文。篇幅所限，这里仅以目前可知选录诗作数量最多的王安石、欧阳修、苏轼三家为例，略作校勘说明。

首先是王安石诗。王安石诗文集，北宋徽宗政和、重和年间始有刊本。至南宋高宗绍兴二十一年（1151），龙舒本《王文公文集》一百卷、杭本《临川先生文集》一百卷先后问世；二者相较，不仅书名完全不同，而且编次迥异，并各有缺漏，可据以互作校补④。百卷本之外，又有宋人李壁笺注本《王荆文公诗笺注》五十卷，今已失传。元大德五年（1301），刘辰翁门人王常将刘氏评点、删略李壁笺注的本子刊刻行世，广为流传。幸运的是，日本蓬左文库藏有朝鲜古活字本《王荆文公诗笺注》，"系综合宋刻、元刻而成，既保留

---

① 卞东波《南宋诗选与宋代诗学考论》，第 28—29 页。
② （衢本）《郡斋读书志》卷二〇著录"《唐宋类诗》二十卷"、"分类编次唐及本朝祥符以前名人诗"，即是。说详卞东波《宋代诗话与诗学文献研究》，北京：中华书局，2013 年，第 301—305 页。
③ 关于《格斋赓韵宋贤诗》所据宋诗选本的编成时间，这里主要是通过书中可以考知的 30 位宋诗作者的生活时代做出推测，其实难称定论。我们只能期待，伴随着今后中韩两国学者的进一步调查研究，或许这部宋诗选本得以重见天日，或许其他 43 首诗的作者归属能够逐一确定，那时再对这个问题展开详细探讨，才会真正形成确凿可信的结论。
④ 王岚《宋人文集编刻流传丛考》，南京：江苏古籍出版社，2003 年，第 160 页。

了宋刻也保留了元刻的特点,是该系统传本中的最佳版本"①。今人高克勤整理《王荆文公诗笺注》,以朝鲜古活字本为底本,校以宋龙舒本《王文公文集》、明嘉靖应云鸑刻《临川先生文集》(杭本系统)等,萃诸本异文于一编,尤便寻览②。

　　就现有考察而言,《格斋赓韵宋贤诗》选录王安石诗作最多,共计 22 首,殆与王氏在北宋中后期的特殊政治地位关系密切。兹将这 22 首诗与整理本《王荆文公诗笺注》(以下简称"王集",各例仅标明页码)的诗正文、校记逐一比对,得异文如次:

　　《禁中春寒》"水殿西廊北院门",王集(第 1162 页)作"北苑门";《题中书壁》"须信朝家重儒述",王集(第 1161 页)作"儒术";《兴国寺楼上作》"日射流尘四散空",王集(第 1273 页)题作《兴国楼上作》,"空"作"红",校记"龙舒本'国'下有'寺'字";《悟真院》"野水纵横漱玉墀"、"山北山南路欲芜",王集(第 1114 页)作"漱屋除"、"路欲无";《忆锺陵》"汀沙雪压水溶溶"、"每家图画上屏风",王集(第 1276—1277 页)题作《汀沙》,"压"作"漫"、"每家"作"家家"、"上"作"有",校记"龙舒本此为《和张仲通忆锺陵绝句四首》之三"、"'家家',嘉靖本作'每家'";《石井》"石眼泉无一日干",王集(第 1272 页)作"海眼",原校"一作'石眼'";《松明》"龙甲虬髯不可攀"、"应嗟无地避斤斧",王集(第 1166 页)题作《道傍大松人取为明》,"龙甲虬髯"作"虬甲龙髯"、"避"作"逃",校记"'虬甲龙髯',嘉靖本作'龙甲虬髯'";《池雁》"羽毛零落向人愁",王集(第 1168 页)作"摧落";《溪上》"谿水清涟老树苍"、"行穿溪树踏青阳"、"只有幽花渡水香",王集(第 1319 页)作"树老苍"、"踏春阳"、"唯有";《题扇》"玉斧修成碧月团"、"清明风露非人世",王集(第 1034 页)作"宝月"、"青冥风露";《观王氏雪图》"茅屋柴门半在峰"、"想得幽人遗世事"、"独临清峭倚长松",王集(第 1313 页)作"在半峰"、"想有"、"青峭";《访隐者》"春去人间殊不知",王集(第 1231 页)作"总不知"。

　　其中,"儒述"、"半在峰"、"清峭"等,《格斋赓韵宋贤诗》显误;《忆锺陵》诗题、"石眼"、"龙甲虬髯"等,确有他本依据,亦可证"龙舒本尚存旧题"③;"北院门",李壁注引韦执谊《翰林记》"院在银台门内"诸语,似作"院"是;"四散空"、"踏青阳",前者李壁注引荆公诗句"日射地穿千里赤",

---

① 　王岚《宋人文集编刻流传丛考》,第 169 页。

② 　(宋)王安石著、(宋)李壁笺注、高克勤点校《王荆文公诗笺注》,上海:上海古籍出版社,2010 年。

③ 　(宋)王安石著、(宋)李壁笺注、高克勤点校《王荆文公诗笺注·前言》,第 9 页。

后者引段成式记鬼诗"长安女儿踏春阳,无处春阳不断肠",则李壁所见底本当为"四散红"、"踏春阳"。至于其他如"漱玉墀"、"路欲芜"、"羽毛零落"之类,义可两通,难定别集必是而总集必非。

其次来看欧阳修诗。"欧阳修的诗文在两宋有各种各样的编集,且在各地广为流传","久无定本,文字不能统一,学者病之"①,于是到了南宋光宗绍熙、宁宗庆元年间,始有周必大广搜众本而编校订定《欧阳文忠公集》153卷,成为后代翻刻的祖本。而此庆元二年(1196)周必大刊本《欧阳文忠公集》,日本天理大学附属天理图书馆仍藏全帙,现为"日本国宝"。今人洪本健《欧阳修诗文集校笺》(以下简称"欧集",各例仅标明页码),即以民国《四部丛刊》影印元刻本《欧阳文忠公集》为底本,以日本天理大学附属天理图书馆藏南宋庆元刻本为主要参校本,整理而成②。兹取《格斋赓韵宋贤诗》选录欧阳修诗与欧集对校,得异文如次:

《霜》"耐寒唯有东篱菊",欧集(第1493页)作"奈寒";《霁后看雪》"嘉景无人把酒樽"、"已作春风料稍寒",欧集(第1452页)作"酒看"、"料峭","看:原校:一作'尊'";《谢寄筇竹杖》"玉光莹泽锦斓斑"、"扶持衰病骨残年",欧集(第451页)作"莹润"、"过残年";《鹭鸶》"风格高高尘外物",欧集(第342页)作"风格孤高";《牛》"雪消春动草芽生",欧集(第1494页)作"雪销"。

其中,"耐"与"奈"、"消"与"销"实同;"料稍"、"骨残年"、"高高",《格斋赓韵宋贤诗》显误;"莹泽"与"莹润",义皆可通,聊备他说;"把酒尊"与"把酒看",周必大校刻本已经两存之③。

最后再谈苏轼诗。在中国近世文学史甚至东亚近世汉文学史上,苏轼都堪称影响最大的一位作家。他的别集在北宋时就曾刊行,南宋、金、元、明、清传刻不辍。现存者,既有诗文合集式的《苏轼全集》,又有单行的苏轼诗集、苏轼文集、苏轼词集等;而无论是各体之合集还是某一文体之单行别集,版本源流都较为复杂,前贤已多论及④。况且,苏诗自宋代即有宋人注释本流行,及至清代,"宋荦、邵长蘅、冯景、查慎行、翁方纲、沈钦韩、冯应榴、纪昀、王文诰等,分别在苏诗编年、笺注、评论、考订、刊行方面做了许多有益

① 王岚《宋人文集编刻流传丛考》,第86页。
② (宋)欧阳修著、洪本健校笺《欧阳修诗文集校笺》,上海:上海古籍出版社,2009年。
③ "本书以《丛刊》本为底本,故校记中凡书'某:原校:一作某'、'卷后原校:某本作某'者,皆出自底本。"(宋)欧阳修著、洪本健校笺《欧阳修诗文集校笺·前言》,第13页。
④ 最有代表性的论著,如刘尚荣《苏轼著作版本论丛》,成都:巴蜀书社,1988年;杨忠《苏轼全集版本源流考辨》,收入《中国典籍与文化论丛》(第1辑),北京:中华书局,1993年,第195—223页。

的工作,而冯应榴与王文诰可以说在清朝中叶做了总结"①,这也是苏轼诗集在流传方面的一大特色。今人孔凡礼的《苏轼诗集》整理本(以下简称"苏集",各例仅标明页码),便是以王文诰所编《苏文忠公诗编注集成》道光二年武林韵山堂王氏原刊本为底本,广校存世的十余种苏轼别集,忠实记录各本异文,取得了极为丰硕的校订成果②。兹取《格斋赓韵宋贤诗》选录苏轼诗与苏集的诗正文、校勘记详细对校,得异文如次:

《扈从观灯》"天风吹下御炉香"、"侍臣鹄立通明观",苏集(第 1955 页)题作《上元侍饮楼上三首呈同列》(其一),"天"作"仙"、"观"作"殿",校勘记(第 1986 页)"七集续集重收此三诗,题作'正月十四夜扈从端门观灯三绝'"、"集本、施乙作'通明观'";《书湛师房》"闭门高枕对残缸"、"卧听萧萧雪打窗",苏集(第 524 页)作"孤枕"、"雨打窗",校勘记(第 569 页)"集甲、类本作'雪打窗'";《游净惠寺赠荣长老》"水沉烧尽碧烟横"、"山人睡起无人见"、"唯有飞蚊绕鬓鸣",苏集(第 478 页)题作《佛日山荣长老方丈五绝》(其五),"烧"作"销"、"起"作"觉"、"唯"作"只",校勘记(第 515 页)"查注作'烧尽'"、"查注:《志》'只'作'惟'";《南堂》"扫地烧香闭阁眠",苏集(第 1167 页)作"焚香",校勘记(第 1194 页)"集本、类本作'烧香'";《冬日牧丹》"独向霜余染烂红",苏集(第 526 页)作"却向";《题皇亲画扇》"谁信风流贵公子",苏集(第 1524 页)题作《书皇亲画扇》,"信"作"谓";《书李世南所画秋景》"不是溪山曾独往",苏集(第 1525 页)作"成独往",校勘记(第 1556 页)"集甲、施本、类本作'曾独往'。查注:宋刻本'成'作'曾'";《山村》"无像太平还有像",苏集(第 438 页)两"像"字皆作"象";《庄子庙》,苏集(第 286 页)题作《逍遥台》,题下自注"庄子祠堂在开元寺,即墓为堂也"。

其中,大多数异文都有他本依据,只有"天风"、"高枕"、"睡起"、"独向"、"谁信"数语,或因《格斋赓韵宋贤诗》所据宋诗选本还有别的文献版本来源,因而留下了与传世的苏轼别集不尽相同的文字内容。

总而言之,《格斋赓韵宋贤诗》中的诗句异文,一部分就是明确的误字情形,体现了采录不精的总集通弊(所谓采录不精,除了文字上的讹误倒错,当然还包括前述将唐五代诗张冠李戴为宋诗的问题),另一部分则在一定程度上反映了宋人诗作在早期流传过程中的一种文字面貌,值得重视。

① 刘尚荣《评新版〈苏轼诗集〉》,见《苏轼著作版本论丛》,第 212 页。
② (宋)苏轼撰、(清)王文诰辑注、孔凡礼点校《苏轼诗集》,北京:中华书局,1982 年。

四、《格斋赓韵宋贤诗》的辑佚价值

《格斋赓韵宋贤诗》中，还有柳开、石延年、陶弼、温琬等 4 位作者的 6 首诗作以及作者名氏无考的 43 首诗作，或不见于《全宋诗》载录，或为《全宋诗》收录不全，兹按照作者可考者在前、作者无考者在后的次序，俱录其文，间及笔者按断，以补《全宋诗》之阙①。

（一）作者可考者之佚诗 6 首

1. 柳开（1 首）

新及第

讲虎门前受敕回，缀行呵喝下天来。九街红粉皆相识，尽卷珠帘看柳开。　　《格斋赓韵宋贤诗·人物》

按：柳开诗，见《全宋诗》册 1 卷五四页 573—576。此首失收。又见宋陈应行《吟窗杂录》卷三三，"虎"作"武"、"天"作"无"、"街"作"衢"②。

2. 石延年（1 首）

抛毬词

孔雀罗衫窄窄裁，珠襦微露凤头鞋。歇时不惜泥金损，手托娇鬟卧玉阶。　　《格斋赓韵宋贤诗·□□》

按：石延年诗，见《全宋诗》册 3 卷一七六页 2000—2012。"孔雀"二句，原据《锦绣万花谷》前集卷一七收录③，今补全诗。

3. 陶弼（1 首）

途中梅花

刺洞朱槿少风流，不伴离人过岭头。独有小梅香漠漠。陆行随马水随舟。　　《格斋赓韵宋贤诗·花卉》

---

① 前文通过对《格斋赓韵宋贤诗》现存诗作的作者考察，发现其中已经混入了个别唐五代诗人的作品，并非全为"宋贤"；而就作者失考的 43 首诗作来说，这样的情况也同样可能存在。这里暂以宋人佚诗视之，存疑待考。

② （宋）陈应行《吟窗杂录》，北京：中华书局，1997 年，第 925—926 页。

③ 《全宋诗》，第 3 册，第 2011 页。

按：陶弼诗,见《全宋诗》册 8 卷四〇六—四〇七页 4981—5010。"独有"二句,原据《全芳备祖》前集卷一收录①,今补全诗。

4. 温琬(3 首)

雪 竹

一簇修篁小槛中,可堪和雪更玲珑。数枝偃亚尤增秀,莫惜轻绡命画工。　《格斋赓韵宋贤诗·杂咏》

泛 舟

醉拥笙歌彩缆摇,落花飞絮扑兰桡。碧波行处新荷少,惊起鸳鸯拂画桥。

寻 扇

架头轻拂隔年尘,随手清风快大宾。愿得不遭秋弃掷,团团长作掌中珍。　以上《格斋赓韵宋贤诗·□□》

按：温琬,字仲圭,本姓郝,小名室奴,甘棠(今河南宜阳)人。仁宗至和年间(1054—1056),其父病卒,随其母为娼。通翰墨,尤长于诗。尝有诗仅五百篇,自编为集,为好事者所窃,又续吟百首,多已佚。宋刘斧《青琐高议》后集卷七有传。《全宋诗》失收其人。此三诗,又见《青琐高议》后集卷八,"偃"作"压"、"缆"作"舰"、"团长"作"圆常"②。

(二) 作者无考者之佚诗 43 首

上阳宫

三月桃花满上阳,上阳宫女学新妆。妆成不得君王见,空对春风暗断肠。　《格斋赓韵宋贤诗·宫词》

虏中上元

旅魂乡思两难收,一寸心容万斛愁。想得长安今夜月,岂无人倚最高楼。

按：前述 30 位宋诗作者中,仅李若水于钦宗靖康元年、二年(1126、1127)两度使金。据《三朝北盟会编》卷七四,靖康二年正月十日,钦宗"再幸虏营也,何㮚、曹辅、吴开、莫俦、李若水、谭世勣、司马朴、汪藻、孙觌扈驾从行";正月十四日,钦宗以归、回二字为韵,先命孙觌赋诗,"仍召冯澥、曹

---

① 《全宋诗》,第 8 册,第 5009 页。
② (宋) 刘斧《青琐高议》,上海：上海古籍出版社,1983 年,第 177、178 页。

辅、吴开、李若水、谭世勣、汪藻同赋。群臣见归、回二韵，益悟圣意所在，不觉歔欷"①。因而靖康二年上元节前后，李若水正在金营，与诗题"虏中上元"可相印证。更何况其《忠愍集》久佚，清乾隆年间，四库馆臣据《永乐大典》辑为三卷，远非宋时旧貌，则此或为李若水佚诗。

夏日即事

千里彤云昼不收，扇风无力簟纹流。何人解拂临窗壁，与画潇湘一片秋。

夏日城西

小麦青青杏半红，流莺上下燕西东。单衫短帽垂杨下，满马香尘满袖风。

春 意

勒花风慢雨漫漫，乍着轻罗特地寒。燕子归来帘半卷，黄昏无语凭栏干。

又

宿醉初消社酒香，春阴不散柳丝长。疏慵得趣还堪笑，琴剑图书共一床。

夏

碧天如水午窗开，当面晴云雪一堆。凉簟稳眠宜昼永，疏帘唯有好风来。

秋 夜

漠漠银灯暗画屏，碧纱初觉晓衣轻。无端滴破江南梦，一夜空阶细雨声。

又

洞口重扉夜不倾，砌蛩相伴促寒更。沉吟起傍高梧立，满目星河一雁横。

暑 夜

老天绀碧月黄色，暑气着人如醉中。愿借云帆高万丈，洞庭湖里驾归风。　　以上《格斋赓韵宋贤诗·时令》

游压沙寺

梵宫冷落似村家，修竹阴阴一径斜。薄暮欲归僧挽袖，更看明月上梨花。

---

① （宋）徐梦莘《三朝北盟会编》，上海：上海古籍出版社，1987年，第557、561页。

宿梁山寺

古柏森森碧柱天，淡餐凉卧笑无缘。一瓶净水一笼烛，童子念经僧坐禅。　　以上《格斋赓韵宋贤诗·释道》

唐处士草堂

闲向临溪构草堂，羡君高卧兴何长。不教碍眼裁芦苇，为忧秋宵月满床。

怀崇阁

雨收列岫明如刮，风去长江净似铺。日暮登临无限意，白云西北是京都。

东　园

春风畈去亦寻常，便觉今年畈大忙。烂醉东城犹未了，如何背我去堂堂。

题姜山人居

水边山映碧纱窗，松下图书满石床。外客不来春正静，花间啼鸟送斜阳。　　以上《格斋赓韵宋贤诗·游赏》

惜　菊

晚晴愁步绕残丛，枝梗花稀蕊已空。数个蝶寒来又去，不胜惆怅怨西风。

枫

谢家园里数株枫，颜色凌霜转转浓。落日无风波正静，分明染出半江红。

蒲　剑

不假烘炉锻炼成，翠锋纤锐自天生。几行罗列当秋水，蛟蜃潜窥已暗惊。

苔　钱

雨余深院一凭轩，吟爱苍苔点点圆。应是东君欲归去，满庭留得买春钱。　　以上《格斋赓韵宋贤诗·花卉》

谢肇上人寄笋

长爱当轩竹数根，笋成岂谓寄寒门。翻思转觉师心静，却恐成林鸟雀喧。

和窦彦学士求诗

人讥世笑两喧喧，自叹无功敢浪传。今日感知虽欲献，箧中零落岂成篇。　　以上《格斋赓韵宋贤诗·谢答》

寄章表民

相思西望不回头，露湿栏干夜倚楼。月白鉴湖三百里，故人何处舣轻舟。

钱塘秋日寄家兄

浮云千里隔营丘，薄宦区区未即休。鸿雁不来秋自老，海风吹梦过扬州。

苦热偶书寄李七

无山无水称人情，轩户烦蒸病欲生。赖有琴中三峡弄，持闻弦上有泉声。

再还阳朔寄上官凝明府

桂花香里寻僧去，榕树阴中掩县门。怪得年来公事少，野桑无子麦生孙。

按：《两宋名贤小集》卷九六《陶邕州小集》收录陶弼《寄阳朔上官凝明府》，称其"所著诗文、书奏，十有八卷"①，然今仅存《陶邕州小集》一卷，则多已散佚。《全宋诗》即以《宋人集·陶邕州小集》为底本，另新辑集外诗，编为第二卷，"辑得佚诗八十八首及断句若干，超过一卷本载诗之总和，且仍有漏集者"②。此诗题作《再还阳朔寄上官凝明府》，地点、人物皆相应，疑为陶弼佚诗。

寄社主常公大师

钟鼓趋朝薄暮归，文词荒废笑谈稀。白莲社主应无事，只管苍波与翠微。　　　以上《格斋庼韵宋贤诗·投寄》

按："社主常公"即释省常（959—1020），宋太宗淳化初年（990）于西湖之滨昭庆寺结社，是为白莲社。一时之间，文人学士纷纷寄诗入社，使得白莲社在太宗、真宗两朝蔚为大观，释省常也因白莲社主的身份而颇与公卿大夫交善。真宗景德三年（1006），丁谓将结社诗汇编成集，并作《西湖结社诗序》，大中祥符二年（1009），又有钱易作《西湖昭庆寺结净行社集总序》，则白莲社在此时正当鼎盛③。然据诗中"文词荒废笑谈稀"、"白莲社主应无事"之语，似已进入白莲社后期、释省常晚年，其作者虽不可考，但确为北宋

① 旧题（宋）陈思编、（元）陈世隆补遗《两宋名贤小集》，影印文渊阁《四库全书》本，台北：台湾商务印书馆，1986 年，第 1363 册，第 7 页；《寄阳朔上官凝明府》诗见同册第 10 页。
② 祝尚书《宋人别集叙录》（增订本），北京：中华书局，2020 年，第 235 页。
③ 关于西湖白莲诗社，祝尚书《宋初西湖白莲社考论》（《文献》1995 年第 3 期）、金程宇《韩国所藏〈杭州西湖昭庆寺结莲社集〉及其文献价值》（《稀见唐宋文献丛考》，北京：中华书局，2009 年）两篇文章先后做了详细的介绍，可参。

前期作品无疑。

放触蛛网蝶

双双飞引过东墙,误触蛛丝粉翅伤。放汝却寻花径去,也宜从此减轻狂。　　《格斋赓韵宋贤诗·禽兽》

晨　征

司马年来已倦游,安仁何况更悲秋。长空万里一飞鸟,始觉劳生不自由。

灵　泉

水不当涂汲引稀,只应樵客野僧知。南方六月天如火,正是行人渴死时。

兰州河壖

黄昏细雨蓼花红,云暗前山水拍空。却忆当年楚山晚,鲈鱼白酒钓船中。

筇竹杖

九节纯阳数自分,仙翁相寄蜀江濆。几多危崄难行处,尽日扶持是此君。

小　机

草堂稳坐一闲人,何事区区欲致君。千载寂寥尘机上,独凭黄卷谢浮云。

酒　旆

杨柳桥边低拂雨,杏花村外静翻风。前程未尽羁愁极,渴吻生尘一望中。

咏　棋

黑白谁分静里机,其人会得怯时危。分明有个长生路,只为人心着处迷。

咏　舞

束素腰轻出楚宫,七般双袖卷飞蓬。纹茵半陷绫波袜,拍碎香檀曲未终。　　以上《格斋赓韵宋贤诗·杂咏》

剑　客

雕鹗精神虎性灵,兴来提剑便横行。黑风动地沧溟倒,一斩鲸鲵立晏清。

公　子

鸳鸯宝马饰玫瑰,指点寒儒只冷哈。醉入金门无一事,金钱百万买花栽。

村 灯

卖酒炉边风闷闷,织绫机畔雨萧萧。如何一点荧煌性,肯向人间伴寂寥。 以上《格斋赓韵宋贤诗·人物》

访昭公山主不遇

偶策枯藤蹑石梯,入云寒涧水凄凄。林僧采药不相遇,唯听孤猿隔岭啼。

无 田

莫谓无田便不归,十年尘土厌低眉。何当买得长镵去,趁取东风笋蕨时。

村 舍

月出东篱露半绫,绕庭红荇影层层。邻家小妇夜无睡,轧轧棱声点点灯。

过叶县

好龙何似好人龙,矫矫南阳诸葛公。我爱当时蜀先生,下车三顾草庐中。 以上《格斋赓韵宋贤诗·寻访》

五、赓韵:唐宋诗选的域外受容

《格斋赓韵唐贤诗》、《格斋赓韵宋贤诗》二书,作为宋人所编唐宋诗选集在朝鲜半岛的衍生产物,除了提供唐宋绝句的部分异文乃至保存唐及北宋人的佚诗之外,更是目睹时移事异的孙肇瑞借赓韵的方式浇注自己心中块垒的胸臆所在。这些次韵之作,集中抒发了他面对篡逆之变的痛心疾首、无可奈何和毅然选择弃官归隐的笃定坚守、矢志不渝。

孙肇瑞主要生活在朝鲜世宗(1418—1450)、文宗(1450—1452)、端宗(1452—1455)、世祖(1455—1468)时期。端宗末年,首阳大君通过政变推翻了侄子的统治,自己登上王位,是为世祖;端宗则逊位成为鲁山君。次年,世祖发动政治清洗,成三问、朴彭年、河纬地、李垲、俞应孚、柳诚源等"死六臣"罹难。三年,端宗亦被赐死,世祖终于完全排除了政治上的反对势力。与此同时,还有一些儒臣坚持不事二君,隐遁山林,其中的典型便是与"死六臣"相对应的"生六臣"。而孙肇瑞的人生轨迹,也就在这短短三年之间发生了重大的转折。

郑宗鲁为孙氏所撰《墓碣铭》称:

> 景泰乙亥,世祖即位,公弃官归乡。越明年丙子,六臣狱事起,公自是谢绝学徒,足不出门。……及丁丑闻鲁陵升遐,失声呼痛。绝而甦,

泣血心丧,恒以未死人自处。拜户曹参议,不就。遗命以乙亥前官衔书墓碣。①

类似的表述又见金埱《格斋先生文集后序》:

格斋先生孙公,当景泰禅受之日,弃官归家,谢绝人事。及闻端庙匈音,捶胸泣血,尽方丧之制,恒言必称未死人。朝廷以官召,不起。及卒,遗戒墓道书乙亥以前官衔,其自靖之意可知也。然当是时也,有六臣成、朴、河、柳、李、俞诸贤,皆骈首就戮而不悔,岂不亦烈烈而卓卓乎哉?②

由此观之,孙肇瑞选择在景泰六年(当朝鲜世祖元年,1455)弃官归隐,并非偶然,背后有着强烈的政治因素,那就是以"自靖"这一无声的方式坚决地反对世祖即位的非正统性。所以他在闲居时次韵唐宋绝句而成《格斋赓韵唐贤诗》、《格斋赓韵宋贤诗》二书,看似是寄情吟咏以自娱,其实是要借追和前贤诗篇以宣泄自己内心的悲凉苦闷。

除了单行的《格斋赓韵唐贤诗》、《格斋赓韵宋贤诗》,孙肇瑞的这些次韵之作又几乎全部收录于《格斋集》中。卷二"赓诗"的题下小注明言"五言,次唐诗韵;七言,次宋诗韵",与《格斋赓韵唐贤诗》、《格斋赓韵宋贤诗》的体式正合;同时还揭示出它们的旨趣在于:"即时事一变后托意而作也。是以其辞激切慷慨,或有恋主之感,或有悼友伤时及自靖之义。其余则虽或追述本题中即事,而要皆出忠义血腔。"③换言之,恋主悼友、伤时自靖构成了孙氏次韵诗篇的核心情感主题。仍以《格斋赓韵宋贤诗》为例,他次韵欧阳修《霜》、《霁后看雪》而作"昨夜飞霜劉物轻,蓁蓁百卉一时倾。亭亭唯有南山柏,翠叶玲珑样紫清","霁景鲜明难独赏,谁迎□伯到门栏。万般红紫皆零落,唯有松篁任岁寒",用严霜、寒雪喻政治的残酷,用挺拔的南山柏和雪后松篁寄托高洁、坚贞的操守;次韵《房中上元》而作"恋主思亲泪不收,寸心含畜几车愁。两乡声息何由识,徒想孤轮独倚楼",对端宗的怀恋之情表达得淋漓尽致;次韵《秋夜》(其二)作"常闷天围西北倾,欲撑无计坐三更。填胸伊志诚难遂,仰面银河徒自横",流露出面对政权倾覆而无力扭转

① 〔朝鲜〕孙肇瑞《格斋集》,《韩国文集丛刊》,第 15 册,第 88 页。
② 〔朝鲜〕孙肇瑞《格斋集》,《韩国文集丛刊》,第 15 册,第 63 页。
③ 〔朝鲜〕孙肇瑞《格斋集》,《韩国文集丛刊》,第 15 册,第 67 页。

的哀嗟；次韵李师中《枕上》而作"薄宦十年有何取，随波日日但持循。昨非今是谁先料，卓彼渊明善处身"，一句"昨非今是谁先料，卓彼渊明善处身"道出了对于政治变幻无常的厌弃；次韵苏轼《代美人赠别》而作"声音凄断不堪歌，返旆无由奈若何。密约重来言未了，泪行流下滴多多"，怀悼旧友，情深意切；次韵《小机》而作"赖尔甘眠候交梦，周公与我佐孤君。觉来始觉非真事，壮气犹存彻五云"，视端宗为正朔而不事二君的耿耿忠诚跃然纸上。凡此之类，无一不激荡着恋主悼友、伤时自靖的现实关怀。

　　在中国古代诗歌传统乃至东亚汉文学的诗歌传统中，次韵都是十分普遍的一种创作形式——或友朋之间相互唱和，或后代文人追和前代诗篇。前者如中唐的元稹和白居易、晚唐的皮日休和陆龟蒙等，往往齐名并称；后者如苏轼尝作"和陶诗"137首，取得了奇卓的成就。然而，无论是同辈唱和还是后代追和，他们的次韵对象都是单一而确定的——毕竟次韵首先限定了诗人用韵的框架，同时又容易在题材、意境等方面束缚诗人的表达。而到了《格斋赓韵唐贤诗》、《格斋赓韵宋贤诗》这里，孙肇瑞面对的是按照主题分类编次的《唐贤诗范》和仍待进一步考证落实的宋人七言绝句选本这样的唐宋诗总集，涉及的作者纷繁，每一首诗的吟咏话题、思想旨趣、修辞技巧也各具特色，逐一次韵，难度自然更大。不过如果从"知人论世"的角度视之，孙氏身逢政治变乱，于是弃官归家之后将无从排遣的恋主悼友、伤时自靖的情感主题整体性地贯穿在了300余首次韵之作中。尽管其间意象的雷同、趣味的平淡都在所难免，总体文学成就也确实有限，但围绕着文本发现而进行的由表及里的文化观照，或许才是以域外汉籍文献为载体的域外汉文学研究的题中之义与深层指向。

第四章　总集文献与辑佚(下)
——以清代地方诗文总集《方城遗献》、
《彭姥诗蒐》为例

一、《方城遗献》、《彭姥诗蒐》的编纂缘起

(一)《方城遗献》

《方城遗献》八卷、续刻一卷,清李成经编。方城为王城山之古称"方城山"的简省①,在今浙江省温岭市西北,属台州市辖境。关于是书之编纂缘由,作者自序称:

> 太邑界山海间,建置最后。前此有诗,皆统于黄岩,若《英气集》、《赤城集》所载……迨《三台文献》行,邑于是始以诗著。而其书成于嘉靖时,上距立县未久,亦宜其采录之寥寥焉。惟万历季年林山人子彦《征献录》,乃悉举前之隶黄岩者,析而归之,增以平日所闻见、故家所收存,汇刻为巨集。……经少病邑志不载艺文,思得是书,以补其阙,而板废不传。……会戚先生鹤泉归自山左,辄以谋之,先生悉出其平时录本相示。而先师陈耻斋先生有手辑《存逸录》十卷,承其孙星栈世兄见寄,经益得广所未见。兼以陆续收采,由是《征献录》之缺者得补、误者得正,并其所未及者,亦得以增而续、合而刻之。计诗千首,为人四百二十,名下各附以传,不敢谓此外更无湮没,而一邑之内、七百余年之人物风雅,亦庶乎其有可考矣。……乾隆五十二年岁次丁未三月,太平后学长山李成经撰。②

---

① （宋）陈耆卿《嘉定赤城志》卷二〇"王城山在县南七十五里,石累叠如城。本名方城山,王羲之《游四郡记》云:'临海南界有方城山,绝巘壁立。越王失国,尝保此山。'天宝六年改今名。"《宋元方志丛刊》,北京:中华书局,1990 年,第 7 册,第 7433 页。

② （清）李成经《方城遗献序》,《历代地方诗文总集汇编》,北京:国家图书馆出版社,2016 年,第 197 册,第 3—7 页。

太邑即太平县,明成化五年(1469)分黄岩县南界置,属台州府,治所亦在今浙江省温岭市。这里人文荟萃,能诗者众,明时已有《三台文献录》、《征献录》二书,广搜博采,编录艺文。至清乾隆年间,一方面旧本"板废不传",多有缺损,另一方面又经过了近200年,诗人辈出,未曾断绝,所以李成经决定在前人既成之作的基础上,增续合刻,囊括自宋迄清420位作者的近千首诗歌,取山名以代县邑,命曰《方城遗献》。

全书正编八卷,续刻一卷,卷首为《方城遗献序》、"方城遗献姓氏目录"、"参订姓氏"。正文卷次内容,按照朝代先后——卷一为宋人、卷二为元人、卷三至八为明人;续刻一卷,先录国朝诗人诗作,次补遗,次释道闺阁。今有清乾隆五十二年(1787)德馨堂刻本①。

(二)《彭姥诗薮》

《彭姥诗薮》十二卷,清倪劢辑编。"彭姥"原为峰名,依峰而有彭姥村。唐中宗神龙元年(705),"监察御史崔皎奏于宁海县东界海曲中象山东麓彭姥村置县"②,始有象山县,初隶台州,不久改隶明州(今浙江宁波)。这里"自唐宋以来,风雅代兴"(《彭姥诗薮》卷首赵存洵序),只因"地属甬东,孤悬海上"、"著述失于兵燹居多"(倪劢《彭姥诗薮·凡例》)。明清两朝,郑千之《四明文献录》、宋宏之《四明雅集》、张时彻《四明风雅》、杨德周《甬东诗括》、胡文学《甬上耆旧诗》、全祖望《续甬上耆旧诗》等,已将四明艺文萃于一编,象山诗文,亦间有所采。至倪劢之父倪象占辑录《蓬山清话》,"为邑乘补遗,兼录有邑前辈俞述祖诸人之诗,盖皆吉光片羽散见于他集者"(《彭姥诗薮》卷首赵存洵序)。在此基础上,倪劢更仿元好问《中州集》"以人存诗、以诗存人之例,以次编录其宋元明之轶。而见于《清话》与别集者汇之,其载入邑志艺文古迹而本集尚有可采者增之,又取国初以来已梓、未梓诸集中之脍炙人口者续之。至零篇残什,亦予附存,都为一十二卷",前后历时二十多年,方克成书;又恐"筐衍孤编,仍归湮没,因即校雠付梓",希望以刻版的形式流存后世③。

全书卷首为赵存洵序、倪劢《彭姥诗薮序》及《彭姥诗薮·凡例》。正文各卷按照朝代先后——卷一宋人诗、卷二元人诗、卷三至五明人诗、卷六至一一清人诗、卷一二释道诗,收录象山县邑自宋至清嘉庆、道光年间219位作者的1 100余首诗歌(其间偶有词作)。卷末则倪劢后学杨月传跋文一

---

① 书前牌记页:中间大字书名"方城遗献",右刻"长山李维三编次",左刻"德馨堂藏板",上方横刻"乾隆丁未年镌"。

② (唐)李吉甫《元和郡县图志》,贺次君点校,北京:中华书局,1983年,第630页。

③ (清)倪劢《彭姥诗薮序》,《历代地方诗文总集汇编》,第197册,第431页。

篇。今有清道光七年(1827)刻本①。

《方城遗献》和《彭姥诗蒐》,都是清人辑编的浙江地方诗总集,现已共同影印收入《历代地方诗文总集汇编》(第197—198册)。笔者检览二书各自卷一载录的宋人宋诗,发现其中多有不见于《全宋诗》者,而这些诗人小传与散佚诗作,在勾稽人物生平、考察人物交往、辨析材料来源等方面,又皆有所助益。兹分"《全宋诗》已收诗人之佚作"和"《全宋诗》失收诗人诗作"两部分,前者涉及徐似道、王居安、郑瀛、丁木、丁石、陈景沂、林昉等7位诗人的12首作品,依《全宋诗》中所在册页为次;后者包括丁朗、蔡镐、王澄、王浚、项观古、丁希亮、毛仁厚、徐练、徐照、毛鼎新、林乔年、陈宗、赵文藻、林应丑、王诜、詹会龙、钱延庆、任仲高、钱肃等19位诗人的27首作品,依《方城遗献》《彭姥诗蒐》中的编次为序,各人之下先撰小传,再录佚诗,以补《全宋诗》之阙。

二、《全宋诗》已收诗人之佚作(7人,12首)

1. 徐似道(47/2519/29099)②

买抚州纸被

　　好是临川纸,谁敲作夜冰。造成无缝被,卖与有家僧。短梦疏棂月,孤禅半壁灯。起来吾自笑,何事发鬅鬙。　　　清李成经《方城遗献》卷一

2. 王居安(51/2736/32212)

丁未廷唱

　　丹陛传胪设九宾,获陪多士造君门。谈经已愧登前列,射策何期动至尊。未必熙朝无弊事,从来逆耳是忠言。云龙风虎千龄会,誓展愚衷报主恩。

奉酬于君实

　　百年能阅几番春,寒暑推迁迅若神。世事不平无切齿,人生相与戒亡唇。挽弓尚欲张而弛,尺蠖宁忘屈与伸。多少英雄在方策,长生不死是何人。　　　以上清李成经《方城遗献》卷一

---

① 书前牌记页:中间大字书名"彭姥诗蒐",右刻"道光丁亥冬日",左刻"武林邵书稼题"。
② 括号中的数字依次为其人在《全宋诗》中的册数、卷数、页数,后同。

3. 郑瀛（53/2775/32842）

碧沼遗踪

钓鳌台下旧池沼，万柄芙蓉插晴昊。当年我祖乐遨游，歌管声中不知老。百年兴废理固然，沧海尚变桑麻田。我来抚景问青毡，水光缭绕花无言。

双桥秋月

秋江雨歇净如拭，碧天倒浸琉璃色。九关飞下双玉虹，幻作长桥卧深碧。夜深凉月江上头，江波万顷凝不流。我欲跨虹弄明月，长啸一声惊白鸥。　　以上清李成经《方城遗献》卷一

按：明嘉靖《太平县志》卷一称"宋郑进士有《八景诗》，曰丹厓古迹，曰碧沼遗踪，曰双桥秋月，曰四泽晓罾，曰南野暮镕，曰西崖伏虎，曰官塘竞渡，曰葛井涵秋"①，《全宋诗》已据清康熙《太平县志》卷一、嘉庆《太平县志》卷二收录《丹崖》（即"丹厓古迹"）、《南野暮镕》、《伏虎崖》（即"西崖伏虎"）、《葛井涵秋》、《官塘竞渡》、《四泽晓罾》六诗，《碧沼遗踪》、《双桥秋月》二首失收。

4. 丁木（56/2958/35241）

晚　春

青春元不老，景物自相催。新绿换花去，旧山添翠来。跳鱼翻絮影，戏蝶恋香荄。闲里忘迟暮，华巅谁为栽。

送高九万游边

中年已自惜分违，况是边头寒冱时。若向江湖开望眼，只凭风月好吟诗。一时节概多知己，千载功名少定期。幕府故人如问讯，为言便静只栖迟。

衰柳辞

依依袅袅到阴浓，多少轻烟细雨中。莫向长堤怨摇落，与春为地是秋风。

春日即事

社前犹自怯单衣，寒阁春光燕未知。寄语群花且宁耐，开时较晚落

---

① （明）叶良佩《（嘉靖）太平县志》，《天一阁藏明代方志选刊》，上海：上海古籍书店，1981年，第17册，第15A页。

还迟。 以上清李成经《方城遗献》卷一

5. 丁石（62/3284/39131）

幽 居

结屋山间深更深，琴僧诗客惯登临。携壶忼慨花边醉，策杖从容水
际吟。新凿小池通竹径，旧存老菊傍松林。鸿来燕去流年改，赖有青山
无古今。 清李成经《方城遗献》卷一

6. 陈景沂（64/3394/40387）

睡 起

山乌呜呜山日长，北窗高卧梦羲皇。觉来推户青双眼，愁杀桃花飞
过墙。 清李成经《方城遗献》卷一

7. 林昉（72/3745/45168）

送西台张仲实游大涤洞天

此时仙兴发，九锁访名峰。下洞昼飞鼠，石池春浴龙。异人花外
见，道士酒边逢。余欲采芳茗，白云何所从。 清李成经《方城遗献》卷二

按：此诗已见《全宋诗》册 70 卷三六七一页 44064 林昉（字景初，号石
田，粤人）名下，出宋孟宗宝《洞霄诗集》卷一○。核《洞霄诗集》，署"三山林
昉"，当为林昉（字仲昉，号晓庵、旦翁，三山人）诗。彼处误收当删。

三、《全宋诗》失收诗人诗作（19 人，27 首）

1. 丁朗

丁朗，字明仲，号温峤散人，台州黄岩（今属浙江）人。高宗绍兴间浪游
江湖，有诗名。卒于钱塘。叶适铭其墓，陈傅良题诗碑阴（《止斋文集》卷二
《书黄岩丁明仲墓志碑阴》）。有诗集，已佚。事见明万历《黄岩县志》卷六。
今录诗二首。

上刘信叔岳鹏举二大帅

出师恢复旧山河，端似淮阴与伏波。忼慨赤心期报国，英雄白手誓

降魔。牙旗远布收兵阵,金甲才披奏凯歌。赖有中流双砥柱,三边次第息干戈。

和陆放翁寄示观梅

老蝶饥蜂愁不知,嫩寒清晓报新奇。镜中素面溪头影,林下仙风竹外枝。春在岁头开岁晚,人言花早却花迟。年年为汝供愁绝,怕见参差月落时。　　以上清李成经《方城遗献》卷一

2. 蔡镐

蔡镐(1143—1191),字正之,台州黄岩(今属浙江)人。待时子。孝宗淳熙二年(1175)武举进士(《嘉定赤城志》卷三四)。初授盐城尉,诏特用为武学谕,终武学博士。光宗绍熙二年卒,年四十九。事见宋叶适《水心文集》卷一四《忠翊郎武学博士蔡君墓志铭》。

山　居

水从白塔流玉环,门对葛洪丹井山。老去腰镰更垂钓,时与渔樵相往还。　　清李成经《方城遗献》卷一

3. 王澄

王澄,字渊道,号两山,台州黄岩(今属浙江)人。汶弟。工唐诗。事见明嘉靖《太平县志》卷六。

哭从兄周道

把酒休教读莫文,有才无命可怜君。向来五色江淹笔,今作空山一冢云。　　清李成经《方城遗献》卷一

4. 王浚

王浚,字深道,号西涧,台州黄岩(今属浙江)人。汶、澄弟。深为刘宰器重(《方城遗献》卷一)。事见明嘉靖《太平县志》卷六。

感　述

山坪寂寂酒杯宽,世路悠悠始解鞍。百世轮回同过客,十年奔走误儒冠。振衣晓触云涛起,望斗夜禁风露寒。阮籍疏狂成底事,且将长醉倚云看。　　清李成经《方城遗献》卷一

5. 项观古

项观古,字正己,台州黄岩(今属浙江)人。孝宗淳熙二年(1175)特奏名进士。仕至袁州录事参军。事见宋陈耆卿《嘉定赤城志》卷三四、明嘉靖《太平县志》卷六。

园亭杂咏

喜有疏林息倦翎,学他西蜀草玄亭。庭虚邀月因生白,山晓排云为送青。　　　清李成经《方城遗献》卷一

6. 丁希亮

丁希亮(1146—1192),字少詹,号梅岩(《方城遗献》卷一),台州黄岩(今属浙江)人。从叶适、陈亮、吕祖谦学。光宗绍熙三年卒,年四十七。著有《丁少詹文集》,叶适为之序,已佚。事见宋叶适《水心文集》卷一四《丁少詹墓志铭》。今录诗四首。

次朱晦庵先生见寄武夷精舍杂咏

潭聚戢戢鱼,一钩坠深碧。非若渭滨人,君王不相识。钓矶
礼乐总繁文,何所用吾力。一室事事无,箪瓢挂空壁。寒栖馆

挽徐季节先生

何用青钱选,难寻白璧瑕。布衣终一世,环堵傲为家。节重人深慕,名尊老更加。苍天果何意,不使镇浮华。

除夜钱唐客舍呈吕东莱先生

不须千里念家山,铁石心肠到处安。结得先生灯火分,论文共守一更残。　　　以上清李成经《方城遗献》卷一

7. 毛仁厚

毛仁厚(？—1215?),字及之,台州黄岩(今属浙江)人。宁宗开禧三年(1207)与杜范发解于州。嘉定八年感疾卒①。理宗宝庆元年(1225),杜范为其墓表。事见明嘉靖《太平县志》卷六。

---

① (明)叶良佩《(嘉靖)太平县志》卷六称"嘉定己亥岁……时及之已感末疾",《天一阁藏明代方志选刊》,第17册,第15A页。然宁宗嘉定间无己亥年,疑乙亥之误,乙亥即公元1215年。

山　行

选胜恣幽讨,行行古洞阴。看云偏有兴,得句本无心。渐觉红尘远,翻怜石树深。何须轻举去,只此是仙岑。　　清李成经《方城遗献》卷一

8. 徐练

徐练,字定夫,台州黄岩(今属浙江)人。娶宗室赵宰妹,以文鸣于时。事见《方城遗献》卷一。

夜坐有感寄赵守道进士

霜风萧萧枯叶响,绿窗梅影随灯上。龙脑香熏云母笺,凤团茶送仙人掌。东家夜坐鸡唱独,西林月黑猿啼两。明朝相忆凤凰台,台边春草青青长。　　清李成经《方城遗献》卷一

9. 徐照

徐照,一名烈(民国《台州府志》卷一一六引《存佚录》),字大胜,台州黄岩(今属浙江)人。似道子。以父荫授建昌通判。与“永嘉四灵”之徐照(字道晖)非一人。事见《方城遗献》卷一。今录诗二首。

秋　思

夜雨凉孤枕,秋容澹碧山。人归山径早,天放野云闲。把酒忽望醉,论文时解颜。平生缘底事,坐遣鬓毛斑。

杜甫坟

耒阳知县非知己,救厄无踪岂忍闻。若更声名可埋没,行人定不吊空坟。　　以上清李成经《方城遗献》卷一

10. 毛鼎新

毛鼎新(1205—1271),字新甫,台州黄岩(今属浙江)人。理宗淳祐七年(1247)进士。历西安尉、兴国军教授、浙西提举茶盐司,改常平司,迁临安府学教授,除史馆检阅、史馆校勘等。度宗咸淳七年卒,年六十七。著有遗文、文说若干卷,诗若干卷,杂文若干卷,皆已佚。事见宋黄震《黄氏日抄》卷九七《史馆校勘奉议毛君墓志铭》。

登丹崖

胜友群登古洞天,红尘回首路茫然。萧萧石室松风下,一笑和云共

醉眠。　　　清李成经《方城遗献》卷一

11. 林乔年

林乔年,字松孙,号西隐(《方城遗献》卷一),台州黄岩(今属浙江)人。理宗端平间建沙堆上下二闸,乡人称之。事见明嘉靖《太平县志》卷二、六。今录诗二首。

题　画

养高衡门下,眷兹松桂林。于焉信可乐,良士知幽寻。希声寄朱弦,欲以清我心。倒屣固所愿,赏遇谐知音。

送侄子寅春试

落魄嗟予老,飞腾羡尔先。方攀月窟桂,又买越江船。文际千年运,名齐一代贤。吾兄欣有后,种德岂徒然。　　　以上清李成经《方城遗献》卷一

12. 陈宗

陈宗,字正夫,一字正学(宋周密《齐东野语》卷二〇),台州黄岩(今属浙江)人。坚子。理宗宝祐四年(1256),为太学生,与黄镛、陈宜中、林则祖、曾唯、刘黻上书,共攻丁大全,遭削籍编管,时号"六君子"。事见明嘉靖《太平县志》卷六。

山中吟

千载仙踪惟片石,百年良友只孤松。道人种种心头事,都付登山一笑中。　　　清李成经《方城遗献》卷一

13. 赵文藻

赵文藻,字汉章,号梅边散人(《方城遗献》卷一),台州黄岩(今属浙江)人。理宗景定三年(1262)进士。历邵阳、象山尉,有政声。恭帝德祐初,谢病以归。宋亡不仕。事见明嘉靖《太平县志》卷六。

感　兴

屈原水底亡,子推火中灭。水火能没身,那许没名节。世间名节奇,光明同日月。世间名节奇,坚刚遇石铁。嗟哉大丈夫,梅花傲冰雪。　　　清李成经《方城遗献》卷一

14. 林应丑

林应丑,字子寅,台州黄岩(今属浙江)人。乔年侄。度宗咸淳三年(1267)发解。官兵部员外郎。上疏攻贾似道,引病归。事见明嘉靖《太平县志》卷六。今录诗二首。

题君用侄扇面画竹

三径饶风月,从教二仲来。龙孙年长王,凤羽日毵毶。试以松煤写,时随画箑开。此君有高节,吾子岂凡材。

题　画

茅屋山中护紫霞,客边见画倍思家。何年投老天台去,竹杖芒鞋踏白沙。　　　以上清李成经《方城遗献》卷一

15. 王诜

王诜,字邦正,号石湖,台州黄岩(今属浙江)人。度宗咸淳九年(1273)举明经。官广东提举常平兼茶盐使,忤贾似道,谪监军储仓。事见《方城遗献》卷一、民国《台州府志》卷一〇六。今录诗二首。

题兔为叶西涧丞相

一望东门野草荒,纷纷鹰犬正须防。何如跳入广寒殿,玉杵声中捣夜霜。

白石江泊舟

白石江边夜泊舟,海天空阔雁声秋。推篷四顾不能寐,风自凄凄水自流。　　　以上清李成经《方城遗献》卷一

16. 詹会龙

詹会龙,台州黄岩(今属浙江)人。高宗建炎初,与弟桧龙同召见,年方五岁,号为神童。未几而卒。事见明嘉靖《太平县志》卷六。

石夫人

亭亭不语立溪滨,四畔无家石作邻。云鬓不梳千古晓,蛾眉长锁万年春。雪为铅粉凭风傅,霞作胭脂仗日匀。莫道岩前无宝镜,一轮明月照夫人。　　　清李成经《方城遗献》补遗

17. 钱延庆

钱延庆,字嗣宗,号云庵,钱塘(今浙江杭州)人。吴越武肃王钱镠九世

孙。高宗建炎间授会稽丞,不就,侨居台州。绍兴二十年(1150),徙居象山,为此邑钱氏初祖。事见《彭姥诗菟》卷一引《钱氏咸淳谱》、民国《象山县志》卷二二。

游蓬莱山

摄衣徐步上蓬莱,古径林深长翠苔。欲访炼丹人不见,春风依旧碧桃开。　　清倪劢《彭姥诗菟》卷一

18. 任仲高

任仲高,象山(今属浙江)人。度宗咸淳七年(1272)进士(元袁桷《延祐四明志》卷六)。

挽钱心斋先生

几年湖海慕清风,一旦相过竟不逢。华表凄凉黄鹤怨,丹山寂寞白云封。苔生断砌迷新迹,月落空梁想旧容。惆怅往来知识者,谁将剑挂墓头松。　　清倪劢《彭姥诗菟》卷一

19. 钱肃

钱肃,字克敬,号心斋,象山(今属浙江)人。与王十朋有交(《彭姥诗菟》卷一引《钱氏咸淳谱》)。

易箦口占

惨淡西风落照微,生平事业是耶非。自维虚度难言了,战战兢兢或庶几。　　清倪劢《彭姥诗菟》卷一

四、结语

有清一朝,数以千计的地方诗文总集不断涌现,极大地丰富了古代总集文献的数量和规模。而它们的出现,究竟原因,则与前代地方志和地方总集的持续累增,以及编纂者保存乡邦艺文的自觉意识这两个方面均有密不可分的关系。以浙江台州黄岩一境为例,地方志方面,宋代的《嘉定赤城志》以降,又有弘治《赤城新志》、嘉靖《太平县志》、万历《黄岩县志》、康熙《黄岩县志》、康熙《太平县志》、康熙《台州府志》、乾隆《黄岩县志》等一系列志乘,记载了当地的思想学术、文化教育等历史状况,其间不乏书籍的著录、诗文的

保存。地方总集方面,前有宋人李庚《天台集》、林表民《赤城集》导其源,后有明人黄孔昭、谢鸣治《赤城诗集》,张存粹《黄岩英气集》,郑廷济、章大器《英气续集》,共承其绪。及至清乾隆年间,李成经《方城遗献》便是在这样渊源有自的深厚文献积累与文化积淀的背景下问世。

与之类似地,现存象山一地的方志文献,包括嘉靖、万历、康熙、雍正、乾隆、道光、同治、民国《象山县志》,举凡八种,代有累增。而更早者诸如南宋前期的《乾道四明图经》、中后期的《宝庆四明志》与《开庆四明续志》,以及元代中期的《延祐四明志》、后期的《至正四明续志》,其间虽然也有象山县邑的内容,但这几部宋元志书着眼的辖域范围都是整个四明地区,对于象山更为详细的自然、社会、政治、文化情况,毕竟笔墨有限。至于地方总集,恰如四库馆臣所称:"辑明州诗文者,宋有《鄞江集》,今已失传。王应麟《四明文献集》,亦复佚阙。至明宋士之《四明雅集》二十家、戴鲸之《续集》六十家、张时彻之《四明风雅》一百二十家,于作者采掇稍广,而源流未备。邬嗣尝撰《甬上耆旧传》,纪其乡先哲行事颇详。文学因即其《传》中之人,搜录遗诗,论定编次,而各以原传系之。"①不过它们集中关注的,仍然是四明这一更广阔区域的诗文作品,"波及象邑,亦存什一于千百。外此故家藏箧,所遗尚多"(《彭姥诗蒐》卷首赵存洵序)。有鉴于此,倪劝才专门搜辑象山一邑的诗人诗作,编成《彭姥诗蒐》,钱延庆、任仲高、钱肃等小人物的诗歌因而得以随之传存。

诚然,无论《方城遗献》还是《彭姥诗蒐》,其纂辑都非白手起家。仍以李成经编纂《方城遗献》为例,当时即有《征献录》、《存逸录》可资借鉴,这也成为他"广所未见"、"陆续收采"的资料基础。与此同时,他还广泛参稽了其他相关载籍,考查、分析人物和作品的情况。例如,蔡镐小传称"余详邑志",王汶小传称"《宋诗纪事》误作'汝阴人',不知雪溪王铚所序,乃王回子字道原也",项观古小传称"诗见《项氏遗芳集》",陈宗小传称"按,《宋史·丁大全传》此事在宝祐六年,《刘黻传》又作淳祐十年,而《癸辛杂志》复有六人同劾史嵩之事,记载不同如此",王选小传称"见《英气续集》"等等,遍涉史传、方志、笔记、诗文评和已经散佚的《项氏遗芳集》、《英气续集》;特别是对于厉鹗《宋诗纪事》记录王汶字号、籍贯、家世、文集之误,直指其非。同样地,《彭姥诗蒐》卷一虽然只载录了五位宋代诗人(陈晋锡、钱延庆、刘熺、任仲高、钱肃)的六首诗作,倪劝在各人小传之下亦多有考察按断。例如,陈晋锡小传称"晋锡与休锡兄弟俱有文名,今仅存晋锡《三江亭和韵》一首,见袁

———————————

① (清)永瑢《四库全书总目》卷一九○《甬上耆旧诗》提要,第1732页。

清容《延祐志》。《蓬山清话》右诗载《乾道图经》及《延祐志》，故近日厉樊榭鹗《宋诗纪事》本末仍之。邑志不同，乃后人所改，非有别本也"，说明辑录出处；刘熺小传称"宋时刘氏登进士者七人，陈氏后，刘氏最盛。……相传邑东南十五里刘家峃为刘氏住址，盖指偦一家言也。偦父遵……熺、炳、燧、辉、炤，皆遵之孙，并成进士。……熺号东塾，见《钱氏谱》"，介绍世系、字号；钱肃小传称"《钱氏谱》载王梅溪先生《挽心斋先生》诗一首，考忠文公诗集，无此诗，或先生未存稿也。钱心溪先生云：'心斋先生为忠文公见知之士，诗意、笔意与忠文公同气息。'惜所得仅此耳"，补充人物交游并提供王十朋佚诗信息；等等。因此，我们今天重新整理这些诗人诗作，为《全宋诗》拾遗补阙，同样也应注意更广泛地结合别集（如陈傅良《止斋文集》、叶适《水心集》）、方志（如《嘉定赤城志》、嘉靖《太平县志》）、笔记（如周密《齐东野语》）中的史料内容，综合旁征与细读，力求勾勒呈现并不断完善其人其事。

最后，历代总集的常见问题之一，便是人物与作品之间张冠李戴。李成经《方城遗献》也不例外。最典型者，即刘允济小传称"字全之，淳熙五年进士。教授婺州。历太常寺主簿、国子监丞、知南剑州提举福建常平、知温州。所至有惠政。以中奉大夫提举崇禧观。公兄弟四人，三入仕籍，有'新渎三刘'之称"，而其人名下录《琴》诗一首："昔在龙门侧，谁想凤鸣时。雕琢今为器，宫商不自持。巴人缓疏节，楚客弄繁丝。欲作高张引，翻成不调悲。"实际上，此乃初唐诗人刘允济之作，《文苑英华》卷二一二、《唐诗纪事》卷一〇、《全唐诗》卷六三皆已收录。李成经在《方城遗献》中却将它系于南宋孝宗时同名的黄岩乡贤刘允济名下，显然不确。所以，今日利用这些明清地方总集进行宋人宋诗的辑佚，尤其应当对此类原书之误留心甄别，避免因错就错、以讹传讹。

第五章　类书与辑佚(上)
—— 日本宫内厅书陵部藏宋刻残本《全芳备祖》探研

一、《全芳备祖》著录论略

《全芳备祖》是南宋理宗时人陈景沂编撰的一部重要类书。陈景沂,原名咏,以字行,号肥遯、愚一子,浙江天台人。他在少壮之时"独致意于草木蕃庑,积而为书"①,以成《全芳备祖》。全书共五十八卷,分前、后二集,花、果、卉、草、木、农桑、蔬、药八部,依次收录近三百种植物。每一具体植物之下,又划分"事实祖"、"赋咏祖"、"乐府祖"三题:"事实祖"包括"碎录"、"纪要"、"杂著"三子目,主要罗列与该植物有关的典籍资料,涉及命名、别称、形态、性味、用途、轶闻、典故以及赋、颂、序、记等文体作品;"赋咏祖"按照体裁安排与该植物相关的诗篇诗句,尤以唐宋人为多,兼及六朝诸贤;"乐府祖"录晚唐五代宋人词作,以词牌标目。各则引据材料之后皆简要注明文献出处或诗词作者,层次清晰,条理井然。

是书初刊于南宋晚期,明清之际仅以抄本形式流传。今天日本宫内厅书陵部藏宋刻《全芳备祖》残帙四十一卷(前集卷一四至二七,后集卷一至一三、一八至三一,题作"天台陈先生类编花果卉木全芳备祖",以下简称"宫内厅本")。较之中国大陆各图书馆收藏的数量有限的明清抄本,宫内厅本较好地保存了早期刊本的样式,在校勘、辑佚方面有特色、有价值。并且,伴随着 20 世纪 80 年代以来宫内厅本的四次影印出版②,学界获睹其貌

---

① (宋)韩境《全芳备祖序》,见(宋)陈景沂《全芳备祖》,北京:农业出版社,1982 年,第 5 页。
② 这"四次影印出版"分别是:1982 年,农业出版社将宫内厅本回传国内的复印件影印,残缺部分以晚清徐氏积学斋抄本补配完备,收入《中国农学珍本丛刊》;2001 年,全国高等院校古籍整理研究工作委员会与日方合作,对日本宫内厅书陵部所藏宋元版汉籍加以复制,并由线装书局影印出版,《全芳备祖》收入《日本宫内厅书陵部藏宋元版汉籍影印丛书》(第一辑);2009 年,人民出版社与鹭江出版社合作,影印出版《闽刻珍本丛刊》(全 60 册),宫内厅本也在其列;2012 年,北京大学中国古文献研究中心负责的《日本宫内厅书陵部藏宋元版汉籍选刊》(66 种 170 册)由上海古籍出版社印行问世,其中同样包括线装书局曾经出版的《全芳备祖》。

已非难事,相关深入研究亦有待进一步充分展开。

其实,就《全芳备祖》一书而言,无论国内现存的明清抄本,还是东邻见藏的宋刻本,都曾在历代藏书家与访书家的目录著作中留下过踪迹,而梳理明清以降古籍目录对于其书的著录,亦可呈现不同时代的学术风气变迁。

(一) 明代目录中的《全芳备祖》

《全芳备祖》成于南宋理宗朝,但《宋史·艺文志》中未见。最早对其进行著录的,是明初大学士杨士奇等人编修的官方目录《文渊阁书目》:"《全芳备祖》一部八册,阙。《全芳备祖》一部八册,阙。"①所以内府当时应藏有两部《全芳备祖》,各八册,可惜作者、流传、版本等一系列提要信息都付之阙如,使后人无从知晓更多具体情况。

明末清初,黄虞稷据其父《千顷斋藏书目录》而成《千顷堂书目》三十二卷,著录有明一代著作,兼附宋辽金元四朝艺文。其中,卷一五有"陈景沂《花木果卉全芳备祖》前集二十七卷后集三十一卷",小注称:"天台人,称江淮肥遯愚子(笔者按:"愚"下当有"一"字)。宝祐元年癸丑安阳老圃韩境序。"②对编者陈景沂的里籍、字号有所补充。

总的说来,明代目录中有关《全芳备祖》的记述并不多,这主要是由于明人对提要目录的重视程度有限、书目多流于图籍簿帐的形式,同时该书确实传世不广所致。

(二) 清代目录中的《全芳备祖》

有清一朝,藏书、编目之风日盛,版本、目录之学大兴。在官方,有集中国古代目录之大成的《四库全书总目》;在民间,私人藏书家嗜书、聚书,且多有藏书目录留存,构成了清代繁荣的文化图景之一隅。以下专就《全芳备祖》的著录,分别论述。

1.《四库全书总目》中的《全芳备祖》

《四库全书总目》卷一三五"子部·类书类"下的《全芳备祖》提要曾对该书做过这样的介绍与评价:

> 《全芳备祖》前集二十七卷,后集三十一卷。编修励守谦家藏本
> 宋陈景沂撰。景沂号肥遯,天台人,仕履未详。是书前有宝祐元年韩境序。据序所言,此书于理宗时尝进于朝,其事亦无可考。凡前集二

---

① (明)杨士奇《文渊阁书目》卷一一,冯惠民、李万健等选编《明代书目题跋丛刊》,北京:书目文献出版社,1994年,第120页。
② (清)黄虞稷《千顷堂书目》,上海:上海古籍出版社,2001年,第421页。

十七卷，所记皆花；后集第一卷至八卷为果部，十卷至十二卷为卉部，十三卷为草部，十四卷至十九卷为木部，二十卷至二十二卷为农桑部，二十三卷至二十七卷为蔬部，二十八卷至三十一卷为药部。其例每一物分"事实祖"、"赋咏祖"二类。"事实祖"中分"碎录"、"纪要"、"杂著"三子目；"赋咏祖"中分"五言散句"、"七言散句"、"五言散联"、"七言散联"、"五言古诗"、"七言古诗"、"五言八句"、"七言八句"、"五言绝句"、"七言绝句"十子目，则条理较详。明王象晋《群芳谱》即以是书为蓝本也。虽唐以前事实、赋咏纪录寥寥，北宋以后特为赅备，而南宋尤详。多有他书不载及其本集已佚者，皆可以资考证焉。①

然而，细核四库馆臣所撰写的这段文字，其中的记载失实之处并不难发现。

首先，如前所述，《全芳备祖》五十八卷，分前、后二集，花、果、卉、草、木、农桑、蔬、药八部——前集二十七卷全为花部；后集卷一至九为果部，卷一〇、一一为卉部，卷一二、一三为草部，卷一四至一九为木部，卷二〇至二二为农桑部，卷二三至二七为蔬部，卷二八至卷三一为药部。《四库全书总目》以后集"十卷至十二卷为卉部，十三卷为草部"，明显与书中的实际分卷情况有异。

其次，《全芳备祖》在每一植物之下，分"事实祖"、"赋咏祖"、"乐府祖"三题。而《总目》径作"其例每一物分'事实祖'、'赋咏祖'二类"，漏掉了"乐府祖"，殊为不当②。

再次，关于赋咏祖之下的子目数量，《总目》列"五言散句"、"七言散句"、"五言散联"、"七言散联"、"五言古诗"、"七言古诗"、"五言八句"、"七言八句"、"五言绝句"、"七言绝句"共十种。而李裕民先生指出："赋咏祖实分十七目，计有：五言散句、七言散句、五言古诗、五言古诗散联、七言古诗（七言古风）、七言古诗散联（七言古风散联）、五言四句、七言四句、五言绝句、七言绝句、五言六句、五言八句、七言八句、五言律诗、五言律诗散联、七言律诗散联、五言排律。各条并不是十七目俱全，各目次序也不尽相同。"③杨忠先生则认为："赋咏祖专录有关诗篇，下分五言散句、七言散句、五言散

① （清）永瑢《四库全书总目》，第 1150 页。
② 关于这一点，杨忠《读日本宫内厅书陵部藏宋元本汉籍札记》亦指出："《四库全书总目》云是书'其例每一物分事实祖、赋咏祖二类'，而不及乐府祖，亦误。"《北京大学中国古文献研究中心集刊》（第 3 辑），北京：北京大学出版社，2002 年，第 95 页。
③ 李裕民《四库提要订误》（增订本），北京：中华书局，2005 年，第 294—295 页。

联、七言散联、五言古诗、七言古诗、五言古诗散联、七言古诗散联、五言四句、七言四句、五言八句、七言八句、五言绝句、七言绝句、五言律诗、七言律诗、五言律诗散联、七言律诗散联、五言古风、七言古风、五言古风散联、七言古风散联等二十二目。"①实际上，据笔者所见，后集卷四"余甘子"门下尚有"六言古诗"之目，收录宋唐庚"百斤黄鲈鲙玉，万户赤酒流霞。余甘渡头客艇，荔支林下人家"一诗，为各家统计所漏。况且，通观《全芳备祖》全书，不仅罕见"赋咏祖"之下全列二十二子目，就是"事实祖"下的"碎录"、"纪要"、"杂著"三子目也可能只出现其一或其二，例如前集卷一九"辛夷花"之下的"事实祖"部分便只有"碎录"与"杂著"而无"纪要"；甚至有些植物之下只有"事实祖"和"赋咏祖"而无"乐府祖"，例如后集卷二三"蕨菜"。由此可见，无论各个植物之下部类的有无还是各个大类之下子目的多少，都不是一种死板的规定，完全由编者所采辑具体材料的数量来决定。

　　作为中国古代最重要的一部官修目录，《四库全书总目》在目录编制、提要撰写以及书籍存亡、流传的查考等方面都产生了深远的影响。同样地，其间的种种错误也被或多或少地沿袭了下来，以讹传讹，长久混淆。

　　2. 清代私家藏目中的《全芳备祖》

　　清代的私人藏书家、藏书目录众多，难以一一穷尽。兹举瞿镛、丁丙、徐乃昌三家书目对于《全芳备祖》的著录，以窥其得失。

　　瞿镛《铁琴铜剑楼藏书目录》卷一七：

> 　　《全芳备祖》五十八卷，旧钞本。宋陈景沂撰并序，又韩境序。前集二十七卷为花部，后集三十一卷为果部、卉部、草部、木部、农桑部、蔬部、药部。每部分事实、赋咏二门，而事实又分碎品、纪要、杂著诸目，赋咏分各体诗及词，采南宋人作为多，间有本集已佚者。②

　　丁丙《善本书室藏书志》卷二○：

> 　　《天台陈先生类编全芳备祖》五十八卷，旧钞本，江淮肥遯愚一子陈景沂编辑，建安祝穆订正。前有宝祐元年安阳老圃韩境序及景沂自序。前集二十七卷为花部，后集三十一卷为果部、卉部、草部、木部、农桑部、

---

①　《〈全芳备祖〉影印说明》，《日本宫内厅书陵部藏宋元版汉籍影印丛书》（第一辑），北京：线装书局，2001 年，第 6a 页。

②　（清）瞿镛《铁琴铜剑楼藏书目录》，上海：上海古籍出版社，2000 年，第 438 页。

蔬部、药部。每部分事实、赋咏二门,而事实又分碎品、纪要、杂著诸目,赋咏分各体诗及词,采南宋人作品为多,间有本集已佚者。有胡氏茨村藏本一印。①

徐乃昌《积学斋藏书记·子部》:

> 《全芳备祖》前集二十七卷后集三十一卷。子部类书类。
> 天台陈景沂编,建安祝穆订正。传钞本。首有宝祐丙辰自序,又宝祐元年安阳老圃韩敬序。明王象晋《群芳谱》即采自此书也。景沂,号江淮肥遯愚[一]子。②

显然,清代藏书家在对《全芳备祖》进行著录时,已经有意识地关注到了其书在题名、作者、卷数、体例之外的藏印信息("胡氏茨村藏本一印")、版本种类("旧钞本"、"传钞本")与辑佚价值("采南宋人作品为多,间有本集已佚者");甚至,部分清人藏本的书题及编撰者、订正者署名与宫内厅本相同或接近,反映出了明清抄本之于宋元旧刊的承继关系③。不过,由于受到个人学力水平与整体时空环境双方面的限制,私家目录在介绍体例结构时,难免踵袭《四库全书总目》成说之误,因此稍嫌大同小异,创获无多。

(三)民国访书视野下的《全芳备祖》

晚清以来,由于国际、国内政治形势的剧烈变化,学术领域也随之出现一系列新的发展动向。重要方面之一,便是清末民初的学人开始放眼域外(当时主要是日本)以从事传统汉文古籍的搜求、寻访、调查、复制工作,前赴后继、经久不绝。可以说,正是在这样的风尚引领下,数量众多的日藏汉籍才更为中国学人所知,继而受到了密切的关注与足够的重视。

民国时期,傅增湘、董康等学者先后都注意到了日本宫内厅书陵部所藏《全芳备祖》的珍贵刊本。《藏园群书经眼录》卷一〇著录:

---

① (清)丁丙《善本书室藏书志》,《续修四库全书》本,上海:上海古籍出版社,2002年,第927册,第402页。
② (清)徐乃昌《积学斋藏书记》,柳向春、南江涛整理,上海:上海古籍出版社,2014年,第164页。
③ 关于《全芳备祖》现存主要抄本的收藏情况及价值优劣,可参程杰《〈全芳备祖〉的抄本问题》,《中国农史》2013年第6期,第114—122页。尤其是丁丙所藏"旧钞本",程文从藏印、误字、款式等方面一一论证"今海内所见抄本中以原丁丙八千卷楼藏本最近宋刻本"、"该本是直接由刻本抄成,而非由他本转抄,而且抄手高度忠实于所据刻本,以至鲁鱼帝虎,大多完全一致"。

　　《天台陈先生类编花果卉木全芳备祖》前集二十七卷后集三十一卷。宋陈景沂辑。存前集卷十三至二十七,后集卷一至十三、十八至三十一,共存四十二卷。

　　元刊本。版匡高五寸九分,宽三寸九分,十三行二十四字,黑口,左右双阑。题"江淮肥遯愚一子陈景沂编辑"、"建安祝穆订正"。

　　按:此书中国藏书家向无著录元本者,此虽残帙,胜于习见宋刊多矣。(日本帝室图书寮藏书,己巳十一月十一日观。)①

《书舶庸谭》卷二亦载:

　　《天台陈先生类编花果卉木全芳备祖》十四卷《后集》二十七卷。元椠本,题江淮肥遯愚一子陈景沂编辑,建安祝穆订正分两行。《后集》书题下有椭圆阴文"后集"二字。每半叶十三行,每行廿四字。《后集》目录前有总目,每半叶八行。《前集》存卷十三至卷廿七,《后集》存卷一至卷十三、卷十八至卷卅一。此书吾国藏书家未见刻本,昔年余得劳氏校钞本,今归大仓图书馆,校亦不全,未识所据即此本否耶?②

　　傅增湘和董康皆认定宫内厅本为元刊,后世持此说者亦不在少数③。另外,傅、董二人在日本时,确曾亲验宫内厅本,但是他们的记载又与今日影印本的卷数有所出入:宫内厅本残存四十一卷,起自前集卷一四。傅氏却著录"存前集卷十三至二十七"、"共存四十二卷";董氏著录的《前集》存卷十三至卷廿七"更与段首"十四卷"的数字不合。至于这具体的一卷之差,究竟是昔有今亡以及因何而亡,还是学者目验不精导致无心之误,今已不得而知。

(四)《日藏汉籍善本书录》中的《全芳备祖》

　　20世纪70年代起,北京大学中文系严绍璗先生数十次往来于中日两国之间,遍访日本各个主要公私藏书机构的汉籍善本书,先后撰著《汉籍在日本的流布研究》、《日本藏汉籍珍本追踪纪实》、《日藏汉籍善本书录》(全三

　　①　傅增湘《藏园群书经眼录》,北京:中华书局,2009年,第697—698页。
　　②　董康《书舶庸谭》,北京:中华书局,2013年,第61页。
　　③　笔者则认为,宫内厅本的前集与后集,版式风格不尽相同,或可由传统单纯的"宋刻说"、"元刻说"折中为延续前、后集的"宋末元初说",具体论述详后。此外,程杰《日藏〈全芳备祖〉刻本时代考》一文,推测《全芳备祖》的刊刻时间应在宝祐五年(1257)到方回记载前一年即元大德元年(1297)的四十年间","可能也与《方舆胜览》重订本一样,刊刻于咸淳年间(1265—1274)",即主要地落实在了南宋灭亡之前的十年左右。见《江苏社会科学》2014年第5期,第217—222页。

册）等。尤其是出版于 2007 年的《日藏汉籍善本书录》，依照传统四部分类法，极尽其详地记述了作者三十年间访书所见日藏汉籍的书名、作者、卷数、版本、行款、收藏单位、递藏经过等各方面信息，堪称百余年来学人赴日访书成果之最全面与最系统总结。

《日藏汉籍善本书录》著录《全芳备祖》版本二种，一者即宫内厅本，另一者为明写本。关于前者，严书较之傅氏《藏园群书经眼录》和董氏《书舶庸潭》，更补充了该本在江户、明治时代的具体递藏经过：

（天台陈先生类编）花果卉木全芳备祖（残本）四十一卷

（宋）陈景沂编辑　祝穆订正

宋刊本　共八册

宫内厅书陵部藏本　原丰后佐伯藩主毛利高标旧藏

【按】每半叶有界十三行，行二十四字。细黑口，左右双边（18.3 cm×11.7 cm）。

是书全《前集》二十七卷，《后集》三十一卷，共五十八卷。卷目如次：

……

此本今存《前集》卷十四至卷二十七,《后集》卷一至卷十三、卷十八至卷三十一，共四十一卷。

……

卷中所记每一物，皆分"事实祖"与"歌咏祖"二大类。"事实祖"又分为"碎录"、"纪要"、"杂著"三子目；"歌咏祖"又分为"五言散句"、"七言散句"等十子目。所载内容，以南宋为最详，兼及前代。

……

此本原系江户时代丰后佐伯藩主毛利高标旧藏。仁孝天皇文政年间（1818—1829 年）出云守毛利高翰献赠幕府。明治初期，归内阁文库。明治二十四年（1891 年）移送宫内省图书寮（即今宫内厅书陵部）。卷中有"佐伯侯毛利高标字培松藏书画之印"等印记。①

美中不足之处在于，介绍类目的一段，仍作"二大类"、"十子目"，与《四库全书总目》同误。

关于后者，则为"大仓文化财团藏本，原叶树廉等旧藏"、"有朱墨识语，

---

① 严绍璗《日藏汉籍善本书录》，北京：中华书局，2007 年，第 1007—1008 页。

曰'丁氏钞'、曰'曝书亭钞'、曰'昌绶手注'"、"卷中有'子宣'、'重光'、'叶树廉'、'石君'等印记"①。又据前引《书舶庸潭》卷二,此本亦即所谓"劳氏校钞本",最后经由董康之手而归大仓文化财团。2013 年,北京大学斥巨资购回大仓文化财团的绝大部分藏书,其中就有这部《全芳备祖》。《北京大学图书馆藏"大仓文库"书志》著录该本为"清初钞本"②,与严氏定为"明人写本"稍异。现已收入《大仓文库粹编》(名家钞校本)影印出版③,尚待更多具体的考察、研究。

时至今日,日藏《全芳备祖》的两种版本已借由《日本宫内厅书陵部藏宋元版汉籍选刊》的出版和大仓文化财团藏书的购回这两种不同方式回传国内,为当代的海外汉籍回归提供了积极的借鉴和良好的示范④。

二、《全芳备祖》异文考论——以日本宫内厅书陵部藏宋刻残本与文渊阁《四库全书》本的比较为中心

《全芳备祖》现存最早版本,为日本宫内厅书陵部藏宋刻残帙四十一卷(前集卷一四至二七,后集卷一至一三、一八至三一),1982 年始由农业出版社据宫内厅本回传国内的复印件影印。但自 20 世纪 80 年代以来,中国国内最为通行的版本却仍然要属影印文渊阁《四库全书》本(以下简称"四库本")⑤。与宫内厅本相较,四库本不见各种漫漶不清的缺漏之处,显得更为完整而清洁。因此,选取时代最早的宫内厅本与检寻最易的四库本作为具体考察对象,从最基础工作入手,对这两个时代相距近六百年的版本异文加以归类汇总与探讨分析,确实是一项极有必要且有意义的工作。

(一)讳字与俗字

一时一地之版刻皆有一时一地之风貌特征。原为宋末元初闽间坊刻而后流传东瀛的宫内厅本与清代文治全盛时由官方组织写就的四库本之间的

---

① 严绍璗《日藏汉籍善本书录》,第 1008 页。
② 《北京大学图书馆藏"大仓文库"书志》,北京:中华书局,2014 年,第 794 页。《书志》又称"钤'石君'、'兰树廉印'、'子宣'、'重光'、'大仓文化财团藏书'朱印",叶树廉为明末清初藏书家,盖编者误识篆字,讹"葉"为"蘭",当予更正。
③ 《大仓文库粹编》(名家钞校本),北京:北京大学出版社,2020 年,第 26—28 册。
④ 安平秋《海外汉籍整理出版的几个问题》认为,海外汉籍的回归,既包括原书的回归,也包括复制回来再影印出版。《六合观风:从俗文学到域外文献》,上海:上海文艺出版社,2017 年,第 132—134 页。而日藏《全芳备祖》两种版本的回归,恰好分别对应了这两种不同的方式。
⑤ 2005 年 12 月,中国国家图书馆联系商务印书馆将馆藏文津阁《四库全书》影印,《全芳备祖》收入子部第 310 册。但是文津阁本的流通使用在此之前其实并不广泛,因此暂不纳入本文的讨论之列。

风格差异,一经开卷便可明显感受得到。细细品味之后更不难发现,二者在用字方面尤其带有鲜明的时代和类型特色。

首先来看避讳字。

避讳是中国古代特有的一种历史文化现象,起自先秦,并且一直贯穿于整个封建社会始终。当典籍文献中但凡文字上有不得直书本朝本代君主或所尊者之名的情况时,往往会采用缺字、缺笔、改字等方法加以回避,这样就形成了讳字。

对于古书中的讳字,陈垣先生认为:"其流弊足以殽乱古文书,然反而利用之,则可以解释古文书之疑滞,辨别古文书之真伪及时代,识者便焉。盖讳字各朝不同,不啻为时代之标志,前乎此或后乎此,均不能有是,是与欧洲古代之纹章相类,偶有同者,亦可以法识之。"①也就是说,避讳的方式和使用的讳字都具有一定的时代性,为鉴别不同版本提供了较大的便利。《全芳备祖》的两种本子也是如此:

1. 前集卷一四"葵花"

宫内厅本:晋傅元《蜀葵赋序》曰:"其苗似瓜瓠,既大而洁,鲜黄色耀日。"《尔雅》

四库本:晋傅玄(缺末笔"、")《蜀葵赋序》曰:"其苗似瓜瓠,既大而洁,鲜黄色耀日。"《尔雅志》

按:此避"玄"字讳,但是二本处理方式不同。宫内厅本作"元",避赵宋远祖赵玄朗名讳;四库本缺笔,避清圣祖玄烨名讳。

2. 后集卷一九"女贞木"

宫内厅本:女贞(缺末笔"、")木
四库本:女贞木

按:此避宋仁宗赵祯名讳。清代不但不以此字为讳,反而更有避世宗雍正皇帝胤禛名讳,于是改"禛"为"祯"者②。

3. 后集卷三一"椒"

宫内厅本:若太后不得配桓帝,吾不生还矣。《汉书》

①　陈垣《史讳举例·序》,北京:中华书局,2004年,第1页。
②　陈垣《史讳举例》,第136页。

四库本：若太后不得配桓帝，吾不生还矣。《汉书》

按：此处史事出《后汉书》卷五六《陈球传》，《全芳备祖》误署作"《汉书》"。宋钦宗名赵桓，依宋讳，"桓"字当避改；此处不讳。

一般说来，历代古籍中的讳字，借助今人所编各种工具书大都可以辨识出来，并在版本鉴定方面发挥一定作用。但是，这并不意味着由此即可对所有古籍的版本时代都做出精准的断定。尤其对于《全芳备祖》这样的著作而言，其编者身处南宋末期，且生平基本不可考知；宫内厅本为当世唯一残刻，又藏于域外皇室，流传、散出的经过以及与后世诸本源流关系几乎都不明确，因此对于它的具体刊刻时代——究竟为宋本还是元本，历来聚讼纷纭、莫衷一是。

结合具体讳字对宫内厅本的时代问题做出较详细讨论的是李裕民先生。他在《略谈影印本〈全芳备祖〉的几个问题》一文的第一部分"关于本书刊刻的时间问题"中分析宫内厅本的刊刻时代，认为"现存刻本说它是元初所刻似乎比宋刻更合适些。至于前集卷一至十三，未见刻本，推测其始刻年代也可能早到宋末……"①而笔者以为，对于宫内厅本的刊刻时代，当由其版式风格入手，对前集和后集加以区别考虑。这是因为，后集各卷在首行及卷末的书题、卷数之下有椭圆阴文的"后集"样式，然此完全不见于前集现存各卷的相同位置，因此前后集的刊刻时代会有早晚之分。并且，李裕民先生也指出前后集的刊刻存在由宋末入元的过程，不过他把未见的前集卷一至十三划作宋刻，其余认定为元刻，似有不妥。毕竟前、后集可以分开，各自当作一个整体刊行，而不至于从前集的中间加以截断，进行时代的分别。总之，将宫内厅本的刊刻时间由传统的"宋刻说"或"元刻说"改为区别前后集的"宋末元初说"看似有折中之嫌，但是却能够在一定程度上避免武断地对版式风格当中的某些现象、特点做出解释，或许更为合理。

其次是俗字的使用问题。

所谓俗字，就是"区别于正字的一种通俗字体"，是"一种不合法的、其造字方法未必合于六书标准的浅近字体，它适用于民间的通俗文书，适宜于平民百姓使用"②。在宫内厅本之中，这样的通俗字体以及重文符号"＝"大量地、普遍地存在着，构成了一种与四库本文字完全不同的风貌。例如：

---

① 李裕民《略谈影印本〈全芳备祖〉的几个问题》，《古籍点校疑误汇录》（一），北京：中华书局，1990 年，第 144—147 页。

② 张涌泉《汉语俗字研究》（增订本），北京：商务印书馆，2010 年，第 1 页。

1. 前集卷一四"蓼花"

宫内厅本：脍秋用蓼。《礼记》
四库本：脍秋用蓼。《禮記》

2. 前集卷二二"薔卜花"

宫内厅本：素华偏可喜，的＝半临池。疑为霜裹叶，复类雪封枝。日斜光<u>隐</u>见，风还影合离。梁简文帝
四库本：素华偏可喜，的的半临池。疑为霜裹叶，复道雪封枝。日斜光<u>隱</u>见，风旋影合离。梁简文帝

3. 后集卷三"橘"

宫内厅本：建中诏江南橘为岁贡，供<u>庙</u>享。《本纪》
四库本：建安中，诏江南橘为岁供<u>庙</u>飨。《本纪》

4. 后集卷一九"石楠"

宫内厅本：佛现宝幢经几劫，天开云幄待何人。文<u>与</u>可
四库本：佛现宝幢经几劫，天开云幄待何人。文<u>與</u>可

5. 后集卷二九"甘草"

宫内厅本：美草将为杖，孤生马岭危。难从荷蓧叟，宁入化龙陂。去<u>与</u>秦人采，来扶楚客衰。药中<u>称国</u>老，我懒岂能医。梅圣俞
四库本：美草将为放，孤生马岭危。难从荷蓧叟，宁入化龙陂。去<u>與</u>秦人采，来扶楚客衰。药中<u>稱國</u>老，我懒岂能医。聖俞

不难看出，宫内厅本所使用的俗体字，往往笔画较简单，且横竖多于点撇，甚便于上版雕刻。这种便捷，其实在一定程度上也反映出坊本的风格总是与它的商业功用、射利目的这一需要相适应①。况且，由于在古籍版本里

---

① 梁家勉先生《校勘并简释〈全芳备祖〉计划》认为："这一书原刻本，是南宋后期建阳麻沙雕版，校刻较疏忽。"见倪根金主编《梁家勉农史文集》，北京：中国农业出版社，2002年，第492页。祝穆尝徙福建崇安，晚年居麻沙，故《全芳备祖》其书经他订正之后再由当地书坊雕版刊刻确有较大可能。

面,俗字现象一直大量存在,而必要地了解和熟悉俗字对于古代典籍的整理大有裨益:"它可以直接指导古籍整理的实践,减少在古籍整理中出现的一些常识性的错误,提高古籍整理的质量。"①这里,特别通过列表的形式再对宫内厅本中的俗字加以梳理(表中各组,前者为宫内厅本用字,后者为四库本用字,两者在使用含义上仅为简繁、异体的关系):

表 5 - 1　日本宫内厅书陵部藏《全芳备祖》残本所见俗字一览表

音序	字　　　例
A	爱/愛
B	宝/寶、犇/奔、变/變、寈/賓、氷/冰、愽/博
C	飡/餐、参/參、蝉/蟬、禅/禪、称/稱、处/處、舡/船、辝/辭
D	弹/彈、灯/燈、断/斷
E	尔/爾、迩/邇
F	豊/豐
G	盖/蓋、恠/怪、関/關、国/國
H	后/後
J	迹/跡、济/濟、剂/劑、继/繼、晋/晉、侭/儘、尽/盡、竟/覺
K	槛/檻
L	来/來、乐/樂、礼/禮、怜/憐、帘/簾、恋/戀、刘/劉、楼/樓、芦/蘆、庐/廬、栾/欒、峦/巒、脔/臠、鸾/鸞、乱/亂
M	蛮/蠻、弥/彌、覔/覓、庙/廟
Q	栖/棲、弃/棄、轻/輕
R	輭/軟
S	洒/灑、声/聲、埀/聖、实/實、势/勢、数/數、双/雙、筭/算、虽/雖
T	躰体/體、厅/廳、圕/圖
W	万/萬、无/無、芜/蕪

①　曾良《俗字及古籍文字通例研究》,南昌:百花洲文艺出版社,2006 年,第 52 页。

音序	字　　例
X	献/獻、携/攜、绣/繡、孝/學
Y	塩/鹽、隐/隱、与/與
Z	斋/齋、着/著、执/執、种/種、昼/晝、揔/總、冣/最

　　通览上表可以发现,宫内厅本当中使用的俗体字字形,很多都与我们现代的简化字字形相同(如"宝"、"变"、"怜"、"声"、"厅"等)。而追溯它们的产生源头,又有相当一部分在汉魏六朝时就已经出现,并且有些与汉字字体的发展演变存在着较为密切的互动关系(如"尽"即"盡"的草书楷化俗字),有些则是利用本来没有意义的符号以简省笔画而长期约定俗成的结果(如"孝"、"竟"、"齐"等上半部的"文"和"断"、"继"等的"米"都是简省笔画的符号)。这就说明,今天我们所用简化字之中的将近60%都在宋及宋以前就已经存在甚至流行开来了,因此,"现行简化字是有深远的历史基础和深厚的群众基础,是具有很强的生命力的"①。与此同时,对于这将近60%的简化字形体而言,宋代渐成规模的雕版印刷生产方式,基本奠定了它们在后世的发展形貌。

　　关于宋代雕版字体面貌的形成和影响,王立军《宋代雕版楷书构形系统研究》已经指出,底层文化的兴起促使民间用字当中出现了不少的简化字和半简化字,这在《大唐三藏取经诗话》和《新雕大唐三藏法师取经记》两部今日可见之宋代民间讲唱文学的原刻本里面具有显著反映②。由是观之,书坊的印本多采用俗体字(主要是简化字)和重文符号,既便于刊刻上版的生产效率,又能获得更广大的民间阅读受众群体,这二者都与射利的经营目的相符合、相一致。此外,宋代的雕版楷书字样对后代汉字也具有重要影响:

　　　　宋代楷书虽然注重传承,但其形体也在一定程度上得到了简化。
　　尽管上层文人普遍排斥民间字形,一些简化字形还是不可抗拒地进入
　　文人用字当中。……在宋代民间用字中,简化现象更是十分常见,而且
　　出现了多种简化方法。如第五章第二节所举的例字中,"齐"是保留原

①　沈克成、沈迦《汉字简化说略》,北京:人民日报出版社,2001 年,第 3 页。
②　王立军《宋代雕版楷书构形系统研究》第五章《宋代雕版楷书的文化阐释》,上海:上海教育出版社,2003 年,第 108—111 页。

字的轮廓,"声"、"与"是保留原字的特征部分,"万"是用形体简单的字
代替,"尽"、"来"是草书楷化,"乱"是省简偏旁,"国"是新造会意字,
等等。这些方法对现代汉字的简化极具启发意义。而且,由于宋代楷
书理据层次的升高,低层部件的作用逐渐弱化,这也为汉字形体的进一
步简化提供了可能。①

"齐"、"声"、"与"、"万"、"尽"、"来"、"乱"、"国"这些简化字形都见于
宫内厅本,它们不仅能够从一个侧面反映宋代闽间坊刻本的若干面貌,而且
对汉字简化的源流过程也是一项有益的佐证补充。正如宋代的雕版印刷技
术促进了在此之前数千年来以抄本作为文献传播的载体样态逐渐转变为后
一千年的刻本文献形式、对典籍文本内容的定型具有重要意义一样,宋代雕
版当中的楷书字样也为汉字字形的发展变化、尤其是为时至今日的简化字
字形的确定并推广,带来了积极的效应。

(二)四库本讹误举隅

作为《全芳备祖》一书现存的两种重要版本,宫内厅本与四库本之间
的绝大多数异文主要是由古书流传中不可避免地发生的文字错误所致。
这里仅从误字、脱文、衍文、倒文等几个方面对四库本的致误类型略做梳
理分析。

1. 误字例

误字是古籍流传中最普遍、最常见的一项问题,经过对校之后也比较容
易被发现。可以说,宫内厅本与四库本之间的异文,属于误字者最多。它们
出现在正文里,就会造成内容的混乱;出现在题署中,就会造成作者、篇目等
出处信息的错讹。例如:

(1)前集卷一七"金沙"

> 宫内厅本:金沙道是殿**群**芳,不道酴醾输一场。十里红妆踏青出,
> 一张锦被晒晴香。只须旧荫已无暑,更走新条如许长。若恨昨朝来草
> 草,夜来风雨更禁当。杨诚斋
>
> 四库本:金沙道是殿**裙**芳,不道荼蘼输一场。十里红妆踏青出,一
> 张锦被晒晴香。只须旧荫已无暑,更走新条如许长。若恨昨朝来草草,
> 夜来风雨更禁当。诚斋

按：此诗见《诚斋集》卷四二《退休集》，题作《雨中问讯金沙》①。"群芳"代指春天盛开的各种花草，与它们相比，金沙的开放时间更晚，因此诗人拟人地将其形容为殿后一般。但是四库本误"群"为"裙"，盖读音及字形相近所致，但是意义也由此而不甚明晰。

（2）后集卷一〇"草"

宫内厅本：定昌羌俗无文字，但候草荣<u>落</u>，以记岁时。《后<u>周</u>书》

四库本：定昌羌无文字，但候草荣<u>枯</u>，以记岁时。《后<u>国</u>书》

按：此段叙述羌人旧无文字之时借助观察物候变化来记载年岁时节的变化，出自唐初所修《后周书》。《后周书》卷四九《异域列传上·宕昌》："宕昌羌者……俗无文字，但候草木荣落，以记岁时。"②定昌即宕昌，形近、音转。比较之后可见，宫内厅本的内容基本同于《后周书》，而四库本既脱一"俗"字，又因语义相近而误"荣落"为"荣枯"，更因字形相近而误"周"为"国"。

（3）后集卷一三"木绵"

宫内厅本：闽岭<u>以</u>南多木绵树，实如桐子，口有绵，如蚕之绵，可以作布。《吴录·地理志》

四库本：闽岭、<u>江</u>南多木棉树，实如桐子，口有棉，如蚕之绵，可以作布。地理

按：《吴录》为晋人张勃所著，《隋书·经籍志·史部》在《吴纪》下的小注中曾提及："晋有张勃《吴录》三十卷，亡。"③可知此书久佚，不过魏晋南北朝时人的著作曾多次引用其中内容，故原书文字赖其他文献的转载得以有所保存。四库本仅题"地理"二字，或为时代久远而《吴录》一书早已不为世人所知，或为辗转抄写缺省所致，未详孰是。此外，关于"以南"还是"江南"，木棉实为热带植物，主要生长于我国云南、两广、闽南、台湾、海南等地，江南地区不见种植。因此，"江"字应当是与"以"字形近而讹。

---

① （宋）杨万里《诚斋集》,《宋集珍本丛刊》,北京：线装书局,2004 年,第 54 册,第 514 页。

② （唐）令狐德棻等《周书》,北京：中华书局,1971 年,第 892 页。

③ （唐）长孙无忌等《隋书经籍志》,上海：上海商务印书馆,1955 年,第 40 页。

（4）后集卷一三"茅"

宫内厅本：菅，茅也。《说文》
四库本：菅，草也。《说文》

按：《说文解字》卷一下："菅，茅也。从草，官声。"①宫内厅本文字同此。《全芳备祖》为类书文献，任何门目之下引据的内容都应当与主题事物有关。四库本"菅，草也"一句与"茅"全无任何联系，盖字形相近而讹"茅"为"草"。

2. 脱文例

脱文的问题在四库本里面相当普遍。大量文字的脱落，直接造成了类目与内容不尽相符、所引用典籍文句不通顺以及诗词作者归属张冠李戴等各种问题。兹分类目的脱文、正文的脱文、题署的脱文、复合型脱文等四类分别举例说明。

（1）类目的脱文

① 后集卷一二"荇"

宫内厅本：荇又见菜门
四库本：荇

按：后集卷二三亦有"荇"门，包含"碎录"二则、五言绝句一首，内容完全不同——此处为水草之荇而彼处为荇菜之荇。"又见菜门"四字，在联系前后内容、揭示互著笔法的体例方面无疑具有积极意义。至四库本则无，遂而仅为单纯之门目名称，抹杀了原来生动的细节信息。

② 后集卷二四"枸杞"

宫内厅本：枸杞甘菊
四库本：枸杞

按：枸杞与甘菊不同，陈景沂在此将两者收录入一门之下，通过小字附注的形式加以提示区分。四库本则只有"枸杞"之名却无"甘菊"之名，而正文中又有介绍甘菊名称、种类、性能的内容，似与全书之体例格式不相统一，

---

① （东汉）许慎《说文解字》，北京：中华书局，1963 年，第 17 页。

易使读者理解混淆。

（2）正文的脱文

① 前集卷二四"芙蓉花"

　　　　宫内厅本：初约山寺游，端为怪奇石。那知云水乡，化作锦绣国。入门径深深，过眼秋寂＝。隔竹小亭明，稠红漏疏碧。山僧引幽践，绝巘恣佳陟。三步绮为障，十步霞作壁。烂如屏四围，搭以帔五色。满山尽芙蓉，山僧所手植。秋英例瞳淡，此花独腴泽。却忆补外时，朝士作祖席。是间万株梅，冷射千崖白。旧游不可寻，雪枝半榛棘。杨诚斋

　　　　四库本：初约山寺游，端为怪奇石。那知云水乡，化作锦绣国。入门径深深，遇眼秋寂寂。隔竹小亭明，稠红漏疏碧。山僧引幽践，绝巘恣佳陟。三步绮为障，十步霞作壁。四围尽芙蓉，山僧所手植。秋英例瞳淡，此花独腴泽。却忆补外时，朝士作祖席。是间万枝梅，冷射千崖白。旧游不可寻，雪枝半榛棘。诚斋

　　按：此为杨万里《看刘寺芙蓉》诗，见《诚斋集》卷二三《朝天集》①。宫内厅本的"烂如屏四围，搭以帔五色。满山尽芙蓉，山僧所手植"四句，到了四库本中脱去"烂如屏"、"搭以帔五色满山"十字，重新组成"四围尽芙蓉，山僧所手植"一句，看似通顺，若非一一比对则不能知其脱漏。

② 后集卷一〇"草"

　　　　宫内厅本：魏兴锡义山多生薇蘅草，其草有风不偃，无风不摇。《水经》

　　　　四库本：魏兴锡义山多生薇蘅草，其草有风摇。《水经》

　　按：此段《水经》佚文为今本所无。《太平御览》卷九九四《百卉部一·草》："《水经》曰：'魏兴锡义山，山高谷深，多生薇蘅草。其草有风不偃，无风独摇。'"②由此可知，这里所描述的其实是薇蘅草"有风不偃，无风独摇"的一种独特现象。然而在节引原文的过程中，宫内厅本先将"无风独摇"误作"无风不摇"，已与本来的文义发生了一定偏离，到了四库本则更是脱去"不偃无风不"五字，从而在所表达的意思上彻底南辕北辙了。

---

① （宋）杨万里《诚斋集》，《宋集珍本丛刊》，第54册，第247—248页。

② （宋）李昉等《太平御览》，北京：中华书局，1960年，第4399页。

③ 后集卷一二"萍"

　　宫内厅本：俯观万物扰扰焉，如江汉之载浮萍。刘伶
　　四库本：俯观万状扰扰焉，如江汉之载萍。刘伶

　　按：此为刘伶《酒德颂》句。《文选》卷四七所录即"俯观万物扰扰焉，如江汉之载浮萍"①，与宫内厅本同。四库本所引既讹"物"为"状"，又脱"浮"字，甚误。

（3）题署的脱文

① 前集卷一五"酴醾"

　　宫内厅本：新花临曲池，佳丽复相随。鲜红同映水，轻香共逐吹。绕架寻多处，窥丛见好枝。今新犹恨少，将故复嫌萎。钗边烂漫插，无处不相宜。梁刘瑗
　　四库本：新花临曲池，佳丽复相随。鲜红同映水，轻香共逐吹。绕架寻多处，窥丛见好枝。今朝犹少恨，将放复嫌萎。钗边烂漫插，无处不相宜。刘瑗

　　按：此为南朝梁刘瑗《看美人摘蔷薇》诗，见《艺文类聚》卷八一②。陈景沂在《全芳备祖》书中引诗，汉魏晋南北朝时人多注明朝代作者，唐宋人则以其时代较近，仅有作者题署。宫内厅本保留了陈书旧貌，而四库本脱落朝代，与旧有之体例似不相符合。

② 前集卷一五"酴醾"

　　宫内厅本：丛叶扶金蕊，微风动弱枝。北人言语巧，唤作菊荼蘪。徐致中《黄荼蘪》
　　四库本：丛叶扶重蕊，微风动弱枝。北人言语巧，唤作菊荼蘪。徐致中

　　按：此为徐玑《酴醾》诗，今可见最早出处即《全芳备祖》。宫内厅本该卷卷首"酴醾"门目名称之下有"黄酴醾附"，此处诗题小注恰可相互照应；四库本仅注明作者而已。

─────────

① （南朝梁）萧统编、（唐）李善注《文选》，北京：中华书局，1977 年，第 662 页。
② （唐）欧阳询《艺文类聚》，汪绍楹校，北京：中华书局，1965 年，第 1398 页。

③ 前集卷二〇"迎春花"

宫内厅本：

秾李繁桃刮眼明，东风先入九重城。黄花翠蔓无人顾，浪得迎春世上名。刘原父二首

沉沉华省镇红尘，忽地花枝觉岁新。为问名园最深处，不知迎得几多春。

华省当时绿鬓郎，金樽美酒醉红芳。今日对花不成饮，春愁已与草俱长。王岐公

四库本：

秾李繁桃刮眼明，东风先入九重城。黄花翠蔓无人顾，浪得迎春世上名。刘原父

沉沉华省镇红尘，忽地花枝觉岁新。为问名园最深处，不知迎得几多春。

华省当时绿鬓郎，金樽美酒醉红芳。今日对花不成饮，春愁已与草俱长。

按：前两者为刘敞《迎春花二首》，见《公是集》卷二九①；后者为王珪《失题》其一，见《华阳集》卷四②。然而由于四库本脱"王岐公"三字，致使后一诗在《全宋诗》册 9 卷四九〇页 5936 的刘敞和册 9 卷四九六页 5992 的王珪名下两见，前者出《全芳备祖》前集卷二〇，后者出《华阳集》卷六。显然，由于四库本的脱文，《全宋诗》编者以为此处题署的体例为承前省略，遂将"华省当时绿鬓郎"一诗也收于刘敞名下；如果当时直接选择使用宫内厅本作为底本，便不会出现这样的错误了。

关于作者题署方式的差异，需要补充说明的是，当同一作者的若干诗句连续出现时，宫内厅本有时会在第一句之下注明"某人若干首"，有时会在最后一句下注明"并某人"，而四库本所采取的方式往往只是在第一句之下署名。例如：

后集卷一二"蒲"

宫内厅本：细草青蒲为谁绿。

渚蒲芽白水荇青。并杜甫

渚蒲抽英剑脊动。刘禹锡

---

① （宋）刘敞《公是集》，《宋集珍本丛刊》，第 9 册，第 569 页。
② （宋）王珪《华阳集》，影印文渊阁《四库全书》本，台北：台湾商务印书馆，1986 年，第 1093 册，第 28 页。

四库本：细柳新蒲为谁绿。杜甫

渚蒲芽白水荇青。

渚蒲抽芽剑脊动。

不难看出，宫内厅本与四库本在诗句作者的题署上各有自己的一套系统方式。但是由于前者距离《全芳备祖》成书时代较近，出处的注明相对准确翔实，而且大部分情况下能够较好地保持原书旧貌，所以即便偶有讹错，也能清楚发现；后者因为经过了历朝历代的传抄，其中的脱、误现象均较为普遍，因此一旦某处作者失题，那么诗句的系属就可能会发生严重的错误。

（4）复合型脱文

所谓"复合型脱文"，一是由于前则引文的题署与后则引文的正文脱落而导致诗句归属张冠李戴，二是将整首诗词及其作者全部脱落，造成《全芳备祖》原书内容的残损。例如：

① 后集卷一二"苔藓"

宫内厅本：寒蛩啼暗壁，败叶下苍苔。寇莱公

莓苔渍双履，不识洛阳尘。郑獬

四库本：寒虫啼暗壁，败叶落苍苔。郑獬

按："寒蛩"句为寇准《楚江夜怀》颈联，见《寇忠愍公诗集》卷中①；"莓苔"句为郑獬《不出》尾联，见《郧溪集》卷二六②。四库本脱"寇莱公"之名与郑獬诗句，误将郑獬其名注于寇诗之下。

② 后集卷一二"苔藓"

宫内厅本：幽人去后无猿鹤，冷落亭台湿藓封。李文溪

湿带秋痕绿可庭，花阴竹色借鲜明。北磵

四库本：幽人去后无猿鹤，冷落亭台湿藓封。北磵

按："幽人"句为李昴英《弋阳郑氏翠麓亭》三、四句，见《文溪集》卷一七③；"湿带"句为释居简《苍苔》首联，见《北磵诗集》卷五④。四库本脱"李

---

① （宋）寇准《寇忠愍公诗集》，《宋集珍本丛刊》，第2册，第21页。
② （宋）郑獬《郧溪集》，《宋集珍本丛刊》，第15册，第236页。
③ （宋）李昴英《文溪集》，影印文渊阁《四库全书》本，第1181册，第213页。
④ （宋）释居简《北磵诗集》，《宋集珍本丛刊》，第71册，第295页。

文溪"之名与居简诗句,误将北硐其名注于李诗之下。

以上两例,属于因同时脱落前句作者与后句内容而致使诗句作者题署错位的情况。

③ 前集卷一四"牵牛花"

> 宫内厅本：牵牛易斯药,固特取其义。安用柔软蔓,曲为萦绊地。汝若不巧沿,何能可旁致。始者无附托,头脑极细殢。一得风动摇,四畔乱拈掇。搭着纤毫末,走上墙壁际。觉得梯此身,恋缠松竹外。吐花白而青,敷叶光且腻。裹露作娇态,舞风示豪气。便忘抑郁时,剩有夸逞意。诳言松和竹,如我兄与弟。下盼兰菊群,反欲眇其视。如此无忌惮,不过是瞒昧。教知早晚霜风高,杪表何曾见牛翠。陈肥遯

按：此首四库本无。《全宋诗》册 64 卷三三九四页 40388 收录陈景沂《牵牛花》,出处即《全芳备祖》前集卷一四。《全芳备祖》为陈景沂所编,其中他本人的若干作品同样借该书赖以保存流传。可惜四库本脱落陈诗的地方却不止这一处,若非宫内厅本的回传,景沂之诗恐怕也将和其生平行事一样散逸湮没,不可得闻。

④ 前集卷一五"酴醾"

> 宫内厅本：《最高楼》：司春有序,排次到荼蘼。远预报,在庭知。蕊珠宫里晨妆罢,披香殿下晓班齐。探花正,驱使问,赏花期。〇元不逊,梅花浮月影。也知妒,梨花带雨枝。偏恨柳,绿条垂。与其向晚包团絮,不如对酒折芳蕤。谢东君,收拾在,牡丹时。

按：此首四库本无。《全宋词》册 5 页 3676 收入无名氏下,出处即《全芳备祖》前集卷一五,可知唐圭璋先生所据之南京图书馆藏旧抄本此处未缺①。

---

① 唐圭璋《全宋词·引用书目》："《全芳备祖》前集二十七卷、后集三十一卷,宋陈景沂辑,旧抄本,南京图书馆藏。"北京：中华书局,1965 年,第 1 册,第 39 页。而这部"南京图书馆藏旧抄本",原为晚清丁丙旧藏,亦即前引《善本书室藏书志》卷二〇著录之本,钤"胡氏茨邨藏本"、"八千卷楼藏书印"、"钱塘丁氏藏书"、"十万卷楼藏书"、"八千卷楼"诸印；各卷卷首题"天台陈先生类编花果卉木全芳备祖卷×",次行题"江淮肥遯愚一子陈景沂编辑",又次行题"建安祝穆订正",与宫内厅本面貌最为接近（程杰《〈全芳备祖〉的抄本问题》,《中国农史》,2013 年第 6 期,第 114—122 页）。

⑤ 后集卷二四"蔬菜"

> 宫内厅本：云子香抄玉色鲜，菜羹新煮翠茸纤。人间脍炙无此味，天上酥陀恐尔甜。浑是土膏含雨露，何须酱豉与醯盐。茹毛祸首雍巫出，馋到熊蹯未属厌。杨诚斋《菜羹》。易牙，雍人，名巫，见《左传注》。

按：此为杨万里《病中屏肉味独茹菜羹饭甚美》诗，见《诚斋集》卷三八《退休集》①。宫内厅本不但有整诗及作者，还保留了作者自注，四库本则全脱。

以上三例，均属于四库本复合型脱文的情况。它们更难发现，对原书本来文字面貌的变乱破坏也更大。

3. 衍文例

衍文在四库本中出现的情况并不多，这可能是由于整部《全芳备祖》书中"赋咏祖"和"乐府祖"占了极大的篇幅，而诗和词作为有韵之文，在字数、句数方面又受到较为严格的格律限制，凭空多出一字或数字能够容易地发现。因此，衍文的问题更多地集中出现在征引前代字书、史传、杂记以及赋、颂、序等各类文体作品的"事实祖"中，当然"赋咏祖"和"乐府祖"也会有少量涉及。例如：

（1）后集卷一〇"草"

> 宫内厅本：黄帝问天姥曰："天地所生，岂有食之令人不死者乎？"天姥曰："太阳之草，名曰黄精，饵之可以长生。太阴之草，名曰钩吻，不可食之，入口立死人。"《博物志》
> 四库本：黄帝问天姥曰："天地所生，岂有食之令人不死者乎？"天姥曰："太阳之草，名曰黄精，饵之可以长生。太阴之草，名曰钩吻，不可食，食之，入口立死人。"《博物志》

按：此段出自晋张华《博物志》卷五"方士"："黄帝问天老曰：'天地所生，岂有食之令人不死者乎？'天老曰：'太阳之草，名曰黄精，饵而食之，可以长生。太阴之草，名曰钩吻，不可食之，入口立死。人信钩吻之杀人，不信黄精之益寿，不亦惑乎？'"②不难看出，原文整齐的四六格式在宫内厅本已有

---

① （宋）杨万里《诚斋集》，《宋集珍本丛刊》，第 54 册，第 455 页。
② 范宁《博物志校证》，北京：中华书局，1980 年，第 63 页。

细微的变动，等到了四库本则更是在"不可食之"中误衍"食"字，将一句话断裂成为两句。

（2）后集卷一二"蒲"

> 宫内厅本：汉帝以蒲裹轮迎申公。史
> 四库本：汉帝以蒲裹车轮迎申公。史

按：申培以弟子王臧、赵绾之言而为汉武帝召见一事见于《史记·儒林列传》和《汉书·儒林传》，文字稍异：

> 于是天子使使束帛加璧安车驷马迎申公，弟子二人乘轺传从。（《史记·儒林列传》）①
> 于是上使使束帛加璧，安车以蒲裹轮，驾驷迎申公，弟子二人乘轺传从。（《汉书·儒林传》）②

相比之下，在"安车以蒲裹轮"的情节上，《汉书》的记载较之《史记》更加丰富，陈氏所据或亦即此。当然，《全芳备祖》作为古代类书，在征引前代典籍文句的时候也未尝字字俱录，只是结合需要地截取了与"蒲"这一植物主题关系较为密切的内容；而经由宫内厅本到四库本的流传过程中，后人又在"轮"字上误衍"车"字，看似于文义无碍，实则已经变乱了底本的文字原貌。

4. 倒文例

四库本的倒文现象既包括所引内容的字、句发生颠倒，又包括诗句与作者的对应关系出现前后错乱的不同情况。

（1）后集卷一二"苔藓"

> 宫内厅本：空室无人行，则或生紫者、青者，一名员藓，一名绿钱，一名绿苔，一名绿藓。《古今注》
> 四库本：空谷无人行，则或生青者、紫者，一名绿钱，一名绿苔，一名员藓。《古今志》

按：此则介绍了苔藓生长的区域、原因、颜色、名称、种类等内容，出自

---

① （西汉）司马迁《史记》，北京：中华书局，1959 年，第 10 册，第 3121 页。
② （东汉）班固《汉书》，北京：中华书局，1962 年，第 11 册，第 3608 页。

晋人崔豹的《古今注》。今本《古今注》卷下所记"空室中无人行则生苔藓，或紫或青，名曰圆藓，又曰绿藓，亦曰绿钱"①的文字，实与上述两本皆有较大差异，孰是孰非已不能完全断定。不过我们在这里仍然可以推测以下几点：首先，宫内厅本与崔书的颜色顺序均为先紫后青，而四库本正相反，有可能是前后文字之间发生误倒。其次，员藓、绿钱、绿苔、绿藓四者的有无及顺序在这里出现了三种排列方式，难以判断本来文字的究竟；不过单就《全芳备祖》而言，四库本中的确出现了倒文的情况，并且颜色（紫者、青者）与种类（员藓、绿钱、绿苔）两部分的倒乙前后整齐对应。

（2）后集卷一一"芝草"

宫　内　厅　本	四　库　本
汉武帝甘泉宫生芝草，九茎连叶，乃作《芝房之歌》以荐郊庙。本纪 　汉宣帝神爵元年诏："金芝九茎产于函德殿铜池中。"本纪 　明帝永平间，芝草生殿前。本纪 ……	汉宣帝元年诏："金芝九茎产于函德殿铜池中。" 　明帝永平间，芝草生殿前。 　汉武帝甘泉宫生芝草，九茎连叶，乃作《芝房之歌》以荐郊庙。 ……

按：此三则分述西汉武帝、宣帝及东汉明帝时事，文字依次见于《汉书·武帝纪》、《汉书·宣帝纪》和《后汉书·明帝纪》：

> （元封二年）六月，诏曰："甘泉宫内中产芝，九茎连叶。上帝博临，不异下房，赐朕弘休。其赦天下，赐云阳都百户牛酒。"作《芝房之歌》。（《汉书·武帝纪》）②
>
> （神爵元年）诏曰："……乃元康四年嘉谷玄稷降于郡国，神爵仍集，金芝九茎产于函德殿铜池中，九真献奇兽，南郡获白虎威凤为宝。"（《汉书·宣帝纪》）③
>
> （永平十七年）芝草生殿前，神雀五色翔集京师。（《后汉书·明帝纪》）④

而明帝之后，依次又为东汉章帝、唐太宗、唐玄宗、唐肃宗朝神奇祥瑞之

---

① （晋）崔豹《古今注》，北京：商务印书馆，1956 年，第 23 页。
② （东汉）班固《汉书》，第 1 册，第 193 页。
③ （东汉）班固《汉书》，第 1 册，第 259 页。
④ （南朝宋）范晔《后汉书》，北京：中华书局，1965 年，第 1 册，第 121 页。

事,因此宫内厅本对各条材料的引据顺序恰与正史所记载的朝代顺序相符合。而这亦从一个侧面证明,古人编撰类书时虽然广搜博采四部典籍,但对于众多材料的剪辑、编排都自有其章法,或依时相续,或以类相从。四库本的面貌则是单纯堆积材料内容,没有注意到其中存在的内在关联,前后倒乙,徒增变乱。

（3）后集卷一二"菰"

宫内厅本：溪毛入馔光浮挟,云子新炊滑流匙。洪驹父
　　　　　　霜后木奴香噀手,秋来云子滑流匙。汪彦章
四库本：溪毛入馔光浮椀,云子新炊滑流匙。汪彦章
　　　　　霜后木奴香噀手,秋来云子滑流匙。洪驹父

按："溪毛"句为洪刍《人日》颈联,见《老圃集》卷下①。"霜后"句见《全宋诗》册 22 卷一二八二页 14505,署名洪刍,出宋陈景沂《全芳备祖》后集卷一二;又见册 25 卷一四三七页 16563,署名汪藻,出《锦绣万花谷》前集卷三。核《锦绣万花谷》,卷三"秋"下有"霜后木奴香噀手,秋来云子滑流匙。汪藻"②。可见,"霜后"句的作者在《锦绣万花谷》、《全芳备祖》等宋代类书中署汪藻或汪彦章,无作洪刍或洪驹父者,四库本在此颠倒了上下两句的作者。《全宋诗》编撰时,根据四库本的错误信息将其重收于洪刍与汪藻二人的名下;如果从一开始就能及时发现两个本子的异文并略作辨析,那么此句则应直接收入汪藻卷中,不会出现互见的处理了③。

5. 综合例

古籍文字内容在流传中的错讹情况往往是一个综合的、复杂的问题,大多数时候不会仅仅停留在单一的误字、脱文、衍文或倒文上,而是两种或数种相伴发生,殽乱尤甚。兹更举二例:

（1）前集卷二一"水仙"

宫内厅本：冯夷,华阴瑾乡堤首人。服八石,得水仙,是名河伯。《清泠传》
四库本：冯夷,华阴墐乡堤首人。服水仙八石,为水仙。《清泠传》

---

① （宋）洪刍《老圃集》,影印文渊阁《四库全书》本,第 1127 册,第 392 页。
② （宋）佚名《锦绣万花谷》,上海：上海辞书出版社,1992 年,第 27 页。
③ 关于此处汪藻与洪刍诗句的重收之误,王岚《汪藻文集与诗作杂考》一文亦有相关论述,可参,见《北京大学中国古文献研究中心集刊》（第 6 辑）,北京：北京大学出版社,2007 年,第 28 页。

按：此系冯夷化为河伯之传说，屡见于先秦两汉典籍，所据出处皆《清泠传》。例如，《庄子·大宗师》篇："冯夷得之，以游大川。"郭象注引司马彪云："《清泠传》曰：'冯夷，华阴潼乡堤首（成疏有"里"字）人也。服八石，得水仙，是为河伯。'"①《九歌·河伯》："《清泠传》曰：冯夷，华阴潼乡堤首人也。服八石，得水仙，是为河伯。"②《淮南子·齐俗训》："昔者冯夷得道，以潜大川。"高诱注："冯夷，河伯也，华阴潼乡堤首里人，服八石，得水仙。"③《全芳备祖》所引亦即此段典故。只是比较之后不难发现，原文的"潼乡"在宫内厅本已作"瑾乡"，当为形近而误，其余内容则基本相同。然而到了四库本，"瑾"又讹作"堇"，"八石"上衍"水仙"二字，"得水仙"作"为水仙"，句末"是名河伯"四字全脱，文义尤为不通。

（2）后集卷二三"笋"

宫内厅本：

五言古诗散联

竹林吾最惜，新笋好看守。方箨包龙儿，攒进溢林薮。吾眼恨不见，心肠痛如挏。宅钱都未还，债利日月厚。箨龙正称冤，莫杀入汝口。丁宁嘱托汝，汝活箨龙否。卢仝《寄男抱孙》

园客自偷卖，主人郡能知。徒令养新竹，待与作藩篱。梅圣俞

卧病十日余，不见西轩竹。稚子忽报言，新笋抽五六。张无尽

此君耐岁寒，小友极风味。相思如调饥，熟可当饔饎。王右丞

儿童才丱角，兵卫忽森戟。十日不汝见，寻丈出咫天。陈止斋

四库本：

五言古诗散联

竹林吾最惜，新笋好看守。方箨包龙儿，攒进溢林薮。吾眼恨不见，心肠痛如挏。宅钱都未还，债利日月厚。箨龙正称冤，莫杀入汝口。丁宁嘱托汝，汝活箨龙否。卢仝《寄男抱孙》

此君耐岁寒，小友极风味。相思如调饥，熟可当饔饎。王右丞

久约烧林笋，何年会胜园。久尝新气味，每厌供盘餐。渐痛烟犀老，方怜露锦繁。穆伯长

园客自偷卖，主人那能知。徒令养新笋，旋抽五六枝。张无尽

① （清）王先谦《庄子集解》，北京：中华书局，1987 年，第 60 页。
② （宋）洪兴祖《楚辞补注》，白化文等点校，北京：中华书局，1983 年，第 78 页。
③ 刘文典《淮南鸿烈集解》，《新编诸子集成》本，北京：中华书局，1989 年，第 362 页。

儿童才卯角,兵卫忽森戟。十日不汝见,寻丈出咫尺。陈止斋

按：此处的五首唐宋人作品,只有首尾的卢仝与陈止斋诗基本未经变乱,中间的其余三首在顺序上全异——宫内厅本依次是梅圣俞、张无尽、王右丞,而四库本则为王右丞、穆伯长、张无尽。或许是改动者以为此处的王右丞即唐王维,不当列于宋张商英（号无尽居士）之后,故有相应调整,是为倒。王诗之下,增加宋初穆修《友人烧笋之约未赴》诗前六句（实见后文"五言律诗散联"部分）,是为衍。宫内厅本有梅尧臣之名而四库本无,则是由上文第三句末之"新竹"与下文第四句初之"新笋"相混接,漏掉了"竹待与作藩篱梅圣俞卧病十日余不见西轩竹稚子忽报言新"等二十五字,又添入"旋"、"枝"二字使末句仍为五言之数,遂致梅氏之名湮没而诗句内容亦前后不相连属,是为脱。至于"郡能"与"那能"、"咫天"与"咫尺",盖宫内厅本因字形相近而致误,四库本复正之。

误字、脱文、衍文、倒文这四种讹错现象在古籍文字内容的流传过程中相伴丛生。今人校读《全芳备祖》,对于各本异文的考察,同样亦须深入分析、细致辨别,以求尽可能更加准确地揭示、恢复其书原貌。

（三）宫内厅本错讹例说

明清两代的版本学界,信宋、佞宋之风盛行,至今犹然。的确,宋本去古未远,能够更加真实地反映一书初刊初刻时候的样貌,而后代的刻本、钞本中不免增加了文字的讹、脱、衍、倒甚至刻书者、抄书者的有意篡改。但是我们也必须承认,宋本并非完美无缺,其中同样会有错误；相反,晚出的本子如果校勘精审,那么也能够借助本校、他校而恢复正确的文字内容。宫内厅本回传之后,确实在学界引起了较大轰动,不少学者也都有专篇论述探讨其文献价值。不过,四库本既然出于馆臣之手,他们一方面自身具有一定的学识修养,另一方面处于文献典籍庋藏汗牛充栋的翰林秘阁之间,因此无论内外两方面或许都更优于陈景沂、祝穆和宋末元初的坊间书铺主人及刻工。所以,当这两个本子出现异文时,不能单纯根据宫内厅本的文字面貌得出四库本错误丛生、不足为据的结论,而是应当在深入查考、细致分析的基础之上对二者的是非优劣做出更加客观合理的判断。例如：

1. 前集卷一四"葵花"

宫内厅本：葵有二种,一取其花名蜀葵,一取其叶名蒲葵,一取其可食名葵菜。《南方草木记》

四库本：葵有三种,一取其花名蜀葵,一取其叶名蒲葵,一取其可

食名葵菜。《南方草木记》

按:《南方草木记》即晋人嵇含《南方草木状》之又名,然此句不见于传世之本。这里通过下文蜀葵、蒲葵、葵菜三者并列的本校,似当作"三"为是。至于宫内厅本误"三"为"二",或是陈氏因袭之讹,或是坊刻失检之误,具体原因今已不得而知。

2. 后集卷六"枇杷"

　　宫内厅本:昭阳睡起人如玉,妆台对罢双娥绿。琉璃叶底黄金簌,纤手拈来嗅清馥。可人风味少人知,把尽春光夏初熟。笑渠梅杏空自忙,生被三郎鼓声促。上林此物今安在,望断长安动悲哭。飞猿过鸟竞摇啄,槎牙祗余枯树腹。周必从

　　四库本:昭阳睡起人如玉,(中略)槎牙祗余枯树腹。周必大

按:此为宋周必大诗,宫内厅本误作"周必从"。

3. 后集卷一二"芦"

　　宫内厅本:芦笋初□竹,稍开叶如蒲。方春抱节甲,渐老根生须。不爱当夏绿,爱此及秋枯。黄叶倒风西,白花摇江湖。江湖不可到,移植若勤劬。安得双野鸭成画图。东坡

按:此为苏轼五言古诗《和子由记园中草木十一首》(其五),见《苏轼诗集》卷五[①]。宫内厅本末句八字,字数不合;四库本则作"安得双野鸭,与芦成画图",以成五言之体式。核本集,实为"安得双野鸭,飞来成画图"。因此,四库本的文字或为馆臣妄改所致,亦无完全根据,仍当以本集是正。

4. 后集卷一九"荆"

　　宫内厅本:淮南王安谋逆,伍被谏曰:昔子胥谏吴王落苍棱白皮十抱大。自是众木乱纷纷,海棕焉知身出群。移栽北辰不可得,时有西域胡僧识。

按:此段述汉事,然上下文意不相连属,疑有脱误。以四库本核之,其

---

① (宋)苏轼《苏轼诗集》,孔凡礼点校,北京:中华书局,1982年,第205页。

文为:"淮南王安谋逆,伍被谏曰:昔子胥谏吴王云:臣今见麋鹿游姑苏之台。臣今亦将见宫中生荆棘,露沾衣也。《汉书》"与《汉书》卷四五《蒯伍江息夫传》内容正合①。其后又有出自《东观汉纪》、《齐谐记》、《汉书·方伎传》的史料各一则,陆机诗、杜甫诗、元稹诗各一首,"水清木"一门,然后才是"海棕木"门下的七言古诗:"左绵公馆清江滨,海棕一株高入云。龙鳞犀甲相错落,苍棱白皮合抱文。自是众木乱纷纷,海棕焉知身出群。移栽北辰不可得,时有西域胡僧识。"而"云臣"至于"相错"之间的字数,对应到宫内厅本正好占二十六行,合两页。由此可知,宫内厅本在此处整两页全脱,四库本则不缺。

综上所述,宫内厅本有其在所难免的疏漏,四库本也并非一无是处,二者各有优劣短长。不过总的说来,前者价值更胜一筹,确实是值得肯定的,而后者作为《四库全书》之一种,得失兼存。正如类书本身既是荟萃又是割裂的性质一样,今天在使用这两种版本的时候,对于具体文字上的异同是非,还是应当结合各自材料内容的最原始出处,细致、批判地加以分析。

三、日本宫内厅书陵部藏《全芳备祖》与宋诗辑佚关系论略

(一)《全宋诗》辑佚时的《全芳备祖》底本选择

1998 年,由北京大学古文献研究所编纂的《全宋诗》正式问世。全书 72 册 3 785 卷,共收作者 9 079 人,得诗 247 183 首、残诗 5 983 句(联)、存目 323 首(句),近 4 000 万字,是目前为止收录有宋一代诗歌数目最多、规模最大的断代总集②。自出版以来,《全宋诗》既为宋诗研究乃至整个的宋代文史研究都提供了巨大便利,嘉惠学林,功不可没;也促使大量的订补类文章、著作相继问世,并引发了关于断代总集编纂的热烈讨论。对此,《全宋诗》主编之一孙钦善先生认为,"《全宋诗》效应"的这种长期繁荣其实正"说明大家在用《全宋诗》,大家在关心《全宋诗》,《全宋诗》站住了,《全宋诗》产生了影响"③。今天看来,这样一部皇皇巨著之所以能够取得如此卓越的成就,辑佚的科学、准确功不可没。

雕版印刷技术在北宋开始获得日益广泛、普遍的应用,使得宋诗文献的流传、保存更为便易。所以在资料准备阶段,《全宋诗》编纂委员会首先划定

---

① 《伍被传》:"淮南王阴有邪谋,被数微谏。……曰:'王安得亡国之言乎? 昔子胥谏吴王,吴王不用,乃曰"臣今见麋鹿游姑苏之台也"。今臣亦将见宫中生荆棘,露沾衣也。'"见(东汉)班固《汉书》,第 7 册,第 2168 页。

② 关于《全宋诗》所涉诗人诗作的统计数据,见漆永祥《简论〈全宋诗〉的编纂特色与学术价值》,《古籍整理出版情况简报》2000 年第 5 期(总 351 期),第 8 页。

③ 孙钦善《〈全宋诗〉回顾与补编之展望》,《北京大学中国古文献研究中心集刊》(第十辑),北京:北京大学出版社,2011 年,第 87 页。

了一批传世宋人别集之外的辑佚书目,包括:"(一)现存宋元诗话、笔记及其他史籍。(二)现存宋元类书、总集,以及《永乐大典》和《诗渊》的残存本。(三)宋元方志,以及近年来集中印行的若干重要方志,如影印天一阁藏明代方志。(四)《宋诗纪事》、《宋诗纪事补遗》已引用到的书。(五)敦煌遗书。"①而《全芳备祖》既为南宋重要类书之一,自然也在辑佚对象之列。

《全芳备祖》现存版本,除了时代最早的宫内厅本、最易得见的四库本之外,尚有中国国家图书馆藏晚清徐氏积学斋钞本、南京图书馆藏清钞本(丁丙跋)等二十余种钞本,藏于中国大陆、台湾以及东邻日本的主要藏书机构,惜多未寓目。

1986 年,《全宋诗》项目启动,其时已有宫内厅本与四库本皆可利用,首先应选宫内厅本用以辑佚。然而由于体例所限,辑佚书目只写明出处,不若宋人诗集还有专门的版本情况说明,因此整部《全宋诗》之中,采用宫内厅本和四库本的地方实际兼而有之,特别是对于重合的四十一卷内容,若非从具体文句入手并检核原书,则不知所据究竟为何本。例如,前节讨论四库本的题署脱文问题时,曾举"华省当时绿鬓郎,金樽美酒醉红芳。今日对花不成饮,春愁已与草俱长"一诗,在《全宋诗》册 9 的刘敞与王珪二人名下重出,实由四库本脱缺"王岐公"的小注署名而误作刘敞集外佚诗,这里所根据的就并不是宫内厅本。又如,《全宋诗》册 18 卷一○三九页 11889—11890 曾肇名下收录据《全芳备祖》所得残句 15 则,其一"饮罢流连未归去,更来花下捧茶瓯"之下注明出处为"《全芳备祖》前集卷一(四库本)",其十三"查候得灵药,言自八公来。当时云中犬,千岁伏陈荄"之下按语称:"四库本无,据农业出版社影印本补。"毫无疑问,这里据为底本的正是四库本,而宫内厅本只是校补之用。当然,更多数的时候,整理者径注"宋陈景沂《全芳备祖》前(后)集卷×",并不涉及详细的版本。

实事求是地说,由于对版本源流关系及不同版本在体例结构方面的变化差异缺少充分、细致的分析,《全宋诗》对《全芳备祖》的版本选择确实存在着未尽之处。具体言之,如上文所述,宫内厅本与四库本之间的结构差异和文字差异都会影响到作者题署和诗句内容的一一对应关系,但底本选用的时候或者可能没有严格、统一的标准,或者实际操作过程中并未完全遵循,结果出现的问题便是:一方面,有些诗作已见于个人别集且宫内厅本题署正确,而四库本署另一作者或缺少署名,此时当从前者,不再重出或另立无名氏(即"华省当时绿鬓郎"一诗当从王珪《华阳集》,并非刘敞佚作);另一方面,有些诗作已见于本集,宫内厅本署名不同,大部分情况下,后者依

---

①　北京大学古文献研究所编《全宋诗·编纂说明》,第 1 册,第 9 页。

《全宋诗·凡例》当入存目。可惜事实上,因失于如此追本溯源式的查考以致重出的情况不在少数,使《全宋诗》的价值也受到了一定的影响。

（二）宫内厅本所见宋诗数量暨《全宋诗》收录情况统计

作为现存时代最早的《全芳备祖》版本,宫内厅本虽然仅存四十一卷,但其中的宋诗辑佚价值不容小视。兹据笔者统计,将宫内厅本引录宋诗的数量以及这些作品在《全宋诗》中的收录情况制成下表:

表5－2　宫内厅本各卷引录宋诗数量统计表

		宫内厅本引宋诗		
		《全宋诗》已收		《全宋诗》失收待补
		据本集或他书而亦见宫内厅本	辑自《全芳备祖》	
前集	卷一四(73)	52	26	5
	卷一五(80)	44	35	6
	卷一六(37)	27	8	4
	卷一七(31)	21	10	2
	卷一八(36)	18	17	1
	卷一九(76)	54	18	9
	卷二〇(53)	28	16	10
	卷二一(61)	34	21	7
	卷二二(45)	31	12	4
	卷二三(41)	34	7	3
	卷二四(67)	56	10	4
	卷二五(36)	15	19	2
	卷二六(66)	34	23	10
	卷二七(55)	27	25	7
后集	卷一(79)	61	16	4
	卷二(58)	50	10	1

		宫内厅本引宋诗		
		《全宋诗》已收		《全宋诗》失收待补
		据本集或他书而亦见宫内厅本	辑自《全芳备祖》	
后集	卷三(44)	35	13	1
	卷四(50)	43	6	2
	卷五(23)	20	2	1
	卷六(74)	59	13	4
	卷七(33)	31	3	—
	卷八(35)	29	6	2
	卷九(44)	36	5	3
	卷一〇(24)	14	10	2
	卷一一(44)	30	9	5
	卷一二(75)	54	22	7
	卷一三(49)	32	11	7
	卷一八(58)	44	10	7
	卷一九(42)	30	11	1
	卷二〇(37)	34	4	1
	卷二一(42)	42	6	—
	卷二二(27)	23	4	3
	卷二三(48)	44	3	1
	卷二四(51)	51	1	—
	卷二五(41)	38	3	1
	卷二六(33)	27	3	4
	卷二七(55)	53	6	—

		宫内厅本引宋诗		
		《全宋诗》已收		《全宋诗》失收待补
		据本集或他书而亦见宫内厅本	辑自《全芳备祖》	
后集	卷二八（92）	77	17	1
	卷二九（16）	14	2	—
	卷三〇（14）	8	5	2
	卷三一（29）	25	5	1
	总计（1974）	1478	453	135

关于表中的各项数据，需要说明的是：

第一，宫内厅本共计引录宋诗（含散句）1 974 首（则），但实际涉及的宋代诗人诗作（含散句）数量要略少于此，原因是部分作品两见甚至多见。例如，后集卷三"橘"门七言散句有范成大"惟有橘园风景异，碧丛丛里万黄金"，七言绝句中又有"新霜彻晓报秋深，染尽青林作缬林。惟有橘园风景异，碧丛丛里万黄金"全诗；"橘"门七言散句有黄庭坚"君家秋实罗浮种"、"莫遣儿童酸打尽，要看霜后十分黄"，"柑"门七言散句中亦有"君家秋实罗浮种，已作累累半插墙"，七言绝句中又有黄氏"君家秋实罗浮种，已作累累半拂墙。莫遣儿童酸打尽，要看霜后十分黄"全诗。这样一来，便会出现统计数字略多于实际诗作（含散句）数量的情况。

第二，宫内厅本有时会出现诗句作者误署的情况，而反映到《全宋诗》中，就会因材料来源的不同产生重出。例如，后集卷二"菱"门七言散句有"雨过乱蓑堆野艇，月明长笛和菱歌"，署"苏养直"，《全宋诗》册 22 卷一二八八页 14609 苏庠名下据以收入，同时册 39 卷二一六六页 24537 陆游名下《遣兴二首》（其一）即该句所在的整诗，出《剑南诗稿》卷一三，故此当为陆诗，宫内厅本误。

第三，《全宋诗》在编纂过程中或据晚出之四库本，或误读误断，也会导致重出。前者如汪藻"霜后木奴香喂手，秋来云子滑流匙"与洪刍"溪毛入馔光浮挟，云子新炊滑流匙"两句相混①，后者如后集卷二〇"谷"门七言绝

---

① 王岚《汪藻文集与诗作杂考》，《北京大学中国古文献研究中心集刊》（第 6 辑），第 28 页。

句"周遭圩岸缭全城,一眼圩田翠不分。行到秋苗初熟处,翠茸绵上织苗云","古来圩岸护堤防,岸岸行行种绿杨。岁久树根无寸土,绿杨走入水中央"二诗,皆见于《全宋诗》册1卷二一页301滕白与册42卷二三○六页26503杨万里二人名下,出处分别为《全芳备祖》后集卷二○和《诚斋集》卷三二《江东集》,然宫内厅本与四库本在此二诗之下均缺署作者,编者实由更后一首署名滕白而误断此三首并为滕作。以上两种情形,都会影响到表中已收诗作与失收诗作的加和大于总数。

第四,某些诗作(含散句)的题署仅为书名而缺略作者,某些虽有作者题署但其人其事已不可详考,且亦不载于《全唐诗》及其相关订补著作,暂以宋诗计。

(三)宫内厅本题署与宋诗重出关系例说

《全宋诗》收录有宋一代诗作及残句25万余首(则),但前后重出的条目众多。其实,为了更好地解决宋诗文献在流传过程中可能出现的作者题署差异,《全宋诗》编纂委员会曾经根据所据材料的可信可靠程度制订了重收互见、移入存目、删归附录等不同处理方式,即:"凡旧籍中一诗互见数人集中或名下而难以确定归属者,一律重收,各于题下互注又见。凡可确证系他人之诗而误收或误题者,则移入存目,并说明原由。凡旧籍误收、误题之诗系非宋人之作而不见本书者,则删归附录,略作辨正。"①只是在实际操作的过程中,这一原则贯彻得并不统一,很多该删汰的没有删汰、该移入存目的没有移入,从而导致一些本来不应重出的诗作因失于查考而出现在了不同诗人名下。就与宫内厅本相关的宋诗重出问题而言,又有以下五种类型:

第一,本集与宫内厅本两见,然作者题署不同,多为宫内厅本误。例如:

1. 归燕羁鸿共断魂,荻花枫叶泊孤村。张载(前集卷一四"芦花")

按:此句见《全宋诗》册9卷五一七页6291,署张载,出《全芳备祖》前集卷一四;又见册39卷二一五五页24281陆游《雨中泊赵屯有感》首联,出《剑南诗稿》卷二。《剑南诗稿》为陆游之子陆子遹编刻,流传有自,可从。陈氏误署作者,张载名下当删归存目。

2. 快晴似为酴醿计,急雨还妨燕子飞。范石湖(前集卷一五"酴醿")

按:此句见《全宋诗》册39卷二一五四页24257陆游《雨晴游洞宫山天庆观坐间复雨》颔联,出《剑南诗稿》卷一;又见册41卷二二七四页26061,署范成大,出《全芳备祖》前集卷一五。范成大名下当删归存目。

3. 荆州持大橘,亦名作黄柑。晁道之(后集卷三"橘")

按:此句见《全宋诗》册5卷二四六页2877梅尧臣《近有谢师厚寄襄阳

① 北京大学古文献研究所编《全宋诗·凡例》,第1册,第24页。

柑子乃吴人所谓绿橘耳今王德言遗姑苏者十枚此真物也因以诗答》一、二句,出《梅尧臣集编年校注》卷一五;又见册 21 卷一二一二页 13826,署晁说之,出《全芳备祖》后集卷三。晁说之名下当删归存目。

类似的另种情况是,本集与其他类书两见,然他书称引实据宫内厅本,故宫内厅本误而他书亦误。例如:

4. 开时闲淡敛时愁,兰菊应容预胜流。剩欲持杯相领略,一庭风露不禁秋。范蜀公(前集卷一四"葵花")

按:此诗见《全宋诗》册 6 卷三四六页 4263 范镇,题作《黄葵》,出宋谢维新《古今合璧事类备要》别集卷三七;又见册 39 卷二一六九页 24616 陆游,题作《山园草木四绝句·黄蜀葵》,出《剑南诗稿》卷一六。《古今合璧事类备要》别集卷二二至卷六一记载花果草木的部分正是取材于《全芳备祖》,前贤已有考证①。范镇名下当删归存目。

5. 最怜高冢临官道,细细烟莎遍烧痕。张商英(后集卷一三"莎")

按:此句见《全宋诗》册 16 卷九三四页 11009,署张商英,出《古今合璧事类备要》别集卷五六;又见册 39 卷二一六〇页 24394 陆游《行武担西南村落有感》尾联,出《剑南诗稿》卷七。张商英名下当删归存目。

第二,不同别集中两见,一者为四库馆臣据《永乐大典》所辑,多为辑本误。例如:

1. 棋声敲月重,屐齿印苔深。

绿发莓苔地,红衣菡萏天。并韩维(后集卷一二"苔藓")

按:前句见《全宋诗》册 4 卷一八〇页 2062 胡宿《余山人居》颔联,出《文恭集》卷二;又见册 8 卷四二三页 5188 韩维《题余山人壁》颔联,出《南阳集》卷七。后句见册 4 卷一八〇页 2061 胡宿《水馆》颈联,出《文恭集》卷二;又见册 8 卷四二三页 5188 韩维《水阁》颈联,出《南阳集》卷七。《文恭集》为《永乐大典》辑本,而《南阳集》付梓于南宋,流传不废,明、清多有钞写、刊刻,其间所载诗文确为韩维所作。胡宿名下当删归存目。

2. 粲粲来禽已着花,芳根谁徙向天涯。好看青李相遮映,风味应同逸少家。刘屏山《来禽》(后集卷八"李")

按:此诗见《全宋诗》册 31 卷一七五八页 19585—19586 陈与义,题作《来禽》,出明彭大翼《山堂肆考》卷一九八;又见册 34 卷一九一九页 21416 刘子翚,题作《和士特栽果十首·来禽》,出《屏山集》卷一七;又见册 54 卷

---

① 杨宝霖《〈古今合璧事类备要〉别集草木卷与〈全芳备祖〉》,《文献》1985 年第 1 期,第 160—173 页。

二八五〇页 33981 苏洞,题作《来禽诗》,出《泠然斋诗集》卷八。《屏山集》为刘子翚之子刘玶所编,而《山堂肆考》为明代类书,《泠然斋诗集》为《永乐大典》辑本,皆为时代更晚之书。陈与义、苏洞名下皆当删归存目。

第三,宫内厅本与他书(类书、总志等)两见,《全宋诗》据他书而重出,后者当删。例如:

1. 分红间白汀洲晚,拜雨揖风江汉秋。看谁耐得清霜去,却恐芦花先白头。刘后村(前集卷一四"蓼花")

按:此诗见《全宋诗》册 58 卷三〇八一页 36752 刘克庄,题作《蓼花》,出《全芳备祖》前集卷一四;又见册 72 卷三七六五页 45406 拾遗,题同,出影印《诗渊》册 2 页 1158。后者当删。

2. 袅袅枯藤浅绛葩,贪缘直上照残霞。老僧不作依附想,将谓青松自有花。赵汝回(前集卷一四"牵牛花")

按:此诗见《全宋诗》册 57 卷三〇一二页 35876 赵汝回,题作《凌霄花为复上人作》,出《全芳备祖》前集卷一四;又见册 72 卷三七六四页 45402 赵东阁,题同,出影印《诗渊》册 4 页 2308。赵汝回有《东阁吟稿》(已佚),故赵东阁即赵汝回,不必分作二人。赵东阁其人其诗皆当删。

3. 地僻柴桑古,人亡松菊存。不如彭泽吏,归去有田园。毛达可(后集卷二二"桑")

按:此诗见《全宋诗》册 24 卷一四〇五页 16181 毛友,题作《桑》,出《全芳备祖》后集卷二二;又见册 72 卷三七四〇页 45110 毛达,题作《题靖节祠堂》,出《舆地纪胜》卷三〇《江南西路·江州》。此当为毛友(字达可)诗,《舆地纪胜》脱"可"字,《全宋诗》遂据以新立一家。毛达其人其诗皆当删。

第四,宫内厅本不误,据四库本而误。例如:

1. 可堪收拾归屏枕,颇欲浮沉付酒杯。吴履斋(前集卷一五"酴醾")

按:此句见《全宋诗》册 60 卷三一五八页 37896,署吴潜;又见册 72 卷三七五二页 45248,署易士达,出处均为《全芳备祖》前集卷一五。核原书,宫内厅本署"吴履斋";四库本缺署作者,次于易寓言句后,《全宋诗》编者或由此而误。易士达名下当删。

2. 城角日高人寂寂,小庭行遍拾桐花。刘折父(前集卷一九"桐花")

按:此句见《全宋诗》册 9 卷四九〇页 5945,署刘敞,出《全芳备祖》前集卷一七("七"当为"九"之误);又见册 59 卷三〇八六页 36812 刘子寰《建宁郡斋》三、四句,出影印《诗渊》册 5 页 3110。核《全芳备祖》,宫内厅本署"刘折父"("折"当为"圻"之误,刘子寰字圻父),四库本署"刘原父"(刘敞字原父)。据版本时代更早者,刘敞名下当删。

3. 水晶肉白壳皮红，色变香移色不同。张天尽（后集卷一"荔支"）

按：此句见《全宋诗》册 16 卷九三四页 11009，署张商英；又见册 72 卷三七五四页 45268，署张无咎，出处均为《全芳备祖》后集卷一。核原书，宫内厅本署"张天尽"（"天"当为"无"之误，宫内厅本"無"多作"无"）；四库本署"张无咎"。据版本时代更早者，张无咎名下当删。

第五，一诗两见于同一作者的不同卷次之下，前一处为本集已有，后一处为集外辑补，后者当删。例如：

1. 薰风四月浓芳歇，火玉烧枝拂露华。刘原父（前集卷二四"石榴花"）

按：此句见《全宋诗》册 9 卷四八九页 5930 刘敞《榴花洞》一、二句，出《公是集》卷二九；又见同册卷四九〇页 5946 散句，出《全芳备祖》前集卷二三（"三"当为"四"之误）。后一处当删。

2. 三伏池塘沸，鸡头美可烹。香囊联锦破，玉指剥珠明。叶绉非莲盖，根甘是竹萌。不应徒适口，炎帝亦曾名。陶弼（后集卷二"芡"）

按：此诗见《全宋诗》册 8 卷四〇六页 4982 陶弼，题作《鸡头》，出《陶邕州小集》；又见同册卷四〇七页 4999，题作《芡》，出《全芳备祖》后集卷二。后一处当删。

以上我们结合《全宋诗》的具体收录情况，分别从不同类型的角度概括分析了宫内厅本题署和与之相关的宋诗作品重出问题。需要指出的是，辑佚成就的高下与版本选择的优劣密切相关。由于每一种宋诗文献（别集、总集、类书、方志等）在流传的过程中都既存在着一些普遍的共性特征，又各有其修纂、编刻方面的特殊性，因此重出情况实际更加复杂，不可简单地一概而论。当然，《全宋诗》在编纂过程中已经注意到了《全芳备祖》的利用并有意识地区别宫内厅本与四库本，可谓"尽善矣"，但具体执行过程中材料的查检搜辑尚不细致、标准的贯彻把握亦不统一，仍存在着误收、漏收的地方，可谓"未尽美矣"。其间的经验教训值得认真总结吸取，并为今后订补工作的继续展开予以更好的指导。

四、日本宫内厅书陵部藏《全芳备祖》新见宋佚诗辑考

作为南宋后期问世的一部重要类书，陈景沂的《全芳备祖》早在《全宋诗》编纂之初就被列入了"第一批书目"。但是如前所述，由于《全宋诗》的自身体例所限，只有宋人别集进行了专门的版本情况说明，其他的文献出处皆只有编者、书名、卷次，似未详究所据版本。而《全芳备祖》的宫内厅本与四库本之间，异文尤多，《全宋诗》在编纂时对于《全芳备祖》的不同版本又缺少深入细致的查考辨析，以致还出现了相当一部分重出误收的情况，使得《全宋诗》的价值受到了一定影响。加之就在《全宋诗》编纂的过程中，广东

东莞的文史专家杨宝霖先生曾寄来他的《〈全芳备祖〉中宋诗辑》、《〈全芳备祖〉中宋人佚诗辑校》两部稿本,其间的大量辑佚成果便为《全宋诗》所参考吸收。不过《〈全芳备祖〉中宋诗辑》、《〈全芳备祖〉中宋人佚诗辑校》又悉以影印文渊阁《四库全书》本《全芳备祖》为底本,宫内厅本仅仅作为参校之一助,并未涉及更加具体的考论。况且截至 1998 年皇皇 72 册《全宋诗》出版时,仍有相当一部分内容没有来得及纳入,按照当时的设想即留待补编时完成,这里面也就包括辑自《全芳备祖》的不少零散诗句。由此可见,无论是版本考察的疏略还是编纂、出版的实际步骤因素,都直接造成了《全宋诗》对《全芳备祖》的辑佚利用存在着遗漏的客观事实。本节兹分"《全宋诗》已收诗人之佚作"和"《全宋诗》失收诗人诗作"两部分——前者涉及陈抟、宋白等 31 人、56 首(句),依《全宋诗》中所在册页为次;后者包括陈古涧、李钓翁等 25 人、37 首(句),依宫内厅本中的出现先后为序;无名氏诗 44 首(句),统一排列在最后,并对相关引书加以简要的按断分析。

（一）《全宋诗》已收诗人之佚作（**31 人,56 首/句**）

1. 陈抟（1/1/8）

水　仙

湘君遗恨付云来,虽堕尘埃不染埃。疑是汉家涵德殿,金芝相伴玉芝开。

宋陈景沂《全芳备祖》前集卷二一

句

因风离甚处,随浪此中过。不定犹如此,孤根还若何。未闻流水尽,更见落花多。荇　　同上书后集卷一二

2. 宋白（1/20/280）

莎

何事牵幽思,空庭对野莎。青青冲野步,落日挂筇过。色与莓苔近,阴藏蟋蟀多。闲思旧山下,萧飒遍烟萝。　　宋陈景沂《全芳备祖》后集卷一三

3. 种放（2/72/819）

句

绿满岩扉外,绵绵芳草阴。莎　　宋陈景沂《全芳备祖》后集卷一三

4. 林逋(2/105/1190)

句

中分邪断道边横,枝干虽枯叶尚荣。桑　　宋陈景沂《全芳备祖》后集卷二二

5. 陈亚(2/113/1303)

句

秋风似学金丹术,戏把硫磺制酒杯。黄蜀葵　　宋陈景沂《全芳备祖》前集卷一四

按:宫内厅本署"陈司封",元方回《瀛奎律髓》卷二三作陈亚《黄蜀葵》诗句。

6. 梅尧臣(5/232/2709)

柰

孙情来问予,扶病为尔起。岂无山茗留,独见以上七字,宫内厅本缺,据四库本补庭柰喜。　　宋陈景沂《全芳备祖》后集卷八

句

剖破玉壶浆。梨　　同上书后集卷六

7. 欧阳修(6/282/3582)

句

青杏初尝酒正醇。杏　　宋陈景沂《全芳备祖》后集卷五

按:《欧阳修全集》卷一三三《会老堂致语》有全诗:"欲知盛集继荀陈,请看当筵主与宾。金马玉堂三学士,清风明月两闲人。红芳已尽莺犹啭,青杏初尝酒正醇。美景难并良会少,乘欢举白莫辞频。"①

8. 韩琦(6/318/3962)

辛夷花

辛夷吐高花,卫公曾手植。根洗今已非,不改旧时色。平泉几易

---

①　(宋)欧阳修《欧阳修全集》,李逸安点校,北京:中华书局,2001年,第5册,第2056页。

主,况乃刺史宅。　　　宋陈景沂《全芳备祖》前集卷一九

9. 张俞(7/382/4714)

紫薇花

　　谁妙精花品,殊号标紫微。贵应随赤驭,种合近黄扉。树动情何密,花浓艳欲飞。数枝临省户,几朵入宫闱。赵后鸣金瑟,秦娥卷绣帏。无情笑梅白,浅俗厌桃绯。

杜鹃花

　　夏园无杂英,灼灼山榴开。落日杜鹃苦,花仍委苍苔。余芳不可赎,含章空裴回。　　　以上宋陈景沂《全芳备祖》前集卷一六

草

　　苒苒非春意,秋原绿更新。空随白云暮,重起废城春。紫塞有来雁,洞庭无主人。王孙归未得,愁断夕阳尘。　　　同上书后集卷一〇

句

　　待教满地妖红死,独与秋风作主人。芙蓉花　　同上书前集卷二四

　　青菱引蔓空争角。菱　　同上书后集卷二

　　红实离离压彩枝,荧煌珠琲粲葳蕤。樱桃

　　南国饶春实,繁如踯躅然。已先卢橘熟,更压荔支圆。向日合滋液,无人荐吉蠋。同上　　以上同上书后集卷九

10. 蔡襄(7/385/4745)

句

　　野人家焰焰,烧红有佛桑。佛桑花　　宋陈景沂《全芳备祖》前集卷二〇

11. 刘敞(9/463/5615)

句

　　不作残春十日饮,定知无奈此香何。酴醾　　宋陈景沂《全芳备祖》前集卷一五

12. 谢景初(9/518/6295)

句

　　萼趺琲珠圜,碎簇柔梢垂。蔫然经月余,艳色愈不衰。始疑神功

化,火结丹砂为。茉莉花　　　　宋陈景沂《全芳备祖》前集卷二五

按:《全芳备祖》仅署"谢工部",清康熙间《御定佩文斋广群芳谱》卷四三作"宋谢景初",未详何据,暂录于此。

13. 吴充(10/534/6454)

醿　醿

清香透水槛,荣荫在天家。翠辇宸游后,球栏昼影斜。　　　宋陈景沂《全芳备祖》前集卷一五

14. 王安石(10/538/6473)

句

雪底黄精兴不疏,忆着君诗应捧腹。黄精　　　宋陈景沂《全芳备祖》后集卷三一

按:"雪底"句已见《全宋诗》册10卷五七七页6785王安石名下,出处同。核原书,宫内厅本有"忆着"句而四库本无,今补。

15. 郑獬(10/580/6817)

金钱花

黄金钱,谁解数。十指如春葱,惟有河间女。宫内厅本缺"女"字,据四库本补金钱多,不知数,手结罗裙拾将去。　　　宋陈景沂《全芳备祖》前集卷二六

16. 苏轼(14/784/9083)

句

金钱色傍秋。金钱花　　　宋陈景沂《全芳备祖》前集卷二六
桐叶满东斋。桐　　　同上书后集卷一八

17. 张耒(20/1155/13027)

句

清园一洗黄金圆。橘　　　宋陈景沂《全芳备祖》后集卷三

18. 晁冲之（21/1216/13866）

句

岭南荔子丰今年，必有人如姑射仙。荔支　　宋陈景沂《全芳备祖》后集卷一

19. 汪藻（25/1433/16504）

薜 荔

薜荔垂枯萌，何年附幽石。骄阳或侵陵，土薄失润泽。天风吹汝声，枯叶久无色。前年直外省，薜荔不盈尺。江梅凡几时，归来忽满壁。我齿密且疏，我发玄且白。此复何足怪，对之犹叹息。　　宋陈景沂《全芳备祖》后集卷一三

句

红锦皱缝包玉液，青绡斜剪衬金丸。荔支　　同上书后集卷一
菌蠢朝承露，荧煌夜吐霓。芝草
斋房辉玉斝，岱袚杂金泥。同上　　以上同上书后集卷一一
溪边卧枯柳，雨余忽生耳。木耳　　同上书后集卷二六

20. 刘涛（27/1581/17927）

句

未尝逢露齿，直恐欲倾城。含笑花　　宋陈景沂《全芳备祖》前集卷一九

21. 杨万里（42/2275/26063）

含笑花

菖蒲节序荚荷时，翠羽衣裳白玉肌。暗拆花房须日暮，遥将香气报人知。半开微吐长怀宝，欲说还休竟俯眉。树脆枝柔惟叶健，不消更画只消诗。　　宋陈景沂《全芳备祖》前集卷一九

按：宫内厅本署"杨诚斋"，然据杨宝霖先生的意见，"此条与'一点瓜看破醉眠'条并列，同属'七言八句'栏，此条注'杨诚斋'，'一点'条注'许仲启'，'一点'条已查出《诚斋集》有之。疑二条作者前后倒置。在《备祖》中，

相邻的两条作者前后倒置者所在多有。果尔,则此条为许开作"①。

芸 苔

苔菘正自有风味,杯盘底用专腴丰。意行不解杀风景,呵殿谩自惊儿童。桑麻事起儿女长,春色纵好关渠侬。家山福地最深处,草花竹树多华风。只今芒屩便归去,自立名号皆山农。　　同上书后集卷二六

句

晓艳欲开孙武阵,晚风争堕绿珠楼。来如急电无因驻,去似惊鸿不可收。朱槿花　　同上书前集卷二〇

按:宫内厅本缺署作者,晚清方功惠碧琳琅馆藏《全芳备祖》钞本署"诚斋"②。或因前引"七言八句"署"杨诚斋",而承前省略作者。此则是否为杨万里佚句,尚待进一步考证,姑从钞本,暂录于此。

棕榈叶子海棠花。槟榔　　同上书后集卷三一

22. 周必大(43/2319/26677)

枇 杷

昭阳睡起人如玉,妆台对罢双娥缘。琉璃叶底黄金簇,纤手拈来嗅清馥。可人风味少人知,把尽春光夏初熟。笑渠梅杏空自忙,生被三郎鼓声促。上林此物今安在,望断长安动悲哭。飞猿过鸟竞摇啄,槎牙秖余枯树腹。　　宋陈景沂《全芳备祖》后集卷六

23. 赵汝谈(51/2723/32022)

句

静参时有得,习处却无闻。兰花
虽为通国宝,而有出尘心。同上　　以上宋陈景沂《全芳备祖》前集卷二三

---

① 杨宝霖《〈全芳备祖〉中宋人佚诗辑校》,稿本,第184页;又见吴鸥《关于杨万里诗集的补遗》,《北京大学中国古文献研究中心集刊》(第11辑),北京:北京大学出版社,2011年,第245—246页。

② 杨宝霖《〈全芳备祖〉中宋人佚诗辑校》,稿本,第185页。

24. 吴潜（60/3155/37857）

句

推排春事到杨花。柳花　　　　宋陈景沂《全芳备祖》前集卷一八

25. 方岳（61/3190/38262）

畦　菜

踏雪课园丁，趁雨锄菜甲。土甘春绕畦，烟重晓携锸。毋令蔓草滋，旋拾枯篠插。诗肠风露香，碧脆已可掐。谁言庾郎贫，未觉三韭乏。那知世有人，犹嫌万钱狭。去毛莫拗项，美哉不鸣鸭。瀑泉煮山月，此岂腥膻压。琉璃乳蒸独，卿自用卿法。　　　　宋陈景沂《全芳备祖》后集卷二四

按：《全宋诗》册 61 卷三二一四页 38418 方岳名下已收，出《秋崖先生小稿》卷二五；然无"去毛"以下六句，今补。核《全宋诗》方岳小传，"明嘉靖中裔孙方谦刊有《秋崖先生小稿》文四十五卷、诗三十四卷，清四库馆臣据当时另一影宋抄本《秋崖新稿》合编为《秋崖集》四十卷。《秋崖集》较明刊本多出诗八十余首，但明刊本中亦有诗十余首为《秋崖集》所无"①，则《秋崖先生小稿》、《秋崖集》皆非全本。《全芳备祖》成于南宋后期，时代更早，当可信从。

26. 陈景沂（64/3394/40387）

桑

三分天下二分田，枉被西南雨露天。接野菅荆失官陌，透蓬桑枣识民阡。去程削断行人迹，惊麑频过猛兽边。弹压官军早屯宿，晚炊崖竹汲河堰。
宋陈景沂《全芳备祖》后集卷二二

27. 李春伯（72/3749/45216）

牵牛花

墙根有冬瓜，费尽滋溉力。牵牛独得志，抽走无寻尺。既上我屋壁，复胃我篱落。游藤仅细缕，逐节分豆叶。未欲挥锄斤，且与妆秋色。任他绕屋去，庶表幽人宅。　　　　宋陈景沂《全芳备祖》前集卷一四

---

① 北京大学古文献研究所编《全宋诗》，第 61 册，第 38262 页。

28. 史文昌(72/3751/45235)

枫

少立危亭独倚栏,此心使与白鸥闲。水波不动鱼龙蛰,风月无边天地宽。几处风蒲连碧浪,数重烟树出青山。垂虹再卜清游日,枫落吴江波正寒。

宋陈景沂《全芳备祖》后集卷一八

29. 释辉(72/3753/45250)

水　仙

如闻交珮解,疑是浴妃来。朔吹欺罗袖,朝霜滋玉台。

句

极知今世无曹植,称得陈玄记洛神。水仙

弱水蓬莱归不得,梅花相与伴春寒。同上　　　以上宋陈景沂《全芳备祖》前集卷二一

灵均去后无人佩,修禊亭空绝赏音。兰花　　　同上书前集卷二三

30. 王右丞(72/3754/45266)

百合花

少陵晚崎岖,托命在黄独。天随自寂寞,疗饥惟杞菊。古来沦放人,余业被草木。我客汉东城,邻曲见未熟。不应恼鹅鸭,更忍累口腹。过从首三张,伯仲肩二陆。赪肤分子姜,云苗馈萌竹。冥搜到百合,真使当重肉。软温甚鸥蹲,莹净岂鸿鹄。食之傥有助,盖昔先所服。诗肠贮微甘,茗碗争余馥。果堪止泪无,欲纵望乡目。　　　宋陈景沂《全芳备祖》前集卷一四

覆盆子

灵根茂永夏,幽磴罗深丛。晶华发鲜泽,叶实分青红。搜寻犯晨露,采摘勤村童。借以烟笋箨,贮之霜筠笼。

谁知此俗里,却老有奇功。咀餐脑髓聚,烹啜形神充。　　　以上同上书后集卷三〇

句

海山珠树玉斓斑,拟襞炎云觐玉颜。荔支　　　同上书后集卷一

此君耐岁寒,小友极风味。相思如调饥,熟可当饔饩。笋　　　同上书后集卷二三

顾乏钉头菌。菌薹　　同上书后集卷二六

31. 何宗斗（72/3755/45282）

句

二月人家蚕事早，屋头先办采桑芽。桑　　宋陈景沂《全芳备祖》后集卷二二

（二）《全宋诗》失收诗人诗作（25 人，37 首/句）

1. 陈古涧

句

鼓子秋来染碧衣。牵牛花　　宋陈景沂《全芳备祖》前集卷一四

晓露染成鸡舌紫，东风吹作麝脐香。瑞香　　同上书前集卷二二

2. 李钓翁

句

弱质不自持，篱落纷布护。霜刀剪翠云，零落不知数。牵牛花　　宋陈景沂《全芳备祖》前集卷一四

3. 刘淮

刘淮，字叔通，号溪翁，建阳（今属福建）人。高宗绍兴二年（1132）进士。博学能文，有诗名。清李清馥《闽中理学渊源考》卷二〇有传。

酴　醾

青蛟蜕骨万条长，玉架盘云护晓霜。外面看来些子叶，中间着得许多香。一枝缟色分明好，百卉含羞不敢芳。飞杀衔花双海燕，被渠勾引一春忙。

句

还将庐舍金身面，换却何郎粉色姿。酴醾　　以上宋陈景沂《全芳备祖》前集卷一五

4. 周汾阳

句

不料忽成惆怅事，片时飞尽白蔷薇。酴醾　　宋陈景沂《全芳备祖》前集卷一五

5. 陈锦山

句

游人莫苦忙春早,踯躅花残有牡丹。杜鹃花　　宋陈景沂《全芳备祖》前集卷一六

6. 陈经国

陈经国(1219—?),一名人杰,字伯夫,小字定夫,号龟峰,潮州海阳(今属广东)人。理宗宝祐四年(1256)进士。有《龟峰词》一卷。事见宋《宝祐四年登科录》卷二、清丁丙《善本书室藏书志》卷四〇。

杜鹃花

蜀魄啼山血洒枝,幻成红艳送春晖。不须声里催人去,才见花开便合归。　　宋陈景沂《全芳备祖》前集卷一六

7. 陈冰岸

句

好把胆瓶收露水,亦须南渡贩蔷薇。蔷薇　　宋陈景沂《全芳备祖》前集卷一七

8. 刘仙伦

刘仙伦,一名儗,字叔儗,号招山,庐陵(今江西吉安)人。有《招山小集》一卷。事见宋周密《绝妙好词》卷二。今录诗二首。

木兰花

晓来随手抹新妆,半额蛾眉宫样黄。铢衣染尽蔷薇露,触处闻香不炷香。君不见同时素馨与茉莉,究竟带些脂粉气。又不见钱塘欲语娇荷花,粗枝大叶忒铅华。何如个样隐君子,色香不俗真有味。根苗在处傲炎凉,敢与松柏争雪霜。椒桂荑荍君杂处,小窗相对毋相忘。　　宋陈景沂《全芳备祖》前集卷一九

水枫叹 诗题据宋陈起《江湖小集》卷四九《招山小集》补

枫叶不耐冷,露下胭脂红。无复恋本枝,械械随惊风。向来树头蝉,去尽不见踪。日落秋水寒,哀哀叫征鸿。　　同上书后集卷一八

按：《招山小集》一卷，今有宋陈起《江湖小集》本、宋陈思《两宋名贤小集》本、清曹庭栋《宋百家诗存》本等，《全宋诗》失收当补。

句

清霜夜陨秋荷败，翠盖红妆愁割爱。碧条苍叶生春妍，买断秋光作容态。芙蓉花　　同上书前集卷二四

9. 金良弼

长春花

谁言造化无偏意，独把春光向此中。叶里尽藏云外碧，枝头剩带日边红。曾同桃李开时雨，欲伴梧桐落后风。费尽主人歌与酒，不教闲却卖花翁。　　宋陈景沂《全芳备祖》前集卷二〇

10. 翁衍

翁衍，字元广，号逃禅翁（元《氏族大全》卷一）。今录诗八首。

仙掌花

绿叶枝头数簇红，不禁风日变芳容。未应得近花坛列，只可山樊对野农。

剪春罗花

谁把风刀碎薄罗，极知造化着工多。飘零易逐春光老，公子樽前奈若何。　　以上宋陈景沂《全芳备祖》前集卷二〇

黄雀儿花

管领东风知几春，也将俗态染香尘。有人不具看花眼，恼杀飘蓬老病身。　　同上书前集卷二六

碧蝉儿花

露洗芳容别种青，墙头微弄晓风轻。不须强入群芳社，花谱元无汝姓名。

史君子花

竹篱茅舍趁溪斜，白白红红墙外花。浪得佳名史君子，初无君子到君家。

玉手炉花

小院无人春意深，凌风傲日出墙阴。只应落在山儒手，那得王孙为

赏音。

御戴花

未放枝头嫩叶青,先开绛蕊照春晴。若无颜色宜宫院,安得花间御戴名。 以上同上书前集卷二七

茶

一杯春露暂留客,两液清风几欲仙。可但唤回槐国梦,不妨更学赵州禅。 同上书后集卷二八

按:翁衍又有《烟花品藻》、《烟花诗集》等,皆咏花组诗,见宋罗烨《醉翁谈录》戊集卷一、卷二;另残句近百则,见宋释绍嵩《江浙纪行集句诗》、元郭豫亨《梅花字字香》①。《全宋诗》失收其人,宜一并补辑。

11. 赵西山

句

花仙凌波子,乃有松柏心。人情自弃忘,不改玉与金。水仙 宋陈景沂《全芳备祖》前集卷二一

山梨颗重包还落。梨 同上书后集卷六

12. 邹良山令

山矾花

折来随意插铜壶,能白能香雪不如。匹似梅花输一着,枝肥叶密欠清癯。 宋陈景沂《全芳备祖》前集卷二一

13. 胡月山

胡月山,与陈允平有交(宋陈思《两宋名贤小集》卷三一五《西麓诗稿·题胡月山吟屋》)。

句

记得去年今日别,矮篱花满雁来红。雁来红 宋陈景沂《全芳备祖》前集卷二七

---

① 汤华泉《翁元广其人其诗及〈醉翁谈录〉中宋佚诗考察》,见《唐宋文学文献研究丛稿》,合肥:安徽大学出版社,2008 年,第 422—427 页。

14. 杨道山

梨

张果出李园,有实大如斗。拟须青女熟,不奈飞廉吼。料应秋草间,磊砢骊珠走。磨刀垂馋涎,伫立待一剖。　　宋陈景沂《全芳备祖》后集卷六

15. 李待制

句

清冷冰有味,甘润玉无浆。瓜　　宋陈景沂《全芳备祖》后集卷八

按:李待制,失其名。宋时称"李待制"者,有李师中(陈师道《后山诗话》)、李焘(杜大珪《名臣碑传琬琰集》中卷三二《赵待制开墓志铭》)、李似矩(胡寅《斐然集》卷二七《祭李待制似矩》)、李兑(施宿《嘉泰会稽志》卷一三)等,未知孰为此句作者,待考。

16. 张太和

句

绿嫌新笋破,红爱落花妆。苔藓　　宋陈景沂《全芳备祖》后集卷一二

17. 夏草窗

句

诗人只道穷难送,也有青流地上钱。苔藓　　宋陈景沂《全芳备祖》后集卷一二

18. 曹竹溪

句

只拣有芦多处宿,爱眠蓬底作秋声。芦　　宋陈景沂《全芳备祖》后集卷一二

19. 曹竹塘

句

从教心向愁边碎,移去芭蕉叶上听。芭蕉　　宋陈景沂《全芳备祖》后集卷一三

20. 秦敏

句

老树雨阴浑脱叶,绿莎霜后半摧尖。莎　　　宋陈景沂《全芳备祖》后集卷一三

21. 王坦轩

句

榆笑翻风惊社节,梨花带雨近清明。榆　　　宋陈景沂《全芳备祖》后集卷一八

22. 吴自

吴自,字明仲,号竹坡。与董逌有交(《广川画跋》卷六《北天王像后题辨》)。

句

高冈得孤桐,斫为绿绮琴。有弦缠珠丝,有徽范黄金。引手试拂拭,琅然发清音。桐　　　宋陈景沂《全芳备祖》后集卷一八

按:影印本《诗渊》册六页三八九五题作《桐》,有全诗:"高冈得孤桐,斫为绿绮琴。有弦缠珠丝,有徽范黄金。引手试拂拭,琅然发清音。不敢取次弹,匣藏深复深。正声久沦亡,郑卫纷哇淫。但悦世人耳,宁传太古心。安得有虞氏,为鼓南风吟。"

23. 谢益斋

桐

开尽群花欲拆桐,春归何事太匆匆。枝头嫩绿偏宜雨,叶底残红不奈风。燕带香泥归院落,蜂粘飞絮入帘栊。小窗独坐无余事,尽日青山在眼中。　　　宋陈景沂《全芳备祖》后集卷一八

24. 黄漱润

田 家 诗题据宋于济、蔡正孙《唐宋千家联珠诗格》卷六补

翁携被襫去栽秧,妇踏缫车日夜忙。终岁几曾身饱暖,逢人犹自说农桑。　　　宋陈景沂《全芳备祖》后集卷二〇

25. 赵梅隐

咏丝瓜

黄花褪束绿身长，百结丝包困晓霜。虚瘦得来成一捻，刚隈人面染脂香。　　宋陈景沂《全芳备祖》后集卷二五

（三）无名氏诗（44 首/句）及引书考辨

酴　醾

秾华先占早春芳，色别仙容五样妆。步履东郊风力软，吹来只是一般香。　　宋陈景沂《全芳备祖》前集卷一五引《百花新咏》

滴滴金花

秋来蔓草莫相侵，露滴花梢满地金。若入山阳丹灶里，还如松有岁寒心。　　同上书前集卷二六引《百花集》

徘徊花

移得芳根取意哉，遥知面面紫花开。绸缪不许春归去，犹遣乔风款曲来。

粉团儿花

碎敲琼玉簇轻纱，蛱蝶穿飞色更嘉。婳约仙姬和露折，乌云斜插映铅华。　　以上同上书前集卷二七引《百花新咏》

按：《百花新咏》《百花集》，编者、卷数、内容等皆不详。由书名推断，当为以花木为吟咏题材的诗歌选集。日本龙谷大学图书馆今藏室町时代抄本《百花诗集》一卷，此二书或与之类似，"大约是宋代以后，文人雅趣膨胀的副产品"[1]。这类编著在南宋后期可能一度广为流传；然不见于明清各家书目的著录，散佚已久。此四诗作者不可详考，暂入无名氏名下。

桐　花

雨濯猩袍茜，晴烘鹤顶丹。因人颜色好，护惜着朱栏。　　同上书前集卷一九引《岁寒集》

按：《岁寒集》，编者、卷数、内容等皆不详。同卷"含笑花"门另有出自《岁寒集》之五言绝句一首，已见《全宋诗》册 72 卷三七五四页 45265 无名氏名下。

---

① 杨铸《日本抄本〈百花诗集〉小考》，《北京大学中国古文献研究中心集刊》（第 5 辑），北京：北京大学出版社，2005 年，第 18 页。

瑞　香

庐阜当年春睡浓,花名从此擅春工。紫葩四迸呈鲜粉,如热鲜香透锦笼。

谏白瑞香

繁花簇粉烘晴日,蔼有浓香透暖风。六曲栏干凝睇处,锦笼争似玉为龙。　　以上同上书前集卷二二引《百氏集》

茉莉花

风流不肯逐春光,削玉团酥素淡装。疑是化人天上至,毗那一夜满城香。　　同上书前集卷二五引《百氏集》

按:《百氏集》,编者、卷数、内容等皆不详,旧多以为即唐白居易《白氏长庆集》简称之《白氏集》。然而宫内厅本后集卷一三"莎"门七言散句"流水涓涓落砌莎",实为张咏《夜坐》诗首句;后集卷二三"蕨菜"门七言散句"蕨芽已作小儿拳",实为黄庭坚《观化十五首》(其十一)第二句。因此,《百氏集》当为宋人编辑,并非白居易别集;后人不明其书,皆妄改"百"为"白"。南宋时期,诗歌选集的编纂蔚为大观,"宋人不但热衷于编选唐诗选本,而且也乐于编纂本朝人的诗选,且比唐人选唐诗又有进一步发展。最早一部宋人选宋诗之作为曾慥所编的《皇宋百家诗选》"、"南宋时又出现了合选唐宋诗的诗歌选本"①,《百氏集》也是其中之一,只是今天没有流传下来罢了②。由于缺少具体的作者题署,宫内厅本中出自《百氏集》的作品(含散句)大多已不可详考,这里姑且作为宋佚诗归入无名氏名下。

草

塞北雁初回,江南客未归。萋萋堪恨处,烟霭又斜晖。　　同上书后集卷一○引《名贤集》

芭　蕉

花外怜伊品格低,殷勤移向小窗西。无端风雨潇潇夜,却共梧桐斗响齐。　　同上书后集卷一三引《名贤集》

枫

一夕起霜风,千林坠晓红。无端逐流水,流向武陵东。　　同上书后

---

① 卞东波《南宋诗选与宋代诗学考论·导论》第一部分"南宋诗歌选本的形态与特征",北京:中华书局,2009 年,第 1—2 页。

② 陈才智《白氏集还是百氏集——兼论"牡丹最贵唯春晚"是否为白居易诗佚句》认为"所谓'白氏集',实为抄手之笔误,应作'百氏集'。从所涉作品看,《百氏集》为南宋中后期的一部总集……这部《百氏集》与白乐天无关",其说可从,见《古籍研究》(总第 61 卷),南京:凤凰出版社,2015 年,第 4 页。

集卷一八引《名贤集》

按：《名贤集》，编者、卷数、内容等皆不详。宫内厅本后集卷二五"瓠"门七言散句"匏瓠放教须上屋，渔樵相倚自相怜"，实为杨万里《从丁家洲避风行小港出荻港大江三首》（其一）之颈联，由此可知该书的编集当更在此之后。南宋时编选的唐宋诗选集中较有名者，如旧题宋刘克庄的《分门纂类唐宋时贤千家诗选》。或许《名贤集》也是与之类似的一种，只是流传不广，逐渐散亡，仅通过《全芳备祖》保留下了书名而已。此三诗作者无考，暂入无名氏名下。

句

叶密应藏刺，花繁不露条。蔷薇　　同上书前集卷一七引《百氏集》

不语向人如欲语。含笑花

试问嫣然如可买，会须一笑与千金。同上

深情厚意知多少，尽在嫣然一笑中。同上　　以上同上书前集卷一九引《百氏集》

人间不老春。月季花

春色四时长在目。同上

但看花开日日红。同上

花落花开无间断，春来春去不相关。同上

牡丹最贵惟春晚，芍药虽繁只夏初。同上　　以上同上书前集卷二〇引《百氏集》

繁多终不臭。金钱花

风流自不贫。同上

能买三秋景，难供九府输。同上

厚重圆殊秦半两，轻飘薄似汉三分。同上

雨余疑饮啄，风动欲飞鸣。鸡冠花

对立如期斗，初开若欲飞。同上　　以上同上书前集卷二六引《百氏集》

有龙曾着眼。荔支　　同上书后集卷一引《百氏集》

挺挺自超群，稜稜类此君。甘蔗

疑是此君荣紫绶，却来佳境醉红裙。同上　　以上同上书后集卷四引《百氏集》

萧然一寸碧，卓尔四时青。菖蒲

有草应羞死，无花敢斗香。同上

灵根九节瘦，不改四时青。同上　　以上同上书后集卷一一引《百氏集》

倘欲济贫无少补，若教买静有深功。苔藓

不产豪门嫌继富,每生穷巷似忧贫。同上

直疑汉室都中朽,却讶唐家地上流。同上　　以上同上书后集卷一二引
《百氏集》

乱战三更雨,频敲午夜风。芭蕉　　同上书后集卷一三引《百氏集》

新枝绿嫩笼和日,繁艳红深夺晓霞。山茶花　　同上书前集卷一九引《桂
水集》

按:《桂水集》,编者、卷数、内容等皆不详。宋王象之《舆地纪胜》卷六一
《荆湖南路·桂阳军》曾三次提及《桂水集》:其一为"景物下·东楼溪"之下
的小注"《桂水集》诗:'蓝县东来第一峰'";其二为"古迹·晋宁县城"之下的
小注"《桂水集》载刘接诗云:'兴于东晋废于陈'";其三为"碑记·桂水集"条
小注称:"见《桂阳志·太守题名》下,未知编集人姓名"①。由此观之,《桂水
集》的内容似为与桂阳(今湖南桂阳县)一地山川、沿革、风物有关的吟咏之
作,或属于地方性诗文总集性质的文献。此句作者不详,暂入无名氏名下。

琴中此操淡而古,花中此名清而高。金珑银台天下俗,谁似奴仆命
离骚。水仙　　同上书前集卷二一

长时不爇沉檀炷,连月如薰脑麝囊。瑞香　　同上书前集卷二二引《三阮
唱和集》

按:《三阮唱和集》,编者、卷数、内容等皆不详。"唱和"是中国古代诗
人之间一种重要的交往、创作形式。在宋代数量巨大、形式多样、内容丰富
的总集文献中,比较著名的酬唱集、唱和集包括:司马光等《洛中耆英会》,
李昉、李至《二李唱和集》,杨亿等《西崑酬唱集》,邵浩辑《坡门酬唱集》,释
契嵩《山游倡和诗》,汪元量辑《宋旧宫人诗词》,邓忠臣等《同文馆唱和诗》,
朱熹等《南岳酬唱集》②,遍涉南北宋、僧俗二界的众多诗人。与它们相比,
《三阮唱和集》应该是比较名不见经传的一种,无论当时及后世的公私藏书
目录还是各类笔记、文集之中都没有关于它的记载。由书名推测,这个集子
汇编同为阮姓的三人唱和诗作而成。"三阮"究竟为谁,今天已经不可详考,
或许他们之间的人员交往、诗作唱和乃至集子的流传都只在相对有限的时
空范围之内,转瞬即为历史的长河所淹没,仅赖《全芳备祖》才得以留下一点
痕迹。

病目试寻蜂蝶处,樱桃花发见清明。樱桃花　　同上书前集卷二四引《名

---

① (宋)王象之《舆地纪胜》,台北:文海出版社有限公司,1971年,第388—389页。
② 孙钦善《中国古文献学史简编》,北京:北京大学出版社,2008年,第269页。

贤拾遗》

莫知何处忤青帝，不使东风管领吹。芙蓉花 　　同上书前集卷二四引《百家吟》

按：《名贤拾遗》、《百家吟》二书，编者、卷数、内容等皆不详。由书名推断，当与前述《名贤集》类似，为宋人所编之唐宋诗选本。尤其《名贤拾遗》，或与《名贤集》的关系更为密切。此二句作者失考，暂入无名氏名下。

樱桃满甄炊赤糜，槐叶揉面萦碧丝。橘中洞庭涨春渌，曜笋煎花煮甘菊。莓苔分坐叶幄低，攀条弄芳有荼蘼。为君刻竹记幽会，桐叶题诗满新翠。樱桃 　　同上书后集卷九引《天台集》

按：据陈振孙《直斋书录解题》卷一五、二〇，宋时《天台集》有二：一为"李庚子长集本朝人诗为二卷……又得郡士林师箴所辑前代之作，为赋二、诗二百，乃以本朝人诗为续集而并刻"之《天台集》二卷、《续集》三卷；一为陈克别集①。然宫内厅本"赋咏祖"之下所注书名大多为总集之属（如《百氏集》、《名贤集》等），因此这里也将《天台集》视作李、林所编总集而非陈克别集，散句收入无名氏名下。

三足赤乌去不顾，墙根隐隐冬青树。女贞木 　　同上书后集卷一九
看杀墙阴荠菜花。荠 　　同上书后集卷二六引《江湖集》

按：据《直斋书录解题》卷一五、一八，宋时《江湖集》亦有二：一为南宋时临安书坊主陈起编刻之总集，"取中兴以来江湖之士以诗驰誉者"、"士之不能自暴白于世者，或赖此以有传"；一为杨万里诗集十四卷，"盖学后山及半山及唐人者也"，后编入《诚斋集》②。核宫内厅本"赋咏祖"之下征引杨万里诗，或署"杨诚斋"，或署"杨廷秀"，未见径注别集者。因此，与《天台集》的情况类似，这里也将《江湖集》视作陈起编刻之总集而非杨万里诗集，散句收入无名氏名下。

---

① （宋）陈振孙《直斋书录解题》，徐小蛮、顾美华点校，上海：上海古籍出版社，1987年，第454、601页。
② （宋）陈振孙《直斋书录解题》，徐小蛮、顾美华点校，第452、542页。

第六章　类书与辑佚（下）

——新发现《永乐大典》（卷二二七二—二二七四）的辑佚考察

　　《永乐大典》是中国古代规模最大的一部类书，原有正文 22877 卷，凡例、目录共 60 卷，成于明成祖永乐五年（1407），是为正本。嘉靖四十年（1562）至隆庆元年（1567），又重录副本一部。时至今日，正本久已亡佚，副本也仅残存 800 余卷，散落世界各地。然而，正是这些数量有限的残本，仍然保留下来许多不见于其他典籍的珍贵资料，为相关领域的学术研究提供了重要的文献依据。

　　2007 年 11 月，全国古籍普查专家组赴华东地区核查古籍善本时，意外获知加拿大籍华人袁葰文女士藏有《永乐大典》一册，内容为卷二二七二—二二七四"模"韵"湖"字"诗文"。这册零本原为沈燕谋旧藏，后归袁安圃（袁葰文女士之父），"有两方藏书印章'曾在袁安圃处''南通沈燕谋藏'"①；"从封面至纸页皆无缺损，品相完好，其内容为有关'湖'字的唐、宋、元诗文，字迹端工的馆阁体，当是真品无疑"，且能够与中国国家图书馆收藏的卷二二七〇—二二七一、二二七五—二二七六这两册首尾相连，"弥补了湖字韵的缺卷，达到了承上启下的联结作用"②。经过多方努力，袁女士同意将家藏的这册《永乐大典》捐赠国家。2013 年 9 月 30 日，它正式入藏中国国家图书馆③。

　　《永乐大典》（卷二二七二—二二七四）的内容，主要为唐、宋、元、明四朝之诗、文、词，尤以宋元作品最多。而在这一册新见零本之中，无论宋元

---

① 笔者按，《永乐大典》（卷二二七二—二二七四）这三卷之中，共计钤印六方：卷二二七二尾页钤"南通沈燕谋印"（阴）、"江南六俊世家"，卷二二七三尾页钤"行素堂藏书记"、"吴郡袁樊收藏图书"，卷二二七四尾页钤"曾藏沈燕谋家"、"曾在袁安圃处"。

② 张忱石《记述国图新入藏〈永乐大典〉（卷 2272—2274）往昔藏者行踪》，《光明日报》2015 年 11 月 17 日，第 11 版。

③ 张忱石《〈永乐大典〉史话》，北京：国家图书馆出版社，2014 年，第 40 页。

文、宋诗、元诗、宋词、元词乃至明初诗歌,皆有不见于他书者;并且,其中引及的诸多宋元别集题名信息,又可与它们的著录、流传、散佚等情况互为印证。

一、新见宋元佚文辑存

《永乐大典》(卷二二七二—二二七四)共收录文章三篇:一为宋黄震《湖山一览记》,出《黄氏日抄》;一为宋末家铉翁《月湖记》,出家则堂先生《瀛州集》;一为元杨刚中《月湖记》,出杨志行《霜月斋集》。家铉翁、杨刚中的这两篇同题佚作,幸赖《永乐大典》零本的重见天日才得以传存。

1. 家铉翁《月湖记》:

> 骚人胜士,留连光景,感激时序。见月而悲嗟,晤月而赏叹,情与境迁,其逐也外,非真知月者也。学道君子,反观内照,乃能有得于月。是所谓义理之学,与骚情异矣。夫月之行天,圆明静虚,不求与水为印。而三江五湖、涧壑溪谷,以至于亩之池、勺之泉、杯之水,随所止而月之全体无不在焉。斯盖道体流行之妙,一本而万殊者也。人之此心,圆明静虚,与造化相似。充而致之,古往今来,上天下地,阴阳之代谢,川岳之流峙,人物之生息,此心之妙,昭晰靡遗,亦岂有他哉? 静而虚者,其体也;动而应者,体之达于用而无不周者也。亦犹水行地中,月升天衢,万有殊而莫不本于一。是以学道君子,于水月二观,每注意焉,为其近于道故耳。
>
> 予友常东甫宅于江海之上。昔年过之,东甫邀余联骑纵观,沧溟万里,极目无际。暮潮月上,水天澄碧,相与夸诧,以为乐哉斯游。俄而飓风东来,银涛涨空,鱼龙鼓舞悲啸于其下,使人神情悦恍,亟返而不得留也。乃更命酒池亭,从容坐谈。月落屋梁,照我襟袖,主人抚琴,客咏诗,更唱迭和,至夜分而不能去。余语东甫,神奇诡异之观,殆不若优游泮涣之为适乎!
>
> 自是以来,八九年间,遭时多艰,流曳朔壤,追记旧游,如在目睫。比闻东甫得屋武林城中、白洋池上,立精舍,命之曰月湖。书来,俾予记之。余惟圣人之道,广大而精微;学者之学,返博而之约。东甫厌江海之混茫,慕陂池之深静,游于斯,息于斯,讲习于斯。盖将积操存涵养之功,以造于辉光日新之地,是其进也孰御? 余前谓神奇诡异之观不若优游泮涣之为适,东甫岂有味于斯言乎? 乃为之歌曰:"湖之清兮,月之澄兮。湖之湛兮,月之莹兮。彼湛而莹,彼清而澄,是惟子内心之存存。"

《永乐大典》卷二七二二引家则堂先生《瀛州集》

　　按：家铉翁(1213—?)，号则堂，眉山(今属四川)人。历官常州知州、浙东提点刑狱、建宁府知府兼福建转运副使、两浙西路安抚使等。使元被留，闻宋亡而不受新朝。元成宗即位(1294)，放还，数年之后卒。《宋史》卷四二一有传。

　　宋恭帝德祐二年(1276)，家铉翁以祈请使的身份北上，从此开始了晚岁长达十九年的羁留生活。而他流传至今的诗文创作，也几乎全部成于这一时期①，集中地抒发了一位亡宋故臣的家国之思与坚守之志。这篇《月湖记》也不例外。根据文中"八九年间，遭时多艰，流曳朔壤"之语，此篇大约作于元世祖至元二十一年(1284)前后。当时家氏已逾七旬高龄，以旧友常东甫之邀，为其月湖精舍撰文为记。作者以骚人胜士与学道君子观月之不同开篇，由月之圆明静虚、水之随动而应，"水行地中，月升天衢，万有殊而莫不本于一"，联想到人心道体的生息变化；又追述往昔的抚琴唱和、目会神驰，而以优游泮涣、物我合一为谛归。全篇之末，家氏用"清"、"澄"、"湛"、"莹"四字，既是形容自然界的水与月，更是内心情怀的真实写照，从而将水、月的澄明莹彻与个人的高洁操守融为一体。类似这样的文字表达，亦见于家铉翁的另一篇文章《雪庵记》(《则堂集》卷一)，以《易》、《礼》二经为指引，始悟雪之"洁静精微"即心之"洁静精微"，尤其最后的"余惟学者之于雪，与骚翁词人异。骚翁词人玩物而逐于物，乌能知雪？学者以心悟雪，以雪洗心，内外契合，以成其为德，非徒一篇一咏、留连光景而自以为有得于雪也"这一段论说②，修辞、意趣皆与《月湖记》相同。

　　家铉翁诗文集久佚③。有明一朝，仅《内阁藏书目录》卷三著录"《则堂先生文集》六册，全。宋末家铉翁著，名《瀛洲集》，凡十六卷"④。清代编修《四库全书》时，四库馆臣据《永乐大典》辑为《则堂集》六卷。今观此篇题署，正作"家则堂先生《瀛州集》"，可证《内阁藏书目录》所记非虚。

　　家铉翁文，《全宋文》、《全元文》悉以文渊阁《四库全书》本为底本编录，并附他书佚文，然此篇皆失收⑤。《永乐大典》卷二二七二，开《四库全书》馆

----

① 家铉翁北流期间，主要居住在河间。河间，古称瀛州，所以家氏自称"江南遗老瀛边客"(《则堂集》卷五《假馆诗》)，诗文集命曰《瀛州集》。

② (宋)家铉翁《则堂集》，影印文渊阁《四库全书》本，台北：台湾商务印书馆，1986年，第1189册，第277页。

③ (清)永瑢《四库全书总目》卷一六五《则堂集》提要称："核其所作，大半皆在河间，而明神宗时樊深撰《河间府志》已不能采录，则其佚在万历前矣。"第1416页。

④ (明)孙能传等《内阁藏书目录》，冯惠民、李万健等选编《明代书目题跋丛刊》，北京：书目文献出版社，1994年，第509页。

⑤ 曾枣庄、刘琳主编《全宋文》，第349册，第91—199页。李修生主编《全元文》，第11册，第726—829页。

时尚存①,家氏《月湖记》或为馆臣漏辑②。

2. 杨刚中《月湖记》：

> 虚白先生陈君玉林请于予曰:"吾故居宣城之鳌峰。居鳌峰而为老氏之徒者,及百而未止,惟吾师之有为高。吾师之行,以安恬退旷为适,以慈俭退默为守,故凡居是峰而离世乐道者,一莫能与吾师如也。吾师尝谓我言:'吾为心皎然,每有乐夫秋月之照物;吾为气湛然,仍有爱夫寒湖之不波而平也。吾常以是二者,寄吾兴而不忘,吾其以月湖自目乎。'人之敬吾师者,既以是而为之称,吾亦为吾师绘之为图矣,子其为我记之。"
>
> 予之客宣城也久,霜雪之朝,风月之夕,往往登鳌峰而眺焉。其远山屼碧而四环者,固巉乎其脱尘也;长溪宛泛而交流者,又澄乎其鉴空也。至于平郊秀麓,高原下楚,可以涵飞景而纳融华。衍乎其绘如者,无不可以寓虚澹之怀,而陶退宽之趣也。今其人举以自目,则独有爱夫广寒之秋辉、洞庭彭蠡之巨浸者,岂非有在乎空而明、迥而清、超乎物而不累乎物者欤?是固可觇其中之所有,以为离世乐道之穷者矣。然吾闻为老氏之学者,每以昏自翳,而不求表乎明;以浊自混,而不求辨乎清。今月湖之所以自命者,则异乎是,殆不以其充于内者自衒。若将使人莫喻其能玄者,信有以超于其徒矣,岂不益可尚哉?月湖,毛姓,东浙人,虚白盖其高弟云。　　　　《永乐大典》卷二七二二引杨志行《霜月斋集》

按: 杨刚中,字志行,上元(今江苏南京)人。历建康路学录、学正,除徽州路儒学教授,后擢福建廉访司照磨。元仁宗延祐元年(1314)聘主江西乡试,迁江东廉访司照磨。泰定间改江浙儒学提举,召为翰林待制,寻以病归。晚岁还居建康,年七十四而卒。著有《易通微》、《说诗讲义》、《霜月斋集》等,皆已佚。《元史》卷一九〇《儒学二》、《至正金陵新志》卷一三下之上有传。

杨刚中是元代中期的知名儒者,与仇远(《金渊集》卷一《送杨志行赴徽

① 郭伯恭《永乐大典考》第七章《清乾隆间之〈永乐大典〉》引"四库修书时大典存缺一览表",太原: 山西人民出版社,2014 年,第 135 页。

② 栾贵明《四库辑本别集拾遗·序》提及:"现存《永乐大典》引录这些别集和附录共六千四百九十五条……其中没有发现漏辑的仅八种",家铉翁《则堂集》即其一,北京: 中华书局,1983 年,第 2、4 页。但是从这篇《月湖记》的情况来看,《则堂集》其实同样存在着漏辑的问题。

州教授》）、吴澄（《吴文正集》卷九七《送杨志行赴闽海照磨效其体》）、唐元（《筠轩集》卷一《送杨志行广文还金陵》）、吴师道（《礼部集》卷七《送杨志行待制赴北》）等皆有交往。仕宦之初，他曾任徽州路儒学教授，故文中自称"予之客宣城也久"、"往往登鳌峰而眺焉"，可以说对这一地区十分熟悉。而"虚白先生陈君玉林"即陈宝琳，字玉林，尝主金陵玄妙观。《至正金陵新志》卷一一上"祠祀志·宫观"记载："大元兴永寿宫，即旧天庆观，在城西门内崇道桥北。……元贞间，改额玄妙观。天历潜邸屡幸之，观主赵嗣祺、陈宝琳应对称旨。寻升观为大元兴永寿宫，改冶亭为飞龙亭，赐嗣祺号曰虚一先生、宝琳曰虚白先生。"①则赐号虚白先生一事，当在元文宗即位之后。几乎与此同时而稍早，杨刚中由江浙儒学提举召为翰林待制，不久即以病归，也还居金陵。这样一来，二人都在金陵城内，那么身为永寿宫住持的陈宝琳在图绘其师毛道人的画像后，又延请业已致仕闲居的翰林待制杨刚中为之记，自是情理之中。由此观之，杨刚中这篇《月湖记》的写作，应不会早于元文宗天历年间（1328—1330）。

杨氏《霜月斋集》，初有门人雷秉义刊本②；《文渊阁书目》卷九著录"杨志行《霜月斋集》一部十册"③，《内阁藏书目录》卷三著录"《霜月斋集》十册，全。元至元待制金陵杨志行著，凡四十卷"④，则明代仍有完整传本，且多称其字，因而《永乐大典》在抄录荟萃时也保留了这一署名特征。自《千顷堂书目》以下，是集再无著录，尤其《四库全书总目》之中已难觅其踪影，大概于清初即散亡。时至今日，辑佚所得仍不过只鳞片爪，十不存一。杨刚中之文，《全元文》仅收录《始建文公家庙记》（出清道光《婺源县志》卷三四）、《舜禹配享殿碑》（出清光绪《唐山县志》卷一一）两篇⑤；然核之《永乐大典》卷九七六五，尚有《阆州陈氏读书岩记》（出处亦为《霜月斋集》）⑥，宜与《月湖记》一并补入。

附：杨刚中《阆州陈氏读书岩记》

阆以山水名，其秀磐高峙而无与二者，前相符陈相公昆季之读书岩也。发其林峦泉石之秘，使浓淡、远近举不得遁，如身处乎岩中，目极乎

① （元）张铉《至正金陵新志》，《宋元方志丛刊》，北京：中华书局，1990 年，第 6 册，第5691 页。
② （元）张铉《至正金陵新志》卷一三下之上，第 5865 页。
③ （明）杨士奇《文渊阁书目》，冯惠民、李万健等选编《明代书目题跋丛刊》，第 96 页。
④ （明）孙能传等《内阁藏书目录》，冯惠民、李万健等选编《明代书目题跋丛刊》，第 510 页。
⑤ 李修生主编《全元文》，第 37 册，第 132—135 页。
⑥ （明）解缙等编《永乐大典》，北京：中华书局，1986 年，第 5 册，第 4217 页上。

岩际,今集贤商公德符之所图也。

初,陈公昆季之居其乡,尝求山水之幽胜者庐焉,以精其业。今所画读书岩者是已。及以诸生奉大对,皆衰焉为举首。其后管枢庭、柄政府、持使节,宦业一一炟今古。历数百年,而言以科第冠多士者犹稽之。后其子孙,去而居高堂,又皆朱紫班班辉仕路。今江南浙西道肃政廉访司知事字彦和者,即其后也。彦和之先考府君监察御史,尝以风烈振一时。而御史之尊公,尤轻财而急义。至元中,中书省参知政事左山商公尝以罪籍其家,囊不存一金,一旦扣门求济,即随所有畀之而无吝。事已而归之,一不受,自是而两家子弟之交如一。

今集贤实参政公之季子,泰定、致和间与彦和会钱塘,叙殷勤,敦缱绻,视昔弥荐,且相与言其事而不忘。集贤既以粉绘之能名天下,又尝客阆中,游读书岩,而得其中之幽胜,因图之以遗彦和,所修世契也。

夫以一家而皆擅伦魁、持国政,其于诗书之泽远矣。天将复隆陈氏也,夫何其家又能培之而无渝也。彦和既秉材廉,躐清要,于其先烈,固将继之而无难。今彦和之子复善学而劼书,使由是焉而不获止,又焉知以科第而冠多士之盛,不于是而见之? 则所谓读书岩者,不在阆中,而在其家矣。　　《永乐大典》卷九七六五引杨志行《霜月斋集》

二、新见宋人佚诗辑存

《永乐大典》作为《全宋诗》项目组早在资料准备阶段就已划定的辑佚书目之一,无论在宋人诗作辑佚还是宋诗文献辑考方面,都发挥了无可替代的作用。当然,由于时代条件所限,《全宋诗》编纂期间并未得见《永乐大典》卷二二七二—二二七四载录的宋诗,所以未能整理收录。今从这三卷中新辑宋佚诗162首,分"《全宋诗》已收诗人之佚作"和"《全宋诗》失收诗人诗作"两部分——前者包括张先、晏殊等51位诗人的145首作品,依《全宋诗》中所在起始卷页为次;后者涉及徐安国等7位诗人的17首作品,依在《永乐大典》(卷二二七二—二二七四)中的出现先后为序。同时,综合既有研究成果,对其中引及的各种宋人别集也略作探讨分析。

(一)《全宋诗》已收诗人之佚作(51人,145首)

1. 张先(1首)

泛　湖

林下旗旌胃翠条,移舟岸口漾轻桡。还应风物如前岁,难得晴明过

此宵。未必青春无觅处，随教素发不相饶。主人澄净同湖水，肯似寒江日夜潮。　　《永乐大典》卷二二七四

按：张先（990—1087），字子野，湖州（今属浙江）人。有词名。《全宋诗》册3卷一七〇页1933录其诗二十五首、残句四联，此首失收。

2. 晏殊（4首）

置酒湖上坐客有为余咏文靖吕公凤池鸭陂之句

春风殿里栖鸡树，落日城边斗鸭陂。华衮昔年曾冒处，沧州今日始相宜。庙牺丰养教谁羡，塞马群亡莫我知。即席举觞须强醉，了它官事是痴儿。

余郡斋亲决州事为识者所诮又二月初吉再到湖上

鸭头春水欲平堤，城上春禽百种啼。莫道韶光无次序，湖东花柳胜湖西。

三月中旬至湖上

曲水初收会，重来已及旬。残花深避日，垂柳倒藏春。浅沚翘归鹭，孤舟伴钓人。年华吁可惜，犹赖似江滨。

去岁中秋夜与运使枢直王学士置酒湖上今岁复同兹赏因即席成诗并劝王酒

萧萧风景旧汀洲，一匝光阴若箭流。月是去年池上色，人惊今夕鬓边秋。跳光碎处鱼应乐，避影飞时鹊暗愁。珍重贵交须醑饮，峥嵘芳岁压人头。　　以上《永乐大典》卷二二七二引《晏元献公集》

按：晏殊（991—1055），字同叔，抚州临川（今属江西）人。谥元献。原有别集数种，皆已佚。《全宋诗》册3卷一七一页1940据宋、元、明、清四朝总集、笔记、诗话、方志、类书等辑编晏殊诗三卷，此四首失收。

3. 张伯玉（1首）

同孙资政游西湖席上

湖上春风满白蘋，湖边游驭拥雕轮。剪裁越縠千峰丽，绣画吴王一国春。隔崦潮声来席面，夺标船影乱龙鳞。谁何得似征南将，解与江山作主人。　　《永乐大典》卷二二七二

按：张伯玉，字公达，建安（今福建建瓯）人。著有《蓬莱集》二卷，已佚。

《全宋诗》册 7 卷三八三页 4723 据《严陵集》、《会稽掇英总集》等书所录,编为二卷,此首失收。

4. 韩维(3 首)

和晏相公湖上二首依韵

撑舟入湖面,倚柂望嵩颜。目与孤云断,心如流水闲。鱼儿莲叶底,鹤子稻苗间。归路城阴晚,泉声响佩环。

元老优游地,高贤放旷心。景缘尘外胜,趣入静中深。游屐通朝暮,诗豪尽古今。何须解圭组,即自是山林。　　《永乐大典》卷二二七二引《南阳集》

同子华仲莲二兄游湖

浊酒非陶令,方池似习家。放船风动柳,着岸水浮花。德义诚为乐,银黄未足夸。欢来不知醉,屡舞落乌纱。　　同上书卷二二七四引《南阳集》

按:韩维(1017—1098),字持国,颍昌(今河南许昌)人。著有《南阳集》三十卷,明、清以来多以钞本形式流传。《全宋诗》册 8 卷四一七页 5105 以影印文渊阁《四库全书》本《南阳集》为底本,另附新辑集外诗,编为十四卷,此三首失收。

5. 陈辅(1 首)

望湖上

湖山只隔一重篱,孤负秋光无句题。却忆少年湖上醉,鲈鱼三尺鲙金虀。　　《永乐大典》卷二二七二

按:陈辅,字辅之,号南郭子,丹阳(今属江苏)人。著有《南郭集》四十卷,已佚。《全宋诗》册 10 卷五七八页 6790 录其诗十七首、残句三则(联),此首失收。

6. 强至(3 首)

依韵和安道节推与贯之著作光世先辈避暑湖上

五月湖光照眼明,傍湖游观似登瀛。席边禽鼓微风过,荷底鱼吹细浪生。草檄元瑜才最捷,剧谈夷甫坐还倾。更携新上青天客,河朔遥惭避暑名。

冬暮独出湖上

流年应傍鬓边行,绿少苍多渐可惊。细雨有无同宦意,寒云断续近

交情。闲来物象便诗句,数去人家厌履声。只道湖上客笑傲,幽禽也爱唤愁生。

湖上作时将入京

二年湖上耽云水,今日浮名有动机。野老谩言招客隐,沙鸥已欲背人飞。秋风未犯双吟鬓,生事犹辜一钓矶。传语苍波莫相笑,且留清处濯尘衣。　　以上《永乐大典》卷二二七二

按:强至(1022—1076),字几圣,杭州(今属浙江)人。著有《祠部集》四十卷,已佚。清四库馆臣据《永乐大典》辑为《祠部集》三十五卷。《全宋诗》册 10 卷五八七页 6898 以影印文渊阁《四库全书》本为底本,另附新辑集外诗,编为十二卷,此三首失收。

7. 张舜民(1 首)

送友人还湖外

入关情绪厌尘埃,喜遇持书使者回。谈笑共寻当日事,襟怀聊得暂时开。浑浑汴水初流雪,历历湘山已见梅。传语湖南旧亲友,好因归雁寄书来。　　《永乐大典》卷二二七四引《画墁集》

按:张舜民,字芸叟,号浮休居士,长安(今陕西西安)人。著有《画墁集》一百卷,已佚。清四库馆臣据《永乐大典》辑为《画墁集》八卷。《全宋诗》册 14 卷八三三页 9662 以影印文渊阁《四库全书》本为底本,另附新辑集外诗,编为六卷,此首失收。

8. 郑侠(1 首)

春日同好德游湖上

宰哲丞贤两妙圆,卑污流落面看天。庭中日永民无讼,湖上春晴看柳绵。山好浅深分晚岫,农耕慵惰指春田。白芽细碾清心去,何必归时马似船。　　《永乐大典》卷二二七二引《西塘集》

按:郑侠(1041—1119),字介夫,号大庆居士、一拂居士、西塘老人,福清(今属福建)人。著有《西塘集》二十卷,已佚。明万历三十七年(1609)重刻《西塘先生文集》,编为十卷。《全宋诗》册 15 卷八九二页 10411 录其诗一卷,此首失收。

9. 刘跂（2 首）

和定国湖上（其四、五）

落晚湖光一镜新，此中佳句古何人。少陵若尽沧洲趣，须向刘侯思入神。

脚靴手板意何如，装点青衫冉冉趋。不见钱塘湖上寺，山僧活计一团蒲。　　　　《永乐大典》卷二二七三引《刘学易先生集》

按：刘跂，字斯立，号学易先生，东光（今属河北）人。挚子。著有《学易集》二十卷，已佚。清四库馆臣据《永乐大典》辑为《学易集》八卷。《全宋诗》册 18 卷一〇七〇页 12178 以影印文渊阁《四库全书》本为底本，另附新辑集外诗，编为四卷。其中，《和定国湖上》原当为组诗八首，《四库全书》本《学易集》卷四仅录六首，此二首失收。

10. 陈瓘（2 首）

至湖上寄伯常

水麎红鳞漾晚晖，背人莺燕巧相随。春归尚有花盈坞，客醉犹禁酒满卮。一棹渔舟寻岸戏，数声羌笛隔林吹。风流太守朝天去，湖上烟波欲付谁。

柳絮悠扬雪满堤，新荷池沼漾凫鹥。留连好景花犹乱，断送行人莺自啼。望远颇嫌青嶂近，临高如觉翠云低。烟波更指闽山外，雨过斜阳照碧溪。　　《永乐大典》卷二二七二引《陈了斋集》

按：陈瓘（1057—1124），字莹中，号了翁，南剑州沙县（今属福建）人。著有《了斋集》四十二卷，已佚；《两宋名贤小集》仅收录《了斋集》一卷。《全宋诗》册 20 卷一一九一页 13466 以影印文渊阁《四库全书·两宋名贤小集》为底本，另附新辑集外诗，编为一卷，此二首失收。

11. 邹浩（1 首）

五月上澣偕邹敏卿张元善约同僚为湖上之游分韵得蜩字

假日平湖上，烟波千里遥。芦深时见笋，柳暗未闻蜩。滟滟银杯醹，悠悠玉尺跳。兹游端不恶，谁与扫生绡。　　　　《永乐大典》卷二二七二引《邹道乡先生集》

按：邹浩（1060—1111），字志完，号道乡，晋陵（今江苏常州）人。著有《道乡集》四十卷，宋高宗绍兴间始刊，明成化、正德、万历三朝屡有重刻。《全宋诗》册21卷一二三二页13916以明成化六年（1470）邹量刻《道乡先生邹忠公文集》为底本，另附新辑集外诗，编为十四卷，此首失收。

12. 张炜（1首）

湖边次韵

湖边旧好即潘杨，惜不同舟舣岸傍。竹叶肯陪三揖醉，荷花分受一襟凉。雪壶色净冰姿爽，金缕歌停玉骨香。客散小楼收晚照，独看西子学吴妆。　　《永乐大典》卷二二七四引《江湖续集》

按：张炜（1094—?），字子昭，杭（今浙江杭州）人。著有《芝田小诗》，已佚。清四库馆臣据《永乐大典》辑《江湖后集》，卷一〇录其诗。《全宋诗》册32卷一八二六页20323以影印文渊阁《四库全书·江湖后集》为底本，另附新辑之诗，编为一卷，此首失收。

13. 董颖（2首）

同少李游湖上故人用之具茗论文少李有诗乃和其韵

步屧湖边欲夕阴，粲然一笑得诗人。诗情应被荷花恼，袅袅凌波似洛神。　　《永乐大典》卷二二七三引《董霜杰先生集》

渡湖田

林下啼螀声断续，沙头宿鹭影联拳。归舟天遣乘佳月，凌乱寒光雪一川。　　同上书卷二二七四引《董霜杰文集》

按：董颖，字仲达，饶州德兴（今属江西）人。著有《霜杰集》三十卷，已佚。《全宋诗》册32卷一八二七页20345录其诗十五首、残句一联，此二首失收。

14. 朱翌（1首）

湖上分韵得忧字

冬晴美如春，微波生浅洲。逢人问梅花，欲往不自由。因行了人事，半日得少留。烦僧具汤饼，自起倾督邮。一一数行鱼，更以饼饵投。钓手老不用，亦自无直钩。但恨荙四合，如翳刺两眸。清渠走城中，渴虎争引喉。下霭数斗泥,可以一钟收。常为有力言,出口辄遇矛。鄙夫胡为者,终以此为忧。湖开天下平,诸公闻此不。　　　《永乐大典》卷二二七二

按:朱翌(1097—1167),字新仲,号灊山道人、省事老人,舒州怀宁(今安徽潜山)人。著有《灊山文集》四十五卷,已佚。清四库馆臣据《永乐大典》辑为《灊山集》三卷。《全宋诗》册 33 卷一八六三页 20809 以影印文渊阁《四库全书》本为底本,另附新辑集外诗,编为四卷,此首失收。

15. 胡铨(1 首)

入纯未几转入湖舟人以湖为捷然四无畔岸终日泛泛无一舟过者

舍江入湖避江迂,湖水弥漫无四隅。但见远山如拳树如发,时有岛屿星疏疏。秋涛终日喧客枕,有酒不能供痛饮。迟留自作贾胡嘲,浪走得无高士哂。　　　《永乐大典》卷二二七四引《澹庵集》①

按:胡铨(1102—1180),字邦衡,号澹庵,庐陵(今江西吉安)人。著有《澹庵集》一百卷(此据《宋史》本传,《直斋书录解题》卷一八著录"七十八卷"、《宋史·艺文志》著录"七十卷"),已佚。明末以降,有六卷本、三十二卷本《澹庵文集》传世,均为后裔重新裒集,非原帙旧貌,集外佚诗佚文尚多。《全宋诗》册 34 卷一九三二页 21573 据《庐陵诗存》、残本《永乐大典》及他书散见者辑编胡铨诗三卷,此首失收。

16. 韩元吉(2 首)

清明湖上分韵二首得风字上字

兴来跂马任西东,浦浦村村绿映红。但觉湖山宜晓日,不知花柳又春风。幽情已寄茶烟外,乐事犹须酒盏中。记取苏仙旧诗语,胜游难复五人同。

西湖水阔山相向,借与幽人作屏障。波光云物漾空明,便觉身行九天上。一春风雨虽可惜,两岸烟花得无恙。不妨拍手和吴歈,为买扁舟钓烟浪。　　　《永乐大典》卷二二七二引《南涧集》

按:韩元吉(1118—?),字无咎,号南涧翁,祖籍开封雍丘(今河南杞

---

① 原题"胡铨《澹斋集》",误,"斋"当作"庵"。

县),南渡后居信州上饶(今属江西)。维玄孙,淲父。著有《南涧甲乙稿》七十卷,已佚。清四库馆臣据《永乐大典》辑为《南涧甲乙稿》二十二卷。《全宋诗》册38卷二〇九三页23600以影印文渊阁《四库全书》本为底本,另附新辑集外诗,编为六卷,此二首失收。

17. 李流谦(2首)

同乡人游湖分韵得滟字

老大狃威殊未敛,驾言及此休沐暂。西湖四面无遮拦,涨晓水纹铺碧簟。去家万里谁疏亲,放意一尊同属厌。娟娟日荂莲间吐,孑孑风根荷屡飐。吟蜩翳叶自栖哽,立鹭窥人最闲淡。银丝胃箸柳贯鱼,玉粒破包盘走芡。其室则迩人甚远,三酹寒泉恻孤念。棋驱市人亦浪战,诗束深文期未减。城头吹角暮色上,坐上欢呼色犹慊。明朝坐局仍鸥蹲,钟鼎山林须拣点。少年欲传南山虎,说取单于才一剑。如今心期已疏阔,行矣岁华惊荏苒。吾家盘谷万檀栾,下有一溪清激滟。何时乞得此身归,笑脱朝衫谢绳捡。

游 湖

平湖演漾千顷宽,周遭仍插万髻鬟。霁光雨态两奇绝,造物何以施凋剜。江衣浴波娇娅姹,晚吹吹香香可把。小舫中流卧看之,一对飞禽恰飞下。高楼百尺临湖阴,楼头美人歌采菱。呼觞饮客客未醉,已见落日跳黄金。西湖西湖虽足乐,遥望西南天一角。何时小舫载人归,梦见潮生与潮落。　　　　以上《永乐大典》卷二二七四引《澹斋集》

按:李流谦(1123—1176),字无变,号澹斋,德阳(今属四川)人。著有《澹斋集》八十九卷,已佚。清四库馆臣据《永乐大典》辑为《澹斋集》十八卷。《全宋诗》册38卷二一一三页23857以影印文渊阁《四库全书》本为底本,另从《永乐大典》辑得集外诗一首,编为八卷,此二首失收。

18. 王莱(9首)

九月四日侍大兄五兄偕张伯子游湖上诗所记历

承日云为盖,笼烟树作屏。湖光开水鉴,堤面灿沙星。楼观翚飞接,林园栉比局。秋高增爽致,马足上青冥。

林峦兮面势,台殿出棱层。相好长廊壁,光明古殿灯。湖音开大施,钟响肃群僧。身在虚空境,将心问上乘。

鼓吹松篁引,行行紫翠高。遍游天竺境,远眺浙江涛。营垒输拳勇，丘墟肃贵豪。黄葵侧金盏，浑欲劝香醪。

高柳惊秋色，枯荷落水痕。近山多见寺，远郭不知村。林响涧松子，田青长稻孙。清游留恋意，城禁未黄昏。

再用韵

昆阆神仙境，丹青鬌画屏。兵杨攒箭雪，佛髻炯珠星。小艇冲荷过，幽扉映竹扃。午瓯翻茗乳，睡思破沉冥。

世路如山路，高低几许层。蚁浮秋后秫，花结夜来灯。九九尘中客，三三衲下僧。倦游疏胜地，清兴喜同乘。

天竺分三竺，南高对北高。云天垂雨露，山海足烟涛。霜冷初欺袂，秋明可析豪。苍官风九里，谁与酹松醪。

山敛晴云气，枫滋晓露痕。尘阛喧酒市，烟寺带渔村。世仰重华帝，民看几代孙。隔林鸡犬吠，声出翠烟昏。　以上《永乐大典》卷二二七二引《龟湖集》

赵达明同年相招游湖

平湖风细涣涟漪，远岫烟浓滴翠微。旧观已多青菲卷，闲情似欠白鸥飞。林园错综迷春国，江海朝宗护日畿。蜡屐画船穷胜赏，日长判取夕阳归。　同上书卷二二七四引《王龟湖集》

按：王莱，字邦基，号龟湖，无为（今属安徽）人。著有《龟湖集》十卷，已佚。《全宋诗》册 47 卷二五一八页 29092 仅据《永乐大典》卷一一三一三引《龟湖集》录其诗一首，此九首失收。

19. 吕祖俭（5首）

湖上偶成

春波十顷碧琉璃，月榭风亭绕曲矶。尽日画船供醉眼，何如冲浪觅渔师。

春朝漠漠晚来寒，亭院深沉夜雨阑。默数寒更对残火，嗒然隐几梦邯郸。

乾元妙理与谁论，醉魄浮沉寄梦魂。四序平分如转磨，春来天气又氤氲。

湖上二首

满目湖山指顾间，风枝雨叶自翻翻。天容漠漠难模写，欲与闲官子细看。

晓雨萧萧密复疏，恰来精舍得幽居。小窗深静浑无事，午枕欹斜几

册书。　　　以上《永乐大典》卷二二七三引《大愚叟集》

按：吕祖俭（？—1196），字子约，自号大愚叟，金华（今属浙江）人。祖谦弟。著有《大愚集》十一卷，已佚。《全宋诗》册 47 卷二五三五页 29312 录其诗二十六首，此五首失收。

20. 楼钥（1 首）

与胡都丞游山泛湖

选胜来刘寺，登高憩小亭。珠泉光错落，石户碧玲珑。秋半川原净，年丰黍稷馨。凤鸾齐览德，谁复羡鸿鸣。　　　《永乐大典》卷二二七四引《楼攻媿先生集》

按：楼钥（1137—1213），字大防，号攻媿主人，鄞县（今浙江宁波）人。著有《攻媿集》一百二十卷，初由其子楼治编刊。此南宋刻本今虽存世，然已不全，明、清以来则多以钞本形式流传。《全宋诗》册 47 卷二五三六页 29317 以南宋四明楼氏家刻本《攻媿集》为底本，底本残缺部分据武英殿聚珍本补足，另附新辑集外诗，编为十四卷，此首失收。

21. 滕岑（1 首）

和赵琳父游湖韵

拂面花香吹好风，快哉却笑楚台雄。京蟾忽到湖堤上，小艇如行画障中。山寺藏烟迷翠碧，水轩隔竹见青红。胜游更得新诗纪，陈迹谁云转首空。　　《永乐大典》卷二二七四

按：滕岑（1137—1224），字元秀，严州建德（今属浙江）人。著有《无所可用集》三十卷，已佚。《全宋诗》册 47 卷二五五三页 29599 据《瀛奎律髓》、《永乐大典》等书所录，编为一卷，此首失收。

22. 崔敦诗（3 首）

二月湖上得光字韵

朝云漏澄鲜，暮云变苍凉。云山亦有意，百态随轩昂。晚气寒尚力，平川澹晴光。开帘晓渌净，倚袂春风长。同来道义侣，意合成形忘。妙语发金石，清姿照圭璋。行流信所遇，散策徐徜徉。疏疏翠篁路，杳杳青霞房。幽寻正云适，嘉会何当常。徘徊意未已，晚景明千

冈。　　　《永乐大典》卷二二七二引《舍人集》①

过　湖

　　柂转三义港,风平十里湖。烟村随指点,浦树费招呼。梦浅俄归店,心惊尚畏途。并船莼鲙美,全似过松吴。　　　同上书卷二二七四引《舍人集》

涉　湖

　　飓风吹酷暑,送我入长安。野迥开心目,湖清照肺肝。棹歌声轧轧,客路去漫漫。回首濑阳远,依然不忍看。　　　同上卷引崔敦诗诗

　　按:崔敦诗(1139—1182),字大雅,静海(今江苏南通)人。著有《崔舍人玉堂类稿》二十卷、《西垣类稿》二卷。《全宋诗》册48卷二五六八页29826以上海涵芬楼刊日本《佚存丛书》本《崔舍人玉堂类稿》为底本,另附新辑集外诗,编为二卷,此三首失收。

　　23. 赵蕃(1首)

初六日绝湖二首(其二)

　　俱曰洞庭在目,谁欤云梦吞胸。归思已过彭蠡,旧游还忆吴松。　　　《永乐大典》卷二二七四引《淳熙稿》

　　按:赵蕃(1143—1229),字昌父,号章泉,原籍郑州(今属河南),南渡后居玉山(今属江西)。著有《淳熙诗稿》四十卷(《千顷堂书目》卷二九),已佚。清四库馆臣据《永乐大典》辑为《乾道稿》二卷、《淳熙稿》二十卷、《章泉稿》五卷。《全宋诗》册49卷二六一六页30389以影印文渊阁《四库全书》本为底本,另附新辑集外诗,编为二十七卷。其中,《初六日绝湖》原当为组诗二首,《四库全书》本《淳熙稿》卷五仅录其一,此首失收。

　　24. 徐恢(2首)

韩尚书邀至湖上

　　须髯如戟竟成痴,面目可憎无复疑。不有清游呼我共,只今羁思遣谁知。岸山脱叶难藏巧,湖水因风屡出奇。何处晓梅春信动,冷香应在竹边枝。

十六日晴约何千六兄至湖上因赋五言

　　厌雨难趋市,因晴直到湖。桑鸠夫妇唤,林鸟友朋呼。山意多方

---

　　① 原题"崔敦礼《舍人集》",误,当为崔敦诗诗。

好，湖光别处无。仪形想西子，风味忆林逋。　　　以上《永乐大典》卷二二七二引《玉堂集》①

　　按：徐恢，生平不详。著有《玉雪诗》六卷（《千顷堂书目》卷二九），已佚。《全宋诗》册 49 卷二六四三页 30953 据《永乐大典》引《月台集》、《月台玉雪集》录其诗十三首，此二首失收。

25. 张镃（3 首）

湖　　上

　　来禽叶暗方塘晚，荷面蒲根香满满。么花并蒂绿风娇，斜日莺声易肠断。轻舟采藕鸳波远，雨意不成吹望眼。病余把酒欠心情，休放秦筝催楚怨。

谒客湖上

　　支水纵横漱石根，疏篱攲到插苔痕。山容顿惨风头酽，春意潜回日脚温。萧寺记游聊引笔，野园移坐不携樽。重城屡恨归时遍，卜筑终期外外村。　　　以上《永乐大典》卷二二七二

敬和东宫春日泛湖韵二首（其二）

　　画鹢风随舞燕轻，镜中天地著佳晴。湖山自古诗多少，妙处青宫为发明。　　　同上书卷二二七四

　　按：张镃（1153—?），字功甫，又字时可，号约斋居士，祖籍成纪（今甘肃天水），南渡后居临安（今浙江杭州）。著有《南湖集》二十五卷，已佚。清四库馆臣据《永乐大典》辑为《南湖集》十卷。《全宋诗》册 50 卷二六八一页 31523 以影印文渊阁《四库全书》本为底本，另附新辑集外诗，编为十卷，此三首失收。其中，《敬和东宫春日泛湖韵》原当为组诗二首，《四库全书》本《南湖集》卷七仅录其一。

26. 任希夷（1 首）

与廉君泽泛湖之次日复登戟山

　　右军宅废今为寺，贺老湖荒已变田。岁月无端自今古，江山不尽独云烟。西风昨鼓湖边棹，落日来看海外天。应有岘山留叔子，此身饮罢更苍然。　　　《永乐大典》卷二二七四引《斯庵集》

---

① 　"《玉堂集》"，疑当作"《玉雪集》"。

按：任希夷（1156—?），字伯起，号斯庵，祖籍眉州（今四川眉山），徙居邵武（今属福建）。著有《斯庵集》，已佚。《全宋诗》册 51 卷二七二七页32086 据《锦绣万花谷》、《全芳备祖》、《永乐大典》等书所录，编为一卷，此首失收。

27. 李壁（49 首）

湖上探韵得尊字通敬课成拙诗二首
送李君亮知府修史侍郎

聚散从来事，年侵易断魂。湖弦追胜日，秋色堕离尊。

分闸君恩重，维舟峡浪奔。平生断金志，怀抱得深论。

湖上杂言十七首

老鹤先露警，高蝉挟风清。闲居感时节，怅焉起退情。命酒泛瑶瑟，水花与栏平。

凉蟾出城东，照我湖上柳。清晖来万里，玩玩夜将久。皋禽亦何为，逸响发双咮。

人生嗟长勤，对月姑饮酒。夫渠旅万玉，池阁皓如昼。幽香如高人，可闻不可嗅。

四序各一时，谁能夺炎热。啼鹃常收声，来去但深樾。不见古之人，语嘿皆有节。

酌泉注流芳，器自何代作。土花蚀将尽，铜绿莹如濯。独讶年岁深，胡然事轻薄。

西荣榜时习，松竹蔚葱青。婉婉媚学子，于焉玩遗经。习久心则悦，翰飞戾高冥。原注：字书习字训鸟数飞也。

平生我同胞，室迩人则远。经时阙书素，栏槛生碧藓。何以慰离忧，报国极缱绻。

故乡不可忘，老境况华发。园屋稍补治，竹树亦行列。我道盖如斯，悠哉玩风月。

参旗正当中，庭月呼我起。乾坤莽回互，万化惟一执。不有先觉兴，繄谁示玄旨。

林间百虑澹，但愿农亩秋。隆景困赫赤，虽勤亦何收。安得鞔万雷，玉渊起潜虬。原注：时方闵雨。

故人眇天末，遗我双素书。勉我崇明德，奉身剧璠玙。行违固有命，道远将何如。

永日静如水，南风进微凉。虚堂寄午梦，一枕同羲皇。群儿忽闯我,读易声琅琅。

暮登古城隅,遥见东岭碧。佳哉小罗浮,昨梦犹历历。中有洞宫存,神清殆其匹。原注:嵩山有神清洞,薛书成文,昨梦记三十年前事也。

笑花玉璁珑,移自汝江侧。幽人坐东牖,静对终日夕。扬扬固奇芬,况乃绝代色。

白社呼已远,青门邀难俦。哀哉火销膏,驰逐老未休。谁能八极外,一饮天河流。

恢然万顷波,季汉称叔度。哲人随伸屈,和气四时具。如何掺挞生,勃郁有余怒。

善端初本微,既久则绵密。老衰不自力,勇寸复懦尺。作诗诏诸生,勉勉寸阴惜。

送客北关循湖上路归得四十言

山半云全黑,湖边雨欲来。草深浑欠治,荷败不禁裁。鹳静心常远,鸥轻性苦猜。故林应好在,荒却钓鱼台。

休日泛舟湖上小诗四解

木末楼台似画图,萧萧凉吹满菰蒲。稻畦水足分余浸,一夜清波到两湖。

兰舟日晚不知还,心似儿童鬓已班。唤起江湖六年梦,一蓑烟雨暗君山。

湖光洗却簿书尘,舫小才容瘦鹤身。老觉濠梁有真趣,此中不着荡舟人。

枯槎贴水半鳞皴,栖鹊当头不避人。醉里不知题竹遍,护持应付主林神。原注:湖上有竹三郎祠,颇灵异。

湖上三绝寄范少才

苦无公事送迎稀,傍水穿林晚未归。一阵南风吹过雨,笋香荷气着水衣。

故人秋后约重来,昨日题诗醉几回。望帝声中烟树远,相思独立上高台。

夕阳桥影泻清陂,往事凭栏旋觉非。鬓秃敧巾人易老,水流花发燕双飞。

上七日湖上杂言十首嘉定癸西正月

深筑沟泥带蕊栽,醴泉溪畔记分来。谁怜霜逼清枝苦,未到腊前花尽开。

从来三径说柴桑,争及清湖映画廊。野鹜随波近人没,渚梅和树破晴香。

先生卷葑出清波，湖水今年一倍多。今日凭栏对高鹤，有时荡桨趁新鹅。原注：一作尽日凭栏倍老鹤。

见日常稀别日多，扫除湖径待君过。武昌官柳虽然好，来岁春风忆此么。

水光林影净相磨，翠羽飞来胜锦驰。试比乐天池上看，只无人唱采菱歌。

风漪一片玉生肥，卷尽如云古锦机。何必洞庭赊月去，分明人在镜中归。

略胜仲蔚隐墙东，庭树犹存十八公。更入平湖鸥鸟社，不妨流落马牛风。

糟粕沉迷笑斵轮，是非纷纠竟谁真。不如抛却湖边去，白鸟沧波不负人。

将军援臂为谁雄，更说封侯品下中。不见新堂榜陶白，傍相仍绘石林翁。原注：石林翁自斥。

小呼船舫怕鱼惊，画屏舆台共鹤行。千载谪仙风雅继，可能容易比阴铿。

偶校正卭南李翰林集故云湖上

远途相戒莫忽忽，早日元知臭味同。左竹出分惊昨梦，长杨入侍各衰翁。干时未信书真误，守道何妨宦路通。一别故园秋又老，因君归思满西风。　　以上《永乐大典》卷二二七二引《雁湖集》

再和泛湖四绝

意合真须画作图，一双鱼戏水中蒲。独怜连蹇房丞相，老卧风烟十顷湖。

城头尽日暮鸦还，径路苔纹称意班。病得一州逢岁稔，闲将笔墨照湖山。

西风吹尽雨如尘，月在船头影半身。敕赐知章裁一曲，五湖烟浪属何人。

风漪向晚縠纹皱，岸蓧汀蘋绿映人。怀抱因依更牢落，池台得水却精神。

从倪正甫真院泛湖二首

水边秋色已斑斑，难得都城半日闲。学士新裁天诏了，却携宾从过孤山。

册方云锦度星槎,细雨疏疏不湿花。曲馆凉台人不到,路人摇①指是天家。

泛湖晚过净慈见徽老复泛湖以归

扪思坐何事,跼若辕下驹。起寻清绝处,不惮路险纡。况有陶谢手,杖屦争携扶。奚暇顾市人,举手相揶揄。轻舟乱流去,纵棹穿菰蒲。湖山随处佳,品目经大苏。若人去已久,风景固不殊。龟鱼粲可数,鸥鹭驯可呼。泳飞各其适,对此怀抱舒。言登峰头寺,华屋高浮屠。霜眉八十老,见客犹勤劬。萧然淡凝思,妙语或起予。置之且复去,我欲歌乌乌。

九月二十一日泛湖作

去年美人同彩舟,折花弄水湖中游。菱腰新剥荐明玉,歌送清醥行云留。原注:一作菱腰剥玉荐清醥,妍唱一起行云留。今年我游何错莫,绿户尘生暗弦索。早知零落湖岸花,悔不从翁只猿鹤。

九日同诸友泛湖登城五言一首

径合梧桐老,湖深蒲稗秋。倦依磻石愒,闲唤画船游。取乐非红袖,登高尚黑头。从人嘲酩酊,自省实良谋。原注:黑头,谓诸友也。

九月一日自道人矶抛江过散花洲入湖行舟即事五言一首

暮宿防他盗,朝行畏逆风。淮山侵岸耸,江浪与湖通。遡月犹征雁,吟秋听候虫。惟欢终不醉,枕藉故书中。

同年约讲团拜之礼于西斋堂饭已航湖
访梅孤山天气甚佳因成鄙句

半夜东风作意颠,晚来光景变澄鲜。不妨几格抛文案,暂借湖天著画船。屈指旧游如昨日,知心今代几同年。春寒未放新桃李,一醉梅边绝可怜。　　以上同上书卷二二七四引《雁湖集》

按:李壁(1159—1222),字季章,号雁湖,眉州丹棱(今属四川)人。焘子。著有《雁湖集》一百卷,已佚。《全宋诗》册 52 卷二七四四页 32310 据《永乐大典》等书所录,编为一卷,此四十九首失收。

28. 韩淲(6首)

湖　上

湖边到天竺,佳处必裴徊。秦皇缆船石,谢公翻经台。人去屋突

兀,时异山崔嵬。意思写不出,临风空掷杯。 　　《永乐大典》卷二二七二引
《涧泉集》

湖中呈坐客

舟泊断桥下,杯迎落照中。放怀千载后,胜践四人同。尚忆坡翁
句,难追处士风。芙蕖荫杨柳,归棹莫匆匆。 　　同上书卷二二七四

初八日午后同致道泛湖入南屏

小舟吹我泛烟波,匝眼春山长绿萝。应有高人深处隐,可无闲客静
中过。友逢胜己因同载,僧若能诗试与哦。古寺残阳见啼鸟,红尘归路
复如何。

孤山山下野人家,松树林边荠菜花。少憩枯藜醒午醉,一杯泉水兴
天涯。

同斯远过显应观饭了买船泛湖

望见湖山已爽神,更寻道院着吾身。两峰雨后只如旧,一水风前却
似新。城阙高华多达者,林庐澹泊有闲人。经行落托浮游去,麦润荷轻
记此辰。

泛 湖

晴云映湖色,水满山转青。方舟谁家园,与步花下亭。牡丹尚余
芳,海棠已飘零。平生几春游,何地非昔经。年年只如此,但觉老我形。
有酒不肯饮,何以陶性灵。寄言同游者,急须卧长瓶。 　　以上同上卷引
《涧泉集》

按:韩淲(1159—1224),字仲止,号涧泉,祖籍开封(今属河南),南渡后
隶籍上饶(今属江西)。元吉子。著有《涧泉集》,然历代书目多未见录。清
四库馆臣据《永乐大典》辑为《涧泉集》二十卷。《全宋诗》册 52 卷二七五二
页 32384 以影印文渊阁《四库全书》本为底本,另附新辑集外诗,编为十九
卷,此六首失收。

29. 周端臣(3 首)

秋日湖上

西山烟霭不曾收,船去沙鸥满渡头。一路晚风吹落日,残荷疏柳正
争秋。

三月湖上

三月湖天春昼长,东风飘暖草吹香。樱桃熟处游人倦,柳絮飞时燕
子忙。

小饮湖上晚归

　　家隔重关外,游情每自忙。别怜秋又暮,归觉路犹长。野艇分茭白,村盘荐栗黄。西风杨柳下,人影乱斜阳。　　以上《永乐大典》卷二二七三引《葵窗小稿》

　　按:周端臣,字彦良,号葵窗,建业(今江苏南京)人。著有《葵窗小稿》,已佚。清四库馆臣据《永乐大典》辑《江湖后集》,卷三录其诗。《全宋诗》册53卷二七八四页32958以影印文渊阁《四库全书·江湖后集》为底本,另附新辑之诗,编为一卷,此三首失收。

30. 王与钧(3首)

徐太古有湖上之约

　　西湖三十里,春入绿杨波。已约吟诗伴,明朝载酒过。僧寒吟客懒,鸥没避船多。不计他晴雨,幽期岂尔嗟。

湖上分韵塘字

　　草青时节雨,春水满春塘。小艇断桥外,斜杨古柳傍。橹声妨晚唱,帘影界罗裳。却羡乘骢者,鸣鞭踏紫芳。　　以上《永乐大典》卷二二七二引《蓝缕稿》

赓金部陈郎中泛湖

　　德人心逸自休休,暇日巾车复掉舟。唤客不妨凌晓集,携尊犹得及春游。诗杯吟处知圆美,酒兴豪时欲拍浮。满目湖山看不尽,好将余韵寄沧洲。　　同上书卷二二七四引《蓝缕稿》

　　按:王与钧,字立之,德兴(今属江西)人。著有《蓝缕稿》七十四卷,已佚。《全宋诗》册53卷二八〇五页33334据《永乐大典》卷二八一二、一二〇四三引《蓝缕稿》录诗三首,此三首失收。

31. 黄简(1首)

秋塘招泛湖分韵得称字

　　嘉辰漾安舲,霁来颒清镜。润绿缭空翠,到眼互森映。冷冷吹午凉,滟滟涵晚莹。适哉社中游,一洗古声病。心澄趣斯远,意足句自称。绀宇扣幽深,沧堤步修静。漱芳有余味,撷实无夸咏。合语两山云,记此一段胜。　　《永乐大典》卷二二七四引《中兴江湖集》

按：黄简，一名居简，字符易，号东浦，建安（今福建建瓯）人。著有《东浦集》、《云墅谈隽》等，皆已佚。《全宋诗》册 54 卷二八三五页 33762 据《诗苑众芳》、《永乐大典》、影印本《诗渊》等录其诗八首，此首失收。

32. 吴泳（1 首）

和李微之游湖

断桥风日永销忧，春拍湖堤水漫流。前此诗人都放过，后来画史不拘收。时妆未免蒙西子，古调谁能继莫愁。上巳一篇犹欠在，更须彩笔记重游。　　《永乐大典》卷二二七四引《鹤林稿》

按：吴泳（1181—？）①，字叔永，号鹤林，潼川府中江（今属四川）人。著有《鹤林稿》，已佚。清四库馆臣据《永乐大典》辑为《鹤林集》四十卷。《全宋诗》册 56 卷二九四〇页 35035 以影印文渊阁《四库全书》本为底本，另附新辑集外诗，编为四卷，此首失收。

33. 陈昉（1 首）

湖　上

昔日题诗湖上寺，天寒岁晚暮云昏。重来一笑知谁在，又载篮舆到水门。　　《永乐大典》卷二二七三引《临安志》

按：陈昉，字叔方，号节斋，平阳（今属浙江）人。岘子。著有《颍川语小》二卷。《全宋诗》册 57 卷三〇二〇页 35980 录其诗四首，此首失收。

34. 曾由基（1 首）

雨中泛湖

骚人爱看烟雨图，放舟直向荷香入。葭苇丛中出短篙，不见渔翁见蓑笠。　　《永乐大典》卷二二七四

按：曾由基，字朝伯，号兰墅，三山（今福建福州）人。著有《兰墅集》、《兰墅续稿》，皆已佚。清四库馆臣据《永乐大典》辑《江湖后集》，卷一三录其诗。《全宋诗》册 57 卷三〇二九页 36081 以影印文渊阁《四库全书·江湖

---

①　吴泳生年，据王兆鹏《两宋十六家词人生卒年小考》，见《唐宋词史论》，北京：人民文学出版社，2000 年，第 332 页。

后集》为底本,另附新辑之诗,编为一卷,此首失收。

35. 阳枋(1 首)

卢新之上舍约游湖赋诗

环湖十里青山寺,夹岸千章翠柳家。月榭风轩纷爽凯,蓼汀蒲渚乱参差。浓云欲雨新晴晓,白月初生晚照斜。记我来游当夏首,藕柚繁叶尚无花。　　《永乐大典》卷二二七四引《字溪阳先生集》

按：阳枋(1187—1267),字正父,号字溪,原名昌朝,字宗骥,巴川(今四川铜梁东南)人。著有《字溪集》十二卷,已佚。清四库馆臣据《永乐大典》辑为《字溪集》十二卷。《全宋诗》册 57 卷三○三一页 36094 以影印文渊阁《四库全书》本为底本,另附新辑集外残句,编为二卷,此首失收。

36. 刘克逊(1 首)

湖　上

竟日迟回兴未阑,更过道院访幽闲。深深廊宇无人迹,时有棋声出竹间。　　《永乐大典》卷二二七三引《江湖续集》

按：刘克逊(1189—1246),字无竞,莆田(今属福建)人。克庄弟。《全宋诗》册 59 卷三一○一页 37019 据《永乐大典》及影印本《诗渊》录其诗七首,此首失收。

37. 刘子澄(1 首)

同赵端甫楼亶父饮湖上和亶父诗

孤山山下寺,曾到几千回。人自来还去,花应落又开。一僧清似水,三友淡如梅。雪屋何时架,它年杖屦①陪。　　《永乐大典》卷二二七二引《玉渊吟稿》

按：刘子澄,字清叔,太和(今江西泰和)人。著有《玉渊吟稿》,已佚。清四库馆臣据《永乐大典》辑《江湖后集》,卷二录其诗。《全宋诗》册 59 卷三一○四页 37042 以影印文渊阁《四库全书·江湖后集》为底本,另附新辑之诗,编为一卷,此首失收。

---

① "屦",疑当作"屦"。

38. 吴惟信(2首)

湖上简徐抱独

孤山多胜处,随客一追寻。隔坞闻僧语,看云得我心。夕阳临水薄,春事入花深。未可轻回去,鸥边欠好吟。　　《永乐大典》卷二二七二

过　湖

荷蒲香清蓼岸深,不须移棹过湖心。暝烟起处眠鸥醒,一半随风上柳林。　　同上书卷二二七四

按:吴惟信,字仲孚,号菊潭,湖州(今属浙江)人。《南宋六十家小集》收录其《菊潭诗集》一卷。《全宋诗》册59卷三一〇六页37058以汲古阁影宋抄《南宋六十家小集》为底本,另附新辑自《全芳备祖》、《永乐大典》、影印本《诗渊》中的集外诗,编为二卷,此二首失收。

39. 李龏(2首)

腊晴偶到湖上有感

柳色轻笼绿豆尘,东风暗破碧梅春。绝怜和靖飞仙后,胜赏今归名利人。　　《永乐大典》卷二二七三

送月浦王叔敬往京湖谒制阃观文吴退庵

南征南楚去,发脚古丹阳。旅鬓染秋色,新诗怀夜光。吴船宽泛月,荆树远临霜。一见貂蝉帅,春归置草堂。　　同上书卷二二七四引《(和)雪林拥蓑吟稿》

按:李龏(1194—?),字和父,号雪林,祖籍菏泽(今属山东),家居吴兴(今属浙江)。著有《吴湖药边吟》、《雪林采蘋吟》、《雪林捻髭吟》、《雪林漱石吟》、《雪林拥蓑吟》等,皆已佚;另有集句诗《梅花衲》一卷、《剪绡集》二卷。清四库馆臣据《永乐大典》辑《江湖后集》,卷二〇录其诗。《全宋诗》册59卷三一三〇页37410以影印文渊阁《四库全书·江湖后集》、汲古阁影宋抄《梅花衲》与《剪绡集》为底本,另附新辑之诗,编为五卷,此二首失收。

40. 王谌(2首)

湖　上

过了云涛雪浪堆,小舟摇入断沟来。分明似个花茵上,两岸浮萍拨

不开。

　　乍明乍暗梧桐月,似有似无荷叶风。久立湖边衫袖冷,十年前事到心中。　　《永乐大典》卷二二七三引《潜泉蛙》

　　按:王谌,字子信,号画溪吟客,阳羡(今江苏宜兴)人。著有《潜泉蛙吹集》,已佚。清四库馆臣据《永乐大典》辑《江湖后集》,卷一三录其诗。《全宋诗》册62卷三二五三页38806以影印文渊阁《四库全书·江湖后集》为底本,另附新辑之诗,编为一卷,此二首失收。

41. 王志道(1 首)

秋日泛湖

　　半篙秋水荡轻浆,一抹暮烟横远山。策策惊风坠林叶,白鸥飞起蓼花滩。　　《永乐大典》卷二二七四

　　按:王志道,字希圣,义兴(今江苏宜兴)人。著有《阆风吟稿》,已佚。清四库馆臣据《永乐大典》辑《江湖后集》,卷一五录其诗。《全宋诗》册62卷三二五四页38818据《江湖后集》及《永乐大典》录其诗三十二首,此首失收。

42. 武衍(2 首)

次芸居湖中韵

　　放擢湖心去,风恬雨静时。插天青嶂合,恋水白云飞。酬酢杯频举,樗蒲局屡移。碧莲香不断,归路浥人衣。　　《永乐大典》卷二二七四引《江湖续集》

积潦方收泛湖舟中得二十韵

　　平湖五月凉,小雨一洒止。天光豁层翳,霁色落明水。山椒白云收,石根紫烟起。烟云互吞吐,变态发奇诡。崭崭楼观开,比比松桂峙。双峰领群岫,峭翠新若洗。菱歌动渺茫,鸟影没菰苇。从衡指顾外,黼黻图画里。我方榜轻牒,解衣坐篷底。冷然天风来,翕尔尘虑委。开书诵空阔,捉瓢弄清泚。酒烈呼碧筒,香幽采芳茝。夷犹往而复,应接殊未已。平生山水癖,清梦三万里。安知跬步间,胜绝有如此。桃李闹春阳,雕舻已闲歟。伊谁于此时,重来访西子。玩世真蜉蝣,得处竟能几。当其欣所遇,乐贵极天理。纵令儿辈觉,春风吹马耳。　　同上卷引武朝宗诗

按：武衍，字朝宗，祖籍汴梁（今河南开封），南渡后居临安（今浙江杭州）。著有《适安藏拙余稿》一卷、《适安藏拙乙稿》一卷。《全宋诗》册62卷三二六八页38965以顾氏读画斋《南宋群贤小集》本为底本，另附新辑集外诗，编为二卷，此二首失收。

43. 朱继芳（1首）

湖上即事

湖水自归东海，潮头不到西陵。三三两两游女，日暮长歌采菱。　　《永乐大典》卷二二七二引《静佳吟稿》

按：朱继芳，字季实，号静佳，建安（今福建建瓯）人。《南宋六十家小集》收录其《静佳龙寻稿》一卷、《静佳乙稿》一卷。清四库馆臣据《永乐大典》辑《江湖后集》，卷二三新补二十三首。《全宋诗》册62卷三二七八页39057以汲古阁影宋抄《南宋六十家小集》、影印文渊阁《四库全书·江湖后集》为底本，另附新辑集外诗，编为三卷，此首失收。

44. 程炎子（1首）

湖上次友人韵

春风湖上柳，曾共把杯看。竹杖今重到，梅花又一寒。云深藏佛屋，石瘦露仙坛。彼此皆为客，挑灯语夜阑。　　《永乐大典》卷二二七二

按：程炎子，字清臣，宣城（今安徽宣州）人。著有《玉塘烟水集》，已佚。清四库馆臣据《永乐大典》辑《江湖后集》，卷一四录其诗。《全宋诗》册62卷三二九二页39237据《江湖后集》及嘉庆《宁国府志》等录其诗十七首，此首失收。

45. 赵崇怿（1首）

连云天霜思出湖上适次熊丈韵

九月尽时萸菊荒，秋在芙蓉湖上堂。野水背城初落雁，西风挟雨不成霜。有形天地会枯槁，无事市朝堪隐藏。我尔明年远相忆，北湖信美非吾乡。　　《永乐大典》卷二二七三引《古今诗统》

按：赵崇怿，字成叔，号东林，临川（今属江西）人。《全宋诗》册64卷三三九一页40353仅据《宋诗拾遗》卷一三录其诗一首，此首失收。

46. 陈杰（1 首）

沔阳湖中古祠行纪

荆州渺上游,古沔僻一隅。蜀江汹西来,稍北疏为湖。一水分合流,取势极萦纡。十年再行行,俱值夏潦初。且复避风波,竟日牵高芦。沮洳莽相翳,白昼蛟嚼肤。百里不逢人,并与炊烟无。晚泊古祠下,举头见栖乌。水鸟亦三四,飞来颇忘吾。凭舷聊欲狎,径去不可呼。惟余旧杨柳,短发共萧疏。风物何足纪,我行岁年徂。　　《永乐大典》卷二二七四引《自堂存稿》

按：陈杰,字焘父,丰城（今属江西）人。著有《自堂存稿》十三卷,已佚。清四库馆臣据《永乐大典》辑为《自堂存稿》四卷。《全宋诗》册 65 卷三四五〇页 41100 以影印文渊阁《四库全书》本为底本,另附新辑集外诗,编为五卷,此首失收。

47. 甘泳（2 首）

湖上二首

去年湖上宿,今年湖上宿。湖上月来时,寒光动幽绿。

水浸月不湿,月照水不干。有人湖上坐,夜夜共清寒。　　《永乐大典》卷二二七三引《中兴江湖集》

按：甘泳（1232—1290）,字泳之,一字中夫,号东溪子,崇仁（今属江西）人。著有《东溪集》,已佚。《全宋诗》册 67 卷三五四三页 42383 录其诗二十首,此二首失收。

48. 周密（3 首）

湖上感事

柳寒无叶蔽残蝉,独立斜阳意惘然。一自山中居宰相,十年不见里湖船。　　《永乐大典》卷二二七三引《弁阳蜡屐集》

追凉湖外

南屏雨后清如玉,白鹭时时绕塔飞。老叟得鱼无一事,乱荷香里数船归。

柳影夜凉湖上亭,一湖秋水浸疏星。山空月黑不知处,忽向松梢见塔灯。　　同上书卷二二七四引《弁阳蜡屐集》

按：周密(1232—1298)，字公谨，号草窗、蘋洲、弁阳老人、华不注山人等，祖籍济南(今属山东)，南渡后居湖州(今属浙江)。著有《弁阳集》、《蜡屐集》，已佚；另有《草窗韵语》一至六稿、《齐东野语》、《武林旧事》、《癸辛杂识》、《浩然斋雅谈》、《志雅堂杂钞》、《云烟过眼录》、《绝妙好词》等传世。《全宋诗》册67卷三五五六页42497以民国景刊宋咸淳本《草窗韵语六稿》为底本，另附新辑集外诗，编为七卷，此三首失收。

49. 林昉(1首)

秋日湖上

小舟租得载吟翁，流水斜阳秋思中。老却六桥杨柳树，一蝉犹自咽西风。　　《永乐大典》卷二二七三

按：林昉，字旦翁，三山(今福建福州)人。清四库馆臣据《永乐大典》辑《江湖后集》，卷九录其诗。《全宋诗》册72卷三七四五页45168据《江湖后集》录其诗十五首，此首失收。

50. 盛烈(2首)

湖边晚望

半村豆雨湿斜晖，白鹭联翩柳外归。歌断采菱人去后，只留空艇傍渔矶。

同乡友泛湖

客中快簟盏，一舸泛清波。长日人闲少，好山云占多。倩莺翻白苎，呼蚁度金荷。行乐吾生事，流年迅掷梭。　　以上《永乐大典》卷二二七四引《岘窗浪言》

按：盛烈，永嘉(今浙江温州)人。著有《岘窗浪言》，已佚。清四库馆臣据《永乐大典》辑《江湖后集》，卷一一录其诗。《全宋诗》册72卷三七四五页45171据《江湖后集》录其诗十六首，此二首失收。

51. 大梁李氏(1首)

湖　上

菰蒲望不断青青，山色云阴几晦明。孤塔出林知有寺，尚嫌水远隔钟声。　　《永乐大典》卷二二七三引《中兴江湖集》

按：李氏,失其名,大梁(今河南开封)人。《全宋诗》册72卷三七六二页45365收录李氏《西湖》诗,出处为《永乐大典》卷二二六四引《中兴江湖集》,疑即同一人,此首失收。

(二)《全宋诗》失收诗人诗作(7人,17首)

1. 陈德昭(1首)

湖 上

练塘清浅似潇湘,塘草肥牛溢乳浆。红蓼岸边江月满,木兰舟畔海风长。芙蓉秋淡轻盈国,杨柳春深缥缈乡。剩有数根张祜石,近来移刻隐居堂。　　《永乐大典》卷二二七二

按：陈德昭,晋江(今属福建)人。德荀弟。仁宗皇祐五年(1053)特奏名进士(明弘治《八闽通志》卷五〇)。另有《宿崇真观》、《明秀亭》等诗,原见《京口集》,今皆已佚①。

2. 徐安国(10首)

次吕浩然湖上韵

雨余红溅落花泥,莫向风前折柳枝。好在湖光与山色,弄晴时欲出新奇。

森森修竹倚云屯,竹外花飞减却春。几悟残枝最堪折,一樽相向尽沉沦。

去去湖边买小舟,绿波深处尽夷犹。机心自笑今亡几,试遣同盟问白鸥。

弹却从前冠上尘,揭来湖上觅诗人。谢他一霎笼晴雨,洗出孤山分外新。

再到湖上

千门碧瓦散青烟,试问西湖着那边。好在兰舟方载酒,可能冰柱已安弦。浓欢渐逐朝云散,清梦频招午睡便。堪羡芳年事豪饮,半酣独覆倒垂莲。

答周景仁

何日西湖宿暮烟,钓舟长系小桥边。从他珠履三千客,苦爱筠篋十

①　(宋)史弥坚修、卢宪纂《嘉定镇江志》卷九,《宋元方志丛刊》,北京：中华书局,1990年,第3册,第2383页;(元)脱因修、俞希鲁纂《至顺镇江志》卷八,《宋元方志丛刊》,第3册,第2736页。

四弦。夜饮沙头醒不了,昼眠篷底老犹便。遥知不作迷香梦,安用华灯照锁莲。原注:迷香洞、锁莲灯见《云仙散录》。

远岫轻笼薄薄烟,绿杨围绕画栏边。须君满饮杯中酒,容我试听徽外弦。挥手雅知夫子意,捧心谁似若人便。何当共泛扁舟去,折取波心二色莲。

次董明老湖上韵

湖边行乐记频年,剩折梅花伴水仙。白苎尘泥可毋恨,青衫风日最堪怜。重游共喜交情见,雅志休为俗虑牵。薄莫迟留望南北,两山相向欲争妍。　　　　以上《永乐大典》卷二二七三引《西窗集》

泛湖至南山访长眉再次韵

向晓楼台失暝烟,舣舟聊傍小亭边。平分霁色干红日,尽屏新声过素弦。绛阙岧峣知可到,禅关空寂若为便。殷勤举似桃花偈,更与宣杨出水莲。

七月三日太乙宫祠事毕陈正之同二应约就灵芝寺素饭取道显庆下湖留连终日再用韵①

潋滟湖光泛晓烟,催归来傍柳堤边。几看仙驭栖三岛,况有悲风寓七弦。痛饮未酬狂客愿,清游惟独病夫便。情钟尚忆前欢在,余韵中涵隔浦边。　　　　同上书卷二二七四引《西窗集》

按:徐安国,字衡仲,号西窗,上饶(今属江西)人。幼育于龚氏。孝宗隆兴元年(1163)进士。年逾五十,游宦四方,复归徐姓。与汪应辰、韩元吉、杨万里、朱熹、张栻、吕祖谦等皆有交。著有《西窗集》十五卷,已佚。《永乐大典》残本尚载录六十首之多②,可窥一斑。事见宋张栻《南轩集》卷一三《一乐堂记》、《西窗集》有关各诗等③。

3. 永嘉卢氏(1首)

湖上怀友

湖边久不到,霜日似春晴。远寺林间出,寒沙水面横。莲空凫竞集,竹静鹤孤鸣。忽忆同吟者,年时共此行。　　　　《永乐大典》卷二二七三

---

① 原题"徐衡《西窗集》",盖脱一"仲"字,当为徐安国诗。
② 栾贵明《〈永乐大典〉索引》,北京:作家出版社,1997年,第415—416页。
③ 两宋三百年间,共有三位徐安国:一为北宋哲宗时人,一为江西上饶人徐安国字衡仲,一为浙江富阳人徐安国号春渚。具体生平、行迹、交游等考辨,详见吴鸥《宋人徐安国诗歌事迹考》,《北京大学中国古文献研究中心集刊》(第5辑),北京:北京大学出版社,2005年,第38—50页。

4. 无名氏(1 首)

蒋侍郎暮春湖上宴集

　　地遥北阙是孤臣,忝幸西湖作主人。楼下烟波浮画舸,樽前箫鼓送残春。衰颜未减从游兴,坦率都忘侍从身。泽国迟留又经岁,浮云一望隔枫宸。　　《永乐大典》卷二二七三引《诗海绘章》

5. 施清(2 首)

湖边即事

　　挟弹呼鹰宝勒嘶,鸣驺争骤绿杨堤。芙蓉花底传觞处,十里秋红照马蹄。

　　度曲新腔紫玉箫,护晴帘额窣兰桡。柳迷远近花迷昼,小泊苏堤第六桥。　　《永乐大典》卷二二七四引《中兴江湖集》

6. 顾世名(1 首)

湖边书所见

　　湖光山色隔窗纱,一带朱阑绿水涯。再二十年来此看,楼台又属别人家。　　《永乐大典》卷二二七四引《顾梅山续集》

　　按:顾世名,号梅山。著有《顾梅山集》、《顾梅山续集》等,已佚。《永乐大典》另载录十五首①,大多误收于《全宋诗》册 64 卷三三四九页 39997 顾逢名下②。

7. 卓汝恭(1 首)

湖隐即事

　　山见云开花旋明,风收檐溜雨初晴。窗前黄妳梦回处,犹自芭蕉点

---

① 栾贵明《〈永乐大典〉索引》,第 477 页;《海外新发现〈永乐大典〉十七卷》,上海:上海辞书出版社,2003 年,第 287 页。
② 《全宋诗》顾逢小传称:"明《诗渊》辑顾逢诗,似将逢与梅山顾先生视为二人,诗中并有《顾逢诗集》之题,是否一人已不能明。""梅山顾先生"即顾世名,与顾逢非同一人,当以《永乐大典》题署为是。孔凡礼《见于〈永乐大典〉的若干宋集四考》对顾世名与顾逢详加辨析,可参;不过他将《珊瑚木难》卷六"顾梅山诗"一并视为顾世名作品,似嫌武断。见《孔凡礼古典文学论集》,北京:学苑出版社,1999 年,第 95—98 页。

滴声。　　　《永乐大典》卷二二七四引《江湖后集》

　　按：卓汝恭，清源（今福建泉州）人，生平不详，《永乐大典》卷九〇三另有其诗《刊刘后村先生选唐宋绝句漫题一绝》。刘克庄（1187—1269），字潜夫，号后村，莆田（今属福建）人，尝编选《唐五七言绝句》、《本朝五七言绝句》、《中兴五七言绝句》（以上见《后村先生大全集》卷九四）、《唐绝句续选》、《本朝绝句续选》、《中兴绝句续选》（以上见《后村先生大全集》卷九七）等。前三书至晚于理宗淳祐六年（1246）刊行于莆田、建阳、杭州等地，后三书大约在理宗宝祐四年（1256）先后续成①。卓汝恭诗题中既称"刊刘后村先生选唐宋绝句"，或即前三书刊刻不久，则其主要生活时代亦为南宋后期理宗一朝。

（三）余论

　　宋人别集编刻兴盛，仅《宋史·艺文志》著录，即有 651 家、1 824 部、23 604 卷，尚未能尽括。自宋迄今的近千年之间，宋人别集屡有散亡，现存者还有 741 家之多（包括四库馆臣根据《永乐大典》重新辑编者）②，堪称大观。明初去宋未远，不少宋人别集在当时仍然流传，因而其中的诗文内容多为《永乐大典》所采录，引据的书题信息亦可与《文渊阁书目》、《内阁藏书目录》等明代官修目录的著录相互印证。上文辑录《永乐大典》（卷二二七二—二二七四）这一零册中的宋佚诗凡 58 家、162 首，涉及宋人别集共计 33 种，它们依次为：晏殊《晏元献公集》、韩维《南阳集》、张舜民《画墁集》、郑侠《西塘集》、刘跂《刘学易先生集》、陈瓘《陈了斋集》、邹浩《邹道乡先生集》、董颖《董霜杰先生集》《董霜杰文集》、胡铨《澹庵集》、韩元吉《南涧甲乙稿》、李流谦《澹斋集》、王莱《龟湖集》、吕祖俭《大愚叟集》、楼钥《楼攻媿先生集》、崔敦诗《舍人集》、赵蕃《淳熙稿》、徐恢《玉雪集》、任希夷《斯庵集》、李壁《雁湖集》、韩淲《涧泉集》、周端臣《葵窗小稿》、王与钧《蓝缕稿》、吴泳《鹤林稿》、阳枋《字溪阳先生集》、刘子澄《玉渊吟稿》、李龏《雪林拥篲吟稿》、王谌《潜泉蛙》、朱继芳《静佳吟稿》、陈杰《自堂存稿》、周密《弁阳蜡屐集》、盛烈《岘窗浪言》、徐安国《西窗集》、顾世名《顾梅山续集》。具体言之：

　　第一，晏殊、韩维、张舜民、郑侠、刘跂、陈瓘、邹浩、胡铨、韩元吉、李流谦、楼钥、崔敦诗、赵蕃、韩淲、周端臣、吴泳、阳枋、刘子澄、李龏、王谌、朱继

①　（宋）刘克庄著、辛更儒笺校《刘克庄集笺校》卷九七《唐绝句续选·序》："余尝选唐绝句诗，既板行于莆、于建、于杭，后十余年，觉前选太严而名作多所遗落。……前选未收李、杜，今并屈二公印证。宝祐丙辰立秋，后村翁序。"北京：中华书局，2011 年，第 9 册，第 4085 页。

②　沈治宏《现存宋人别集版本目录·编例》，成都：巴蜀书社，1989 年，第 1 页。

芳、陈杰、周密等 23 人，今皆有单行的别集或《两宋名贤小集》、《江湖后集》、《南宋六十家小集》等书所收之成卷小集。其中：1. 晏殊、韩维、郑侠、邹浩、胡铨、楼钥、崔敦诗、周密等 8 家别集，各有渊源——晏殊集先后有清康熙年间胡亦堂辑本、道光年间劳格辑本，韩维集现存最古者为明末祁氏澹生堂钞本，郑侠集、邹浩集、胡铨集，皆是明代中后期重新编刻，楼钥集虽存宋刊但残阙十余卷，崔敦诗集源于日本宫内厅书陵部藏宋刊本《崔舍人玉堂类稿》（据《文渊阁书目》著录，与《崔舍人文集》非一书），周密集数种却仅存一部宋刊本《草窗韵语》。而《永乐大典》的引录来源是明初内府藏书，较之上述各家别集的现存版本，内容自然更加丰富。2. 张舜民、刘跂、韩元吉、李流谦、赵蕃、韩淲、吴泳、阳枋、陈杰等 9 家别集，为《永乐大典》辑本。3. 陈瓘、周端臣、刘子澄、李龏、王谌、朱继芳 6 家，见于《两宋名贤小集》、《江湖后集》、《南宋六十家小集》等宋诗总集。这里我们着重讨论四库馆臣根据《永乐大典》重新辑编的宋人别集。

　　清乾隆年间诏修《四库全书》期间，四库馆臣从《永乐大典》中辑出当时已经亡佚的宋、金、元、明别集 166 种，尤以宋集（130 种）数量为最多，极大程度地促进了这一部分宋人诗文作品的保存与流传。然而，这次的辑佚工作进行得并不彻底，据栾贵明先生《四库辑本别集拾遗》的统计，已经"发现四库'大典本'及各家补辑本共漏辑一千八百六十四条。条数漏辑率达百分之二十八点八。其中没有发现漏辑的仅八种；共补辑了别集一百五十八种，'附录'两种。种数漏辑率竟达百分之九十五"[①]。就《永乐大典》（卷二二七二—二二七四）这一册而言，开《四库全书》馆时原书尚存，其中的很多诗作也已经辑出，但是对于强至《祠部集》、张舜民《画墁集》等十余种《永乐大典》辑本，仍有或多或少的遗漏。如表 6-1 所示：

表 6-1　《永乐大典》（卷二二七二—二二七四）所见四库
辑本宋人别集漏辑作品数量一览

作者、书名、卷数	《四库辑本别集拾遗》辑录数量	《永乐大典》（卷二二七二—二二七四）新辑数量
强至《祠部集》三十五卷	2	3
张舜民《画墁集》八卷	32	1
刘跂《学易集》四卷	4	2

────────────

①　栾贵明《四库辑本别集拾遗·序》，第 2 页。

作者、书名、卷数	《四库辑本别集拾遗》辑录数量	《永乐大典》(卷二二七二—二二七四) 新辑数量
朱翌《灊山集》三卷	13	1
韩元吉《南涧甲乙稿》二十二卷	—	2
李流谦《澹斋集》十八卷	2	2
赵蕃《淳熙稿》二十七卷	16	1
张镃《南湖集》十卷	18	3
韩淲《涧泉集》二十卷	9	6
吴泳《鹤林集》四十卷	5	1
阳枋《字溪集》十二卷	—	1
陈杰《自堂存稿》四卷	14	1

说明：① 《永乐大典》卷二二七二引强几圣诗、朱翌诗、张镃功诗及卷二二七四引张镃诗，虽未标明引自《祠部集》、《灊山集》、《南湖集》，但这三种别集开《四库全书》馆时已佚，四库馆臣据《永乐大典》重新辑编时理应收入他们的诗作；② 栾贵明先生《四库辑本别集拾遗》从《永乐大典》辑录的内容，包括各家别集当收而漏收的诗、文、词，这里仅统计其中的诗作数量。

　　其实，除了表中列出的佚诗数量之外，卷二二七四收录强至《依韵和达夫泛湖之作》、《与王仲密诸君泛湖》、《泛湖有作》三诗，又见《祠部集》卷六、四、一二；卷二二七三收录刘跂《和定国湖上》组诗八首，《学易集》卷四仅录六首，漏了中间的其四、其五；卷二二七二收录韩元吉《雨中同伯恭至湖上》、《清明日雨中同中甫子云二兄集湖上》、《清明后一日同诸友湖上值雨》三诗，又见《南涧甲乙稿》卷四，前后接连；卷二二七四收录李流谦《次德茂湖中韵》，又见《澹斋集》卷四；卷二二七四收录赵蕃《二十一日湖中》、《过湖》、《二月初十日自荻浦绝湖三首》、《昨日绝湖颇危追赋二诗》、《初六日绝湖二首》(其一)，又见《淳熙稿》卷八、一六、八、一三、五；卷二二七四收录张镃《灵芝寺避暑因携茶具泛湖共成十绝》组诗十首，又见《南湖集》卷八。类似地，卷二二七二收录郑獬《汪正夫云已厌游湖上顾予犹未数往遂成长篇寄之》，又见《郧溪集》卷二五；卷二二七二收录张嵲《斋祠湖上作》、《四月十一日游湖上作》二诗，又见《紫微集》卷四，前后接连；卷二二七四收录王之道《归自合肥于四项山绝湖呈孙仁叔抑之》，又见《相山集》卷七。而无论《郧溪集》、《紫微集》还是《相山集》，同样属于《永乐大典》辑本。

　　为什么即便针对同一册《永乐大典》，仍会发生这种同一作者的诗作漏辑呢？我们推测，可能有如下几个原因。一是《永乐大典》引文题署的不同。例如,卷二二七二、二二七四两处引录强至诗,前一处只题"强几圣诗",后一处题"《祠部集》",结果是前一处三首漏辑而后一处的三首为《祠部集》收录;卷二二七二、二二七四引录张镃诗,前一处题"张镃功诗",将名与字(功甫)混淆,后一处题"张镃诗",因而《南湖集》未收张镃功诗。由于《永乐大典》这样的大型类书在引文题署方面难以整齐划一,四库馆臣的各人学力又难免有限,当然增加了辑佚的难度。正如张升先生已经指出:"也正因为佚书没有统一的判断参照,没有一个佚书总目,馆臣只能各自凭经验判断,所以《大典》中同一佚书的内容,有的被签出,有的则未被签出。这就自然造成大量该辑的内容没有辑出,漏辑现象较严重。"①二是分卷编次的形式不同。《永乐大典》作为依韵编排的类书,以韵统字,以字隶事,同一作者的不同体式的诗歌因为相同的关键词语集中在一起,及至采取分体编排的宋人别集,那些原本集中排列的诗作又要分置各卷。以赵蕃诗为例,卷二二七四引录《初六日绝湖二首》,其一为七言,其二为六言,前者收入卷五"七言古诗",后者因无六言诗专卷而失收②。三是馆臣的明显疏忽。最典型者,即卷二二七三引录刘跂《和定国湖上》组诗八首,《学易集》卷四仅录六首,漏了中间的其四、其五。诚然,四库馆臣根据《永乐大典》辑佚成帙,经过了"签出佚书——抄出佚文(散片或散篇)——粘连成册——校勘并拟定提要——誊录成正本"的一系列程序③,在成于众手的条件下,任何一个环节都无法保证绝对的万无一失。所以,新发现的《永乐大典》零本在进一步提供佚诗材料的基础上,更能够帮助我们充分检视并有效借鉴四库馆臣辑佚工作的疏失。

第二、王莱、吕祖俭、徐恢、任希夷、李壁、王与钧、徐安国、顾世名等8人,其集久佚,且无辑本,但诗作残存或非少数。例如,李壁原有《雁湖集》一百卷,已佚,《全宋诗》从《永乐大典》辑诗93首,出自《雁湖集》的有76首,今又从《永乐大典》(卷二二七二—二二七四)续得49首,则明确可知为本集作品者数量逾百。又如,徐安国《西窗集》十五卷,已佚,前揭《永乐大典》残本载录60首,今又续得10首,《全宋诗》均未收。再如,王莱《龟湖集》十卷,已佚,《全宋诗》据《永乐大典》仅辑出《陶隐居上馆》一首作品,今续得9首,远倍于前。而这八种已佚别集,孔凡礼先生也曾据《永乐大典》其他卷次

---

① 张升《〈永乐大典〉流传与辑佚研究》,北京:北京师范大学出版社,2010 年,第 141 页。
② 关于赵蕃诗的失收原因,陈新《古代分体诗集的缺陷》一文也从四库馆臣割裂《永乐大典》中的组诗这一角度具体举例分析,可参,见《文教资料》1996 年第 1 期,第 85—89 页。
③ 张升《〈永乐大典〉流传与辑佚研究》,第 125 页。

征引的内容,就其流传、著录逐一进行了详细的考证①。

第三,董颖《董霜杰先生集》《董霜杰文集》和盛烈《岘窗浪言》两部佚集未见讨论,略述于次。

首先是董颖集。据洪迈《夷坚乙志》卷一六"董颖《霜杰集》"条,董颖"平生作诗成癖,每属思时,寝食尽废",其家甚贫,死后"葬不以礼,亦无钱能作佛事",宗人董应梦始为刻集②。后来,朱熹曾亲见《霜杰集》,并题诗称赞董颖"平生尚友陶彭泽,未肯轻为折腰客"(《晦庵集》卷一〇《题霜杰集》)。陈振孙《直斋书录解题》卷一八最早著录"《霜杰集》三十卷,德兴董颖仲达撰。绍兴初人。从汪彦章、徐师川游。彦章为作序"③,或即董应梦刊本,惜原集与汪藻序俱不传。至《文渊阁书目》卷九著录"董仲达《霜杰文集》,一部四册,阙"④,则其书明代前期尚存。今检《永乐大典》引录董颖诗词,或称《董霜杰先生集》,或称《董霜杰文集》,或称董颖《霜杰集》,或径称董颖诗,名异而实同。

其次来看盛烈集。盛氏生平不详,其集亦不见于历代书目。前述《永乐大典》卷二二七四引盛烈《岘窗浪言》中的《湖边晚望》、《同乡友泛湖》二诗,则《岘窗浪言》或为其集之名。及至清代四库馆臣据《永乐大典》辑编《江湖后集》二十四卷,卷一一收录盛烈诗十六首,小传仅称"烈,永嘉人,有《岘窗浪语》"⑤,而各诗之下又均未注明卷次出处,《永乐大典》现存残本中似也不见这些作品,使人无法逐一复核原有题署情况。因此其集究竟"浪言"还是"浪语",今亦存疑俟考⑥。

宋人别集33种之外,《永乐大典》(卷二二七二—二二七四)中的宋佚

① 徐恢集见《见于〈永乐大典〉的若干宋集考》,王莱集、任希夷集、王与钧集、徐安国集见《见于〈永乐大典〉的若干宋集续考》,吕祖俭集、李壁集见《见于〈永乐大典〉的若干宋集三考》,顾世名集见《见于〈永乐大典〉的若干宋集四考》,这四篇文章统一收录于《孔凡礼古典文学论集》,第22—129页。

② (宋)洪迈《夷坚志》,何卓点校,北京:中华书局,2006年,第1册,第319页。

③ (宋)陈振孙《直斋书录解题》,徐小蛮、顾美华点校,第539页。

④ (明)杨士奇《文渊阁书目》,冯惠民、李万健等选编《明代书目题跋丛刊》,第89页。

⑤ (宋)陈起《江湖后集》,影印文渊阁《四库全书》本,台北:台湾商务印书馆,1986年,第1357册,第856页。

⑥ 王岚《江湖派诗人小集的编刊(一)》一文,将江湖诗人的诗歌作品流传分为六种情况,"E也许有诗集,今仅《江湖后集》存诗若干,未言集名,除个别人外,往往章不盈卷"者,计17家,盛烈即其中之一,见《北京大学中国古文献研究中心集刊》(第15辑),北京:北京大学出版社,2016年,第235页。但我们通过《永乐大典》卷二二七四的引录和《江湖后集》的盛烈小传,认为《岘窗浪言》当为其集,今已失传。此外,据孔凡礼《见于〈永乐大典〉的若干宋集续考》《三考》《四考》等系列文章,王文E类中的林昉、曾由基、史卫卿、董杞、李时可(当为李时,"可"字误衍)诸人分别有《石田别稿》、《兰墅集》《兰墅续稿》、《桂山小稿》、《听松吟稿》、《愚谷小稿》(《孔凡礼古典文学论集》,第45、90、91、126、127页),则他们都应归入"D有诗集但已失传(8家)"之类,与刘克逊《西墅集》的情形相同。

诗还涉及宋代总集 5 种——《江湖续集》(张炜诗、刘克逊诗、武衍诗)、《中兴江湖集》(黄简诗、甘泳诗、大梁李氏诗、施清诗)、《古今诗统》(赵崇怿诗)、《诗海绘章》(无名氏诗)、《江湖后集》(卓汝恭诗)。《中兴江湖集》、《江湖后集》、《江湖续集》为南宋后期出现的中下层诗人群体的诗歌作品汇集,这一群体也由此统称"江湖诗派"。这些江湖诗集在明初的《永乐大典》中多见引录,而于明代中后期渐次散亡。清代的四库馆臣曾经重新辑编《江湖后集》,在一定程度上"抢救"了部分江湖诗人的作品。不过随着《永乐大典》的大量亡佚,江湖诗集的内容仍然严重残阙。今人讨论江湖诗派,除了依据宋代以降的笔记、目录中的有限记载、著录之外,《永乐大典》残本一直是最为重要的文献。那么这册零本中新发现的诸多江湖诗人诗作(包括因《全宋诗》已据他书文献收入而不在本文辑录范围内的作品),无疑可以为江湖诗派的推进研究继续提供丰富的资料佐证。至于《古今诗统》和《诗海绘章》这两部佚籍,前者尚知为刘辰翁编选,后者由于未见任何著录,编者、流传等情况都无从考索,幸赖《永乐大典》存其吉光片羽①。这里又新添两首作品,当对原书面貌的零星恢复有所帮助。

最后,古籍辑佚历来要求保证准确,避免因袭旧误,以讹传讹。《永乐大典》卷二二七三收录了一首薛宗海《湖上》:"一舸泛霜晴,湖波寒更清。平堤连野色,远市合春声。尘土浪终日,山林负半生。回头夕阳外,烟渚白鸥轻。"朱字标示出处为《中兴江湖集》。然而,"宗海"实元人薛汉(？—1324)之字,此诗亦见元人蒋易编《元风雅》卷一〇。以时代视之,《中兴江湖集》"取中兴以来江湖之士以诗驰誉者"(《直斋书录解题》卷一五),主要选录南宋江湖诗人诗作。薛汉生年虽不可考,但其卒时距离宋亡已有近 50 年,与陈起于宋理宗宝庆、绍定间编刊《中兴江湖集》更相隔将近百年,而他又和元儒赵孟頫、虞集、柳贯等多有交往,绝不可能被归入江湖诗人群体。《永乐大典》在这里误将薛汉诗置于《中兴江湖集》名下,其实也是中国古代类书钞录驳杂、失之精审的通弊之体现②。

---

① 说详卞东波《南宋诗选与宋代诗学考论》第六章《宋元之际诗歌选本考论》"四、刘辰翁《古今诗统》考论",第九章《〈永乐大典〉所载南宋诗选〈诗海绘章〉考释》,第 159—164、262—272 页。

② 关于《永乐大典》的引录失误,学者已经多有指出。例如,费君清《〈永乐大典〉中南宋诗人姓名考异九则》(《文献》1988 年第 4 期)列举李龏写成李龚、李龚父、李功父,陈起写成陈起宗,朱静佳写成朱静修等九则;王媛《江湖诗集考》(《文史》2016 年第 3 辑)专门分析了《永乐大典》引用《江湖诗集》时存在阙钞、误钞等问题,具体使用时应当仔细推敲;等等。类似地,本文前揭"胡铨《澹庵集》"误作"胡铨《澹斋集》"、"崔敦诗《舍人集》"误作"崔敦礼《舍人集》"、"徐衡仲《西窗集》"阙脱为"徐衡《西窗集》"等,以及"张镃"写成"张镃功"之类的情形,也都可说明这一问题的普遍。

三、新见元人佚诗辑存

继《全汉三国晋南北朝诗》、《全唐诗》、《全宋诗》之后,《全元诗》作为有元一朝诗歌总集,承续了断代诗总集的编纂传统,"据元人别集、总集以及有关文献数千种,编录出五千余位元代诗人的十三万两千首诗"①,为元代文学研究进一步奠定了坚实的基础。不过,由于时代条件所限,《全元诗》在编纂期间尚未得见《永乐大典》(卷二二七二—二二七四)载录的元诗②,所以仍有一部分缺漏。今从这三卷辑出刘秉忠、释盘谷、陈景仁、熊朋来、任士林、释允中、廉惇、张雨、贯云石、陈旅、释悟光、丁继道、孟惟诚、张宪、陈真文、韩公美、杜国英等 17 位《全元诗》已收诗人(以《全元诗》所在册、页为次)和吴志夫、吴世昌等 2 位《全元诗》失收诗人的 22 首佚诗③,并就其中涉及的部分元人别集的流传情况略作梳理分析。

1. 刘秉忠(1 首)

湖　山

　　红尘遮断长安道,湖上清明绝点埃。翠盖千团荷叶展,香风十里藕花开。曲栏思女楼头望,斜日归舟天际来。白鹭满滩人未醉,且留醒眼为渠开。　　　　《永乐大典》卷二二七三引《刘文贞公集》

按:刘秉忠(1216—1274),字仲晦,号藏春散人,初名侃,出家为僧时法名子聪。祖籍瑞州(今属辽宁),迁居邢州(今河北邢台)。元世祖至元十一年卒,年五十九,封赵国公,谥文贞。《元史》卷一五七有传。

刘秉忠别集,《文渊阁书目》卷一〇著录"《刘文贞公集》一部十册"、

① 杨镰主编《全元诗·前言》,北京:中华书局,2013 年,第 1 册,第 3 页。
② 《全元诗》编纂期间虽未亲见《永乐大典》(卷二二七二—二二七四)这一册零本,但书中其实已间接引及——汪元量诗最末为《月夜拟李陵诗传三首》、《柴秋堂越上寄诗就韵柬奚秋崖》、《忆湖上》、《贾魏公雪中下湖》,编者按:"以上四题六首诗,底本抄录在《湖山类稿》卷四的正文结束之后。是王国维据《永乐大典》卷八九八、卷二二七三、卷二二七四补录。但已经刊布的今存《永乐大典》残帙,无上述三卷。暂附录于此,待考。"杨镰主编《全元诗》,第 12 册,第 75 页。核新发现的这一册《永乐大典》零本,卷二二七三、二二七四分别有引自汪元量《湖山类稿》的《忆湖上》、《贾魏公雪中下湖》二诗,可知王国维确曾据此校补清乾隆鲍廷博知不足斋刻本《湖山类稿》,而这也为我们考察追踪《永乐大典》(卷二二七二—二二七四)的早期流散提供了一条有益的线索。
③ 《全元诗》已收诗人,尚有由宋入元的甘泳、陈杰、林昉,其人其诗亦见于《全宋诗》。《永乐大典》(卷二二七二—二二七四)新见此三者之佚作四首,前节宋人佚诗部分已俱录,兹不赘述。

"《刘文贞公集》一部七册"①。又有《藏春诗集》六卷,明天顺五年(1461)始刻,弘治元年(1488)重刊,弘治重刊本遂为现存各本之祖。《全元诗》册3页132据明弘治刻本《藏春诗集》六卷(今藏中国国家图书馆)与《永乐大典》残帙引《刘文贞公集》编录其诗592首,此首失收。

2. 释盘谷(1首)

高邮府台上望湖

涟漪澄碧倒涵空,夺镜寒光刺眼雄。放钓烟篷七八叶,带花汀苇两三丛。风吹黄入篱边菊,霜染丹归江上枫。寄傲南窗慰寥寂,客怀秋思渺无穷。　　《永乐大典》卷二二七四引《游山诗集》

按:释盘谷,号丽水,又号隐显翁,海盐(今属浙江)人。曾住杭州慧因寺。年七十余而卒。著有《游山诗集》三卷,已佚。明释如惺《大明高僧传》卷一有传。《全元诗》册8页342据《永乐大典》残帙引《游山诗》、《游山诗集》、《游山集》编录其诗20首,此首失收。

3. 陈景仁(1首)

湖上和潘心田韵

春夏交承计莫留,风光次第到葵榴。湖山有旧常相对,岁月无情去似流。堂上老亲应倚望,客中连雨不胜愁。朱门尽日迎车马,纵有新诗何处投。　　《永乐大典》卷二二七三引陈景仁诗

按:陈景仁,字仲麟(元仇远《金渊集》卷四《寄陈仲麟景仁》)。寓居杭州,与仇远多有交往唱和(《永乐大典》卷二二六四引陈景仁诗《西湖别仇山村先生》、《寓西湖端午雨中和仇山村先生诗韵》)。《全元诗》册8页346据《永乐大典》残帙编录其诗18首,此首失收。

4. 熊朋来(2首)

次韵胡端逸赠湖隐道人二首

湖水年年与岸平,不知湖上有鱼羹。市声惊转船头去,莫向烟波险处行。

湖中草满渐无莲,时见波心点翠圆。痴客不知荷是叶,几回真看作

① (明)杨士奇《文渊阁书目》,冯惠民、李万健等选编《明代书目题跋丛刊》,第106页。

青钱。　　　　《永乐大典》卷二二七四引《豫章熊朋来集》

按：熊朋来（1246—1323），字与可，号天慵、彭蠡钓徒，丰城（今属江西）人。宋度宗咸淳十年（1274）进士。宋亡不仕，隐居乡里，聚徒讲学。著有《五经说》七卷、《瑟谱》六卷。《元史》卷一九〇有传。《全元诗》册 13 页 132 据《永乐大典》残帙引《豫章熊朋来集》等编录其诗 10 首，此二首失收。

5. 任士林（1 首）

用润民泛湖韵

蘸笔湖波爱诗好，酒剧诗成还草草。青山识我五十年，一领麻衣如雪皎。堤中杨柳大苏栽，春去秋来迹如扫。树犹如此我何堪，白发那能人不老。长松九里挂猿公，明日行藏付吾道。　　　　《永乐大典》卷二二七四引任松卿①诗

按：任士林（1253—1309），字叔实，号松乡，奉化（今属浙江）人。著有《松乡集》十卷。《全元诗》册 16 页 167 据明初刻本《松乡先生文集》十卷（卷八、卷九，今藏中国国家图书馆）②、影印文渊阁《四库全书》本《松乡集》卷九、《永乐大典》残帙引《松乡集》《任松乡集》、影印本《诗渊》等编录其诗 199 首，此首失收。

---

① "卿"，当为"乡（鄉）"之误。

② 傅璇琮、查洪德《中国古代诗文名著提要·金元卷》载，《松乡先生文集》"有明永乐三年（1405）其孙任勉重刊本，半页十三行，行二十三字，黑口，四周双栏，题'句章任士林叔实著'。有前贡士江陵熊钊序，丁卯（1327）孟夏朔陆文圭序，京兆杜本序，后至元三年（1337）邢泰序……及赵孟頫撰《墓志铭》。又有永乐三年冬十一月胡俨后跋，言其孙福建参政勉梓以传云云"，殆由跋文推定刊刻年代，石家庄：河北教育出版社，2009 年，第 104 页。今检中国国家图书馆藏明初刻本《松乡先生文集》，版式行款特征同上所述，卷一次行题"句章任士林叔实"，书前无熊钊序，书后无胡俨跋，为海内孤本，且距明泰昌元年（1620）裔孙任一鸣重刻本更相隔 200 余年，故疑此明初刻本即明永乐三年任勉刻本。又据钟彦飞《道德、违碍、夷夏与隔代编纂——政治视阈下的明代元集整理考》（2019 年全国元代文学研讨会提交论文）考证，熊钊《松乡先生文集序》有言"今洪武己卯正月，先生之孙勉续刻而传之"，然"洪武己卯为 1399 年，建文帝早已于此前一年闰五月即位，本年改为建文元年，此处仍用洪武纪年，显然是后来刊板时遵循了明成祖革除诏而改，而泰昌本直接摒弃此序，或亦为避讳之故。由此序也可知此书的刊刻行为从建文元年（1399）始，永乐三年（1405）工毕，历时七年，中间所历正是整个靖难之役"，则所谓"永乐刻本"的背后，其实包含了久已被抹杀的明初建文帝时代（革除时期）的文化信息。

6. 释允中(1首)

栖禅寺湖上

岸柳澄湖带北斜,水晶宫域梵王家。春风不发寄奴草,夜雨独开君子花。松影摇风翔翠羽,浪纹浮日走金蛇。画船回柂游人去,冉冉空烟噪暮鸦。　　《永乐大典》卷二二七三引《云麓文稿》

按：释允中,生平不详,尝选编释氏诗文而成《云麓文稿》①。《全元诗》册24页264据《永乐大典》残帙引《云麓文稿》、《云麓文集》编录其诗8首,此首失收②。

7. 廉惇(1首)

宿湖口

洄矶矮柳缆轻舟,水浣星河天欲流。柔橹一声惊梦觉,半樯残月楚江头。　　《永乐大典》卷二二七四引《廉文靖公集》

按：廉惇(约1278—约1340)③,字公迈,畏兀儿人。希宪六子。卒谥文靖。著有《廉文靖公集》,已佚。《全元诗》册28页95据《永乐大典》残帙及影印本《诗渊》编录其诗273首,此首失收。

8. 张雨(2首)

和沙剌班郎中湖上述怀④

水净沙明柳色天,湖光争忍负芳年。渐看曲院初三月,未舶西泠第二船。云处有山皆向背,花时无地不妖妍。欲知猿鹤为君子,长啸相呼入暝烟。

---

① （明）孙能传等《内阁藏书目录》卷三,冯惠民、李万健等选编《明代书目题跋丛刊》,第512页。

② 据《内阁藏书目录》卷三《云麓文稿》解题"元弘圣寺释允中编,皆僧家诗文",则此书或非释允中别集;今以其书久佚,所选编诗文之作者、内容皆不得而知,暂将《永乐大典》残帙中保存的少量篇章系于其名下。另外,《全元诗》释允中名下题"九首",实际只有《无题》、《寄故人》、《落花》(四首)、《题偏岭》、《次韵答范处士见赠》等八首作品,"九"之数当误。

③ 杨镰《元诗史》,北京:人民文学出版社,2003年,第129页。

④ 《永乐大典》卷二二七三引张雨《和沙剌班郎中湖上述怀》五首,然而其一"杨柳三眠午未醒"、其五"邻近桃源鸡犬家"二诗见《全元诗》页374—375,题作《再次韵沙剌班郎中春游二首》,其四"草木幽馨涧道微"一诗见《全元诗》页364,题作《次韵刘伯温御史春游》,疑钞录有误;其二"水净沙明柳色天"、其三"日长琳宇断经过"二诗,暂从《永乐大典》引录,系于《和沙剌班郎中湖上述怀》题下,俟后详考。

日长琳宇断经过,误向风前听玉珂。陈榻题诗春事少,陶尊沥酒暮寒多。落花似雨飘瓴甋,白石如羊卧薜萝。兰省分明天汉上,思君不见欲如何。　　　　以上《永乐大典》卷二二七三引张伯雨诗

按:张雨(1283—1350),字伯雨,号贞居子、句曲外史,钱塘(今浙江杭州)人。宋张九成六世孙。出家为道,历住西湖福真观、开元宫,主茅山崇寿观、元符宫。著有《句曲外史贞居先生诗集》五卷,元末明初始刊;明末毛晋汲古阁刻《元人十种集》,辑编为七卷(《句曲外史集》三卷、《补遗》三卷、《张伯雨集外诗》一卷);清丁丙辑刻《贞居先生诗集》九卷(七卷本又补遗二卷)、附录二卷,收入《武林往哲遗著》。《全元诗》册31页258据影元写本《句曲外史贞居先生诗集》(《四部丛刊初编》影印)、《武林往哲遗著》本《贞居先生诗集》等编录其诗1 007首,此二首失收。

9. 贯云石(1首)

湖　边

月影湛欲破,独立透闲意。平塘不会涛,风轻水纹细。夜气泄方厚,邻翁报浓寐。身心何所藏,衾枕待天地。常心弃所归,悠悠杂游戏。　　　　《永乐大典》卷二二七四引贯酸斋诗

按:贯云石(1286—1324),本名小云石海涯,号酸斋、疏仙、疏懒野人、芦花道人,畏兀儿人。贯只哥子,遂以贯为氏。好文学,工散曲。著有文集若干卷,已佚;《直解孝经》一卷。《元史》卷一四三有传。《全元诗》册33页305据《皇元风雅》、《永乐大典》残帙及明清其他笔记、方志、书画艺术类文献编录其诗51首,此首失收。

10. 陈旅(1首)

和张伯雨先生湖上高韵

湖上春晴柳色开,西林野水傍洲洄。葛洪丹井云头冷,贺监酒船山下来。几树桃花映篱落,谁家燕子绕楼台。笑予奔走祠官后,路入招堤①首重回。　　　　《永乐大典》卷二二七三引《安雅堂集》

按:陈旅(1287—1342),字众仲,兴化莆田(今属福建)人。著有《安雅

---

① "堤",疑当作"提"。

堂集》十三卷。《元史》卷一九○有传。

　　《安雅堂集》，《元史》本传作"有文集十四卷"①，《文渊阁书目》卷九仅著录"一部二册"②，其后《国史经籍志》《百川书志》《澹生堂藏书目》《千顷堂书目》等均作"十三卷"，《四库全书总目》则谓"殆本传笔误，以三为四欤"③。此十三卷本为陈旅之子陈籲编成于元顺帝至正九年（1349），延请张翥作序，十一年又有林泉生为之序；初刊情况不详，明初即有修补翻刻。今日见存之元至正刻明修本，或存七卷，或存四卷，悉为残本；另有明祁氏澹生堂蓝格抄本及清抄本数种④。《全元诗》册 35 页 1 据清金侃钞本《安雅堂文集》五卷（卷一至三为诗）、影印文渊阁《四库全书》本《安雅堂集》（卷二、三）及《元风雅》等他书文献编录其诗 324 首，此首失收。

　　11. 释悟光（2 首）

清明泛湖

　　清明湖上柳如烟，桑下篱根系短船。绿水含光纱幕净，青蒲照体毳袍鲜。良辰美景词人记，法曲元歌弟子传。尽道江南好时节，何人解忆李龟年。

过　湖

　　寻友携筇过小堤，绝湖西去到家迟。日光射水风犹动，天影流云雨欲垂。柳下野航初散乱，篱边乔木尚参差。十年萍梗江关梦，今日重来一赋诗。　　　　以上《永乐大典》卷二二七四引僧雪窗诗

　　按：释悟光（1292—1357），字公实，号雪窗，成都新都（今属四川）人。俗姓杨。曾住四明天童寺。著有《雪窗集》《雪窗禅师语录》（明宋濂《宋学士文集》卷八《雪窗禅师语录序》），皆已佚。《全元诗》册 36 页 433 据《永乐大典》残帙引《雪窗诗集》《雪窗集》等编录其诗 21 首，此二首失收。

　　12. 丁继道（1 首）

楼竹间与余邻居于四明湖上至元乙亥会于
武林之西湖遂和此以为别云

　　竹屋三间隔水南，湖光柳色映书帘。十年灯火吟肩瘦，千里风霜客

①　（明）宋濂《元史》卷一九○，北京：中华书局，1976 年，第 14 册，第 4347 页。
②　（明）杨士奇《文渊阁书目》，冯惠民、李万健等选编《明代书目题跋丛刊》，第 95 页。
③　（清）永瑢《四库全书总目》卷一六七，第 1446 页。
④　《中国古籍总目·集部》，北京：中华书局，2012 年，第 1 册，第 484—485 页。

味谙。闽海秋高云漠漠,吴山晓别月纤纤。可怜斗粟遒荒外,沛泽何时得普覃。　　　《永乐大典》卷二二七三引丁继道诗

按:丁继道,宛陵(今安徽宣城)人。《全元诗》册 41 页 127 据《宛陵群英集》《永乐大典》残帙等编录其诗 19 首,此首失收。

13. 孟惟诚(1 首)

湖上诗

黑云远傍松根起,白雨乱敲荷叶鸣。柳下画船人避暑,南熏细细送歌声。　　　《永乐大典》卷二二七三引《漫游集》

按:孟惟诚,字伯真,号漫游翁。著有《漫游集》,已佚。《全元诗》册 52 页 276 据《永乐大典》残帙引《漫游集》等编录孟惟诚诗 41 首,此首失收。

14. 张宪(1 首)

夜饮湖上晓归马上偶成

杨柳芙蓉夹大堤,画船来往任东西。朱丝缭亮歌声碎,翠袖翩翩舞队齐。但见朝霞生海上,不知斜月挂林低。涌金门里天街阔,信马归来路欲迷。　　　《永乐大典》卷二二七三引张思廉诗

按:张宪,字思廉,山阴(今属浙江)人。家玉笥山,因号玉笥生。著有《玉笥集》,今存一卷本、十卷本、十二卷本等。其中,一卷本即明弘治五年(1492)王术刊本,有吴怡注释、杨维桢评点,实为张宪诗集的一部选注选评本;十卷本存世最多,"主要以抄本形式流传,刻本则有《粤雅堂丛书》之一种"①;十二卷本"只是将卷三内容分作三卷"、"正是书贾伪为善本以射利的产物"②。《全元诗》册 57 页 1 据《粤雅堂丛书》本《玉笥集》及明清他书文献等编录其诗 635 首,此首失收。

15. 陈真文(1 首)

大孤山至湖口

大孤大孤何渺茫,小姑谁说嫁彭郎。鞋山对面四十里,屹立宛在湖

---

① 施贤明《国家图书馆藏〈玉笥集〉版本考述》,《图书馆理论与实践》2014 年第 2 期,第 69 页。
② 施贤明《国家图书馆藏〈玉笥集〉版本考述》,第 73 页。

中央。船行转江过湖口,波涛如此今何有。天公助我半帆风,江神劝汝一杯酒。 　　《永乐大典》卷二二七四引陈真文诗

按:陈真文,生平不详。《全元诗》册66页126据影印本《诗渊》编录其诗3首,此首失收。

16. 韩公美(1首)

湖　上

湖光与天接,天影常荡漾。我愿乘长风,直破万里浪。 　　《永乐大典》卷二二七三引韩公美诗

按:韩公美,生平不详。《全元诗》册66页188据影印本《诗渊》编录其诗1首,此首失收。

17. 杜国英(1首)

湖　边

一到湖边境界清,湖边人说十旬晴。山灵昨夜鞭龙起,七十二溪流水声。 　　《永乐大典》卷二二七四引杜国英诗

按:杜国英,生平不详。著有《杜东洲吟稿》(《文渊阁书目》卷一〇),已佚。《全元诗》册66页256据《永乐大典》残帙引杜国英诗、杜国英《东州集》、《东洲杜国英集》编录其诗9首,此首失收。

18. 吴志夫(1首)

湖上曲

草绿波心底,花开湖上头。采莲深得藕,结缆浅随流。朱阁迎春启,华灯候月收。逶迤连袂乐,宛转沓歌愁。白云吴侬唱,遗珠汉女游。相将拾兰杜,取次入汀洲。锦缆鸳鸯并,华辀翡翠俦。那能独归去,春棹笑夷犹。 　　《永乐大典》卷二二七二引吴志夫诗

按:吴志夫,生平不详,与贡师泰有交(《玩斋集》卷六《晨起夜坐诗后序》)。《全元诗》失收其人其诗。

19. 吴世昌（1 首）

中秋夜与尹中岩泛舟湖上

与客夜移舸，遥遥随所止。雾散天无星，明月照万里。澄光洞虚白，况况不知水。观阙水中央，荡漾欲飞起。回旋悦清趣，停桡白蘋里。觞歌间言笑，洞箫秋靡靡。清游夙所耽，此夕一生几。壶倾夜已阑，陟岸步芳芷。行行上河梁，欲别情未已。露湿罗衣裳，栏干不堪倚。　　《永乐大典》卷二二七三引《寓庵稿》

按：吴世昌，字伯京，号寓斋，括苍（今浙江丽水西）人。历宁海、西安教谕，与陈镒多有交往唱和（《午溪集》卷四《和吴伯京学正立春见寄韵》、卷八《次韵吴伯京学正清明拜墓》）。晚岁誉望隆重，号东郡儒宗。著有《寓斋类稿》，已佚。事见明徐一夔《始丰稿》卷一一《寓斋类稿序》。《全元诗》失收其人其诗。

以上 19 位元代诗人的 22 首佚诗，明确引及的元人别集共 8 种——《刘文贞公集》、《游山诗集》、《豫章熊朋来集》、《云麓文稿》、《廉文靖公集》、《安雅堂集》、《漫游集》、《寓庵稿》，除了《廉文靖公集》和《寓庵稿》，其他元集悉为《文渊阁书目》这部明代前期的官修目录所著录，说明它们在当时已经编刻流传，可惜时至今日半数以上均散佚无存。仅存的几种之中，刘秉忠《藏春诗集》为明天顺至弘治间刊本，而《永乐大典》残帙引《刘文贞公集》保存了大量不见于《藏春诗集》的作品；陈旅《安雅堂集》虽然从元至清，代有传钞重刻，但是早在明代修补之际，就"意在改易书名，而且做得很不高明，修补之处格式极不统一"①，远非元刻旧貌。此外，任士林、张雨、释悟光、张宪、杜国英等人，亦各有别集《松乡先生文集》、《句曲外史贞居先生诗集》、《雪窗集》、《玉笥集》、《杜东洲吟稿》，也都见于《文渊阁书目》著录。由此观之，《永乐大典》成于明初，包罗四部，巨细无遗，又去元尤近，收录的元人别集数量更多，并且尚未经过明代中期以降的重编重刻，所以具有十分重要的元诗辑佚价值。《四库全书总目》卷八五《文渊阁书目》提要称"今以《永乐大典》对勘，其所收之书，世无传本者，往往见于此《目》，亦可知其储庋之富"②，从上文的分析来看，这段评价既是对《文渊阁书目》著录明代内府藏书、保存典籍信息的一种肯定，又从另一个侧面证实了《永乐大典》的引书确

---

① 皮庆生《陈旅文集版本考》，《文献》2014 年第 6 期，第 9 页。
② （清）永瑢《四库全书总目》，第 731 页。

有所据,结合《文渊阁书目》的具体著录,有助于后人梳理考察这些图书的流传与存藏情况。

四、新见宋元词佚作辑存

宋元诗文之外,《永乐大典》(卷二二七二—二二七四)还新见宋人贺铸、陈造、林淳、黄人杰、李壁、孙䇛、吴泳、何处秦和元人王结的词作共 14 首,可补唐圭璋《全宋词》、《全金元词》及孔凡礼《全宋词补辑》之阙①。

1. 贺铸(1 首)

鹤冲天湖中曲

涌金湖上,物外烟霞境。三百小莲坊,轩窗静。纵游逢胜伴,雕舰稳,鲜妆并。秋水菱花净。一声歌转,隐隐四山相应。　荃桡翻动星河影。琼枝延壁②月,交辉映。广寒风露下,芳燎歇,尘襟醒。何许留清景。素娥难偶,况复彩云无定。　　　　《永乐大典》卷二二七四引《东山词》

按：贺铸(1052—1125),字方回,号庆湖遗老、北宗狂客,卫州(今河南汲县)人。著有《庆湖遗老诗集》九卷、《拾遗》一卷、《后集补遗》一卷及《东山词》二卷等。《庆湖遗老诗集》九卷、《拾遗》一卷、《后集补遗》一卷,今存明谢肇淛小草斋钞本,时代最古;《东山词》二卷,则有宋刻残本,仅存卷上。两本皆藏中国国家图书馆。《全宋词》册 1 页 500 以《彊村丛书》本《东山词》卷上、《彊村丛书》本《贺方回词》等为底本编录贺铸词,后附出自《乐府雅词》、《能改斋漫录》、《全芳备祖》、《阳春白雪》、《永乐大典》、《花草粹编》等书的集外之作。此首失收。

2. 陈造(3 首)

临江仙袋儿绣双鸳鸯

六月十日偕客泛湖,客有赋香袋词者,甚工。予赋《临江仙·袋儿绣双鸳鸯》。

胜日冰茸停玉笋,君看小谢罗囊。芳池应玩睡鸳鸯。绣成交颈处,中有贾姬香。　要替骚人阑③作佩,不妨分缀风裳。殷勤重问点酥娘。向来十八子,还解到头双。

---

① 唐圭璋《全宋词》,北京：中华书局,1965 年;唐圭璋《全金元词》,北京：中华书局,1979 年;孔凡礼《全宋词补辑》,北京：中华书局,1981 年。
② "壁",疑当作"璧"。
③ "阑",疑当作"兰(蘭)"。

蝶恋花泛湖

望着湖光蓝样绿,宽揭冰奁,中放骊珠浴。金镂寒绂摇轻縠,桂娥弄影闲相逐。　　欸乃一声何处曲,亦恐渔郎肝肺皆冰玉。闻道前村家酿熟,横桡径傍蘋花宿。

贺新郎六月十日泛湖归作

啧啧区中隘,拟乘槎、稳泛灵河,问津左界。眼底西湖横万顷,况自灵河分派。相与叩,朱舷小海。西子妆梳浓复淡,任朝阴晚霁更明晦。螺髻拥,玉奁外。　　金壶碧酒银丝鲙,放谭间、挥麈①吟边,擘笺相对。共坐壶天陪一醉,客子杂怀小耐。未肯信,此欢难再。秋锦障堤十里远,定青娥绿蚁邀同载。原注:诸公约芙蓉开再游。　　以上《永乐大典》卷二二七四引《江湖长翁集》

按:陈造(1133—1203),字唐卿,高邮(今属江苏)人。著有《江湖长翁集》四十卷,初由其子师文刊刻行世,宁宗嘉定二年(1209)陆游为之序,已佚。明神宗万历四十六年(1618),李之藻据王应元钞本刊刻,是为今日所见之最早传本②,仅录诗文,未收词作③。《全宋词》册 3 页 1726 收录陈造词 10 首,悉出《永乐大典》(其中 6 首明确引自《江湖长翁集》)。此三首失收。

3. 林淳(1 首)

浣溪沙又清明湖上

散策桥边唤渡船,桥边鱼鸟总欣然,旧经行处且留连。　　雪后青山元不老,霜中红叶更增妍,喜闻占候得丰年。　　《永乐大典》卷二二七三引《定斋集》

按:林淳,字太冲,三山(今福建福州)人。著有《定斋诗余》一卷(《直斋书录解题》卷二一),已佚。《全宋词》册 3 页 1832 收录林淳词 11 首,悉出

---

① "麈",原误作"麈(尘)"。
② "(万历本)今大陆及台湾各图书馆著录尚富,日本内阁文库、尊经阁文库及美国国会图书馆等皆有庋藏。"祝尚书《宋人别集叙录》(增订本),北京:中华书局,2020 年,第 1048—1049 页。
③ "该本有辞赋、诗二十卷,记二卷,序一卷,书三卷,札子二卷,传、赞、铭等一卷,文一卷,题跋一卷,论一卷,策问一卷,《易》说一卷,墓志、行状一卷,表笺一卷,启二卷,疏一卷,致语一卷。"傅璇琮、祝尚书《中国古代诗文名著提要·宋代卷》,石家庄:河北教育出版社,2009 年,第 427 页。

《永乐大典》(其中9首明确引自《定斋集》)。此首失收。

4. 黄人杰(2首)

满江红

与诸同年邂逅湖上,雨泞无踪步处,饮次有作。

山色空濛,微雨后、湖边更好。最好是,湿云低度,远烟平绕。杨柳如痴风不动,莺花无语寒犹峭。倚苍茫、闲着画船多,游人少。 堤上路,迷芳草。浑未许,王孙到。强追随一笑,玉觞频倒。待倩蜂媒并蝶使,寄声说与东君道。怕明朝,晴暖却重来,春休老。

忙里偷闲,翩然访湖边春色。云日淡,绿波平远,冷光如拭。杨柳一堤纷羽葆,楼台四面开金碧。放冰壶、千顷着游人,维舟鹢。 沙觜路,墙头陌。寻旧苑,穷幽索。引清觞,同是广寒仙客。啼鸟阴中迷昼景,卖花声里逢寒食。问今生,更着几番来,寻泉石。 《永乐大典》卷二二七三引《可轩词》

按:黄人杰,字叔万,南城(今属江西)人。著有《可轩曲林》一卷(《直斋书录解题》卷二一),已佚。《全宋词》册3页2016收录黄人杰词9首,7首均出自《永乐大典》(其中6首明确引自《可轩词》、《可轩集》);《全宋词补辑》(页57)又据《诗渊》新补39首。此二首失收。

5. 李壁(2首)

满江红 同蒋洋州饮湖上赋

潇洒湖亭,问何似水村山郭。官事了,胡床到处,一樽携却。语燕流莺争上下,可怜憔悴支公鹤。赖故人、相对一开颜,情犹昨。 深径里,花如幄;高城外,烟如幕。判与君谈到,画楼残角。尘世直须如梦会,老年渐觉于春薄。岂不知,肮脏共伊优,由来各。

满江红 蒋示和篇予亦再作

草色芊眠,正春在房公池阁。等闲放,绿围红绕,万跗千萼。巴月天边知几换,吴霜镜里看尤觉。又何嗟、欢意到中年,如云薄。 高斋梦,谁惊着。佳客至,聊同酌。更茶烟轻飏,柳风帘箔。最忆永嘉灵运语,归田不待三年约。笑吾今,身世转尘埃,羞猿鹤。 以上《永乐大典》卷二二七三引《雁湖集》

按:李壁(1159—1222),字季章,号雁湖,眉州丹稜(今属四川)人。焘子。著有《雁湖集》一百卷(《宋史》卷三九八),已佚。《全宋词》册4页2234收录李壁词 10 首,悉出《永乐大典》(其中 7 首明确引自《雁湖集》)。此二首失收。

6. 孙衲(2 首)

水调歌头湖上

湖上只如旧,风月几清秋。来往簪裾如织,眯目此生浮。多少夔蚿较足,三四群狙赋芋,天地自虚舟。两岸白鸥社,岂识世间愁。　蜗城郭,梁①富贵,蚁王侯。有人问我何为,瓦注却功收。今日荷枯柳暗,前度李秾桃冶,荣已与枯谋。要铸门关铁,枉白世人头。　《永乐大典》卷二二七三引《畸庵词》

念奴娇游湖

惊回晓梦,被好风吹过,芙蓉城路。嫩绿晴光漪曳碧,掩映垂杨庭户。莺燕珠帘,蝶蜂芳槛,拂云香雾。玉人娇困,海棠睡足亭午。　行客抖擞红尘,恍然疑是,策壶天风驭。多谢菱花输鬓影,不改刘郎前度。旧约方谐,新悰未惬,早唤双桃渡。骖鸾终在,定教金屋盛贮。同上书卷二二七四引《畸庵集》

按:孙衲,字居敬,号畸庵,东阳(今属浙江)人。著有《畸庵集》,已佚。《全宋词》册 4 页 2421 收录孙衲词 8 首,7 首均出自《永乐大典》(其中 4 首明确引自《畸庵词》)②。此二首失收。

7. 吴泳(1 首)

青玉案中秋游湖

湖边路破芙蓉路。又撑月,湖心去。不见婵娟今七度。峨眉山影,钱塘水影,梦觉还同处。　归来怎听城门鼓,急上层楼对君语。莫道徐州离别句。东坡未老,栾城犹壮,笑拍栏干舞。　《永乐大典》卷二二七四引《鹤林集》

按:吴泳(1181—?),字叔永,号鹤林,潼川府中江(今属四川)人。著有《鹤林集》(《宋史》卷四二三),已佚,清四库馆臣据《永乐大典》辑为四十卷。《全宋词》册 4 页 2506 以《鹤林集》卷四〇为底本编录吴泳词,后附集外之作 5 首,悉出《永乐大典》(其中 3 首明确引自《鹤林集》)。此首失收。

---

① “梁”,疑当作“粱”。

② 《全宋词》以“孙居敬”立目,作者小传仅称“居敬号畸庵”,误以字为名。

8. 何处秦（1首）

谒金门泛湖

春意足，柳漾数绹新绿。日泛湖光生细縠，楼高栏曲。　　乳鸭花阴晴浴，更有飞花相逐。独向闲边空伫目，东西聊醉玉。　　《永乐大典》卷二二七四

按：何处秦，生平事迹不详。《永乐大典》卷二二七四置于黄裳《演山集》与陈造《江湖长翁集》之间，或为宋人。《全宋词》失收。

9. 王结（1首）

蓦山溪送李公敏调选湖广

霜余锦树，不着秋容老。时节又重阳，要迤随、清欢倾倒。可堪折柳，南浦送君行。云淡淡，雨霏霏，暮色连衰草。　　山川胜概，见说湖湘好。风月满南楼，望云霄，轺车到早。种成桃李，更看了梅华。招黄鹤，唤鹦鹉，一醉江天晓。　　《永乐大典》卷二二七四引《王文忠公集》

按：王结（1275—1336），字仪伯，易州定兴（今属河北）人。卒谥文忠。"有诗文十五卷行于世"（《元史》卷一七八），已佚，清四库馆臣据《永乐大典》辑为《王文忠集》六卷，有词作13首①。《全金元词》下册页873以《彊村丛书》用韩氏玉雨堂藏钞本《王文忠集》本为底本编录王结词，后附集外之作1首，出《永乐大典》。此首失收。

李公敏，生平事迹不详，与王旭（《兰轩集》卷九《满江红·次李公敏梨花韵》等）、袁桷（1266—1327，《清容居士集》卷一〇《送李公敏蓟州之官》）、王结（《文忠集》卷三《木兰花慢·送李公敏》、《蝶恋花·赠李公敏》）、马祖常（1279—1338，《石田文集》卷九《送李公敏之官序》）等皆有交。

最后，通过对上述宋元诸家词集、词作的零星考察，我们可以发现：第一，正如既有研究已经指出，北宋时，文人词作往往不入诗文集，而是另册别行，例如欧阳修《平山集》、晏殊《珠玉集》、苏轼《东坡词》、贺铸《东山词》等，都是集外单行的②。因此，陈振孙《直斋书录解题》著录贺铸《庆湖遗老

① （清）永瑢《四库全书总目》卷一六七《王文忠集》提要："惟散见《永乐大典》者，采掇排比，尚得诗一百三十四首、诗余十三首，编为三卷。又杂文九首为一卷，问答五首为一卷，善俗要义三十三条为一卷，共成六卷。"第1439页。
② 唐圭璋《全宋词·编订说明》，第5页。

集》九卷、《拾遗》二卷,提要称"其《东山乐府》,张文潜序之",又著录《东山寓声乐府》三卷①,即诗文集与词集并行。前揭《永乐大典》卷二二七四引录贺铸《东山词》,亦证。及至南宋,词作刻入别集的情况增多,这与时人逐渐改变了重诗轻词的观念以及词作编入本集更有利于长久流存的两方面因素皆有直接关系,所以像《永乐大典》所载录的陈造《江湖长翁集》、李壁《雁湖集》等,皆为诗、文、词合集。第二,宋元别集流传至今,原刻日稀,今天见存的许多版本,都是明清两朝重新编刻的产物,甚至不少还是清代乾隆时四库馆臣据《永乐大典》辑编而成,内容面貌早已不同于宋元旧椠。因而在这七八百年之间,《永乐大典》保存文献的价值就日益可贵——它不仅较为清楚地记载了明朝初年仍然传存书籍的题名,可与古籍目录的相关著录对照印证,而且更加详实地保留了具体内容,成为古籍辑佚的重要依凭。如前所述,《全宋词》中收录的陈造词、林淳词、黄人杰词、李壁词、孙劤词、吴泳词、王结词,几乎全部出自《永乐大典》,至于他们的别集,特别是编入词作的部分,或径已散亡(如林淳《定斋集》附词、黄人杰《可轩词》、李壁《雁湖集》附词、孙劤《畸庵词》),或虽有流传而时代晚出、面目全非(如陈造《江湖长翁集》),或仅为《永乐大典》辑本,且有明显遗漏(如吴泳《鹤林集》、王结《王文忠集》),今赖卷二二七二—二二七四这一册零本,则又稍有补充。我们由此期待,随着世界范围内的《永乐大典》零册、零页的重见天日,还会有更多的文献信息、文本内容相继呈现,为古代典籍的流传考察与校勘、辑佚提供新的丰富材料。

---

① (宋)陈振孙《直斋书录解题》,徐小蛮、顾美华点校,第 595、618 页。

第七章　谱牒文献与辑佚

——《刘氏传忠录》、《刘氏传忠录续编》中的宋佚诗

《刘氏传忠录》四卷，南宋刘学裘辑。是书依次汇录学裘曾祖忠显公刘韐、祖父少傅公刘子羽、叔祖直阁公刘子翼、文靖公刘子翚、父忠肃公刘玮生平行事和徽宗、钦宗、高宗、孝宗时的宸翰、奖谕、制诏、论札等官方文书以及朝臣谥议与名公硕儒所作之记、序、碑文、墓志、祭文、挽诗，为后人更加直接地了解北宋末至南宋初政治形势和崇安刘氏三代的忠贤事迹提供了极大的便利。

可惜该书流传不广，仅见于《宋史·艺文志》、明杨士奇《文渊阁书目》、焦竑《国史经籍志》等极少数目录著录。且《宋史·艺文志》与《国史经籍志》皆称"《刘氏传忠录》三卷"，与今本有异；《文渊阁书目》仅称"《刘氏传忠录》一部一册"，不言卷数。

至清末程勋，仰慕刘氏遗风，"乃驰书千里，遍访刘氏忠贤后裔，得刘氏家藏秘本，日夕捧诵，如获珍宝"[1]，又"恐前编刊行之或有遗漏"[2]，遂从史书、传记、方志、金石、别集等多方文献中广泛搜罗，并附明清时人撰修的实录与题诗，成《刘氏传忠录续编》四卷，合前书四卷一同梓行于世。

2000年12月，北京图书馆（今中国国家图书馆）地方志和家谱文献中心与北京图书馆出版社合作，选择馆藏家谱中具有重要史料或版本价值的家谱按照专题影印出版，首辑即为《北京图书馆藏家谱丛刊》（闽粤（侨乡）卷），其中第40册就是民国二十二年（1933）三余书室铅印本《刘氏传忠录》及《续编》八卷。

笔者检此二书，发现其中收入的宋人诗作（以名公挽诗为主）多有不见于《全宋诗》者。今分"《全宋诗》已收诗人之佚作"和"《全宋诗》失收诗人

---

[1] 《刘氏传忠录续编》卷首杨云序，见《北京图书馆藏家谱丛刊》（闽粤（侨乡）卷），北京：北京图书馆出版社，2000年，第40册，第335页。

[2] 《刘氏传忠录续编》卷首杨云序，《北京图书馆藏家谱丛刊》（闽粤（侨乡）卷），第40册，第336页。

诗作"两部分,前者涉及刘韫、胡安国、徐俯、翁彦深、马永卿、翁挺、喻汝砺、胡宪、张嵲、刘子羽、张浚、陈俊卿、洪迈、方有开、李处全、蔡元定、王遂等 17 位诗人的 36 首作品,依《全宋诗》中所在册页为次,个别诗作之下加注按断说明异文的情况;后者包括《越州父老谣》及黄绅、刘玮、张宗臣、施述、刘勉之、汪若思、章汝楫、张栋、张杓、潘子韶、孙处等 11 位诗人的 32 首作品,依《刘氏传忠录》中的出现先后为序,各人名下先撰小传,再录佚诗,以补《全宋诗》之阙。

一、《全宋诗》已收诗人之佚作(17 人,36 首)

1. 刘韫(22/1301/14776)

刘文靖公子翬挽诗二首

同年小阮绝清修,人物于今无此流。重叹名齐三学士,如何官止一监州。久为散吏闲无累,定若禅僧去自由。痛惜拱辰埋玉树,从今寂寞竹林游。

漳滨痼疾卧刘桢,至境沉沉二竖婴。早岁深闻双树旨,夜台终现一灯明。百篇思苦追前辈,十论才高证后生。健笔清明嗟未用,空闻天上玉楼成。　　宋刘学裘《刘氏传忠录》卷三

2. 胡安国(24/1370/15743)

刘忠显公韐挽诗二首

通贵人皆慕,艰危念易差。惟公真许国,誓死岂谋家。才业诸郎似,哀荣紫诏加。挽歌无愧语,那复重兴嗟。

家塾同承学,文场对策勋。丰城分袂入,关塞枉书勤。柏陇惊新翠,兰交蔼旧芬。束刍空有意,怅望拱山云。　　宋刘学裘《刘氏传忠录》卷一

3. 徐俯(24/1380/15831)

刘忠显公韐挽诗二首

宣和国甚病,录录几公卿。致寇还资寇,凭城辄弃城。汤池真定在,墨守会稽名。玉石俱焚日,萧敷艾更荣。

误相真痴物,东都作祸奇。彦回生可耻,王蠋死堪悲。谁作忠臣传,应须幼妇词。得知千载下,尚采老夫诗。　　宋刘学裘《刘氏传忠录》卷一

4. 翁彦深（25/1431/16492）

刘忠显公鞈挽诗二首

天步艰难际，公时守汴京。蛮夷询状貌，草木识威名。忍见妖氛入，难支大厦倾。捐躯无可恨，生死极哀荣。

总角同乡校，登科共圣时。交情欣款密，游宦叹差池。凛凛英风在，萧萧拱木悲。承家诗礼盛，三凤更奇姿。　　宋刘学裘《刘氏传忠录》卷一

5. 马永卿（25/1438/16575）

刘直阁公子翼挽诗

粤堪舆之颒洞兮，寓有形于太虚。转风水之两轮兮，莽谁持造化之枢。闻释氏之示现兮，驾高论于西瞿。纵赤轴之千万兮，亦莫究乎生死之途。谓彼苍之靳贤兮，何不止留于清都。既已赐之世间兮，胡反夺之于须臾。岂造化者无心兮，皆一听其自如。吾尝索至理于冥漠兮，亦疑其或有而或无。仰潭川之奥域兮，实君子之攸居。宜中山之多宝兮，本积庆之赢余。亶我公之隽德兮，蚤高步于亨衢。伐天鼓而宸荡兮，酌斗杓而轩渠。方俯登于疆仕兮，已四刻乎麟符。以耳目所见闻兮，辄指掌而谭诸。旦黄堂而视事兮，吏骈合而群趋。鼓蚊蚋之狂闹兮，嗜赤子之肤腴。惟我公之方寸兮，湛莹洁之冰壶。恢游刃于发硎兮，破老蛊之根株。群胥不能为怪兮，若已晓之妖狐。既苍皇而犇遁兮，复值耽视之於菟。群叩首于阶所兮，愿反服乎耕锄。公顾去而绝迹兮，但见棠影之扶疏。环千里而受赐兮，咸宴安于里闾。绵山椒与水湄兮，不闻疾走与高呼。俗熙熙而登太古兮，但夕偃而朝铺。历百岁之父老兮，缀霜雪于眉须。嗟贤史君之罕见兮，偕三五以为徒。俄解组而言迈兮，临要路而踌躇。谅思亲而径归兮，望家山而疾驱。庆萱堂之康愈兮，日侍奉乎版舆。萃三杰于一门兮，情欢至而友于。入有诗书之乐兮，出有山林之虞。集天下之胜事兮，无一不与之俱。公何厌此而亟去兮，曾不少眷而徐徐。伟我公之高明兮，蚤悟道于浮屠。盖达于去来之理兮，较利害于锱铢。独生者不能堪兮，痛割裂乎肌肤。岂知公已得寂寞之乐兮，泯一性空劫之初。则死者未必不胜兮，何必守俗见之崎岖。嗟老仆之迟暮兮，真山泽之曜儒。方我公之来莫兮，适跧伏于倚庐。望铃齐与两舍兮，不得一曳乎长裾。盖曰公年之鼎盛兮，当掉鞅于万里之途筈。谓竟

不得一见兮,曾莫少慰其区区。惜遗爱之在人兮,恐岁久而遂渝。辄采实于公议兮,聊援毫而一书。饮长恨于林下兮,驰遐想于五夫。托忧辞而寓哀兮,灵仿佛其闻欤。　　宋刘学裘《刘氏传忠录》卷二

6. 翁挺(27/1537/17450)

刘忠显公輨挽诗二首

朔野分忧日,都城缮守时。再当胡骑入,忍见国家危。慷慨登陴气,芬芳绝命辞。空闻褒大节,堕泪仰丰碑。

少作龙门客,忘年屡解颜。素心非伐国,情话只投闲。位岂岩廊上,忠称天地间。宁知侍中血,化碧向空山。　　宋刘学裘《刘氏传忠录》卷一

7. 喻汝砺(27/1575/17872)

卮酒词并引

宣和乙巳,金人穿塞朔方,征镇固圉自守,遂放兵指阙,要盟城下。用事者安其言,不敢坚战,割地谒和,以幸无事。已而三镇父兄,相与固守,不奉诏,仅抱空质以归。越丙午十月丁未,胁制诸戎,拥骑绝河,遣使迫我,须如约乃止。闰月丁巳,鏖锐合噪,遂升南郭。翌日,大臣行成于房。十二月壬戌,天王会盟于郊外。甲子还宫,房有桀心。越丁未二月己巳,复给车驾出郊。劫迁乘舆,逼易龟鼎。嗟乎!金人背德捐义,欺天之日久矣,而执事者乃内万乘于不可知之房,守不死战,出不死辱。当是时,独资政殿学士刘公輨,蹈险抗节。言者以公名闻,上雪涕容异,乃诏有司,追复旧官,赠大学士;乃命群臣,议所以宠嘉之,于是胙之册书,谥以忠显;乃擢用其子子羽,以妥绥其遗嗣。然后公之大节,隐然闻于四方。初,房之欲私公也,公仰天叹曰:"吾蒙国厚恩,誓以死报,顾可苟生而事二主耶?"乃指所寓佛庐,谓其傔曰:"此吾死所也。"亟引卮酒,结带以自经。倘使当时诸臣,复有一二如公者,正色于貜兕抟噬之中,而持议于乾坤易位之际,引义明壮,截然不挠,则房虽暴悍必变色,天虽长乱必悔祸,岂有楚童僭逆之变哉?蜀人喻汝砺闻公风烈,为之出涕,乃敷词以吊之。词曰:

影余佩而筮仕兮,考至理之无二。持百心而事二主兮,几原注:去声。求生于何地。嗟市人之鬻国兮,何必怀此故宇。晞忠显之正则兮,曰余终是其焉去。彼幸我以富贵兮,凛抗义以自懑。沃卮酒而一决兮,羌绝胆而弗顾。於乎壮哉!惟若人之音制兮,走初不得望其清尘也。追其漂原注:匹扒切。然而引决兮,走固不得挽其冠缨也。意胸中之晬精,窍

浑沌于无形。泻天潢之绝派，独滤浊而取清。于是尽得比干，洪演莫敖。大心之肝胆，与天缩高。仇牧梦冒勃苏之髓筋，奋温序、张巡、颜杲卿之须发兮，傲田单易甲，王子闾之刀兵。嗟乎咄哉！黄头虏真，尔乃在夫室韦之涯、㶱貊之濒、啜米之友、颉哥之邻。错臂直足兮，鸟兽是群。何捐德而灭义，肆欺天之寒盟。鏖耀铁嫔，教十八州之蛇豕兮；原注：熟女真有十八州。竭驴河狗泊，三十队之膻腥。原注：虏中有驴儿河、狗泊，女真初有二十首领。鸩聚鼎铖，罗列磓钉，杀人如麻，不转目睛。既盟士大夫而又劫余以刃，原注：平声。且曰我予则汝爵、不我则汝刑。余乃仰天叹息兮，亟援带而自经。裂眦刲觊，原注：音冥，眉目也。流珠晶荧。虏不暇瞬兮，浩乎若逢子胥与宴婴。折颊剔腹，慢骂诟辱。贼为改容兮，勃乎张兴之叱思明。顾一死其敢赊兮，彼腥臊实将污人。骈凶丑以怵骇兮，摇目吐舌，咸缩颈而犇惊。盖非得彼蹈义凌险、大节不可夺之气，则又安能成此投躯徇主、烈丈夫不朽之名也。於乎壮哉！唏陵抵之斡迁兮，觇原注：音脉，视也。世变之旧新。咄䯞髑讯其人兮，孰敢保夫坚正。原注：平声。睇石颈之将将兮，贮横江之沄沄。王侯兮公卿，鸬佩兮飞缨。朝济兮京口，原注：刘寄奴，京口人也。暮宿兮兰陵。原注：萧道成，兰陵人。杳黄尘之污梁兮，原注：尘谓陈叔宝也。榷叛羊之啮陈。原注：羊谓杨坚。突青骢之制①电兮，原注：韩擒虎乘青骢马平陈。骇蛮奴之奔星。原注：任忠小字蛮奴，降隋。靡不谋人之国，国危而苟活；见媲于主，主辱而全身。利存则来、亡则去兮，倏阖阗之有虚盈。鄙盗儒之沉欲兮，乃市人主而要其赢。余乃诏稽绍使，端冕卫乘舆兮，檄温峤而讨苏峻。原注：协韵。前刘超，后周雅，分冒白刃，侍黄屋。左若思右伯仁兮，临刑而骂大将军。余与诸子之疆疆兮，古所谓授命之臣也。呵黏罕斡离不兮，为其无礼于吾君也。士节陊而余振原注：平声。兮，国势阰原注：音泉。而余撑。喻子于是流涕，慷慨然叠叹累呻。咤举世之悁怯兮，公独外生而得仁。原注：外生犹轻生也。悼褉揄之咀毒兮，恨不得从。　　宋刘学裘《刘氏传忠录》卷一

8. 胡宪（29/1678/18809）

刘忠显公韐挽诗

建炎中兴褒精忠，诏书首及彭城公。往年丧乱天地晦，翠华蒙尘悲两宫。敌人晡睨周鼎重，意欲尽使齐亩东。惟公慨然不受屈，从容引决

---

① "制"，疑当作"掣"。

惊群凶。庙堂心醉早失策,苍生悲苦曾此逢。小人平日苟富贵,反复卖国甘从戎。吁嗟公勇过贲育,劲节挺立霜中松。一时忠义谁并列,陇西兵部真英雄。见危致命作常语,贱儒往往更相蒙。真金不历大火聚,美质直与顽矿同。仰公高名动四海,盛德近出吾里中。微生感激叹世故,愿起公死嗟何从。永怀冰姿不可见,商歌惨淡来悲风。　　宋刘学裘《刘氏传忠录》卷一

9. 张嵊(32/1836/20446)

刘忠显公韐挽诗五首并序

　　天祸我宋,使虏为封豕长蛇而荐食之。方都城之不守,二帝之出郊也,为公卿大夫者,既不能以身徇义,而方且负国卖主、事仇从伪,干没不厌,往往因是资而致通显者,率多有之。虽取快一时,而遗臭万代矣。当时独有二人焉,曰故资政殿学士刘公,虏知其名而欲用之,便诱以高位,不从而自裁;曰兵部侍郎李公若水,虏人诬以欺己而将杀之,因骂贼而死。微二公,则一代祸乱如此,而无一人死国者,可以为万世羞。然则二公之威名,震耀夷夏、垂诸后世者,与天地并矣。然嵊以为死者人之所难,夫知其必不可免而奋节,与不回于利而自引者,盖将有间,而立言之君子,未尝有分焉。何也? 近时欧阳公作《五代史》,死节与死事别立传,其叙以谓:予得全节者三人;其初无卓然之节,而终以死事者,十有五人。嵊尝取其传而考之,《死节传》三人,自王彦章而下,皆可以自全,而能致其死也。《死事传》十有五人,自张原德至于孙晟,皆临难而能不苟免者也。然则欧阳公其亦有深旨于此耶? 嵊既游公之子宝学公之门,得览公碑志,而悲其行事,为之作哀挽诗五篇,于其中略致其意,后之君子得以览观焉。

　　黄屋辞丹陛,贞臣赴虏营。解言终不反,先面竟如生。谁并当时节,独留千祀名。承家多令德,谅不愧西平。

　　天运丁阳九,蒙尘事可伤。群寮徒陷虏,贼子更臣张。自古宁无死,唯公独有光。向来从伪者,生意日荒凉。

　　抗节群公愧,摅忠丑虏尊。威棱千古在,奸佞百年存。盛德源流远,公朝礼物敦。丰碑昭令德,荣耀及来昆。

　　视死如归士,捐躯徇国臣。杀身虽一概,为义岂无因。孔墨休相并,张南仅比伦。微公今史上,死节定何人。

　　临难不忘死,为忠已定多。全生犹有路,仗节竟如何。可验平生志,宜令后世歌。诸儒主褒贬,毫发未容讹。　　宋刘学裘《刘氏传忠录》卷一

按：此组诗已见《全宋诗》册 32 卷一八四一页 20505—20506 张嵲名下，题作《刘忠显挽词并序》，出《紫微集》卷六。其序仅称："窃以忠显公之高节令名，冠于今世，追配古人。天下之士，钦威灵、仰光耀之日久矣！某幸以宾客之末，游宝学公之门，因得进拜坟下。退而作哀挽词五首，虽不足以佐潜德之光明，然立言纪事，良不愧太史公之实录云。"其一"虏营"作"敌营"、"多令德"作"有贤嗣"；其二为"抗节群公愧"一诗，"丑虏"作"异国"；其三为"天运丁阳九"一诗，"虏"作"敌"；其四、五同此。然《全宋诗》所据底本为《四库全书·紫微集》，其间经由四库馆臣改动之处甚多。而《刘氏传忠录》所记，当更接近原诗文字内容。

10. 刘子羽（33/1860/20775）

三层峰

三层峰耸接云天，仙迹微茫不记年。想是青莲居士在，横空排出篆云烟。

浴冰溪

冻入貂裘竦玉楼，扣冰人独浴寒流。袈裟挂树昙花现，芒履凌霜玉乳流。青女喜看菩萨面，苍龙怒起夜叉头。当年有垢还无垢，试问溪灵知得不？　　以上清程勋《刘氏传忠录续编》卷二

11. 张浚（33/1862/20804）

刘少傅公子羽挽诗

佐我宣威日，阴功洽井参。勋名千载事，忠孝一生心。有志身先死，无欺德自深。凭谁送丹旐，翘首泪沾襟。　　宋刘学裘《刘氏传忠录》卷二

12. 陈俊卿（37/2050/23046）

刘忠肃公珙挽诗五首

节操清坚竹有筠，心源莹彻水无尘。文章学问追前辈，合是中朝第一人。

力辞枢筦蔼高风，外镇何妨四总戎。直道始终无可憾，辛毗但不作三公。

忧时许国寸心坚，每到新亭一怆然。泛扫关河端有策，皇天何速夺

公年。

浮休梦幻本来空,况是平生道力充。属纩了然无别语,只将遗疏表孤忠。

十万饥民感德深,四年遗爱满棠阴。我来忍踏西州路,一想清规泪洒襟。　　宋刘学裘《刘氏传忠录》卷四

13. 洪迈(38/2121/23983)

刘忠肃公珙挽诗二首

武夷山下神仙裔,刘氏衣冠不乏贤。大父忠名驰北塞,乃翁仁泽满西边。家传紫橐人忻羡,身到鸿枢公独然。共道九天催入相,谁知遗恨闷黄泉。

东观南宫早着鞭,北门西掖敢争光。不教平步登三事,却使长征遍十连。玉树此时看入地,金莲他日记朝天。只鸡永负平生愿,洒泪闽山更惘然。　　宋刘学裘《刘氏传忠录》卷四

14. 方有开(43/2359/27078)

刘忠肃公珙挽诗三首

洛汭渊源学,屏山践履功。若为传授妙,尽见设施中。六籍无遗恨,千龄有至公。堂堂经国念,心地与天通。

河汉摅文思,风云展壮猷。版图怀国耻,嬖幸若仇雠。一代始终节,两朝开济谋。儿童诵君实,不为衮衣留。

河润专留钥,箕骑负赐环。人为寰海恸,治乃古今悭。兆卜归乡国,朝哀惨圣颜。龙门老荀爽,何地洒悲潸。　　宋刘学裘《刘氏传忠录》卷四

15. 李处全(45/2397/27711)

蒋山祠堂诗

大江之东,钟山石头。虎踞龙蟠,帝王之州。行阙峨峨,翠凤翔翔。其民伙繁,事亦浩穰。显允刘公,文武咸宜。帝曰钦哉,抚抚朕师。公自湖湘,植纛建牙。扬舻东来,兵卫无哗。公既开藩,童耋欢呼。剔蠹锄奸,恤茕抚孤。饥馑荐臻,公弗遑宁。剡章以闻,荒政是营。谓昔尧

汤,水旱莫恕。民之无馁,惟备先筹。既蠲赋租,既发贮储。舳舻万艘,衔尾而俱。市有余粟,民无菜色。洋洋颂声,载彼阡陌。民昔未饱,公弗安寝。今含哺嘻,公始高枕。帝用嘉奖,锡公玺书。乾文晋如,玉音铿如。明明在上,公避不有。于赫丰碑,元气冲斗。帝御正衙,一日万机。衮职有阙,谁其补之。金节煌煌,行趣公朝。公朝京师,四夷寝谋。帝曰於戏,汝为真儒。汝社稷臣,其遂相予。公居庙廊,明堂孔阳。曰都曰俞,帝垂衣裳。清庙崇崇,群后雍雍。鼓钟竽笙,告时成功。一人万年,公执魁枋。肖貌在堂,邦人之庆。　　宋刘学裘《刘氏传忠录》卷四

16. 蔡元定（46/2501/28923）

刘忠肃公珙挽诗三首

今代中兴佐,如公有几人。秉心先许国,临事辄忘身。才略优中外,清忠表缙绅。天乎何不淑,遽夺我元臣。

大节人谁识,孤忠我独知。文章亦余事,轩冕竟何为。国耻生期报,臣心死未衰。凄凉遗奏稿,千载有余悲。原注:公尝为元定言:天下事当先立大节。今日之事,所谓复雠者是也。

甲第何心在,新阡寄意深。功名终落落,岁月竟骎骎。泣尽淋浪雨,歌遗惨怆音。幸哉公有子,足慰世人心。原注:公尝为元定言:委质为臣,生非我有,退有所居,死有所葬,吾无遗恨矣。　　宋刘学裘《刘氏传忠录》卷四

按:其一、其二已见《全宋诗》册 46 卷二五〇一页 28923—28924 蔡元定名下,题作《挽刘忠肃二首》,出《蔡氏九儒书》卷二《西山公集》。其三可据《刘氏传忠录》补。

17. 王遂（55/2871/34274）

忠烈公庙碑诗

建之山兮嵚崎,建之水兮涟漪。文且博兮乐且有仪,武有勇兮莫之测。窥闽之南兮江之西,俯视鼎镬兮犹一潢池。士怯且惰兮若奉骄儿,一夫战死兮百将莫支。侯提干刃兮左右以之,视民奔迸兮若己渴饥。诛正渠魁兮散其聚携,彼下征之小丑兮忽而不记。嗟平生之志兮马革裹尸,使畏死而偷生兮将形骸之焉依？侯爵定谥兮广额丰碑,百世以还兮微侯孰归？　　清程勋《刘氏传忠录续编》卷四

二、《全宋诗》失收诗人诗作(11 人,32 首)

1. 越州父老谣

越州父老谣

我公按甲坐谯门,百万生灵一呼在。

我有父母,赖公保之。我有妻子,赖公蓄之。我有室庐,赖公全之。
我有田畴,赖公辟之。　　　　宋刘学箕《刘氏传忠录》卷一

2. 黄绅

黄绅,字存道,福州侯官(今福建闽侯)人。徽宗政和八年(1118)进士,
官终宣议郎。事见宋梁克家《淳熙三山志》卷二七。

按城图颂并序

　　安抚述古刘公守越之一年,盗发桐庐,旁陷郡邑,二浙为骚然。公独以身安民,
至城堞则分遣部属支治之,以应仓卒之变。然是时贼张甚,结越外邑为应战门。明
年春,众数千扣城,公纵兵击杀,贼遂奔溃,郡以帖然。公于是登城视之曰:"嘻! 此
特可图一时功,未足贻长久利也。吾岂私一己而不为后人计哉。"于是择要处,委吏
别增筑之。绅偶隶委数,而部五云门外。其地东连明、台,南通漳、福,而三韩使者,
实所取道,尤宜雄杰高厚,以壮郡体。前守方公,盖尝修之矣。费数万缗,而止贼四
百尺,以费厚遂罢,讫不复举。绅既承公命,且鉴前弊,于是督工程莫敢急忽。未几
月,用以告成。公为来按视,相其薄厚,测其虚实,而度其卑高。公毕身亲之,而不
以属人。睥睨高峻,从公者皆危殆,而公按行往来,若履坦途。时秋阳方炽,公冒暑
徒步,从者皆疲惮不堪,而公独不以为病。于是邦民之瞻望于下者,骈肩累迹,相与
咨嗟而罗拜于道。绅窃惟公之勤民,可谓笃矣。方寇未至,而宁之于弗扰。及既平
复,建长远经久之利,将之以至诚,而不惮其劳,忠信措诸身,而不畏于高险。民至
俯伏望拜,则公之得民非适尔也。方是时,雉堞屹成,高切云表,足以增国威重。前
挹湖山,秀色满目;环视民居,庐舍相望。而熙熙雅俗,往来于道路,洋洋然咸在欢
声和气中。公登高望远,从容指画,而寓意于无穷。绅幸以役事从公,获睹盛事,谨
绘为图,以贻郡人,使晓然咸知公勤勤爱民之诚。异时披图览观,虽相去数千百年,
而公至诚恻怛、兴利庇民之意,赫然如在目前。初,郡人感公之德,既筑堂缋像,生
祠公于佛宇矣。又户各事之,率皆峨冠正笏,如在庙堂。时若渠渠于保民之意,非
此图弗见焉。噫! 公之仪形功德,行将图麒麟而缋凌烟,纪太常而铭鼎彝矣,又奚
假此图而后传。然写公一时庇民利国、遗惠无穷之状,则作图之意,似或不苟。敢
目之曰《安抚述古刘公按城图》,而系之以颂云。词曰:

　　维富有室,必周楼疏。厚其垣墉,以谨不虞。矧惟有国,设险以守。

亦日有城,厥利可久。维此越城,既久厥时。弗支而隳,弗崇而卑。我公既至,日嘻孰可。崇而支之,岂不在我。乃遣僚吏,乃庀工徒。乃兴版筑,云集霆驱。维掾有绅,实部冲要。明台是通,三韩取道。公日汝掾,勿可怠遑。宜雄而丽,以壮此邦。绅既受命,敢忘夙夜。督工课程,食息不暇。百堵既兴,削屡既平。曾未越月,谒公告成。公日敏哉,我其相止。必躬必亲,以察以视。既履于危,复升其陴。人皆股栗,公独如夷。舍车而徒,其行日远。人咸告劳,公则弗倦。赫赫秋阳,如惔如焚。公不以病,人以惮闻。公维忠信,指于率履。诚以勤民,余弗介意。公既戾止,僚吏是从。有旗其淠,有鸾其雍。邦民咸喜,从公于迈。道路嗟咨,望公而拜。奕奕新城,隐若修蛇。既公登止,春行万家。和气充塞,欢声鼎沸。湖山秀发,郡国增氛。公在城上,如虎在山。迹屏妖狐,赡落凶奸。群黎安堵,千里无警。建无穷利,出谈笑顷。公如此城,屹若山阿。永镇此邦,千古不磨。公如此城,敦大峭直。巍然有临,以卫社稷。公行入相,秉国钧权。人对此城,如在公前。我作此图,具载公美。昭示邦人,与城无圮。绅也不佞,有幸自天。附羊叔子,千载俱传。　　宋刘学裘《刘氏传忠录》卷一

3. 刘玮

刘玮,建州崇安(今福建武夷山市)人。徽宗政和八年(1118)进士(明弘治《八闽通志》卷四九)。今录诗二首。

刘忠显公輓挽诗二首

黄屋蒙尘去,胡雏问鼎来。偷生皆窃位,有死识真材。勇奋乾坤隘,时危琬琰灰。拱辰山下水,湍泻寄余哀。

昔叩龙门峻,尝吹国士知。自怜不侯相,空记衮褒辞。梦有英风在,来瞻隧道悲。精诚应未泯,千古龙羌夷。　　宋刘学裘《刘氏传忠录》卷一

4. 张宗臣

张宗臣,高宗建炎二年(1128)任大理寺丞(《浮溪集》卷八《张宗臣大理寺丞孔仲原大理司直制》)。绍兴二年(1132)为尚书右司员外郎。三年,试大理卿。事见宋李心传《建炎以来系年要录》卷五八、六二。

刘忠显公輓挽诗

损身殉国见忠良,皎皎精神与日光。应效夷齐耻周粟,何惭巡远守

睢阳。古来全节知无几，身后高名久益彰。大笔直书褒典重，勋名烜赫
看诸郎。　　　宋刘学裘《刘氏传忠录》卷一

5. 施述

施述，建州瓯宁（今福建建瓯）人。哲宗元祐六年（1091）进士。徽宗政
和间提举福建路市舶司。事见明弘治《八闽通志》卷三〇、四九。

刘忠显公韐挽诗

气质刚方颜貌柔，忠诚独与国同忧。堂堂男子死得所，碌碌诸臣生
可羞。堕泪空存遗爱颂，感时谁论徙薪谋。中兴倚仗复王室，宾客今为
公与侯。　　　宋刘学裘《刘氏传忠录》卷一

6. 刘勉之

刘勉之（1091—1149），字致中，号白水，又号草堂，建州崇安（今福建武
夷山市）人。以乡举诣太学，师事谯定，究心伊洛之学。后于家邑近郊结草
为堂，读书其中，力耕自给，与胡宪、刘子翚相往来，讲论切磋。高宗绍兴间
召至临安，与秦桧意不合，即谢病归，不复出焉。朱熹尝从其学。十九年卒，
年五十九。《宋史》卷四五九有传。今录诗十二首。

刘少傅公子羽挽诗二首

天夺经纶手，人与殄瘁悲。蓬年犹未及，伊泽不全施。持橐连瓜
瓞，传经擢桂枝。他年有公论，当日保坤维。

博济几无我，崇高不自贤。英声满夷夏，浩气塞天渊。几处甘棠
政，平生柏子禅。空余故人泪，沾洒旧林泉。　　　宋刘学裘《刘氏传忠录》
卷二

刘文靖公子翚挽诗十首

彦冲通判，早岁辞王事，退处林间，湛酣六经，覃思理趣，超然自得，垂二十年。
岁在丁卯，寝疾而卒。越二十日而葬。友人刘勉之赋诗十章，授诸挽者，以写哀情
焉。实绍兴十七年十有二月丙辰也。

贾生不见虚前席，董相终年独下帷。奥义名言资晚进，余风遗策著
他时。

兰薰玉洁水云闲，半世身名一梦还。不使高文光典策，空令秀句满
人间。

本朝忠义属元老，海内英雄推弟昆。事业文章知不泯，崭然头角见

诸孙。

壮岁荣华早弃捐，几年虚室味幽禅。辋川不见王摩诘，履道空悲白乐天。

桑户反真休怛化，子綦丧我久忘年。音容不逐铭旌去，月在青冥水在渊。

彩笔他年妙不群，牛刀小试发硎新。含华挫锐归林壑，独往如君有几人。

丞郎骑箕去不返，秘阁宰木生悲风。岁晚交游半零落，更持哀病哭诗翁。

春寒古寺题诗日，夜永虚堂讲《易》时。只恐世间无别妙，此音弦绝更谁知。

幽忧犹访维摩病，清绝犹闻叔夜琴。染翰从容别同志，坐忘杳默契初心。

溪水沄沄君舍前，与君畴昔听潺湲。湲声不逐溪流去，此意君诗久已传。　　刘学裘《刘氏传忠录》卷三

7. 汪若思

汪若思，字行父，一作行夫，徽州歙县（今属安徽）人。若容弟。高宗绍兴十二年（1142）进士。孝宗乾道中除国子监主簿，后迁秘书丞朝议郎，转朝散郎兼知制诰。事见宋陈骙《南宋馆阁录》卷七、明弘治《徽州府志》卷八《汪若容传》。今录诗二首。

刘少傅公子羽挽诗二首

国步多艰日，忘家耻自全。饮冰扪蜀道，攘袂出秦川。胡虏闻英概，功名见妙年。一门忠孝象，父子照凌烟。

居士南屏底，高怀了世纷。山林聊引兴，畎亩不忘君。应物心如水，存孤义薄云。如何岁五十，天欲丧斯文。　　宋刘学裘《刘氏传忠录》卷二

8. 章汝楫

章汝楫，宣州宣城（今属安徽）人。孝宗隆兴元年（1163）为富阳县主簿（《宋会要辑稿》职官一〇之二八），淳熙三年（1176）任建康府府学教授（《景定建康志》卷二八）。今录诗三首。

刘忠肃公珙挽诗三首

　　胆智千人杰,修能百辟师。名犹耸枢极,惠止及藩维。世固期平治,天胡不慭遗。丛谭思善政,堕泪岂须碑。原注:建康之民每思公惠政,多至感泣者,盖在处有之。

　　制阃威咸著,留都政有声。斩鲸清瀚海,踞虎屹金城。谁继三年最,人传万代名。原注:有军人相与言刘枢密虽死,在建康可谓万代留名。忠怀如烈日,凛凛气犹生。

　　自昔倾英烈,从公过所闻。有怀惟许国,至死不忘君。俾屏形邸谏,于京想旦勋。顾叨门下士,愁绝惨寒云。　　宋刘学裘《刘氏传忠录》卷四

9. 张栋

张栋,孝宗乾道四年(1168),知安庆府。七年,任京西转运判官兼权知襄阳府(《宋会要辑稿》方域九之一九)。淳熙八年(1181),放罢湖南转运副使(同上书职官七二之三一)。今录诗二首。

刘忠肃公珙挽诗二首

　　英声义气满寰瀛,人望贤于十万兵。欲报主恩心慷慨,每谈国耻涕从横。呼韩誓遣为编户,唐室终期复两京。此志未成公已逝,天乎遗恨几时平。

　　昔扈鸾舆御犬戎,人言制诰似宣公。长沙岂待三年久,右府俄升四辅崇。号令要先清辇下,死生宁复计胸中。力排群小辞君去,犹记当时气吐虹。　　宋刘学裘《刘氏传忠录》卷四

10. 张杓

张杓,字定叟,汉州绵竹(今属四川)人。浚次子、栻弟。以父恩授承奉郎,初为广西经略司机宜。孝宗乾道九年(1173),通判严州(《淳熙严州图经》卷一)。淳熙四年(1177),知袁州(明正德《袁州府志》卷六)。七年,主管玉局观,迁湖北提举常平。后改浙西,兼摄苏、湖二州,迁两浙转运判官。未几,改知临安府,移知镇江。高宗崩,以集英殿修撰知绍兴府,董山陵事,召为吏部侍郎。光宗即位,权刑部侍郎兼知临安府。宁宗庆元三年(1197),除龙图阁学士、知隆兴府兼江西安抚使。官至端明殿学士,复知建康府,以疾乞祠,寻卒。《宋史》卷三六一有传。今录诗二首。

刘忠肃公珙挽诗二首

三世凛忠义,及公仍有光。救饥同富范,殄寇肃衡湘。国耻志期雪,君恩死不忘。恭惟先世契,感旧涕淋浪。

乔木深舆望,斯人遽陨倾。圣时亡一鉴,天堑失长城。俯仰成今古,哀荣备死生。骑箕想英气,犹足扫挽抢。 宋刘学裘《刘氏传忠录》卷四

11. 潘子韶

潘子韶,宁宗庆元五年(1199)放罢司农寺丞(《宋会要辑稿》职官七三之二六)。有《峡江利涉集》一卷(《宋史》卷二〇四,明曹学佺《蜀中广记》卷九七作《峡山利涉集》),已佚。

刘忠肃公珙挽诗

德望巍然服百蛮,力扶国是肃朝端。钧宫久借旋枢重,台衮元非负鼎干。原注:公进职观文即宰相恩例。恢复中原心已决,愁遗一老肉先寒。空余身后推贤表,留与忠臣洗眼看。 宋刘学裘《刘氏传忠录》卷四

12. 孙处

孙处,孝宗淳熙五年(1178)为迪功郎、监建康府户部赡军北酒库(《刘氏传忠录》卷四)。今录诗三首。

刘忠肃公珙挽诗三首

舜禹尊尧日,良平辅汉时。独扶公道起,要与中兴期。身退心元在,民苏力已疲。遗忠垂史策,终始有人知。

道大知难用,时哉可奈何。庙谟遗策少,阴德在人多。陵寝星霜隔,班联玉石罗。平生忧国论,此意竟蹉跎。

政事归公论,文章近古风。千秋茂陵稿,一代建安公。天地英灵在,江山气象空。伤心丹旐出,抆泪到儿童。 宋刘学裘《刘氏传忠录》卷四

三、余论

前文已述,《刘氏传忠录》一书虽然成于南宋时的刘氏后人刘学裘之手,但流传极稀,仅《宋史·艺文志》、《文渊阁书目》等偶见著录。以现存版

本——清光绪十二年（1886）刻本、民国二十二年（1933）三余书室铅印本——视之，《刘氏传忠录》主要只在刘氏子孙内部流存，并且两次刊行其实都与刘氏家族重要成员刘子翚的别集《屏山集》的印行关系密切。尤其光绪十二年这次的镌雕重梓，所记甚详：

> 道光十四年秋，兄佩珮购买奇书，忽得闽中清湘公编辑《传忠录》全集，喜不自胜。告诸通族，莫不踊跃欢欣。又恐其少而易失也，急欲镌板，以广其传。**乙未春，钟奇、洽仁等会议刊刻**……文靖公二十四世孙宇和谨志。

> **是录与《屏山文集》，前人旧章，随谱给发家藏一编，以资考订。**壬申续修家乘，本拟付梓，只因经费不敷，未得如愿。……迄今十有余载……而是书遗稿，亦仅有存者。因留心购访，于乙酉①春始得全书于族人字刚之家，当即告知族人照旧章续刻，固皆欣然乐从，但以费无所出为虑。……越两春秋，始得成书。……光绪十二年丙戌仲冬之吉，文靖公二十五世孙震之谨志。（以上《重梓〈传忠录〉记》）

> 文靖裔孙佩珮等于道光十四年始得是编，喜告族人而授之梓，遭乱散失。**今其后嗣阳湖学生震之、奉祀生受益、监生思退、岳荣等鸠工重刻，乞言于予。**……（王先谦《刘氏传忠录序》）

> 文集二十卷，其嗣子右修职郎平父先生编次，而朱子跋其后。……**先生裔孙震之、受益、思退、岳荣等重授剞劂，请序于余**……光绪十二年丙戌秋七月，国子监祭酒、提督江苏学政长沙王先谦谨序。（王先谦《屏山先生文集序》）

道光十四年，刘佩珮购获《刘氏传忠录》，次年春即与《屏山先生文集》一同刊行，散发刘氏子孙各家存藏。至光绪十一年之前，刘氏子孙家藏本大多亡佚，于是再从刘字刚家寻得全帙付梓，并由刘震之、刘受益、刘思退、刘岳荣等人延请时任江苏学政的王先谦写了《刘氏传忠录》和《屏山先生文集》的两篇序言，基本还原了前后两次刊行的具体情况。等到民国十八年，程勋新辑《刘氏传忠录续编》书成，詹继良为之跋；民国二十至二十一年，刘

---

① "乙酉"为光绪十一年（1885）。

氏子孙先后又请时人杨云、毛凤稣等为《刘氏传忠录》和《屏山先生文集》撰作序文。民国二十二年,铅字排印本《刘氏传忠录》及《续编》、《屏山先生文集》问行于世。

其实,正是由于《刘氏传忠录》的这一特殊流传形式,相当数量的宋人诗作(主要是挽诗)赖以原样保存,成功地避免了后世改窜的现实问题。以刘韐挽诗为例。刘韐(1067—1127)为刘子羽、刘子翼、刘子翚之父,钦宗靖康二年(1127)作为割地使进入金营,金人欲用之,韐以"偷生以事二姓,有死,不为也"厉色拒之,最终"沐浴更衣,酌卮酒而缢"(《宋史·刘韐传》),以身殉国,后谥忠显。噩耗传回,时贤俊彦为之哀恸,纷纷作诗泣挽,《刘氏传忠录》卷一就完整地保存了徐俯、翁彦深、胡安国、吕本中、胡宪、胡寅、翁挺、刘玮、张宗臣、施述、张嵲、邓肃等人的挽诗。并且在诗中,他们屡屡表彰刘韐身处国家危亡之际挺身而出、视死如归的壮举,称赞其"蛮夷询状貌,草木识威名。忍见妖氛入,难支大厦倾。捐躯无可恨,生死极哀荣"(翁彦深);"为公真许国,誓死岂谋家"(胡安国);"刘公生东南,节义迈等伦。时危出一死,以捍胡马尘"(吕本中);"往年丧乱天地晦,翠华蒙尘悲两宫。敌人睥睨周鼎重,意欲尽使齐亩东。惟公慨然不受屈,从容引决惊群凶"(胡宪);"再当胡骑入,忍见国家危。慷慨登陴气,芬芳绝命辞"(翁挺);"黄屋蒙尘去,胡雏问鼎来。偷生皆窃位,有死识真材"(刘玮);"黄屋辞丹陛,贞臣赴虏营。解言终不反,先面竟如生","群僚徒陷虏,贼子更臣张。自古宁无死,唯公独有光"(张嵲);"天王遣公赴狂虏,胡奴列拜听奇语。军中相庆得左车,便觉笑谈混天宇。先生一笑凛长虹,此膝那屈穹庐中。……毡帐归来眦欲裂,北望紫微挥涕血。更期结草报君王,夜半无人径自绝"(邓肃),直斥金人为"蛮夷"、"妖氛"、"敌人"、"胡雏"、"虏营"、"狂虏"、"胡奴"、"毡帐"等等。而这些带有强烈鄙视色彩的词语,对于同为女真族后人的清代统治者而言,无疑犯了最大的忌讳,所以在根据《永乐大典》重新辑编张嵲《紫微集》时,语涉违碍的"虏营"、"虏"这些字眼便被删改得干干净净、荡然无存了。如是观之,《刘氏传忠录》及其《续编》,以稀见而珍贵;尤其《刘氏传忠录》,成书既早,价值亦富,不仅收录了一大批他书未见的宋人诗作,可为辑佚研究之用,而且保留了篇章文字的较原始面貌,再通过详细的文本校勘,足以生动揭示部分异文之所以产生的人为缘由。

第八章　禅宗文献与辑佚

　　佛门僧侣创作的诗歌,是中国古代绚丽诗苑中的一道特殊景观;尤其那些唐宋以来的偈颂文字,往往兼具近体诗的形式特征与自古形成的言志、抒情、说理等功能传统,不应被轻易地摒弃于诗坛之外,只强调其思想趣味而忽视其审美价值。受此种观点之影响,《全宋诗》对于僧诗文献①的利用和僧诗作品的收录,便远远宽于《全唐诗》和《全元诗》。以三书拟定的体例言之,《全唐诗》认为《唐音统签》中的"道家章咒、释氏偈颂二十八卷……本非歌诗之流,删"②;《全宋诗》在有宋一代诗人诗作的辑佚方面充分考虑到了宋诗中僧诗的地位,将佛藏中的《语录》、《灯录》等也都纳入了"第一批书目"的范围③,收录诗僧诗作数量最多④;《全元诗》"仅编录各体诗……对于偈、赞、颂等韵文,特别是整卷以阐述宗教理论为依皈者,不予收录。个别此前元诗总集已经选录的、或杂处诗卷之中的零篇例外"⑤,仍然着眼于释子别集和《元诗选》等清人编选总集中的诗僧作品,未及元僧语录以及其他佛典文献所见偈颂,从而一定程度上避免了《全宋诗》"兼收铭、赞、颂、偈"招致的质疑或批评。

　　当然需要特别指出的是,《全宋诗》注意利用禅宗语录、灯录等佛藏文献专事宋代僧诗辑佚,这一决定并非从一开始就明确实行,以至于大量僧诗的

---

①　所谓"僧诗文献","即释子创作的诗歌文献",研究对象"包括僧徒所撰诸体诗歌与宗门偈颂",不仅仅局限于一般意义上的别集、总集所载录者,说详吴光正《二十世纪以来僧诗文献研究综述》,见其《百年中国佛道文学研究史论》,北京:中国社会科学出版社,2021 年,第 30—32 页。

②　(清)彭定求等《全唐诗·凡例》,北京:中华书局,1960 年,第 1 册,第 8 页。

③　北京大学古文献研究所编《全宋诗·后记》,第 72 册,第 2 页。

④　"据统计,《全宋诗》中共收录释氏八百十八人,占全部诗人的近十分之一。其中收录有集诗僧二十家,而其他都是从宋代及其后历代方志、笔记、诗话、别集、总集、类书、佛教史传、僧人语录、山志、寺志等大量文献资料中所辑录出的无集(包括当时有集今已不存)僧人的诗歌。仅有集诗僧之诗已近万首,更勿论其他无集僧人的诗了。《全宋诗》所收无论从诗僧人数还是诗歌数量上都超过了前代。"许红霞《〈全宋诗〉所收僧诗致误原因探析》,《中华文史论丛》2007 年第 4 期,第 239—240 页。

⑤　杨镰主编《全元诗·凡例》,第 1 册,第 1 页。

最初辑佚出处只是《五灯会元》，等到后来发现应当集中利用《大藏经》和《续藏经》中的更多禅僧语录、单独成书之灯录（如《天圣广灯录》、《建中靖国续灯录》、《嘉泰普灯录》等）以及《禅宗颂古联珠通集》等书时，前面已经发排或者出版《全宋诗》各册自然无从补入①。由此所致，以第25册为界，北宋禅僧名下大多未以各人语录作为辑佚出处。例如，释善昭（947—1024）有《汾阳无德禅师语录》三卷，《全宋诗》册1未利用，仅据《五灯会元》录诗6首；释宗本（1020—1100）有《慧林宗本禅师别录》，《全宋诗》册9未利用，仅据《禅林僧宝传》《罗湖野录》录诗2首；释守端（1025—1072）有《白云守端禅师语录》二卷和《白云守端禅师广录》四卷两种语录，《全宋诗》册11皆未利用，仅据《五灯会元》、《罗湖野录》、《禅林僧宝传》等录诗15首；释仁勇有《保宁仁勇禅师语录》存世，《全宋诗》册11未利用，仅据《五灯会元》录诗8首；释克勤（1063—1135）有《圆悟佛果禅师语录》二十卷，《全宋诗》册22未利用，仅据《罗湖野录》、《续古尊宿语要》、《嘉泰普灯录》、《五灯会元》及其他明清典籍录诗72首；等等。南宋禅僧语录的使用则相对周全。至于《禅宗颂古联珠通集》一书的辑佚利用，同样存在着北宋诸僧数以千计的失收颂古作品尚待增补的情况。正是基于释家典籍和释子诗作的复杂特质，加之《全宋诗》编纂期间的一度犹豫，宋代僧诗的辑录的确大有空间，朱刚、陈珏《宋代禅僧诗辑考》②就是最好的证明。所以我们也认为，较之一般文学作品的搜集、编次，僧诗的辑佚整理在材料源头方面先天地存在着迥别于传统典籍四部类分的差异——只有全面地调查《大藏经》、《续藏经》中的僧诗文献，并在充分了解、详实考辨的基础上准确划定辑佚书目的范围，方可保证尽量避免漏收，臻于全备完善。

此外，《全宋诗》编纂之际，对于补编的工作也做了切合实际的设想和考量："补编辑集范围主要是上述正编已及之外的明、清时期的各类书籍，以及书画题跋和散存各地的石刻、拓片、手迹、抄本等等。"③回顾历史，宋元禅僧在中日两国的近世交往进程中扮演了友好使者的角色，为思想文化的传播交流做出了巨大贡献。而他们的那些至今仍然存世的手书真迹，又可为宋诗辑佚提供意想不到的收获。

一、《大慧普觉禅师语录》（二卷本）新见宋人佚作辑证

《大慧普觉禅师语录》二卷，署"参学比丘法宏、道谦编"，卷首有释祖庆

---

① 孙钦善《〈全宋诗〉回顾与补编之展望》，《北京大学中国古文献研究中心集刊》（第10辑），北京：北京大学出版社，2011年，第91页。
② 朱刚、陈珏《宋代禅僧诗辑考》，上海：复旦大学出版社，2012年。
③ 北京大学古文献研究所编《全宋诗·编纂说明》，第1册第9页。

题识:"(祖庆)尝欲焚前录,俾学者自悟西来直指,不滞文字语言。今复镂此板,何也? 正欲枷上着杻,缚上增绳,令渠自透自脱。灵刹汉一见,便知落处,更于此录,求玄妙,寻言句,一任钻龟打瓦。淳熙戊申重阳日住钟山小师(祖庆)谨书。"卷末有其跋语:"大慧先师以无量三昧辩才,秉佛慧炬,洞烛人心。承学之徒,随说抄录,散落诸方,末后最庵道印法兄,裒次编正,总为一集,名曰《广录》,前后颠末,了然无遗。昔释迦老子,住世七十九年,说法三百余会。临涅槃时,于金棺中现露双趺,以示迦叶。迦叶告诸比丘,佛已涅槃,凡金刚舍利,非我等事,我等当结集法藏,无令断绝。道印法兄之用心,与迦叶等。然当时迦叶一言之后,阿难依教奏行,佛之奥义,遍满沙界。祖庆亲炙先师之日最久,敢不奉承道印法兄之用心? 镂版刊行,以广其传,庶几见者闻者,同悟真如,佛之慧命,永永不绝。古语云:'自未得度先度人者,菩萨发心。'学者当有以亮(祖庆)附丽阿难之本意。绍熙元年四月结制日,(祖庆)谨跋。"今收入《卍续藏经》第 121 册,题曰《普觉宗杲禅师语录》①。

释法宏、释道谦皆为大慧宗杲(1089—1163)座下弟子,后者尝编《大慧普觉禅师宗门武库》一卷,收录大慧宗杲禅师讲述的历代禅林逸事。而《大慧普觉禅师语录》既然同署法宏、道谦之名,卷上的各则顺序、内容又几与《大慧普觉禅师宗门武库》全同,两书之前后关系,正如大慧宗杲弟子释晓莹《云卧纪谭》所附《云卧庵主书》所述:

> 今华藏琏兄住保安,日有书来云:"祖咏住越之兴善已数年,在临安时,缀集大慧始末,作《年谱》一册,不肯上径山与前辈看详,急于刊行,亦多疏脱。"愚于是答其书,纠其《年谱》之谬。……今略叙《武库》之权舆:乃绍兴十年春,信无言数辈在径山,以前后闻老师语古道今,聚而成编。福清真兄戏以《晋书·杜预传》中"武库"二字为名。……张徽猷昭远有偈嘲老师曰:"小庵庵主放憨痴,爱向人前说是非。只因一句臭皮袜,几乎断送老头皮。"由是山头识者,莫不以"武库"二字为忧。故千僧阁首座江州能兄揭榜子于阁门曰:"近见兄弟录得老师寻常说话,编成册子,题名《武库》,恐于老师有所不便,可改为《杂录》,则无害焉。"其后,又伪作李参政汉老跋,而以绍兴辛酉上元日书于小溪草堂之上。其实老师则不知有《武库》。及于绍兴庚午,在衡阳见一道者写册,取而读,则曰:"其间亦有是我说话,何得名为《武库》?"遂

---

① (宋)释法宏、释道谦编《普觉宗杲禅师语录》,《卍续藏经》,台北:新文丰出版公司,1976年,第 121 册,第 47—102 页。

曰:"今后得暇,说百件与丛林结缘,而易其名。"未几,移梅阳。至癸酉夏,宏首座以前语伸请,于是闲坐间有说,则宏录之。……时福州礼兄亦与编次。宏遂以老师洋屿众寮榜其门,有兄弟参禅不得,多是杂毒入心之语,取稟而立为《杂毒海》。宏之亲录,为德侍者收;礼之亲录,在愚处。……①

绍兴十年(1140),信禅师等人将大慧宗杲在径山时的机语、应答等结集,又取《晋书·杜预传》"预在内七年,损益万机,不可胜数,朝野称美,号曰'杜武库',言其无所不有也"之语,编成《武库》。次年,宗杲因与张九成"谤讪朝政"②而遭遇长达十六年之久的流放。二十三年,宏首座续记宗杲言说,录而编之,取名《杂毒海》,即《大慧普觉禅师宗门武库》、《大慧普觉禅师语录》二书之蓝本③。而出于政治避害的现实需要,《武库》成书之后,宗杲的弟子们又伪造了李邴(字汉老)作于绍兴十一年上元日小溪草堂的跋语一篇,以求借重于朝野名公,为宗杲张目。今览《大慧普觉禅师语录》,上卷以信禅师所编《武库》、宏首座所录《杂毒海》为基础,并略有内容增加;下卷首列李邴跋语,尤为不伦,次录当时名公为大慧宗杲所作偈、赞、祭文以及大慧宗杲"赞方外道友"、"赞佛祖"等系列作品。全书的编排、题署,既不符合宋代禅僧语录的正常体例,又径取法宏、道谦之名,驳杂无序,显系《大慧普觉禅师宗门武库》之后才拼凑问世。

不过,尽管这部二卷本语录究属伪作,但它在南宋中期已经成书,并且保留了他处未见的大量记载,自当有其文献价值;特别是卷下集中收录的偈、赞、祭文,多有《全宋诗》和《全宋文》失收之作。兹分不见于《大慧普觉禅师宗门武库》的新出诗偈赞颂(10家,16首)④和时贤祭文(4家,4篇)两个部分,逐录于次。

---

① (宋)释晓莹《云卧纪谭》,《卍续藏经》,第148册,第45—47页。其中张浚(字昭远)嘲戏大慧宗杲的偈作,《全宋诗》册37卷二〇五三页23088张昭远名下亦失收。
② (元)脱脱《宋史》卷三七四《张九成传》,第33册,第11579页。
③ 哈磊《〈大慧语录〉的编辑与版本系统》,《西南民族大学学报》(人文社科版)2008年第9期,第107页。
④ 据朱刚、陈珏《宋代禅僧诗辑考》,"大慧语录,除《大正藏》所收《大慧普觉禅师语录》三十卷外,尚有《续藏经》所收《普觉宗杲禅师语录》二卷,其卷下所载大量'赞',《全宋诗》未录,而《全宋文》已录入,此不复抄",见第454页脚注①。其实除了大慧宗杲《赞方外道友》、《赞佛祖》的系列作品之外,《普觉宗杲禅师语录》卷下所载张浚、李邴、冯楫、徐林、赵令衿(字表之,《全宋文》册284卷六四三九页17以字立目)、吴伟明、蔡枢、张浚(字昭远,《全宋文》册158卷三四〇三页78以字立目)、郑昂诸家《大慧禅师真赞》,《全宋文》于各人名下亦已见录,兹又不赘。

（一）新出诗偈颂赞（10 家,16 首）

诗、偈、颂、赞本为不同文体,尤其传统的颂与赞,前者可以追溯至《诗经》,"美盛德而述形容",后者源出"唱发",与颂的功用近似,"其颂家之细条"①；二者一般均采用四言韵语的形式,与诗的题目、形式分别判然。但是自唐宋以降,大量涌现的佛教偈、颂、赞作品,却不仅与五言诗、七言诗、杂言诗所具有的对仗、押韵等特征呈现出极高的相似性,甚至反映在文人学士的文体观念以及作家别集的分体编次方面,它们之间也开始出现了相互浸润、融合的迹象,"与'诗'的界限已无法彻底划清"②。正是基于这样的发展现实,《全宋诗》的僧人名下,收录了为数众多的偈、颂、赞作品,以期更加宏阔、立体地反映两宋三百年间僧诗创作的繁荣景象。当然,这种扩大了文体边界的操作,一方面由于原则、尺度被模糊而造成了实际收录的不尽统一,另一方面也导致了《全宋诗》和《全宋文》在这一部分的篇目重出,进而一度引发了广泛、热烈的讨论③。对于诗与偈、颂、赞的文体区别与形式趋同,究竟应当如何看待、解释,特别是认识论层面之于方法论层面,即文体观念的新的变化对于古籍整理工作的具体推进指导,或许始终见仁见智,难有定论④。这里则仍将四者统而称之,并就其人生平或作品异文,附以按断说明。

1. 李光（1 首）

大慧禅师真赞

往年曾见老维摩,今朝忽着僧衣服。因甚丹青邈不成,只为从来无面目。　　《大慧普觉禅师语录》卷下

按：李光（1078—1159）,字泰发（一作泰定）,越州上虞（今浙江上虞东

---

① （南朝梁）刘勰《文心雕龙·颂赞》,黄叔琳注、李详补注、杨明照校注拾遗《增订文心雕龙校注》,北京：中华书局,2012 年,第 107—109 页。

② 李更《偈赞颂管窥——从〈全宋诗〉对偈赞颂的收录说起》,《北京大学中国古文献研究中心集刊》（第 7 辑）,北京：北京大学出版社,2008 年,第 632 页。

③ 李更《偈赞颂管窥——从〈全宋诗〉对偈赞颂的收录说起》,《北京大学中国古文献研究中心集刊》（第 7 辑）,第 621 页。

④ 例如,陈尚君先生在《〈先秦汉魏晋南北朝诗〉再检讨》一文中强调,释家的歌诗赞颂,唐代以后更多具备了诗歌的节奏、押韵等形态,而《全唐诗续拾》前言亦称："赋、铭、赞、颂等韵文,六朝以来均视为文而不视为诗,尽管并不科学,但历代沿守,自无必要改变。但也有特殊情况……有些作者的五七言诗用铭、箴、赞、颂之类命篇。凡此之类,本书均酌情予以收入,以便研究。"陈尚君《汉唐文学与文献论考》,上海：上海古籍出版社,2008 年,第47—48、64 页。

南）人。《全宋诗》册 25 卷一四二一——一四二八录其诗八卷,《全宋文》册
154 卷三三〇六—三三一八录其文十三卷,此首失收。

2. 刘岑（1 首）

大慧禅师真赞

瞿昙系,四十九。此杰孙,世希有。姿如天人仰如斗,七十五年狮
子吼。接物利生慈父母,写之丹青传不朽。　　　　《大慧普觉禅师语录》卷下

按:刘岑（1087—1167）,字季高,号杼山居士,吴兴（今浙江湖州）人。
《全宋诗》册 29 卷一六八三页 18882—18883 录其诗二首,《全宋文》册 177
卷三八八四录其文一卷,此首失收。

3. 莫俦（1 首）

闻大慧普觉禅师圆寂

俦与佛日大慧普觉禅师游,逾三纪矣,忽闻圆寂,不胜悲怆。天下独步宗师云
亡,孰不叹惜。自惟衰耄,屏迹海濒,莫遑躬致茶果之奠,聊赋诗一首,以写我心
云尔。

竹篦常握振宗风,妙喜横行四海中。乔岳下览众山小,真龙尽洗凡
马空。名标普觉白日并,塔跃宝光祥霭笼。居士幽栖身懒动,遥瞻明月
恨何穷。　　　　《大慧普觉禅师语录》卷下

按:莫俦（1089—1164）,字寿朋,吴县（今江苏苏州）人。《全宋诗》册
30 卷一七一八页 19346—19347 录其诗二首,此首失收。

4. 释宗杲（1 首）

颂一首

赵州狗子无佛性,道火何曾口被烧。昨夜蓦然帘上发,南海波斯鼻
孔焦。　　《大慧普觉禅师语录》卷上

《大慧普觉禅师语录》:师因遗火烧帘,次日告香,举"狗子无佛性"
话,乃云:"欲识佛性义,当观时节因缘。"云门大师道:"若是得底人,道
火何曾烧着口。"因作颂云云。

按:释宗杲（1089—1163）,号大慧,俗姓奚,宣州宁国（今安徽宣城）人。
《全宋诗》册 30 卷一七二〇——一七二四录其诗五卷,此首失收。

5. 刘仪凤（1首）

大慧禅师真赞

　　平生凌跨佛祖，骂得半文不直。被人猫画将来，一句何曾道得。道不得，听不闻，只这些子，函盖乾坤。所以四方学者，云集其门。没讨头处，翻裤作裈。我与此老，素无冤结。一回见面，眼中钉橛。不须到处，露渠丑拙。河清海晏秋天高，谁家瓮里无明月。　　《大慧普觉禅师语录》卷下

　　按：刘仪凤（1110—1176），字韶美，普州（今四川安岳）人。《全宋文》失收其人。

6. 释文温（1首）

上张商英

　　知府左司也大奇，教我东门南门西门北门收死尸。愿左司早入中书生个大男儿，更证阿耨多罗三藐三菩提。　　《大慧普觉禅师语录》卷上

　　《大慧普觉禅师语录》：无尽居士自左司出守南昌，年饥，乃开东湖以济民。民困役死无数。时有寂禅师者，吴越钱氏之裔，住上蓝。无尽令选一得力行者，收瘗遗骸满千数，即与度牒。寂差行者文温，福州人，操闽音，作诗上无尽云云。寂欲檟楚。无尽知之，令人传语长老："行者诗好，休要打他。"

　　按：释文温，福州（今属福建）人。与张商英同时。《全宋诗》失收其人。

7. 梦中白衣人（1首）

赠许知可

　　施医功普，陈楼间阻。殿上呼胪，唤六作五。　　《大慧普觉禅师语录》卷上

　　《大慧普觉禅师语录》：许知可，毗陵人。尝获乡荐，省闱不利而归。舟次吴江平望，夜梦白衣人谓之曰："汝无阴德，所以不第。"知可曰："某家贫，无资可以遗人。"白衣者曰："何不学医，吾助汝智慧。"知可辄寤。思践其言，果得卢、扁之妙。凡有病者，无问贵贱，诊候与药，不受其直。病者日填门，无不愈者。后举又中乡评，赴春官，舣舟平望，梦前白衣人相见，以诗赠之云云。思之不悟其意。后登第唱名，本第六人，因上名殿试罢不禄，遂升第五，乃在陈、楼之间。方省前诗谶也。

按：许叔微,字知可,真州(今江苏仪征)人。高宗绍兴三年(1133)进士。著有《本事方》十卷、《伤寒方》三卷(宋陈振孙《直斋书录解题》卷一三)。梦中白衣人之诗又见《夷坚志》甲志卷五"许叔微"条,作"药有阴功,陈楼间处。堂上呼卢,唱六作五"①,文字稍异。《全宋诗》失收其人。

8. 郑绩(7首)

大慧禅师真赞

真个临济儿孙,透彻三玄三句。拈出丹霞幞头,江北江南独步。德山歌,禾山鼓,雪峰毬,岩头舞。平地骨堆,做尽路布。争如四海一闲人,襟韵飘飘袖轻举。塞上将军只识彪,辟易方知有真虎。

人言此老喜谈禅,此事谁人敢授传。少室峰前无剩语,二祖风流遍大千。立雪齐腰兹事且置,明月堂前又作么生。熏风飔飔今犹昔,正好披襟抚舜弦。

偈五首

双槐居士郑绩,隆兴改元十月九日,致薄祭于大慧普觉禅师塔前,遂作五偈,以道追慕之情。

岭外归来又八年,舌头无骨口澜翻。有时穿透九流去,涌出杨岐顶颔禅。

句里呈机也大奇,个中消息不思议。只缘心地明如日,识得飞龙或跃时。

明月堂前月色新,青山过雨绝纤尘。松风凄断碧云合,不见堂中旧主人。

殿角生凉得力句,纵说横说河沙数。如今木倒藤亦枯,且道句归何处去。

八月十日五更钟,吹毛用了匣藏锋。想当杀活自由处,不羡沙场定远功。 以上《大慧普觉禅师语录》卷下

按：郑绩,字禹功,号双槐居士,吴兴(今浙江湖州)人。高宗绍兴四年(1134),佛灯守珣尝语临终时限。孝宗隆兴元年(1163),作偈追祭大慧宗杲。另与李彭(《日涉园集》卷四《次九弟游云居韵兼简郑禹功博士》等)、刘一止(《苕溪集》卷五《次韵郑禹功见贻一首》)、曾几(《茶山集》卷二《闻东湖荷花盛开未尝一游寄郑禹功》等)等皆有交。《全宋诗》失收其人;《全宋

① (宋)洪迈《夷坚志》,何卓点校,北京:中华书局,2006年,第38页。

文》册 148 卷三二○四页 398—399 录其文两篇,《大慧禅师真赞》失收。

9. 陈亚卿(1 首)

大慧禅师真赞

伟哉此老,有逼人之风韵,有如王之气宇。以正知见,主张大法;以大力量,荷担诸祖。纵口说禅,如雷如霆;恣意骂人,如风如雨。分别邪正,如正人端士之在庙堂;临机杀活,如谋臣猛将之临行伍。杜撰长老,嫉之如仇仇;本色衲僧,爱之如父母。杨岐一宗,历五世而光明盛大者,赖此老以为法道之主。至其驴辔方来,钳锤后学,道出常情,众人莫得而拟议者,不过一条黑竹篦子。仁禅仁禅,切须荐取。　　《大慧普觉禅师语录》卷下

按:陈亚卿,字次仲,号东峰居士(《大慧普觉禅师语录》卷一九),闽县(今福建福州)人。徽宗宣和三年(1121)进士。高宗绍兴十七年(1147)以朝散郎通判汀州。《全宋文》失收其人。

10. 傅忠厚(1 首)

大慧禅师真赞

堂堂径山,人中之杰。举世背毁,我独面折。人谓汲黯,不在朝列。下笔纵横,雷驱风卷。人谓东坡,不在翰苑。我知斯人,人天之师。威武不屈,贫贱不移。蒲团拄杖,笑视轩羲。　　《大慧普觉禅师语录》卷下

按:傅忠厚,失其名,以字行。尝为经略司干办公事,大慧宗杲谪居衡阳时与之相识①。郑刚中《北山集》卷一九又有《傅经干以所业一编出示戏赠一绝》,不知是否同一人。《全宋诗》《全宋文》失收其人。

(二) 时贤祭文(4 家,4 篇)

1. 陈辉

祭大慧禅师文

佛法寝季,异见相攻。不有杰然,孰振其宗。猗欤大慧,道峻而通。孔老梵释,内外混融。雄辩俊仪,如河决东。褰裳从之,靡求不供。下

---

① 《大慧觉禅师普说》卷五下:"傅经干请普说,师云:'经干道友,妙喜初不相识。去岁经由衡阳,特来相访,一见便如故人。……'"(宋)释蕴闻编《大慧觉禅师普说》,《卍正藏经》,台北:新文丰出版公司,1980 年,第 59 册,第 1001 页。

动阃里,上倾王公。历载五十,莫婴其锋。晚归龙井,谈笑示终。师岂有逝,道俗所恫。馈奠之薄,聊写我胸。尚享！　　《大慧普觉禅师语录》卷下

按：陈辉,字晦叔,福唐(今福建福清)人。孝宗隆兴元年(1163)以两浙转运副使兼知临安府。是岁大慧宗杲圆寂,因而有此祭文,末署"朝请大夫直敷文阁知临安军府事赐紫金鱼袋"。《全宋文》失收其人。

2. □易

祭大慧禅师文

惟师昔以道法,鸣于东南。领袖万僧,声名弥天。虽释其衣,而心实儒。贯穿百家,气雄万夫。以言近世,一跌几年。生死穷达,如不动山。虽困其身,道则愈明。四海导师,斗南一人。昔寓衡岳,时始见师。一见如旧,胸襟坦夷。生平自念,所遇孔艰。深中厚外,其徒实繁。与师一语,目明心开。西来妙旨,虽未究该。而其大节,荷师深知。今则已矣,谁其告之。呜呼！子方病归,几卧九泉。僧悦忽来,报师之迁。拊枕失声,挥涕咨嗟。知几百岁,复生师耶。师固超然,我心则勤。此一瓣香,非师莫陈。洋洋湘江,万折必东。我之怀师,岂有穷哉。尚享！　　《大慧普觉禅师语录》卷下

按：□易,失其姓①,祭文末署"奉直大夫直秘阁"。《全宋文》失收其人。

3. 罗公旦

祭大慧禅师文

呜呼哀哉,师真无意于兹世耶？抑佛祖之道,当平沉而莫之继耶？何一病遽蜕,人天欲挽而不可冀也。师之春秋七十有五,不可谓不寿,而大法所系,学者宗仰,虽百年而犹未慰也。自临济以来,显道设教者不知其几,而光明俊伟未有如师之比也。方其首众京师,结庵洋屿,头角未露于诸方,霆震已惊于群耳。盖师之所得,尽先圣之渊秘,而材力雄健,又有绝乎其类者矣。观其开辟道奥,论议骏发,浩乎如河海之莫

---

① 核之前后各篇署名体例,几乎全为姓氏大字书、名字小字书,"易"为小字,因此以之为作者之名。

际。及夫戏弄翰墨,一落千字,并孔老以为言,混三教而一致。世皆称师聪明之过人,博闻而强记,而不知此皆其细也。握千圣之要机,揭明鉴而洞视,自凡学道之徒,有过乎前者。不待片辞之徒,而浅深洪纤,皆得其肝肺,则师之服人,有前辈之所未至。故一时震动,四方响应,魁磊不群之士,悉云赴而川会。一登郖岭,两主径山,抠衣于座下者率二万指,名声登彻于九重,而王公以下,莫不敛衽而钦事。昔其未见于世也,众欲正其师位,而其得罪迁徙也。日夜望其复归,归而既老矣,赢粮影从者,视所之而辄诣。及其谢病退卧,而众环绕弗散者,犹幸其一言之诲。呜呼,孰知奄兮忽焉而不复见也!法鼓晨裂,流星夜坠,剡尺纸以上奏,即吉祥而飚逝。我生不淑,习业蒙翳,疏导洗涤,惟师之恃。今师已矣,野干乱鸣,蛙黽①嘈杂,将何所而止戾也。薄莫敬陈,继以雪涕,非独悼一己之曷从,盖将为天下学者畏也。尚享! 　　　《大慧普觉禅师语录》卷下

按:罗公旦,孝宗隆兴元年(1163)为临安府观察判官,主持大慧宗杲丧事(《大慧普觉禅师年谱》)。《全宋文》失收其人。

4. 袁祖严

祭大慧禅师文

呜呼! 天地虽大,有形斯彰。日月虽明,有数可量。惟我大慧,孰为平方? 若其有陈,为谤之端。往岁瞻礼,寓于四安。亲授法语,尽平生欢。岂期遗诲,遽成永诀。波旬外道,罔不欣悦。从渠喧嚣,如汤沃雪。孰知我师,不用言说。本自无生,今则何灭。四方有知,涕泪哽噎。引脰长号,馈奠以别。尚享! 　　　《大慧普觉禅师语录》卷下

按:袁祖严,号无住居士。与周必大有交(《文忠集》卷一六八《泛舟游山录》)。《全宋文》失收其人。

上述佚篇之外,另有清净居士李琛《祭大慧禅师文》,《全宋文》册129卷二七九二页 292 已收,小传称其"绍圣间人"。然而北宋哲宗绍圣时(1094—1098)距离南宋孝宗隆兴元年(1163)将近七十年,或非同一人。

二、《日藏宋元禅僧墨迹选编》所见宋僧佚诗辑考

古人的书画真迹,作为悠久历史长河里的珍贵遗珠,既是文物中的艺术

---

① "黽",疑当作"黾"。

佳品，又具有一定的文献史料价值，于人物生平交游之考察、诗文的校勘与辑佚等皆有助益，可补传世典籍所载之未备。

宋、元两朝，佛教在中华文化的内在融合和对外交流两个维度上都产生了显著而深入的影响。内在融合方面，丛林文学承继唐五代形成的禅门偈颂传统，诗僧群体不但人数规模持续扩大，而且对于偈颂的吟咏、使用也几乎到了信手拈来、无处不在的程度。对外交流方面，中日两国僧侣渡海传法、求法，直接促进了禅宗思想、制度、典籍在东瀛的传播，同时也为禅僧墨迹在日本的大量留存提供了可能①。

据学者统计，"今天，藏在日本各大博物馆、美术馆、禅宗名刹以及个人收藏者手中的墨迹有 600 余件，涉及宋元高僧 100 余人"②。而依照墨迹作者赴日传法与否，又包括赴日僧墨迹作品至少 190 件、未赴日僧墨迹作品 458 件，并且其中的主要内容类型之一，是禅宗僧侣的诗歌和偈颂③。20 世纪 50 至 70 年代，"曾任日本文部省国宝鉴定官的田山方南，对藏于各地的禅林墨迹进行了全面的调查与整理，最后整理成《禅林墨迹》、《续禅林墨迹》、《禅林墨迹拾遗》3 部凡 9 册陆续出版"，"收录中国禅僧墨迹 556 件"④。21 世纪以来，中国学者江静更在亲自走访日本大量寺院、图书馆、博物馆的基础上，发现了不少田山方南书中未曾收录的禅僧墨迹，进而选择已经被日本政府列为重要文化财的 180 幅作品，在原图之外辅以"录文"和"解题"，荟萃成《日藏宋元禅僧墨迹选编》（以下简称"《选编》"）一册，收入《域外汉籍珍本文库》系列丛书而问世。

《选编》所录宋僧墨迹，计有未赴日之释道潜、释克勤、释宗杲、释咸杰、释德光、释慧性、释居简、释文礼、释道冲、释妙堪、释师范、释普济、释心月、释智愚、释祖智、释大观、释妙高、释如珙、释德敷、释妙深、释德宁、释惟衍、释惠融、释可宣、释妙用、释广泽、释居泾、释若楫和赴日之释普宁、释道隆、释正念、释祖元，凡 32 家、105 则（另有宋末元初禅僧释如芝，《选编》列入"未赴日元僧"，亦可视作宋僧⑤）；内容种类涉及尺牍、印可状、法语、诗歌、

---

① "'墨迹'一词在日本最初是指传入日本的中国高僧的书法作品。后来，该词的使用范围逐渐扩大……现在，'墨迹'在日本基本是指禅僧的书法作品。"江静《日藏宋元禅僧墨迹选编·序言》，重庆：西南师范大学出版社，北京：人民出版社，2015 年，第 4 页。

② 江静《日藏宋元禅僧墨迹的文献与史料价值》，《国际中国文学研究丛刊》（第二集），上海：上海古籍出版社，2013 年，第 71 页。

③ 江静《日藏宋元禅僧墨迹选编·序言》，第 5、9 页。

④ 江静《日藏宋元禅僧墨迹的文献与史料价值》，《国际中国文学研究丛刊》（第二集），第 71 页。

⑤ 朱刚、陈珏《宋代禅僧诗辑考》，第 627 页。

偈颂、序跋、题额等,尤以尺牍、诗歌、偈颂为多。对于宋代僧人所作诗、歌、偈、赞、颂,《全宋诗》已经根据宋代以及其后的历代别集、总集、方志、笔记、诗话、类书、佛教史传、僧人语录、山志、寺志等各类文献广泛辑录,"长编短制,细大不捐,断章残句,在所必录"①,网罗囊括818家释子的上万首作品②,却依然难免百密一疏,仍有遗漏。而针对宋代的禅僧诗(诗、偈、颂、颂古、赞及有韵法语等),朱刚、陈珏《宋代禅僧诗辑考》(以下简称"《辑考》")广泛搜罗禅僧语录、灯录、传记、别集、总集、笔记、杂著等,在《全宋诗》的基础上进一步做了更加全面、翔实的辑录,形成了《全宋诗》僧诗部分的有益增补③。只是无论《全宋诗》还是《宋代禅僧诗辑考》,僧诗辑佚的出处范围都主要限于传世典籍(特别是中国本土久佚而日本仍有传存的域外珍稀汉籍,如《新撰贞和分类古今尊宿偈颂集》、《重刊贞和类聚祖苑联芳集》、《中兴禅林风月集》、《江湖风月集》、《无象照公梦游天台石桥颂轴》等,《辑考》也都已经纳入考察并合理吸收),墨迹资料尚乏关注。笔者近来翻览《选编》的过程中,又检得宋僧佚诗十余首。今析为"《全宋诗》已收诗僧之佚作"和"《全宋诗》失收诗僧诗作"两部分,各家之下间存个人按断。

(一)《全宋诗》已收诗僧之佚作

1. 释德光(1首)

与正瑛偈

　　正瑛求颂要修行,日用应须痛着鞭。会得个中端的意,从教日午打三更。④　　　《选编》第20—21页

　　按:释德光(1121—1203),号拙庵,赐号佛照,临江军新喻(今江西新余)人。为南岳下十六世,大慧宗杲禅师法嗣。释德光诗,《全宋诗》册38卷二一〇四据《古尊宿语录》卷四八《佛照禅师奏对录》、《续古尊宿语要》卷五《佛照

---

① 　北京大学古文献研究所编《全宋诗·凡例》,第1册,第23页。
② 　许红霞《〈全宋诗〉所收僧诗致误原因探析》,《中华文史论丛》2007年第4期,第239—240页。
③ 　朱刚、陈珏《宋代禅僧诗辑考·前言》,第1—11页。
④ 　此诗韵脚"行"、"更"为庚韵字,"鞭"为仙韵字,相隔较远,似已出韵。然而根据鲁国尧《宋元江西词人用韵研究》(胡竹安、杨耐思、蒋绍愚编《近代汉语研究》,北京:商务印书馆,1992年)的考察,宋元江西词人的作品中,寒先部(或包括监廉部)可与个别庚青部字通叶,这其实反映了宋代江西方言中收-n尾和收-ng尾的混同现象。那么,释德光作为江西籍禅僧,或也存在以方音入韵的情况,《与正瑛偈》即是。这里涉及的音韵学、方言学问题,武汉大学文学院熊桂芬教授和北京大学中文系雷瑭淏助理教授均提供了思路上的启发和材料上的支持,谨向他们表示诚挚谢意!

光和尚语》、《禅宗颂古联珠通集》等辑录 37 首,《辑考》又从《禅宗杂毒海》、《重刊贞和类聚祖苑联芳集》、《新撰贞和分类古今尊宿偈颂集》等续辑 5 首。

此诗后署名"佛照老僧",有释德光花押,并钤"佛照禅师"方印。《选编》称其"为淳熙三年(1176)至六年期间拙庵德光送给正瑛(生平不详)的偈颂"①,《全宋诗》失收。

2. 释文礼(2 首)

与顽极行弥偈

弥兄肆业,越上虞舍珠山,开轩窗,名扁为"顽极",非别图号,以自尊也。过茅庐,出无准、北磵两蜀老颂,索鄙俚以和云:

铁围周固几千年,劫火吹灰忽变迁。摩荡风金成又坏,这炉执徼只凝然。　　《选编》第 28—29 页

诗一首

禁烟后,出苏公旧堤,与曲江上舍分一韵,得舟字四韵,寄诸士友。

韶光索去曷遮留,过了清明强出游。翠榭烟华因雨瘦,满城风絮为春愁。已多燕紫翻楼尾,未见鹂黄到陌头。两岸日沉歌舞散,尽将云水赴渔舟。　　《选编》第 30—31 页

按：释文礼(1167—1250),号灭翁,临安(今属浙江)天目山人,别号天目。为南岳下十九世,松源崇岳禅师法嗣。释文礼诗,《全宋诗》册 54 卷二八二九据《禅宗颂古联珠通集》及明清两朝《天童寺志》辑编为一卷,《辑考》又从《枯崖漫录》、《南宋元明僧宝传》、《禅宗杂毒海》、《重刊贞和类聚祖苑联芳集》、《新撰贞和分类古今尊宿偈颂集》等续辑 20 首。

《与顽极行弥偈》后有"嘉熙四载,岁行庚子,王正权罍,廿有六日,书于梁渚西峰寺横漪沼竹际。天目樵者文礼","嘉熙四载"当公元 1240 年。释行弥,号顽极,曾住明州阿育王寺,为南岳下二十世,痴绝道冲禅师法嗣(明释文琇《增集续传灯录目录》)。《诗一首》后仅署"天目樵者书"。《全宋诗》皆失收。

3. 释道冲(1 首)

与悟兄偈

当年误作住山翁,如兽在槛禽在笼。禽已翱翔九霄外,兽今超逸万

---

① 　江静《日藏宋元禅僧墨迹选编》,第 21 页。

山中。愿回笼槛羁縻手,转作乾坤造化工。毕竟行藏无二致,只将此法报群公。   《选编》第36—37页

按:释道冲(1169—1250),号痴绝,武信长江(今四川遂宁西北)人。为南岳下十九世,曹源道生禅师法嗣。释道冲诗,《全宋诗》册54卷二八三七据《痴绝道冲禅师语录》及《禅宗颂古联珠通集》等辑编为一卷,《辑考》又从《重刊贞和类聚祖苑联芳集》、《新撰贞和分类古今尊宿偈颂集》等续辑4首。

此诗后有"山偈谢诸勋贵,并送虎丘专使悟兄都寺。淳祐丙午八月二十日,痴绝道冲借凤台方丈书","淳祐丙午"当宋理宗淳祐六年(1246)。据《痴绝道冲禅师语录》附《径山痴绝禅师行状》:"淳祐甲辰,诏移灵隐,说法飞来峰下。追念密庵、松源旧游,方思所以振起祖风,而魔事出于意料所不及,难以口舌争,遽动终老故山之志,伐鼓殛去。虽京兆尹节斋赵公致书力挽,堂帖有虎丘之命,升师虚斋赵公以蒋山起之,俱莫能回其意。"①则道冲"终老故山之志"、"堂帖有虎丘之命……俱莫能回其意",正与此诗写作缘由("山偈谢诸勋贵,并送虎丘专使悟兄都寺")、正文内容("当年误作住山翁,如兽在槛禽在笼"、"毕竟行藏无二致,只将此法报群公")等相契合。《全宋诗》失收。

4. 释妙堪(1首)

与辕洲翁古稀贺偈

松郁郁,石齿齿,盘石乔松两相倚。君不见徂徕百尺松,冰霜久历摩苍穹。又不见南山一片石,岁月不改逾坚白。桃溪溪北辕洲翁,清风劲节松石同。今年古稀值初度,角巾华发颜如童。闭门著书阅今古,歌风啸月轻王公。烟露泉石总适意,琴樽杖屦何从容。不特貌古□亦古②,试比聃老人中龙。愿期遐算越百岁,花甲两度重相逢。
《选编》第42—43页

按:释妙堪(1177—1248),号笑翁,四明(今浙江宁波)人。为南岳下十七世,无用净全禅师法嗣。释妙堪诗,《全宋诗》册55卷二九一九据《武林梵志》、《四明丛书》辑录2首,《辑考》又从《枯崖漫录》、《禅宗颂古联珠通

---

① (宋)赵若琚《径山痴绝禅师行状》,见《痴绝道冲禅师语录》书后附,《卍续藏经》据藏经书院版影印,台北:新文丰出版公司,1976年,第121册,第564页。
② "□",《选编》录文作"心"。

集》、《禅宗杂毒海》、《重刊贞和类聚祖苑联芳集》、《新撰贞和分类古今尊宿偈颂集》等续辑 37 首。

此诗后仅署"比丘妙堪"。《全宋诗》失收。

5. 释师范(1 首)

径山万年正续院创建劝缘偈

> 本院开山特赐佛鉴圆照禅师,昨蒙圣恩宣押入内,升座,锡赉金帛,并五处住持所得施利,就寺之中途,创建接待一所,延接往来云衲,以崇报上之意。继蒙宸翰,赐"万年正续之院"。寺宇已成,惟大佛宝殿、法宝藏殿未能成就。谨持短疏,仰扣大檀,伏望开广大心,成殊胜事,幸甚幸甚。

> 堂堂殿宇斯雄哉,须是颖林梁栋材。举似知音轻领话,行看轮奂耸崔嵬。　　　《选编》第 52—53 页

按:释师范(1177—1249),号无准,赐号佛鉴,梓潼(今属四川)人。为南岳下十九世,破庵祖先禅师法嗣。释师范诗,《全宋诗》册 55 卷二九一六—二九一八据《无准师范禅师语录》中的偈颂、颂古、赞等辑编为三卷,《辑考》又从《禅宗杂毒海》、《重刊贞和类聚祖苑联芳集》、《新撰贞和分类古今尊宿偈颂集》等续辑 6 首。

径山寺万年正续院创建、重建之事,又见释道璨《径山无准禅师行状》:"明年寺毁。先是师梦有烈丈夫授以明珠二十一颗,莫知谓何。及寺焚,则四月二十一日也。……三年寺成。又六年复毁,师不惊不变,不徐不亟,而多助云至。荆湖制帅孟侯珙蜀之思播二郡,与夫海外日本,皆遣使委施。不数年,寺宇崇成,飞楼涌殿,如画图中物矣。去寺四十里,筑室数百楹,接待云水。堂殿楼观,凡丛林所宜有者悉备。皇帝亲御宸翰,赐额曰'万年正续'。市良田九千亩,奏其徒以甲乙主之。正续西数百步,结庵一区,为归藏所。上建重阁,秘藏后先所赐御翰。"①释师范移住径山,在宋理宗绍定五年(1232),次年四月二十一日,寺毁于火②。"三年寺成",当在端平三年(1236);"又六年复毁",则是淳祐二年(1242)。关于复毁的时间,释师范在给日僧圆尔辩圆的信中也说:"山中壬寅二月复罹火厄,荷圣君泪朝廷降赐

---

①　(宋)释道璨《径山无准禅师行状》,见《无准和尚奏对语录》书后附,《卍续藏经》据藏经书院版影印,第 121 册,第 968 页。

②　(宋)刘克庄著、辛更儒校注《刘克庄集笺校》,北京:中华书局,2011 年,第 13 册,第 6321 页。

及檀越施财,今幸有绪,不劳念及也。"①圆尔辩圆得知之后,捐助板木千片,以助重建②,即所谓"与夫海外日本,皆遣使委施"。由此可知,宋理宗赐额"万年正续之院"与释师范为了修建大雄宝殿、法宝藏殿而劝缘题偈,皆当在淳祐二年以后。《全宋诗》失收。

6. 释智愚(3首)

颂 古

江北李季三省元为母登山设冥,请普说。升座,举"佛在王舍城中,舍利弗入城,见月上女出城"公案,辄成一颂,以资冥福。

相逢摆手上高峰,四顾寥寥天宇空。一曲渔歌人不会,芦花吹起渡头风。　　《选编》第92—93页

奉谢无极法兄二首

饱丛林底白头翁,片舌无非破六宗。不是老来张意气,顶门有眼辩鱼龙。

自惭劣弟已成翁,衰顿无心绍正宗。唤马作驴颠倒辊,果然棒上不成龙。　　《选编》第104—105页

按:释智愚(1185—1269),号虚堂,四明象山(今属浙江)人。为南岳下二十世,运庵普岩禅师法嗣。释智愚诗,《全宋诗》册57卷三〇一五—三〇一九据《虚堂智愚禅师语录》及《禅宗颂古联珠通集》、《虎丘志》等辑编为五卷,《辑考》又从《江湖风月集》、《禅宗杂毒海》、《重刊贞和类聚祖苑联芳集》、《新撰贞和分类古今尊宿偈颂集》等续辑20首。

《颂古》诗后署"景酉至节虚堂智愚书","景酉"即景定辛酉,为宋理宗景定二年(1261)。然此诗又见《全宋诗》册37卷二〇五一页23057释法全《颂古十九首》(其一〇),"摆"作"把"、"吹"作"飞",出宋释法应、元释普会《禅宗颂古联珠通集》卷二八。释法全(1114—1169)为南宋高宗、孝宗时人,早于释智愚。《禅宗颂古联珠通集》中,释法全诗系于"岩头值沙汰,于鄂渚湖边作渡子"这一公案下的"续收"部分,较之其他禅僧的作品,似与"舞棹呈桡"、"婆子弃儿"等主题内容并无直接关联。而据释智愚自序,江北李季三为亡母做超度佛事,请他说法,于是他举出"舍利弗入城,遥见月上女出城"的公案,"辄成一颂"。因此或可视为一首具有完整背景的新作,录

① 江静《日藏宋元禅僧墨迹选编》,第48页。
② "又荷远念山门兴复重大,特化千板为助,良感道义。"见江静《日藏宋元禅僧墨迹选编》,第50页。

于释智愚名下。

《奉谢无极法兄二首》之后题署："敬遵严韵奉谢前佛陇无极法兄和尚，末属虚堂叟智愚再拜。"据胡建明《宋代高僧墨迹研究》，"佛陇寺是台州天台山佛陇寺，无极和尚，名净观。……无极年长于虚堂，故虚堂尊称其为法兄"，"此墨迹虽未有年月记录，但从诗偈内容来看，应是其晚年在净慈或径山住持时期的墨迹"①。《全宋诗》皆失收。

（二）《全宋诗》失收诗僧诗作

1. 释祖元及其《佛光国师语录》

南宋中期以降，禅僧东渡传法渐兴，极大地推动了禅宗在日本的发展繁荣。无学祖元便是其中时代较早、声名最著的人物之一。

释祖元（1226—1286），字子元，号无学，庆元府鄞县（今浙江宁波）人。俗姓许。理宗嘉熙二年（1238）失怙，往杭之净慈，随北磵居简禅师祝发受戒。淳祐二年（1242），登径山，谒无准师范禅师。后历参石溪心月、偃溪广闻、虚堂智愚、物初大观、退耕德宁诸禅师。度宗咸淳五年（1269），住持台州真如寺。恭帝德祐元年（1275），移雁山能仁寺。端宗景炎二年（1277），访鄞之天童。日本弘安二年（1279），住日本建长兴国禅寺。五年，移住日本圆觉兴圣寺。九年九月示寂，年六十一，僧腊四十八。谥号"佛光国师"、"圆满常照国师"。为南岳下二十世，无准师范禅师法嗣。有《佛光国师语录》十卷。事见释如芝《无学禅师行状》、释觉明《无学禅师行状》、揭傒斯《佛光禅师塔铭》、日释静照《佛光禅师行状》等。

日本现藏无学祖元墨迹22件，《选编》收录14幅，包括《锁口诀》一首：

> （前阙）世尊拈花，达磨分髓。曹溪、南岳、百丈、临济、杨岐、白云、圆悟、妙喜，洎至应庵，五十一世。或开或遮，或权或体。或逆或顺，或净或秽。或明或暗，或行异类。激扬铿锵，波流岳逝。如狮子筋，如象王鼻。如天鼓声，如鸩鸟尾。百千机缘，河沙妙偈。出没卷舒，三昧游戏。深慈痛悲，布无缘施。绝见绝闻，绝情绝谓。曰放曰收，控恶马辔。曰错曰综，夺魔王帜。箭搁空鸣，风行尘起。龙蛇天渊，迷悟金屎。不入此宗，徒劳拟议。 　　《选编》第210—211页

---

① 胡建明《宋代高僧墨迹研究》，杭州：西泠印社出版社，2011年，第234—235页。释净观，南岳下十八世，空叟宗印禅师法嗣，《全宋诗》失收其人，《辑考》以"释观"立目，据《增集续传灯录》新辑1首，失其法名上字。

按：诗后题署：“右《锁口诀》，老夫在大唐雁山兵难中作也。每见《参同契》，妙绝今古，吾一读三叹不已。不敢并古，追前圣遗踪，聊述吾见云。时弘安九年七月廿五日，学翁书于得月楼。”“弘安”为日本后宇多天皇年号，“弘安九年”当元世祖至元二十三年（1286），这是这幅墨迹的书写时间。而整首歌诀的创作时间，大致是南宋恭帝德祐二年（1276），当时释祖元正在温州雁荡山能仁寺避难①。全诗亦见于《佛光国师语录》卷二，“世尊拈花”之前还有“诸佛妙门，列祖的旨”等28句112字，但无墨迹所见诗后题署②。《全宋诗》失收其人。

核《佛光国师语录》十卷，卷一、卷二为住大宋台州真如禅寺语录，包括入院法语、上堂法语、拈古、“天童首座秉拂”、《锁口诀》、“礼祖塔”6则、往来偈颂百余首；卷三、卷四分别为住日本建长兴国禅寺、圆觉兴圣禅寺语录；卷五、卷六、卷七、卷八径题“佛光圆满常照国师语录”，包括“建长普说”、“普说”、“法语”、“请教问答心要”、“佛祖赞”、“自赞”、偈颂等不同类型的内容；卷九为拾遗杂录，主要是《告香普说》、上堂语（两则）、示众语（两则）、书简、偈赞、小佛事、法语、序跋、附录、行状等，最为庞杂；卷一〇为年表杂录，先为年谱，次为塔铭。从各卷内容上看，卷一、卷二诚为释祖元的宋末言行记录（卷一开篇即称“师于咸淳五年十月初二日……住持真如禅寺”③），而诸如《锁口诀》、《寿物初师兄》（释大观，1201—1268，号物初）、《送横川主雁山灵岩》（释如珙，1222—1289，号横川，宋度宗咸淳四年〔1268〕为临安府净慈寺首座，继领瑞安府雁荡山灵岩寺，八年移住雁荡山能仁寺）、《悼净慈断桥和尚》（释妙伦，1201—1261，号断桥）、《寄无文和尚》（释道璨，1213—1271，号无文）、《送僧承天见退耕》（释德宁，？—1270，号退耕）等作品，以及前引释祖元在能仁寺避难期间面对元兵压境时的诗偈，又皆可确凿断定成于宋亡之前。因此，释祖元的生平活动主要在南宋后期，宋亡之际东渡赴日，最后终老异乡；他在南宋期间和赴日之后都有诗作流传，依《全宋诗·凡例》“凡宋亡以前有诗者，将其入元以后所作之诗一并收录”④，宜以《佛光国师语录》为底本，旁及其他文献的蒐采辑佚，重新整理其人其诗。

---

① （元）释如芝《无学禅师行状》：“乙亥，拂袖归雁山能仁。次年天兵压境，寺众鼠匿，师一榻兀坐。军士以刃加颈，神色不少变，为说偈曰：‘乾坤无地卓孤筇，喜得人空法亦空。珍重大元三尺剑，电光影里斩春风。’”见《佛光国师语录》卷九，〔日〕高楠顺次郎等编《大正新修大藏经》，台北：财团法人佛陀教育基金会出版部，1990年，第80册，第238页。
② 《佛光国师语录》，〔日〕高楠顺次郎等编《大正新修大藏经》，第80册，第141页。
③ 《佛光国师语录》，〔日〕高楠顺次郎等编《大正新修大藏经》，第80册，第129页。
④ 北京大学古文献研究所编《全宋诗》，第1册，第23页。

2. 释德宁（1首）

与双峨宁上人上堂法语

群阴剥尽一阳生，不涉阴阳作底形。铁眼铜睛如不荐，又和春色上梅英。 《选编》第132—133页

按：释德宁（？—1270）①，号退耕。初住嘉兴崇圣寺，次迁姑苏报恩、承天、慧日、万寿，后居杭州灵隐寺。为南岳下二十世，无准师范禅师法嗣。事见明释文琇《增集续传灯录》卷四。《全宋诗》失收其人，《辑考》据《增集续传灯录》、《禅宗颂古联珠通集》二书辑录7首。

此诗后有"双峨宁上人觅语就书，冬节上堂，以塞其请。景定壬戌，万寿住山退耕德宁"，"景定壬戌"为宋理宗景定三年（1262），释德宁其时仍居万寿寺。

3. 释可宣（1首）

与南浦绍明饯行偈

南浦明知客访别，复还日本故国，谩以廿八字饯行②。宋鄞金文住山可宣。

玻璃盏子验同盟，谁向钱唐敢进程。千里同风一句子，明明举似到山城。 《选编》第138—139页

按：释可宣，号无示，曾住庆元府蓬莱山及金文山惠照禅寺。与南宋后期入宋日僧无象静照、南浦绍明等皆有交。为南岳下二十一世，虚堂智愚禅师法嗣。《全宋诗》失收其人。

此诗后有"咸淳戊辰夏孟下澣书于大圆镜"，"咸淳戊辰"为宋度宗咸淳四年（1268），其时释可宣住鄞县金文山惠照禅寺，作诗送别就要返回故国的入宋求法日僧南浦绍明（1235—1308）。同样地，就在咸淳三年秋冬之交至咸淳四年初夏之间，从南浦绍明向其师虚堂智愚表达归国之意并获赠送别偈开始，一大批与之有交的僧人纷纷创作了送别的诗偈，这些作品结集成帙，便是今天见存日本的一部重要的南宋僧诗总集《一帆风》。不过，释可宣的这首饯行之作，并未收录于《一帆风》之中，幸赖墨迹的流

---

① 卒年据朱刚、陈珏《宋代禅僧诗辑考》，第603页。
② 原作"廿十八字"，"十"当为衍文。

传而得以保存下来①。

4. 释妙用（1 首）

与白云慧晓道号颂

白云悠悠无定度，舒卷纵横常澹泞。舒兮密密包乾坤，卷兮绵绵浑不露。如今舒卷皆自由，大唐锁断山无数。一声平地轰怒雷，天风吹还日本去。溶溶曳曳拨难开，散作甘霖润焦苦。　　　　《选编》第 140—141 页

按：释妙用，号断豀。为南岳下二十世，无准师范禅师法嗣。《全宋诗》失收其人。《重刊贞和类聚祖苑联芳集》《新撰贞和分类古今尊宿偈颂集》二书载录其诗，去其复重，共计 23 首②。

此诗后有"右为日本晓禅翁题白云雅号。咸淳己巳，住越东山断豀老樵妙用拜手"，"咸淳己巳"为宋度宗咸淳五年（1269），"晓禅翁"即入宋日僧白云慧晓（1227—1298）。

5. 释广泽（1 首）

与白云慧晓道号颂

卷舒出没自闲闲，一色明来早自瞒。勿谓无踪又无迹，等闲遮却面前山。
《选编》第 142—143 页

按：释广泽，号溪西，曾住天台国清寺。为南岳下二十世，大歇仲谦禅师法嗣。事见明释文琇《增集续传灯录》卷四。《全宋诗》失收其人，《辑考》据《江湖风月集》《新撰贞和分类古今尊宿偈颂集》二书辑录 3 首。

此诗后有"日本晓上人以白云为号，佛日溪西广泽证以二十八字。咸淳己巳上元后二日书"，明确揭示作于宋度宗咸淳五年（1269）正月十七日。

---

① 关于《一帆风》的内容、成书、版本及其所呈现的南宋中日禅僧文化交流诸问题，陈捷《日本入宋僧南浦绍明与宋僧诗集〈一帆风〉》（《中国典籍与文化论丛》第 9 辑，北京：北京大学出版社，2007 年，第 85—99 页）、侯体健《南宋禅僧诗集〈一帆风〉版本关系蠡测》（《中国典籍与文化》2009 年第 4 期，第 15—17 页）、许红霞《日藏宋僧诗集〈一帆风〉相关问题之我见》（《中国典籍与文化论丛》第 13 辑，南京：凤凰出版社，2011 年，第 150—166 页）和衣川贤次撰、金程宇译《南宋送别诗集〈一帆风〉成书考》（《域外汉籍研究集刊》第 11 辑，北京：中华书局，2015 年，第 254—266 页）等文章已有详细讨论、辨正。其中，许文据日本学者田方山南《禅林墨迹》的书影明确言及释宣的这首送别诗偈，更进一步考证推断南浦绍明的归国时间为咸淳四年五月底六月初以后，传统的咸淳三年之说误实。

② 常妍《〈重刊贞和类聚祖苑联芳集〉与〈新撰贞和分类古今尊宿偈颂集〉的对比研究》，北京大学硕士论文，2013 年，第 72—73 页。

6. 释如芝（3首）

与幽禅人饯别偈

幽禅人久参天目狮岩老子，今为天台石桥之游，过门求语，书以饯之。

策下狮岩作胜游，十分佳致在东州。悬崖泻瀑飞晴雪，钜石梁宫跨碧流。金磬声闻何处寺，昙华芽绽瀹茶瓯。相逢尊者烦伸问，底事神通逞不休。　　《选编》第214—215页

与铁牛景印偈

"铁牛"号为印禅人赋。

可是浑钢铸得成，四蹄踏地角峥嵘。劫空田地掀翻尽，无复横身异类行。　　《选编》第216—217页

与正堂士显偈

"正堂"号为显侍者赋。

弹击偏邪振始音，月当松顶夜沉沉。灼然宗教如真举，青草何妨一丈深。　　《选编》第218—219页

按：释如芝（1245？—？）①，号灵石。初住嘉禾兴圣寺，次迁台州涌泉寺、嘉兴本觉寺，后居杭州净慈寺。元顺帝后至元元年（1335）仍在世（《月江正印禅师语录》书后跋语）。为南岳下二十一世，虚堂智愚禅师法嗣。事见明释文琇《增集续传灯录》卷五。《全宋诗》失收其人，《辑考》据《重刊贞和类聚祖苑联芳集》、《新撰贞和分类古今尊宿偈颂集》二书辑录6首。

《与幽禅人饯别偈》后有"至治壬戌春仲旦，本觉灵石如芝"，"至治壬戌"为元英宗至治二年（1322），释如芝其时尚居嘉兴本觉寺；《与铁牛景印偈》后有"致和戊辰春仲望，南山净慈八十有三老衲灵石如芝书于宗镜堂"，"致和戊辰"为元泰定帝致和元年（1328），是时已居杭州净慈寺宗镜堂；《与正堂士显偈》后有"天历庚午孟春望，南屏净慈八十六岁老衲灵石如芝书于宗镜堂"，"天历庚午"为元文宗天历三年（1330）。此三诗皆作于元代中期、

① 释如芝生年，《辑考》据明释无愠《山庵杂录》卷下"泰定初，宣政院起嘉兴本觉灵石芝禅师主净慈，师已年八十有四"，断为"约生于1241年前后"。然而根据《与铁牛景印偈》、《与正堂士显偈》二诗之后释如芝自己的署名，致和元年（1328），时83岁，天历三年（1330），时86岁，则约生于1245年。至治、泰定、致和三个年号前后相连，据《与幽禅人饯别偈》诗后署名"至治壬戌春仲旦，本觉灵石如芝"，可知释如芝泰定初移住净慈之事可信，但年龄并非"八十有四"。《山庵杂录》杂取《罗湖野录》、《云卧纪谭》诸书，"又不能旁询博采，故多遗失"（释无愠《山庵杂录序》），文献价值自然不及作为原始材料的本人墨迹题署。

释如芝晚年,而《重刊贞和类聚祖苑联芳集》、《新撰贞和分类古今尊宿偈颂集》中保存的 6 首作品,写作年代不详,考虑到释如芝生于宋亡之前三十余年,依《全宋诗·凡例》"如其诗写作时代难以确定,则从宽收入"①,暂列于此。

(三)结语

日藏宋元禅僧(本文主要涉及宋代禅僧)墨迹的文献价值,在于补遗、校勘、考证等方面。

关于补遗,江静曾以大慧宗杲墨迹为例,列举(1)现藏东京畠山记念馆的绍兴十七年(1147)至十八年流放衡州期间写给道友的信函、(2)现藏东京国立博物馆的绍兴二十年至二十六年谪居梅州期间写给无相居士邓子立的尺牍、(3)现藏东京国立博物馆的绍兴三十年住持径山寺期间写给法属禅师的回函、(4)现藏兵库县神户市香雪美术馆的晚年写给万寿寺才长老的回函、(5)现藏东京畠山记念馆的晚年写给法侄性禅人的回信等五件墨迹,指出它们的内容都不见于现存的《大慧普觉禅师语录》、《临安府径山宗杲大慧普觉禅师语要》、《正法眼藏》、《大慧普觉禅师宗门武库》当中,补遗作用不言而喻②。而上文亦从文献整理的角度,针对《全宋诗》这部断代诗歌总集的续补工作,辑录日藏宋元禅僧墨迹所见宋僧佚诗至少 17 首,这也是补遗价值的充分体现。

关于校勘,江静具体分为以墨迹校补脱文、以墨迹校理乱文、以墨迹校正诗题、以墨迹校覈作者等四点③。而以墨迹内容与禅僧语录中的对应文字相校,我们还能够注意到,墨迹的正文之后,往往会交代写作的时间、地点、缘由等要素,但在语录当中,这些信息则付之阙如(释祖元《锁口诀》墨迹后的"右……老夫在大唐雁山兵难中作也",即证)。除此之外,这里我们再就宋代僧诗由单篇作品而及文本结集的过程,试举一例:

《选编》(第 25 页)收录了南宋禅僧北磵居简的《登承天万佛阁》一诗,又见《全宋诗》册 53 卷二七九六页 33185,题《承天万佛阁》,"蛾"作"峨"、"疑"作"如"、"突兀"作"峭峥"、"英"作"僧"、"弗与"作"不为",出《北磵诗集》卷七。据《登承天万佛阁》诗后题署"己丑仲冬几望",殆宋理宗绍定二年(1229)所作。而《北磵诗集》九卷(今有宋刻本存世,原为德富苏峰成篑堂旧藏,现藏日本御茶之水图书馆)"应该是在居简去世前已经编好的,并且

---

① 北京大学古文献研究所编《全宋诗》,第 1 册,第 23 页。
② 江静《日藏宋元禅僧墨迹选编·序言》,第 20—21 页。
③ 江静《日藏宋元禅僧墨迹选编·序言》,第 21—23 页。

经过居简自己的删改",属于作者生前亲自编订的类型,"编纂的时间一定是在嘉熙二年(1238)之后至淳祐六年(1246)居简去世之前这段时间内"①。那么显然,墨迹的写作要更早于诗集的编定,因而《登承天万佛阁》这首作品在收入《北磵诗集》时,经由作者本人之手,才最终形成了文本的确定面貌,并产生了与墨迹原稿之间的几处异文。当然,以存真复原的校勘目的视之,《登承天万佛阁》墨迹与《北磵诗集》卷七所收《承天万佛阁》的内容差异,不是发生在版本流传期间出现的文字错讹,不涉及校异同、定是非的问题,而是初稿(或原稿)与定稿的文字区别(墨迹内容固然是诗作的原初样貌,但不能与《北磵诗集》编定之际收录《承天万佛阁》的诗作原貌相混同),反映作者的修改意图。

　关于考证,前引释如芝《与铁牛景印偈》、《与正堂士显偈》二诗之后的作者自题,推定其生年约当1245年,《山庵杂录》既为晚出文献,不可径信。类似地,径山寺万年正续院两度遭遇祝融之厄的情况,又见刘克庄《后村集》卷一六二"墓志铭"之《径山佛鉴禅师》:"绍定壬辰秋,奉诏住径山,师先梦龙君来迎,既而果然。次年四月,寺毁于火,有旨出内帑,俾师葺废。……师以朝廷锡赉,公卿士庶檀信之资,悉力拮据,不三年寺还旧观。师且过,时以寺距京百里,中途靡所次舍,至是,即梁渚作大兰若,且市良田六十亩,廪其徒世守之,宸翰书其扁曰万年正续之院。及淳祐辛丑,寺再毁于火……"②"淳祐辛丑"为理宗淳祐元年(1241),径山寺再毁于火,但这与释师范自述"壬寅二月复罹火厄"明显不合;且据行文先后,理宗赐额"万年正续之院"又在"再毁于火"之前,亦误。今日研究古人生平,行状、墓志铭都是首选的传记材料,然而一旦两者记载相互抵牾,像这些传主本人的尺牍、诗偈等珍贵墨迹,无疑可为具体的分析、考辨提供更加直接也更加充分的证据。

　最后,如果以是否赴日传法这一经历加以区分,我们还会发现,上述释德光、释文礼、释道冲、释妙堪、释师范、释智愚、释德宁、释可宣、释妙用、释广泽、释如芝诸家,均属未赴日禅僧,甚至他们的有些墨迹(如释文礼《与顽极行弥偈》《诗一首》、释道冲《与悟兄偈》、释妙堪《与辕洲翁古稀贺偈》、释师范《径山万年正续院创建劝缘偈》、释智愚《颂古》、《奉谢无极法兄二首》等)在主题、内容上更与赴宋求法的日本禅僧毫无关联。但若置之中日禅宗文化交流史的更广阔背景,禅宗在宋代开枝散叶,蔚为大观,其中临济宗一

① 许红霞《北磵居简著作的编纂流传及与日本僧人的密切关系》,《北京大学中国古文献研究中心集刊》(第10辑),北京:北京大学出版社,2011年,第48页。
② (宋)刘克庄著、辛更儒校注《刘克庄集笺校》,第13册,第6321页。

脉,自北宋中期就与士大夫群体往来密切——像苏轼、黄庭坚等人,由于与禅林释子多有交往,更被纳入佛教灯录的传法谱系,与此同时,他们在诗文创作之外又兼擅书法,形成一代书风,影响而及禅僧墨迹的风格。到了南宋,临济宗自大慧宗杲的出现而独盛。所以在孝宗、光宗、宁宗、理宗、度宗这一段相当长的时期内,赴宋求法的日本僧侣几乎都是投身临济宗门下参谒学禅,等到他们归国的时候,又将这些南宋高僧大德的书法作品带回,从而直接促成了宋代禅僧墨迹的东传扶桑与长久流存。至于无学祖元,他在宋末元初的动乱背景下东渡日本,住持名山,开宗立派,终老异乡,却也随之成为中日古代文化交流的重要使者。他的墨迹流传至今,对于我们结合《佛光国师语录》的相关记载,更进一步地深入了解、研究其人其事,当属最有价值的宝贵资料。

第九章　宋诗重出的辑佚检讨

重出误收，是历代总集最为常见的现象和问题之一。《全唐诗》皇皇 900 卷，其中"重出误收总计达 6 858 首，涉及 906 家，尚不包括误收诗中的北周弘执恭，隋薛道衡，唐释玄逵、宋何蒙、王禹偁、刘宾、程俱、王安石、朱熹、姜夔、罗大经、周端臣，元萨都剌、虞集、丁鹤年，明戴表元、史瑾、刘崧、张以宁、汪广洋等作家"①，可见并非一二个例。相比之下，《全宋诗》72 册 3 785 卷，共收作者 9 079 人，得诗 247 183 首、残诗 5 983 句（联）、存目 323 首（句）②，篇幅规模远倍于《全唐诗》，书中出现的重出误收诗更有 9 877 首（句），4 321 组，数量更加巨大③。

以古籍编纂和流传的形式视之，重出误收的实质终究仍是对于文献内容的理解、把握不当，或者不能首先辨明所据典籍的真伪正误，误伪为真，以误为正，或者由于对所据典籍的体例了解不够充分、文句解读不尽准确、版本选择未必精善，从而导致张冠李戴、以偏概全等问题的产生。因此在实际操作和检查过程中，既要回溯重出作品的原始出处，辨别它们的材料来源、编纂形式、史料可信程度，有意识地区别文献类型和层次——那些成书时代较早且流传有绪的典籍一般都更为准确、可靠，而晚出之书，尤其是材料杂钞转引的后代总集、类书、诗话著作，通常会成为新的错讹源头，必须审慎对待；又要始终秉持认真、细心、周全的严肃态度，同时不断加强古文献知识水平，在具体实践中真正熟悉各种古籍的特征，避免因为个人的学识缺陷而为总集编纂增加新的讹误。

关于《全宋诗》所涉宋人诗作的重出误收情况，朱腾云《〈全宋诗〉重出误收研究》已有较为全面、集中的总结探讨。该书立足于《全宋诗》重出误收的四千余组诗作，从纷繁庞杂的条目中整合提炼，形成三个方面的讨论维

---

① 佟培基《全唐诗重出误收考·前言》，西安：陕西人民教育出版社，1996 年，第 2 页。
② 漆永祥《简论〈全宋诗〉的编纂特色与学术价值》，《古籍整理出版情况简报》2000 年第 5 期（总 351 期），第 8 页。
③ 朱腾云《〈全宋诗〉重出误收研究》，中国社会科学出版社，2017 年，第 54 页。

度——重出误收的类型、重出误收的时代分布、重出误收的原因,并辅以大量例证,将理论建构与材料辨析有机融合。本章则就个人所见,选取郑獬诗和曾巩诗作为个案,分别结合四库馆臣重新辑编宋人别集的操作失误和明清地方志文献本身可能存在的题署歧异,从工作程序和文献类型这两个角度,考察重出误收的发生缘由;另外,对于《宋诗拾遗》辨伪问题中的误收清诗的"证据",也尝试加以简要地梳理和检讨。

一、四库馆臣辑佚郑獬《郧溪集》疏失举隅

(一)问题的提出

郑獬(1022—1072),字毅夫,安州安陆(今属湖北)人。仁宗皇祐五年(1053)状元。仕至翰林学士,权知开封府。因反对青苗法,乞宫祠,提举鸿庆宫。神宗熙宁五年卒,年五十一。著有《郧溪集》五十卷。《宋史》卷三二一有传。

郑獬《郧溪集》,晁公武《郡斋读书志》(衢本)卷一九最早著录"郑毅夫《郧溪集》五十卷"①,其后陈振孙《直斋书录解题》卷一七及《宋史·艺文志》著录卷数同。明初,《文渊阁书目》卷九著录"郑氏《郧溪集》一部十册,阙"②,则当时内府所藏已非全帙,而《永乐大典》引录《郧溪集》,殆据此本。至清乾隆年间开《四库全书》馆,《郧溪集》五十卷本久佚,四库馆臣"惟从《永乐大典》内裒辑编次,又以《宋文鉴》、《两宋名贤小集》诸书所载,分类补入,勒为三十卷"③,继而进一步删定成二十八卷,即《四库全书》本。民国八年(1919),张国淦据京师图书馆所钞文津阁库本,刊于无倦斋;十二年,卢靖慎始基斋又将张氏无倦斋刻本影印入《湖北先正遗书》④。

1998年,《全宋诗》(72册)出版。其中,册10卷五八〇—五八六"以影印文渊阁《四库全书》本为底本。校以民国卢靖辑《湖北先正遗书》所收《郧溪集》……《两宋名贤小集》卷一三三《幻云居诗稿》等。又自《舆地纪胜》、《永乐大典》等书中辑得集外诗"编录郑獬诗七卷⑤。2003年,针对《全宋诗》存在的诸多错漏,北京大学中国古文献研究中心又启动了补正项目。笔者在订补《全宋诗·郑獬诗》的过程中,发现《郧溪集》中的多首诗作与其他唐宋诗人诗作有重出现象,并且主要为郑獬名下误收(如表9-1所示):

① (宋)晁公武撰、孙猛校证《郡斋读书志校证》,上海:上海古籍出版社,1990年,第994页。
② (明)杨士奇《文渊阁书目》,冯惠民、李万健等选编《明代书目题跋丛刊》,北京:书目文献出版社,1994年,第85页。
③ (清)永瑢《四库全书总目》卷一五三《郧溪集》提要,第1318页。
④ 祝尚书《宋人别集叙录》(增订本),北京:中华书局,2020年,第329—330页。
⑤ 北京大学古文献研究所编《全宋诗》,第10册,第6817—6897页。

表 9 - 1　郑獬《郧溪集》重出诗一览表

序号	诗　题	《郧溪集》卷次	重出情况说明	作者归属判断①
1	春日陪杨江宁宴感古作	卷二四	又见李白《李太白集》卷一八、《文苑英华》卷二一五、《全唐诗》卷一七九	当为李白诗
2	后阁四松	卷二六	又见《文苑英华》卷三二四、《全唐诗》卷三六八郑澥	当为郑澥诗
3	夜怀	卷二七	又见《宋诗纪事》卷六杨亿，转引自《诗林万选》	当为杨亿诗
4	春尽二首（其二）	卷二七	首联又见叶庭珪《海录碎事》卷一〇上引王珪诗句	当为郑獬诗
5	檇李亭	卷二七	又见仇远《山村遗稿·补遗》	当为仇远诗
6	雨夜怀唐安	卷二七	又见陆游《剑南诗稿》卷四	当为陆游诗
7	奉诏赴琼林苑燕饯太尉潞国文公出镇西都	卷二七	又见王珪《华阳集》卷五	当为王珪诗
8	送程公辟给事出守会稽兼集贤殿修撰	卷二七	又见王珪《华阳集》卷五	当为王珪诗
9	寄程公辟	卷二七	又见王珪《华阳集》卷三、李壁《王荆文公诗笺注》卷三七、秦观《淮海后集》卷三	当为王珪诗
10	送公辟给事自青州致政归吴中	卷二七	又见王珪《华阳集》卷五	当为王珪诗
11	再赋如山	卷二八	又见姜特立《梅山续稿》卷一二	当为姜特立诗

---

① 李白诗、郑澥诗、王珪诗误作郑獬诗，笔者已有考证，见《〈全宋诗〉杂考》（四），《北京大学中国古文献研究中心集刊》（第 12 辑），北京：北京大学出版社，2012 年，第 253—254 页；《〈全唐诗〉杂考》（五），《北京大学中国古文献研究中心集刊》（第 17 辑），北京：北京大学出版社，2018 年，第 345—346 页。其他各例，阮堂明《〈全宋诗〉误收金元明诗考》（《苏州科技学院学报》[社会科学版]2010 年第 1 期，第 45—46 页）、王宏生《〈全宋诗〉疏误小札》（《福建江夏学院学报》，2012 年第 5 期，第 92 页）、陈小辉《〈全宋诗〉之王珪、郑獬、王安国诗重出考辨》（《湖南工业大学学报》[社会科学版]2017 年第 4 期，第 73—75 页）等文章亦有考证，可参。

序号	诗 题	《郧溪集》卷次	重出情况说明	作者归属判断
12	雪晴	卷二八	又见王安石《临川先生文集》卷三四、李壁《王荆文公诗笺注》卷四八,题作《初晴》	当为王安石诗
13	采江	卷二八	又见释绍嵩《亚愚江浙纪行集句诗》卷五	当为释绍嵩集句诗
14	赤壁	卷二八	又见《全唐诗外编》卷一四王周,转引自《湖北通志》卷六《舆地志·山川》	存疑俟考
15	遣兴勉友人	卷二八	又见张咏《乖崖先生文集》卷五	当为张咏诗

　　显然,这是清代的四库馆臣在根据《永乐大典》等书辑编《郧溪集》时,将 10 余首他人作品收录于郑獬名下,导致原本明确的唐宋诗人诗作归属发生了新的淆乱。那么,这一问题的出现,究竟是《永乐大典》等书引录之误,还是四库馆臣辑佚之误呢?

（二）中国国家图书馆藏清翰林院红格抄本《郧溪集》

　　中国国家图书馆现藏清翰林院红格抄本《郧溪集》一部四册（索书号:05870）,半叶八行,行二十一字,版心上端及各卷首行题"钦定四库全书",书中钤"诗龛居士存素堂图书印"、"诗龛藏书印"二方,当为法式善旧藏《四库全书》中的《永乐大典》辑本《郧溪集》之稿本。法式善《陶庐杂录》卷三亦载:"十年前,余正月游厂,于庙市书摊买宋明《实录》一大捆,虽不全之书,究属秘本。未及检阅,为友人携去,至今悔之。又得宋元人各集,皆《永乐大典》中散篇采入《四库全书》者。宋集三十二种,元集二十三种,统计八百二十三卷。北宋人……《郧溪集》三十卷,郑獬撰。……余维物少见珍,什袭藏之。有人许易二千金,靳弗予也。"[1]民国间,此本归樊增祥,傅增湘曾见之[2]。

　　书中偶见文字的增添涂改,例如:卷一一《谢翰林学士表》"伏念"右下小字补写"臣",至《四库全书》本,行文正作"伏念臣";卷一二《论冗官状》"县官"右下小字补写"何惜"、"臣议"右下小字补写"可",至《四库全书》

---

① （清）法式善《陶庐杂录》,涂雨公点校,北京:中华书局,1959 年,第 62—63 页。
② （清）莫友芝撰、傅增湘订补《藏园订补邵亭知见传本书目》卷一三上:"清四库馆写本,法式善旧藏,今在樊樊山先生处。"傅熹年整理,北京:中华书局,2009 年,第 3 册,第 1106 页。

本,行文正作"县官何惜一二十千钱"、"如臣议可采";卷一二《论举遗逸状》"不合"右下小字补写"格",至《四库全书》本,行文正作"不合格";卷一三《论河北流民札字》"若以河决则息冀德博","息"旁另写"恩",至《四库全书》本,行文正作"则恩冀德博",且题目为《论河北流民札子》,小字按断"此首从《名臣奏议》中补入";卷一四《御制狄公祭文序》"遂请解机柚而去","柚"旁另写"轴",至《四库全书》本,行文正作"机轴";卷二八《秦淮》(其二)"凿秣稜","稜"旁另写"陵",至《四库全书》本,行文正作"秣陵";等等。由此可知,这一翰林院抄本实即《永乐大典》辑本《郧溪集》的三次修改稿本,它的格式、内容都最接近《四库全书》定本①。但尽管如此,从三次修改稿本到《四库全书》定本,馆臣也并不只是单纯誊录文字,而是仍然参据他书文献(如《历代名臣奏议》等)继续进行文本校勘的具体工作。不过,上文列举的那些重出诗,在三次修改稿本中都已没有任何文字改动的痕迹了。

(三)重出诗辑佚来源探析

据前引《四库全书总目》卷一五三《郧溪集》提要,四库馆臣辑佚郑獬诗、重编《郧溪集》,最主要的文献来源是《永乐大典》,旁及《宋文鉴》、《两宋名贤小集》等典籍。

《永乐大典》流传至今日,残损严重,仅存800余卷。检核其中保留下来的郑獬诗文,卷三〇〇五"真"韵"人"字下引录了《遣兴勉友人》这首作品,而在它之前则是张咏《暮春忆友人》和郑獬《即事简友人》二诗:

> 《张乖崖集·暮春忆友人》:"杨花零落暮春风,醉起南轩夕照红。闲倚焦桐坐无语,故人相隔海门东。"郑獬《郧溪集·即事简友人》:"门巷遍芳草,相期春醉稀。可怜双燕到,还似故人归。幽鸟隔溪语,落花穿竹飞。谁知静者乐,石上枕朝衣。"《遣兴勉友人》:"人生三万六千日,二万日中愁苦身。惟有无心消遣得,有心到了是痴人。"②

核张咏《乖崖先生文集》卷五,《暮春忆友人》与《遣兴勉友人》两首诗前后接连,于是不难看出,是《永乐大典》的编者在这里先出现了抄录上的讹错,将郑獬《即事简友人》置于张咏《暮春忆友人》和《遣兴勉友人》之间;等到四库馆臣再据《永乐大典》辑佚《郧溪集》时,直接以《遣兴勉友人》的出处

---

① 关于《永乐大典》辑本三次修改稿本的特点,见张升《〈永乐大典〉流传与辑佚研究》,北京:北京师范大学出版社,2010年,第163—164页。

② (明)解缙等编《永乐大典》,北京:中华书局,1986年,第2册,第1718页。

当作承前省而归属郑獬,加之当时又未细检《乖崖先生文集》,所以它就成了郑獬名下的作品。可见,《遣兴勉友人》一诗的重出误收,根源在于《永乐大典》的引录失误。通过对比《永乐大典》卷三〇〇五引录的上下文和张咏《乖崖先生文集》卷五的内容编次,我们也能够间接推知这一错误的发生缘由。

四库馆臣从《宋文鉴》中辑出的郑獬诗文,根据《四库全书》本《郧溪集》的部分题下按语,包括卷一五《圜丘象天赋》和卷二四《采凫茨》,并不涉及重出各诗。与此类似,四库馆臣还从《历代名臣奏议》中辑补了一定数量的作品,以《请听政纳言疏》、《请罢河北夫役疏》、《论种谔擅入西界疏》、《论人材疏》、《论荐士求直言疏》、《乞罢青苗法状》、《论定武臣遣官条例状》、《论减仁宗山陵制度状》、《论用材札子》、《论河北流民札子》、《请驾出祈雨札子》等奏疏、奏状、札子为主,这些文章的题目之下也有小字按断,注明了辑佚来源。

《两宋名贤小集》三百八十卷,旧题宋陈思编,元陈世隆补,今日见存的传本实际经过了明、清两代的增益而在清初编辑成书并确定名称①。《四库全书》开馆后,四库馆臣以区区 30 人之力而要从卷帙浩繁的 9 881 册《永乐大典》中检阅签出数量众多的佚书、佚文②,难度可想而知。在这种情况下,《两宋名贤小集》作为一部现成的文本,自然成为四库馆臣辑编宋人已佚别集的重要文献。郑獬《郧溪集》的辑佚编纂也不例外。

《两宋名贤小集》卷一三三为郑獬《幻云居诗稿》,收录诗作 26 首、残句 2 则,其中就包括《奉诏赴琼林苑燕饯太尉潞国文公出镇西都》、《送公辟给事自青州致政归吴中》、《送程公辟给事出守会稽兼集贤殿修撰》、《寄程公辟》、《携李亭》等诗。前文已述,《奉诏赴琼林苑燕饯太尉潞国文公出镇西都》等四诗,又见于王珪《华阳集》。《华阳集》原本久佚,传世者亦为《永乐大典》辑本。结合四库馆臣"签出佚书——抄出佚文(散片或散篇)——粘连成册(即辑佚稿本)——校勘并拟定提要——誊录成正本"的程序来看③,他们应不可能将这四首诗从《永乐大典》中签出两份,分别交付《华阳集》和《郧溪集》的负责人辑佚誊录。而据《四库全书总目》卷一五二《华阳集》提要:"今从《永乐大典》各韵中裒掇排比,所存诗文尚夥,而内外制草为尤备。其生平高文典册,大约已罕所遗佚。谨依类编次,厘为六十卷。其遗闻逸事

① 许红霞《从三百八十卷本〈两宋名贤小集〉看其汇集流传经过》,《海峡两岸古典文献学学术研讨会论文集》,上海:上海古籍出版社,2002 年,第 397—398 页。
② 张升《〈永乐大典〉流传与辑佚研究》,第 127—130 页。
③ 张升《〈永乐大典〉流传与辑佚研究》,第 125 页。

与后人评论之语,见于他书者,亦详加搜辑,别为《附录》十卷,系之集末,用资考核。"①所以我们认为,郑獬与王珪名下重出的四首诗,当是《郧溪集》辑自《两宋名贤小集》本《幻云居诗稿》,而《华阳集》辑自《永乐大典》。这一点,根据《华阳集》、《郧溪集》、《两宋名贤小集》本《幻云居诗稿》的个别异文也可印证②:

表 9-2　王珪《华阳集》、郑獬《郧溪集》、《两宋名贤小集》
卷一三三《幻云居诗稿》所见异文对比表

《华阳集》	《郧溪集》	《两宋名贤小集》卷一三三《幻云居诗稿》
《奉诏赴琼林苑燕饯太尉潞国文公出镇西都》:都门秋色满旌旗,祖帐容陪醉御卮。功业迥高嘉祐末(小字注:公至和中首陈建储之策),精神如破贝州时。(小字注:白居易**晚献**裴晋公诗云:"闻说风情筋力在,只如初破蔡州时。")匣中宝剑腾霜锷,海上仙桃压露枝(小字注:**公子**近有登瀛之命)。昨日更闻褒诏下,别**刊**名姓入炙彝。	《奉诏赴琼林苑燕饯太尉潞国文公出镇西都》:都门秋色满旌旗,祖帐容陪醉御卮。功业迥高嘉祐末,(小字注:公至和中首陈建储之策)精神如破贝州时。(小字注:白居易**献**裴晋公诗云:"闻说风情筋力在,只如初破蔡州时。")匣中宝剑腾霜锷,海上仙桃压露枝(小字注:**公之子**近有登瀛之命)。昨日更闻褒诏下,别**看**名姓入炙彝。	《奉诏赴琼林苑燕饯太尉潞国文公出镇西都》:都门秋色满旌旗,祖帐容陪醉御卮。功业迥高嘉祐末(小字注:公至和中首陈建储之策),精神如破贝州时。(小字注:白居易**献**裴晋公诗云:"闻说风情筋力在,只如初破蔡州时。")匣中宝剑腾霜锷,海上仙桃压露枝(小字注:**公之子**近有登瀛之命)。昨日更闻褒诏下,别**看**名姓入炙彝。
《送程公辟给事出守会稽(**小字注:兼集贤殿修撰**)》:越州太守何潇洒,应为能吟住集仙。雪急紫蒙催玉勒,(小字注:**公辟新奉使归**。紫濛,**使中**馆名。)日长青琐听薰弦。一时冠盖倾离席,半醉珠玑落彩笺。自恨君恩浑未报,五湖终负钓鱼船。	《送程公辟给事出守会稽**兼集贤殿修撰**》:越州太守何潇洒,应为能吟住集仙。雪急紫蒙催玉勒,(小字注:**公奉使方归**。紫濛,**北方**馆名也。)日长青琐听薰弦。一时冠盖倾离席,半醉珠玑落彩笺。自恨君恩浑未报,五湖终负钓鱼船。	《送程公辟给事出守会稽**兼集贤殿修撰**》:越州太守何潇洒,应为能吟住集仙(小字注:疑是贤)。雪急紫蒙催玉勒,(小字注:**公奉使方归**。紫濛,**敀中**馆名也。)日长青琐听薰弦。一时冠盖倾离席,半醉珠玑落彩笺。自恨君恩浑未报,五湖终负钓鱼船。

① (清)永瑢《四库全书总目》,第 1314 页。
② 所据版本依次为:(宋)王珪《华阳集》,影印文渊阁《四库全书》本,台北:台湾商务印书馆,1986 年,第 1093 册;(宋)郑獬《郧溪集》,影印文渊阁《四库全书》本,第 1097 册;旧题(宋)陈思编、(元)陈世隆补《两宋名贤小集》,影印文渊阁《四库全书》本,第 1363 册。

《华阳集》	《郧溪集》	《两宋名贤小集》卷一三三《幻云居诗稿》
《寄公辟》： 念昔都门手一携,春禽**争**向芏萝啼。梦回金殿风光别,吟到银河月影低。舞急锦腰迎十八,酒酣**玉酰**照东西。何时得遂扁舟去,雪棹同君**迈**剡溪。	《寄**程**公辟》： 念昔都门手一携,春禽**几**向芏萝啼。梦回金殿风光别,吟到银河月影低。舞急锦腰迎十八,酒酣**金盏**照东西。何时得遂扁舟去,雪棹同君**泛**剡溪。	《寄**程**公辟》： 念昔都门手一携,春禽**几**向芏萝啼。梦回金殿风光别,吟到银河月影低。舞急锦腰迎十八,酒酣**金盏**照东西。何时得遂扁舟去,雪棹同君**泛**剡溪。
《送公辟给事自**州**致政归吴中》： 青琐仙人解玉符,秋风一夜满江湖。曾歌郢水非凡曲,未扫庬头负壮图(小字注:公昔**出使**愤然,屡**折**敌人)。终日望君天欲尽,平生知我世应无。扁舟定约元宫保,潇洒莲泾二大夫。(**小字注：采莲泾在苏州南园后。**)	《送公辟给事自**青州**致政归吴中(小字注：**公辟即程师孟**)》： 青琐仙人解玉符,秋风一夜满江湖。曾歌郢水非凡曲,未扫庬头负壮图(小字注:公昔**北使**愤然,屡**抑**敌人)。终日望君天欲尽,平生知我世应无。扁舟应约元宫保,潇洒莲泾二丈夫。(**小字注：按：元宫保即钱唐元章简公绛,盖尝寓居于苏州。**)	《送公辟给事自**青州**致政归吴中(小字注：**公辟即程师孟**)》： 青琐仙人解玉符,秋风一夜满江湖。曾歌郢水非凡曲,未扫庬头负壮图(小字注:公昔**北使**愤然,屡**抑**敌人)。终日望君天欲尽,平生知我世应无。扁舟应约元宫保,潇洒莲泾二丈夫。(**小字注：嘉按：元宫保即钱塘元章简公绛,盖尝寓居于苏州。**)

　　表中各处异文,除了小注"紫濛,敌中馆名"因语涉违碍而《华阳集》、《郧溪集》讳改不同,余例悉为《郧溪集》、《两宋名贤小集》本《幻云居诗稿》相同而与《华阳集》不同,甚至《送公辟给事自青州致政归吴中》一诗的尾联小注,四库馆臣也是从《幻云居诗稿》照录。

　　此外,《郧溪集》三次修改稿本卷二七《雪中梅》首句"腊梅欺寒飘玉尘",影印文渊阁《四库全书》本作"腊雪欺梅飘玉尘"。再核《两宋名贤小集》卷一三三《幻云居诗稿》,文字亦为"腊梅欺寒飘玉尘"。这也足以说明,《雪中梅》诗亦辑自《幻云居诗稿》,最终写定时,四库馆臣又对其中的文字做了校改。

　　因此,《两宋名贤小集》卷一三三《幻云居诗稿》,确实是四库馆臣辑佚郑獬诗的重要文献来源,而像《奉诏赴琼林苑燕饯太尉潞国文公出镇西都》等四首郑獬与王珪名下的重出诗,也是馆臣据《幻云居诗稿》误辑的结果。

（四）结语

郑獬《郧溪集》，原本五十卷久佚，现在流传的二十八卷本由四库馆臣据《永乐大典》、《宋文鉴》、《历代名臣奏议》、《两宋名贤小集·幻云居诗稿》等书重新辑编而成。中国国家图书馆藏清翰林院红格抄本《郧溪集》一部，为《永乐大典》辑本的三次修改稿本，反映了《四库全书》本最终写定之前的文本面貌。二十八卷本《郧溪集》中，又有 15 首作品与其他唐宋诗人诗作重出，且几乎皆为郑獬名下误收。其中，《遣兴勉友人》是《永乐大典》引录时已误，《奉诏赴琼林苑燕饯太尉潞国文公出镇西都》、《送程公辟给事出守会稽兼集贤殿修撰》、《寄程公辟》、《送公辟给事自青州致政归吴中》四诗系四库馆臣误辑《幻云居诗稿》所致；其余与李白、郑瀚、杨亿、仇远、陆游、姜特立、王安石、释绍嵩、王周等人的重出诗，究竟为何误收于郑獬名下，因《永乐大典》现存残卷十分有限，其间未见这些诗作的引录面貌，我们暂时也无法确知四库馆臣的疏误缘由，只能留待更多材料发现之后再行考察。

对于《永乐大典》辑本存在的漏辑问题，学者们已经充分指出并做了许多具体的补正，同时又对四库馆臣的实际工作给予比较切实而中肯的评价："也正因为佚书没有统一的判断参照，没有一个佚书总目，馆臣只能各自凭经验判断，所以《大典》中同一佚书的内容，有的被签出，有的则未被签出。这就自然造成大量该辑的内容没有辑出，漏辑现象较严重。……《大典》辑佚本来是分工协作的，倘安排合理，是可以避免周永年那样的辛劳的。但由于没有统一的佚书参照与总佚书，使得馆臣或无从措手，或辛苦而徒劳，从而极大地削弱了馆臣的积极性，造成辑佚成绩不够突出。"①这里提及的诸如"各自凭经验判断"、缺少"分工协作"等情况，其实同样适用于上述误辑现象的分析。试想，如果馆臣在签出佚书佚文时能够稍微注意到《永乐大典》对那些未佚之书（如张咏《乖崖先生文集》）的内容引录，或者负责《华阳集》辑佚和《郧溪集》辑佚的不同人员能够互通资料有无，又或馆臣在辑录时能够从人物生卒、仕宦、交游等角度发现疑点进而具体辨析，那么误辑的发生也许就可以避免。不过实际情况却是，四库馆臣需要在有限的时间内完成大量的佚书辑佚，任务尤其繁重；更何况每一种古代典籍的体例性质、刊刻流传都各自有其特征，但与针对辑出的零篇散句本应同步进行的考证辨析却十分有限，难免导致辑佚工作在一定程度上变成只顾及资料的排比堆砌，而失之深入文本内部的检阅核查，从而造成张冠李戴。

---

① 张升《〈永乐大典〉流传与辑佚研究》，第 141—142 页。

二、曾巩"佚诗"辨正

曾巩(1019—1083,字子固)是北宋中期重要的文学家、史学家、政治家,著有《元丰类稿》五十卷、《续元丰类稿》四十卷、《外集》十卷(韩维《南阳集》卷二九《朝散郎试中书舍人轻车都尉赐紫金鱼袋曾公神道碑》),今仅存《元丰类稿》。20世纪八九十年代,北京大学古文献研究所编纂《全宋诗》,其中的曾巩诗即"以清康熙五十六年长洲顾崧龄刻《元丰类稿》为底本,校以元大德八年东平丁思敬刻本"①,续以金刻本《南丰曾子固先生集》中多出的诗作,另从《永乐大典》残本、《宋诗纪事》、《四明山志》、康熙《抚州府志》、道光《乌石山志》等书辑录集外佚诗,编为九卷。2003年,"《全宋诗》补正"项目启动,又在针对各类典籍文献的持续辑佚基础上,全面展开订讹、补阙的工作,曾巩诗歌方面也有不断发现的新材料。当然,无论是对于业已出版问世并对宋诗研究产生巨大影响的《全宋诗》,还是目前正在全力进行的"《全宋诗》补正",辑佚都是总集编纂过程中的首要环节。而只有建立在扎实考辨基础之上的辑佚,取得的成果才是准确、可靠的,否则,不加辨析,径概阑入,既不免贪多务得之嫌,又必然会导致最终成果的学术价值大打折扣。兹以《全宋诗》已收之《将行陪贰车观灯》、《赴齐州》、《千丈岩瀑布》、《薛老亭晚归》和正在进行的"《全宋诗》补正"项目新搜集的辑佚材料中《寄建昌史君汝士胡丈》、《江楼》、《疏山寺》、《纤佳寄诗题卷后》等曾巩"佚诗"为例,略作考察按断,辨正这八首(组)诗其实皆非曾巩作品,《全宋诗》误收者当删,"《全宋诗》补正"则可避免误信误收。

(一)《将行陪贰车观灯》、《赴齐州》当为晁补之诗

《全宋诗》册8卷四六二页5611曾巩《将行陪贰车观灯》、《赴齐州》二诗:

将行陪贰车观灯

行歌红粉满城欢,犹作常时五马看。忽忆使君身是客,一时挥泪逐金鞍。

赴齐州

淮南蒙召鬓毛斑,乞得东秦慰病颜。晓整轻鞍汶阳北,却冲微雨看青山。　　　　以上清厉鹗《宋诗纪事》卷二〇引宋谢维新《古今合璧事类备要》后集。按:查文渊阁《四库全书》本《古今合璧事类备要》,未见此二诗。

---

① 北京大学古文献研究所编《全宋诗》,第8册,第5512页。

按：此二诗又见《全宋诗》册 19 卷一一四〇页 12881、12884 晁补之，《赴齐州》题作《赴齐道中》，出《鸡肋集》卷二二。晁补之《鸡肋集》，高宗绍兴七年(1137)由晁谦之编定为七十卷，刊于建阳。明崇祯八年(1635)，"顾凝远诗瘦阁尝照宋本翻刻，为是集今存之唯一刊本，前人亦一致推其佳胜"①，《全宋诗》编录晁补之诗，即以此翻刻本为底本。可见，《鸡肋集》的编刻渊源有自，当可信从。而厉鹗的《宋诗纪事》转录宋谢维新《古今合璧事类备要》后集，将此二诗归入曾巩名下，但《古今合璧事类备要》原书却不见这两首作品。《全宋诗》仅据清人所编宋诗总集，材料源头竟又相互抵牾，茫然无解，就文献流传的可靠性言之，《宋诗纪事》显然不及晁氏别集。况且，王士禛《居易录》卷三四亦载：

> 曾子固以熙宁五年守济南，其后二十一年，晁无咎继来为守，作《北渚亭赋》最著。有《别历下》二绝句云："来见芙蕖溢渚香，归途未变柳梢黄。殷勤趵突溪中水，相送扁舟向汶阳。""鸳央鸂鶒绕渔梁，摇漾山光与水光。不管使君征棹远，依然飞下旧池溏。"又《将行陪贰车观灯》云："行歌红粉满城欢，犹作常时五马看。忽忆使君身是客，一时挥泪逐金鞍。"又《赴齐州》诗云："淮南蒙召鬓毛斑，乞得东秦慰病颜。晓整轻鞍汶阳北，却冲微雨看青山。"吾州于宋得子固、子由、无咎三公，而东坡公过此亦有"济南春好雪初晴，行到龙山马足轻"之咏，足敌唐北海、子美、太白三公矣。②

王士禛(1634—1711)为清初山左文坛领袖，对北宋中后期曾巩、苏辙、晁补之三位文学大家相继在此为官颇引以为豪，并明确言及晁补之留下了《北渚亭赋》、《别历下》、《将行陪贰车观灯》、《赴齐州》等诗文名篇。此外，吴之振、吕留良等选编《宋诗钞》，《鸡肋集钞》亦收录《将行陪贰车观灯》诗③。王士禛、吴之振、吕留良等皆早于厉鹗，他们对于这两首诗的作者归属判断也都并无歧异。因此，通过文献类型的可信程度与文献流传的时代先后，我们可以确定，《将行陪贰车观灯》、《赴齐州》当为晁补之诗，《全宋诗》实误据更晚出之《宋诗纪事》，曾巩名下当删。

（二）《千丈岩瀑布》当为曾焕诗

《全宋诗》册 8 卷四六二页 5611 曾巩《千丈岩瀑布》：

---

① 　祝尚书《宋人别集叙录》(增订本)，北京：中华书局，2020 年，第 591 页。
② 　(清)王士禛《居易录》，袁世硕主编《王士禛全集》，济南：齐鲁书社，2007 年，第 4385 页。
③ 　(清)吴之振、吕留良、吴自牧选《宋诗钞》，北京：中华书局，1986 年，第 2 册，第 1132 页。

千丈岩瀑布

玉虬垂处雪花翻，四季雷声六月寒。凭槛未穷千丈势，请从岩下举头看。　　清黄宗羲《四明山志》卷一

按：此诗又见《全宋诗》册 53 卷二七七五页 32845 曾焕，题作《题飞雪亭》，"季"作"序"，出元袁桷《延祐四明志》卷一七。核《延祐四明志》："曾少卿《题飞雪亭》云(诗略)，楼攻媿和云：'惊见银河空外翻，湍飞千丈有余寒。下流不用长劳望，只向银河顶上看。'"①曾焕，光宗绍熙元年(1190)进士，宁宗嘉泰元年(1201)为太常少卿，嘉定十六年(1223)为大理少卿②，与楼钥(1137—1213)同时。或许是不清楚"曾少卿"究为何人，嘉靖《宁波府志》卷六已误作"宋曾巩诗"，此后的清代志乘文献悉承其讹。据更早之记载，此诗殆为曾焕作品，曾巩名下当删。

又，曾焕与魏了翁有交，《宋会要辑稿》选举二一记载："(嘉定)十六年正月二十五日，命权吏部侍郎程珌知贡举，权刑部侍郎朱著、起居舍人郑自诚同知贡举，左司谏李伯坚监试。宗正少卿方犾、大理少卿曾焕、直焕章阁枢密副都承旨吴格、司封郎官魏了翁……国子博士葛从龙参详。"③魏了翁《鹤山全集》卷四、一〇亦有《大理曾少卿焕欲见余近作录数篇寄之以诗为谢且云连日疮痒作读余文而愈因次其韵九月二十六日》、《曾少卿焕约饮即席赋》等诗。而魏氏前诗之后又有《送任大卿逢知汉州张少卿午知眉州》，则"大卿"、"少卿"皆官衔名称，非其表字，《全宋诗》曾焕小传"一字少卿"说不确。

另外，关于"曾少卿"其人，姜特立《梅山续稿》卷一六《赠曾少卿》称："我诵茶山诗，不识茶山面。今朝逢嫡孙，论诗得关键。李杜不再传，苏黄才一见。茶山子有孙，夜光同一串。故家妙人物，笔底波澜健。何当直两锋，看取空中箭。"④"茶山"即曾几(1085—1166)自号。曾几嫡孙，据陆游《渭南文集》卷三二《曾文清公墓志铭》，凡曾槃、曾槔、曾梁、曾棨、曾𣐋、曾𦺇、曾棠七人⑤，其中曾槔尝于宁宗庆元六年(1200)除太府少卿⑥，嘉泰二年

---

① （元）袁桷《延祐四明志》，《宋元方志丛刊》，北京：中华书局，1990 年，第 6 册，第 6384—6385 页。

② （清）徐松《宋会要辑稿》，刘琳、刁忠民、舒大刚、尹波等校点，上海：上海古籍出版社，2014 年，第 10 册，第 5651、5656 页。

③ （清）徐松《宋会要辑稿》，刘琳、刁忠民、舒大刚、尹波等校点，第 10 册，第 5656 页。

④ （宋）姜特立《姜特立集》，王翼奇、钱之江、邱旭平整理，杭州：浙江古籍出版社，2016 年，第 205 页。

⑤ （宋）陆游《渭南文集》，马亚中、涂小马校注，杭州：浙江古籍出版社，2015 年，第 4 册，第 56 页。

⑥ （宋）周应合《景定建康志》卷二六，《南京稀见文献丛刊》，南京：南京出版社，2009 年，第 3 册，第 664 页。

（1202）知婺州，知州任上与姜特立多有唱和①。然而是否即与楼钥唱和之"曾少卿"，尚无确证。姑从《全宋诗》，暂系《千丈岩瀑布》于曾焕名下②。

（三）《薛老亭晚归》当为蔡襄诗

《全宋诗》册 8 卷四六二页 5612 曾巩《薛老亭晚归》：

薛老亭晚归

终日行山不出城，城中山势与云平。万家市井鱼盐合，千里川原彩错明。座上潮风醒酒力，晚来岩雾盖钟声。归时休得燃官烛，在处林灯夹道迎。原注：宋时七塔万枝灯，故云林灯。　　清郭柏苍道光《乌石山志》卷二

按：此诗又见《全宋诗》册 7 卷三八九页 4794 蔡襄，题作《饮薛老亭晚归》，"错"作"画"、"得"作"更"、"林"作"纱"，出《蔡忠惠集》卷五。蔡襄集，宋时已有十七卷、三十卷、三十六卷、六十卷等不同版本流传，今存宋刻《莆阳居士蔡公文集》三十六卷，存卷七至二四，其余部分以"影宋精钞补"③；至明万历四十三年（1615），陈一元于南昌校刻《蔡忠惠集》四十卷，是为现存最早之蔡襄别集明代刊本，《全宋诗》亦据为底本编录蔡襄诗。而无论宋刻本的影宋钞配部分，还是明万历刻本当中，《饮薛老亭晚归》一诗都赫然在列；同时，《两宋名贤小集》、《石仓历代诗选》等总集在引录此诗时亦归属蔡襄，因而显为蔡襄作品无疑。至于《乌石山志》，道光二十二年（1842）天开图画楼刊本卷二并无"薛老亭"及曾巩诗的内容，至光绪七年（1881）重修、九年重刻时始于"鸦浴池"和"谢公浴堂"两条目之间增入④，文献时代既晚，又缺少出处依据，甚为可疑。所以，此诗当为蔡襄作品，曾巩名下当删⑤。

---

① 杨俊才《南宋诗人姜特立研究》，延吉：延边大学出版社，2009 年，第 97—98 页。
② 据陈晓兰师考察，"曾焕、曾槃二人虽与楼钥同时，且皆有诗名，但在楼钥的《攻媿集》中并无记载。与楼钥多有交往且曾任少卿之职的是曾三复……故此诗作者亦可能是曾三复"，"《千丈岩瀑布》的作者并非曾巩，有可能是曾焕、曾槃、曾三复或是其他有少卿之任的曾姓官员，今已难以确考。至于楼钥和曾少卿的诗，未见载于《攻媿集》中"。陈晓兰《宁波方志所录曾巩诗考辨》，《北京大学中国古文献研究中心集刊》（第 20 辑），北京：北京大学出版社，2020 年，第 218 页。
③ （清）杨绍和《楹书隅录初编》卷五，《续修四库全书》，上海：上海古籍出版社，2002 年，第 927 册，第 6 页。
④ （清）郭柏苍道光《乌石山志》，石光明、董光和、杨光辉主编《中国山水志丛刊》（山志卷），北京：线装书局，2004 年，第 33 册，第 501 页；（清）郭柏苍《乌石山志》，福州市地方志编纂委员会整理，福州：海风出版社，2001 年，第 56 页。
⑤ 此诗亦见《曾巩集·辑佚》，陈杏珍、晁继周点校，北京：中华书局，1984 年，第 731 页。据《前言》，"诗《疏山》、《石门》、《清风阁诗》、《薛老亭晚归》四首，由南丰县纪念曾巩活动办公室的同志提供"，而《薛老亭晚归》的出处正是郭柏苍《光绪乌石山志》卷二。然而根据我们的梳理分析，它实非曾巩佚诗。

（四）《寄建昌史君汝士胡丈》当为曾惇诗

《永乐大典》卷一四三八〇引《建昌盱江志》所录《寄建昌史君汝士胡丈》组诗三首：

寄建昌史君汝士胡丈

麻姑岩峣青插天，瀑泉奔腾千仞悬。星坛突兀倚绝壁，平原太师有铭镌。神人一去已千岁，诸峰尚作翔鸾势。史君双旌来几时，气节清高两相值。

南城南丰万家邑，异人间出俱屹立。故家遗俗今仍存，后来青紫如俯拾。史君落落真人豪，发硎聊尔试牛刀。虚堂坐啸万事理，村村作社沽春醪。

我生江湖任流转，老矣未识乡间面。但闻老父夸新尹，古称循良今始见。五年两把淮上麾，家山欲归殊未期。速呼江船渡彭蠡，扶藜去读君山碑。①

按：《永乐大典》原署"曾惇"，然前此一首《南丰道中寄介甫》为曾巩诗，于是钱钟书先生认为："《大典》引作'曾惇'，第一首题《南丰道中寄介甫》见收曾巩《南丰类稿》卷二，不录。第四首题《纤佅寄诗题卷后》，显然曾巩诗，故此《大典》由《建昌盱江志》致误，'曾惇'应为'曾巩'。"从而将这组诗作系于曾巩名下，同时以"'麻姑'、'星坛'、'神人'三联重见本书卷四十六曾惇名下"②。但是我们通过诗题中的人物"汝士胡丈"却可断定，这组诗绝非曾巩作品。"胡丈"，即胡舜举，字汝士，高宗建炎二年（1128）进士，绍兴二十七年（1157）知建昌军，著有《盱江志》、《延平志》等，均已佚。以其登第之年视之，曾巩早已谢世45年，根本不可能有诗寄赠；而曾惇为曾巩孙辈，绍兴中后期历知黄州、台州、镇江府、光州，与胡舜举的生活时代基本相同。胡舜举在建昌军时，曾惇作诗寄奉，既尊称"胡丈"，又誉其为人"气节清高"、"落落人豪"，为官循良。

除了诗中人物的时间信息，宋代的方志、类书文献如王象之《舆地纪胜》卷三五《江南西路·建昌军》"诗"、潘自牧《记纂渊海》卷一一一"郡县部·江南西路·建昌军"在节引这组诗的第一首之后，皆小字注明作者为"曾宏

---

① （明）解缙等编《永乐大典》，北京：中华书局，1986 年，第 7 册，第 6257 页。
② 钱钟书《宋诗纪事补正》，沈阳：辽宁人民出版社、辽海出版社，2003 年，第 3 册，第 1386—1387 页。

父"。曾惇字弑(宏)父,那么依照宋人的记载,此诗毫无疑问归属曾惇。综合内证和外证可知,钱钟书先生的判断有失精审,《全宋诗》册34卷一九四七曾惇名下待补佚作。

(五)《江楼》当为曾肇诗

明夏良胜正德《建昌府志》卷一一"南丰县江楼"条引曾巩诗:

> 当年太史谪仙翁,落笔江楼气吐虹。无复琴樽对鸥鸟,空遗松柏几秋风。由来兰玉生庭下,重见溪山入座中。顾我岂能追祖武,倚阑归思在冥鸿。①

按:此诗已见《全宋诗》册18卷一○三九页11883曾肇,题作《太父太师密国公赋诗江楼世称名笔从侄子绩得之以居肇缅思祖德且爱绩之能继志也为赋一首》,"庭"作"台"、"追"作"绳"、"在"作"附",出《曲阜集》卷三。据陈振孙《直斋书录解题》卷一七,曾肇有《曲阜集》四十卷、《奏议》十二卷、《西垣集》十二卷、《外制集》三卷、《内制集》五卷等②,皆已佚。清康熙六十一年(1722),裔孙曾俨掇拾编次,成《曾文昭公集》(亦称《曲阜集》)四卷。虽然只是清人重新辑编之本,但此诗题信息丰富:"太父太师密国公"即南丰曾氏初祖曾致尧,有《题刘居士江楼》诗,"世称名笔";从侄曾绩,从"纟"命名,为曾巩、曾肇子侄辈,南丰曾氏第四代成员;曾肇获悉曾绩得到曾致尧的江楼诗,一方面追怀先祖懿德,另一方面又对曾绩所为表示欣赏,而作此诗。在这里,诗作的长题本身已经较为完整地叙述了作诗缘由,具体涉及的人、物、事等,脉络清晰,显示出了宋诗诗题鲜明的叙事性特色,自然不可能出于后人的仿拟甚至伪造。相比之下,正德《建昌府志》仅录"曾南丰诗",未详所据出处,当不及曾肇《曲阜集》中的诗题信息完整、可信。

(六)《疏山寺》当为曾纡诗

清谢煌光绪《抚州府志》卷二一引曾巩《疏山寺》:

疏山寺

江海相忘二十年,依前肮脏倚门边。家风敢谓庞居士,句法空悲孟

---

① (明)夏良胜正德《建昌府志》,《天一阁藏明代方志选刊》,上海:上海古籍书店,1982年,第34册。

② (宋)陈振孙《直斋书录解题》,徐小蛮、顾美华点校,上海:上海古籍出版社,1987年,第504页。

浩然。想见风流继莲社,应传图画入斜川。病夫诗思尤艰窘,正似潮回上水船。①

按：此诗已见《全宋诗》册 24 卷一三六九页 15726 曾纡,题作《疏山》,"忘"作"望",出《宋诗拾遗》卷一二。又见明弘治《抚州府志》卷二八,署"曾空青纡"②,即曾纡(晚号空青先生);又见清康熙《金谿县志》卷一二、乾隆《金谿县志》卷三、同治《金谿县志》卷三三之七,均署"曾纡"。既然现存时代最早的《抚州府志》已将此诗明确系于曾纡名下,我们又怎能罔顾文献源头、舍弃距离诗篇作者时代更近的记载呢？何况,疏山寺就在抚州金谿县西北五十里,康熙《金谿县志》在《疏山》诗题下总列曾巩、无名氏(同治《金谿县志》署"曾几")、李商叟、赵耻斋、胡明仲(胡寅字明仲)、陆九渊、曾季狸、曾纡、赵必英、陆游、周之翰、艾申、余鼐、黎近华、曾因等十余位诗人的题咏之作,判然相别。所以,从出处先后和范围远近这两层因素来看,光绪《抚州府志》引录的这首曾巩诗作都疑点重重,根本不是曾巩的"佚诗"。

此外,就诗歌的内容、风格言之,曾纡名列元祐党籍,仕途坎坷,高宗绍兴二年(1132)知抚州之际,已是花甲残年,半生飘零,故有"江海相忘二十年,依前肮脏倚门边"的感叹。而"颔联'家风敢谓庞居士,句法空悲孟浩然'更是典型的江西诗派'句法'",尾联"'病夫诗思尤艰窘,正似潮回上水船'又是仿效黄庭坚'春来诗思何所似？八节滩头上水船',将抽象的诗思化作具象的上水船,透折生新"③。

（七）《纤侄寄诗题卷后》当为曾肇诗

《永乐大典》卷一四三八〇引《建昌盱江志》所录《纤侄寄诗题卷后》：

纤侄寄诗题卷后

新诗句法自谁传,把卷临灯喜不眠。已是风花巧依草,要看霜干老参天。④

按：前文已述,《永乐大典》据《建昌盱江志》录诗四首,统一署名"曾

---

① （清）谢煌光绪《抚州府志》,《中国方志丛书》(华中地方·第 253 号),台北:成文出版社有限公司,1975 年,第 2 册,第 336 页。

② （明）杨渊《弘治抚州府志》,《天一阁藏明代方志选刊续编》,上海:上海书店,1990 年,第 48 册,第 827 页。

③ 吕肖奂《宋代南丰曾氏家族第四代诗词创作考论》,《广州大学学报》(社会科学版)2009 年第 6 期,第 78 页。

④ （明）解缙等编《永乐大典》,第 7 册,第 6257 页。

惇"，但第一首《南丰道中寄介甫》实为曾巩诗，第二组《寄建昌史君汝士胡丈》当为曾惇诗，第三首《寄吕南公》则为曾肇诗，此为第四首。诗题中的"纡侄"是曾纡，曾布四子、曾惇父、曾巩与曾肇侄，因而作者必非曾惇。那么，它是曾巩还是曾肇的作品呢？

　　钱钟书《宋诗纪事补正》的判断是"显然曾巩诗"①，汤华泉《全宋诗辑补》已指出"此诗题上'纡侄'指曾纡，为曾惇之父，曾巩、曾肇之侄，应为二人中一人作。姑系于曾巩名下"②，但并未做出进一步按断。兹以曾巩（1019—1083）、曾肇（1047—1107）、曾纡（1073—1135）三人生活年代作为考察线索：曾巩与曾纡虽为叔侄，可是年龄相差 55 岁，神宗元丰六年曾巩辞世时，曾纡才是十岁左右的孩童③，纵然少年聪颖，但这时已经写出"新诗句法"的可能或许终究不大。由此推定，此诗当为曾肇作品，《全宋诗》册 18卷一〇三九曾肇名下待补佚作。

　　以上我们分析了曾巩的八首（组）"佚诗"，发现它们均非曾巩作品。而着眼于文献类型的角度，更值得注意的方面在于，除了《将行陪贰车观灯》、《赴齐州》二诗属于误信清人所编宋诗总集的情况之外，其余致误，则主要与对于明清方志文献的内容记载轻易信从、辨析不足关系密切（《永乐大典》虽为明初类书，但它引据的对象《建昌盱江志》仍为这一类地理文献）。作为"一方全史"，地方志以记录当地的自然风貌、社会风俗、人文风雅为主，是这一地区历史、自然、经济、社会、人情、艺术等各类要素的综合荟萃与呈现。就编纂形式言之，纵向（时间）上的代有累增和横向（空间）上的由小及大是方志文献的两个典型特征；就编纂目的及心态言之，借重于名家望族，彰显自然之美与人文之盛，也是方志文献的题中要义。江西南丰的曾氏家族绵延两宋，诗文创作之繁荣，累世不衰，名人迭出。其中，曾巩作为南丰曾氏的翘楚，位列"唐宋八大家"之一，更是声誉显赫，备受推崇。影响所及，诸如《四明山志》中的千丈岩、光绪《抚州府志》中的疏山寺、光绪《乌石山志》中的薛老亭等地，仿佛都留下过曾巩的题咏，并藉由他的生花妙笔，为这些风景名胜的文化积淀增色不少。不过与此同时，通过时代更早的《延祐四明志》、弘治《抚州府志》、康熙《金谿县志》和流传有绪的《蔡忠惠集》等，我们

---

①　钱钟书《宋诗纪事补正》，第 3 册，第 1386 页。

②　汤华泉《全宋诗辑补》，合肥：黄山书社，2016 年，第 2 册，第 666 页。

③　（宋）汪藻《浮溪集》卷二八《右中大夫直宝文阁知衢州曾公墓志铭》："年十三，伯父南丰先生巩授以韩愈诗文，学益进。"影印文渊阁《四库全书》本，台北：台湾商务印书馆，1986年，第 1128 册，第 279 页。然而曾纡十三岁时，曾巩已经去世两年，不可能为子侄教授韩愈诗文，此或为汪氏写作墓志时的诔辞。

却得以真正厘清这些"佚诗"的作者归属问题,避免了张冠李戴式的以不佚为佚。诚然,流传至今的地方志文献数以千计,既有助于我们更广泛地辑存古代诗文作品,又有益于中国古代文学图景的多元书写,但是辑存是为了存真,这就意味着辑佚的性质从来都不是一味地誊钞照录,而是始终与严谨求实地辨伪考证相生相伴。对于曾巩这样的文学巨匠而言,辨析、剥离那些并非由他创作的"佚诗",无论从文献整理还是文学研究的要求上来说,都是一项十分基础且必要的工作。

三、《宋诗拾遗》误收清诗辨疑

《宋诗拾遗》二十三卷,旧题元陈世隆辑。书中保存了大量不见于其他文献的宋人诗作,一直被视为一部重要的宋诗总集,《全宋诗》在编纂过程中,曾据以收录了许多作品。然而,它的作者、成书、著录、流传等问题长期语焉不详;作为一部总集文献,它又有哪些误收的现象,却是后人信以为真、习焉不察的? 可以说,只有在全面、充分的文献考辨基础上,去伪存真,才能真正呈现其书应有之价值。而最先进行这项工作并撰成专文的,是王媛先生《陈世隆〈宋诗拾遗〉辨伪》(以下简称《辨伪》)①。在这篇文章中,作者主要从误收其他朝代作品(尤其明清诗作)和与多部明清总集存在因袭关系两个方面论证《宋诗拾遗》一书实为清人伪作,可惜至少就误收清诗这一点而言,《宋诗拾遗》反而不误。

详言之,《辨伪》认为:"细考《宋诗拾遗》,竟然还有不少误收明代以后诗作的情况,则除了伪作之外再无其他解释。""《宋诗拾遗》中至少误辑唐诗六首,元诗四首,明诗十一首,清诗一首。这部书误辑不少明清人作品,决不可能出自元人陈世隆之手;且由其中误辑清乾隆七年进士叶丰的诗可以推测,其作伪时间不会早于乾隆初期。"②

这里提及的误辑清诗一首,即《宋诗拾遗》卷二〇的左纬《九峰山》,又见于清人阮元所编《两浙𬨎轩录》卷三〇,题为叶丰《春日郊游》;也正是由于《宋诗拾遗》误辑的清诗作者叶丰为乾隆九年举人③,所以该书的作伪时间"不会早于乾隆初期"。

---

① 王媛《陈世隆〈宋诗拾遗〉辨伪》,《文学遗产》2014 年第 2 期,第 102—108 页。
② 王媛《陈世隆〈宋诗拾遗〉辨伪》,第 103、104 页。
③ 据阮元《两浙𬨎轩录》卷三〇叶丰小传"乾隆甲子举人","甲子"为乾隆九年(1744)。而乾隆七年壬戌科三甲取士 323 人,无叶丰其人,见朱宝炯、谢沛霖编《明清进士题名碑录索引》,上海:上海古籍出版社,1979 年,第 2712—2715 页。《辨伪》所谓"清乾隆七年进士叶丰",未详何据。

但是,这首诗确为叶丰的作品吗? 它一定能够就此帮助我们断定《宋诗拾遗》的成书时代下限吗? 其实不然。

今检明万历《黄岩县志》,卷一"九峰山"条下小字引录"宋左纬诗:恰恰莺啼欲晓天,唤人担酒入林泉。沿崖觅路僧先引,选胜看山席屡迁。心静掉头嫌鼓吹,酒狂挥手弄云烟。日斜数点残红下,芳草菲菲索醉眠"①,文字内容与《宋诗拾遗》相同,可证明代方志已载此诗,归属宋人左纬作品自无疑问。再看《两浙辋轩录》,初稿成于清嘉庆三年(1798),六年始"重加编定,序而行之"(阮元《两浙辋轩录序》)②。是书"始自国初,迄于近年,皆取其人已往可以论定者录之","所录诗,或从汇选,或从单刻,或从传钞,或从手稿,不无字句不同之处,悉依所得之本","所采诸书如秀水诸锦选《皇朝风雅》、会稽商盘选《越风》、平湖沈季友选《槜李诗系》、乌程戴璐《湖州诗撷》、归安陈焯《湖州诗录》、永嘉曾唯《东瓯诗存》、太平戚学标《三台诗录》、海盐朱炎《金华诗录》、钱塘朱彭《武林诗选》、钱塘张廷俊《台山怀旧集》、桐乡汪淮《两浙诗钞》、萧山毛奇龄《越郡诗选》、余姚张惟枚《姚江诗派》、秀水许灿《梅里诗辑》、兰溪江伯容《兰皋风雅》、海宁陈世修《平昌诗钞》,又宁波之《甬上耆旧集》……皆择其尤雅者录之"③,实为阮元采撷清代浙江各个地区已有之总集而新编的一部省域诗歌总集。以文献类型视之,它与《宋诗拾遗》同属诗总集,因而中国古代总集当中存在的人物与作品之间张冠李戴的问题同样在所难免,更何况阮氏明言"悉依所得之本",并未着力于精详的考辨。可是,王媛先生或先入为主地认定《宋诗拾遗》作为伪书,不可俱信,而《两浙辋轩录》既然是阮元所编,价值自然更胜一筹,所以当《九峰山》一诗两处互见时,径信《两浙辋轩录》是而《宋诗拾遗》非,并由此论定《宋诗拾遗》误收清人诗作,其作伪时间当不早于乾隆初期。事实上,通过上述万历《黄岩县志》的旁证以及《两浙辋轩录凡例》揭示的材料来源,我们能够确信,《九峰山》当为宋人左纬诗作,《两浙辋轩录》误收于清人叶丰名下。这样一来,由所谓《宋诗拾遗》误辑清诗而将之视为问世于乾隆中后期的伪作之说,证据既不可靠,结论亦难成立。

综上所述,《宋诗拾遗》作为一部宋诗总集,其间虽然存在着误收唐诗、

---

① (明)万历《黄岩县志》卷一,《天一阁藏明代方志选刊》,上海:上海古籍书店,1981 年,第 18 册,第 6B 页。

② (清)阮元《两浙辋轩录凡例》,《续修四库全书》,上海:上海古籍出版社,2002 年,第 1683 册,第 109 页。

③ (清)阮元《两浙辋轩录凡例》,《续修四库全书》,第 1683 册,第 110 页。

元诗、明诗的现象,但并没有误收清人诗作,王媛先生《陈世隆〈宋诗拾遗〉辨伪》所举误收清人叶丰《春日郊游》一例,实为《两浙輶轩录》之疏误,不可就此断定《宋诗拾遗》的作伪时间当在乾隆初期以后①。

---

① 除了根据误收后代作品而大致断定成书时限,《辨伪》还通过《宋诗拾遗》与多部明清总集(如《东瓯诗集》、《槜李诗系》、《御选宋诗》、《粤西诗载》、《宋诗纪事》等)存在因袭关系论证其为清人伪作。可是,中国古代的总集纂辑,往往抄撮杂萃,文献来源不一。一方面,《宋诗拾遗》与其他明清总集的雷同内容,确实足以说明它们在文献来源方面可能存在着共同的继承关系,但并不足以证实《宋诗拾遗》完全直接抄录这些总集,进而推定它是晚出的伪作。例如,《辨伪》所举吕蒙正《鸿沟》诗,康熙《开封府志》卷五引录时首先因为避讳而改“华夷”为“关河”,“《宋诗纪事》据以载录。而《宋诗拾遗》竟亦作‘关河’,可说是其抄袭《宋诗纪事》的铁证”(第106—107页)。但是,我们排比材料之后不难发现,《宋诗纪事》卷三吕蒙正名下收录《尹洛日作》、《读书龙门山土室作》、《鸿沟》三诗,皆出自《开封府志》;《宋诗拾遗》卷一吕蒙正名下收录《行经鸿沟》、《赠友》、《读书龙门山》三诗,其中《赠友》的文字内容即《尹洛日作》,同时正文之后也没有出自《青箱杂记》的诗本事。显然,《宋诗纪事》与《宋诗拾遗》两部总集中的吕蒙正诗,题目、顺序、内容都不尽相同,单凭一处文字避讳实在难以断定《宋诗拾遗》抄袭《宋诗纪事》为“铁证”。此外,成书于康熙三十四年的康熙《河南通志》卷三八“艺文四”径引“宋吕蒙正《行经鸿沟》”,已作“大抵关河须一统”。所以从文字的相似性上着眼,《宋诗拾遗》抄袭《宋诗纪事》之说未必尽然。至于讳字,由于现存《宋诗拾遗》仅为清抄本,抄写年代并不等于成书年代,或以《宋诗拾遗》中的《行经鸿沟》源出康熙《河南通志》而视其书成于康熙三十四年之后,亦不足信。另一方面,在与《东瓯诗集》、《槜李诗系》等五部总集文献发生重合的将近150首诗之外,《宋诗拾遗》收录的其他千余首作品,文献来源情况如何?对此,《辨伪》一文主要体现为描述性的形式,缺少更加精确的定性、定量分析。毕竟只有全部细致的诗作梳理,并在此基础上提供更加准确的数字比例,才能更进一步丰富、深化我们对于《宋诗拾遗》一书编纂经过、诗篇内容的认识,更好地指导我们的辨伪工作。

附录一　陈淳佚篇《小学礼诗》发微

　　陈淳(1159—1223)①,字安卿,龙溪(今福建漳州)人,世称北溪先生。尝从林宗臣、朱熹受教,"卒为儒宗"(《宋元学案》卷四一)。著有《北溪字义》二卷、《北溪先生大全文集》五十卷等。《宋史》卷四三〇有传。

　　陈淳诗文集初由其子陈槼编次,南宋理宗淳祐八年(1248)、元顺帝至元元年(1335)两度梓行,惜皆无存。今日传世最早版本为明弘治三年(1490)抚州守周梁石刻本,盖从元槼所出,又为其后明万历十三年(1585)裔孙陈柱宇刻本、清《四库全书》本、乾隆四十八年(1783)陈文芳刻本、光绪七年(1881)郑圭海种香别业刻本之祖②。全书卷一至四为诗③,故《全宋诗》卷二七四五至二七四八以明弘治三年抚州周梁石刻本为底本,校以影印文渊阁《四库全书·北溪大全集》、清乾隆四十八年陈文芳刻本、北京大学图书馆藏清抄本,仍编录为四卷,未见集外佚诗④。今检北京大学图书馆李盛铎旧藏朝鲜活字本《圣训演》(索书号:LSB/381,收入《北京大学图书馆藏朝鲜版汉籍善本萃编》),卷下载录"宋陈淳《小学礼诗》十章",《北溪先生大全文集》及《全宋诗》皆失收,逐录于次:

小学礼诗十章

男正位乎外,女正位乎内。男女无相渎,天地之大义。右一

女子十年不出,姆教婉娩听从。执麻枲,治丝茧,观祭祀,纳酒浆。

---

①　陈淳生卒年,当以陈宓《有宋北溪先生主簿陈公墓志铭》"嘉定十六年四月一日,北溪陈先生卒"、"享年六十有五"之说为确,见(宋)陈淳《北溪先生大全文集·北溪外集》,《儒藏精华编》本,北京:北京大学出版社,2018年,第240册下,第1440、1443页。各家歧说的文献依据及详细考辨,张加才《关于北溪生平研究的几个问题》(《北方工业大学学报》2002年第2期,第26—28页)已有论述,可参。《全宋诗》陈淳小传作"1155—1219",非是。

②　祝尚书《宋人别集叙录》(增订本),北京:中华书局,2020年,第1212—1215页。

③　祝尚书《宋人别集叙录》(增订本)谓"卷一至五,诗"(第1214页),非是,卷五实为"书问"。

④　北京大学古文献研究所编《全宋诗》,第52册,第32327—32360页。另外,陈新、张如安等《全宋诗订补》(郑州:大象出版社,2005年)和汤华泉《全宋诗辑补》(合肥:黄山书社,2016年)两书也没有新增加的陈淳佚诗。

右二　按：清陈弘谋编《养正遗规》卷上作"女十年不出，姆教婉娩从。执麻治丝茧，观祭纳酒浆"。

女子不出门，出门必拥蔽。夜行必以烛，若无烛则《养正遗规》卷上作"无烛则必"止。右三

男女原作"子"，据《养正遗规》卷上改不杂坐，嫂叔不通问。内言不出阃，外言不入梱。右四

男不言内事，女不言外事。非祭不交爵，非丧不授器。右五

姑姊妹女子，已嫁而返室。弗与同席坐，弗与共《养正遗规》卷上作"同"器食。右六

取妻不同姓，寡子弗与友。主人若不在，不入其门户。右七

妇人伏于人，无所敢自遂。教令不出《养正遗规》卷上作"令不出阃"门，惟酒食是议。右八

迎客不出门，送客不下堂。见卑不逾阈，吊人《养正遗规》卷上作"丧"不出疆。右九

妇人不贰斩，烈女不二夫。一与之齐者，终身可《养正遗规》卷上作"不"改乎。右十　　明龚守愚编《圣训演》卷下引《养蒙内训》①

"圣训"即明太祖朱元璋的六谕二十四言："孝顺父母，尊敬长上，和睦乡里，教训子孙，各安生理，毋作非为。"自洪武末年谕令颁行，进而成为民间基层教化的重要指导思想，于是在有明一代出现了多种训解、阐释之作。据黄虞稷《千顷堂书目》卷一一"儒家类"著录，计有许赞《圣训衍》三卷（小字注：嘉靖庚寅序）、湛若水《圣谟衍》一卷、尤时熙《圣谕衍》、马朴《圣谕解说》一卷；卷三〇"制诰类"又有金立敬《圣谕注》一卷②。此外，陈时龙先生进一步指出，"现存最早的六谕注释文本是成化年间王恕的《圣训解》"、"《圣训解》依六谕次序逐条解释，先对六谕的每句话中的关键性词汇进行解释，再谈如何遵行，最后以'故圣祖亦举以教民'为结"③。

嘉靖九年（1530），许赞为六谕作赞："臣仰读圣训，重复思绎，谨著赞语各二十二句，尚愧无以发扬圣祖之洪谟显烈，而期望斯民遵圣训，远刑法，以

---

① （明）龚守愚编《圣训演》，《北京大学图书馆藏朝鲜版汉籍善本萃编》，重庆：西南师范大学出版社、北京：人民出版社，2014 年，第 7 册，第 530—531 页。

② （清）黄虞稷《千顷堂书目》，瞿凤起、潘景郑整理，上海：上海古籍出版社，2001 年，第 302、305、314、733 页。

③ 陈时龙《圣谕的演绎：明代士大夫对太祖六谕的诠释》，《安徽师范大学学报》（人文社会科学版）2015 年第 5 期，第 612、613 页。

少裨圣上重熙累洽之化。"①而这六首赞语，与《千顷堂书目》著录的《圣训衍》三卷是什么关系，今已不得而知。十五年(1536)，陕西监察御史唐锜着提学副使龚守愚编成《圣训演》三卷：卷上"名卿注赞"将王恕注解、许赞赞语汇为一编，另附"嘉言"、"善行"；("昔太宰王公之注，今太宰许公之赞，备矣。其附以嘉言、善行，而详及夫闺门之教者，则锜之意，提学副使龚君守愚成之也。"②)卷中"察院公移"则明确要求加强对于圣谕及注释、赞语的宣传和诵读；("仰各拣选乡中抵业笃实者，充为木铎老人，使各整衣振冠，仍将御制训词，砆碑金书。上刻圣谕，分刻王尚书注解于下，沿乡劝谕。"③)卷下专论妇德、妇功，由西安府学教授张玠为之。("西安府学教授张玠曰：'此卷取诸《养蒙内训》，而更定之者也。……今编既主于演圣训，则不能尽仍其旧矣。故取其统论妇德者为一类，专论妇功者为一类。'"④)所以，《圣训演》在文献层面，保存了王恕《圣训解》、许赞六谕赞语以及《养蒙内训》等佚书的内容，在诠释史层面则"开创了以古今事例来诠释六谕的做法"⑤；而北京大学图书馆所藏这部朝鲜活字本，既为宇内孤本，文献价值自然异常珍贵。

　　前文已述，《圣训演》卷下"统论妇德"所引"汉曹大家《女诫》七章"、"汉司空荀爽《女戒》"、"魏太守程晓《女典》"、"晋中书监张华《女史箴》"、"宋张载《女戒》"、"宋陈淳《小学礼诗》十章"、"元杨维祯《女史咏》十八首"、"国朝御制《为善阴骘诗》六章"、"御制《孝顺事实诗》十七首"，"专论妇功"所引"楚荀卿《蚕》《箴》二赋"、"唐礼官《享先蚕乐章》五首"、"宋梅尧臣《蚕具诗》十五章"、"宋秦观《蚕书》十篇"、"宋娄(笔者按：当作楼)琦《织图诗》二十四章""元赵孟頫《织图诗》十二章"，以及各篇之后补充的人物小传、作品本事等，悉出自《养蒙内训》，只是打乱了原先的行文顺序。《养蒙内训》作者、卷数不详，其书今亦无存，殆与"高皇后《内训》一卷"、"仁孝皇后《内训》二十篇"、"章圣皇太后《女训》一卷"、"慈圣皇太后《女鉴》一卷"、"《内则诗》一卷"等书(俱见《千顷堂书目》卷一一"儒家类"⑥)类似，记录女子的高尚品德和淑懿言行，以为垂范。

　　其中，"宋陈淳《小学礼诗》十章"之后的按语称："《养蒙内训》曰：'北

---

① (明)龚守愚编《圣训演》卷首，《北京大学图书馆藏朝鲜版汉籍善本萃编》，第7册，第406页。
② (明)唐锜《圣训演后序》，《北京大学图书馆藏朝鲜版汉籍善本萃编》，第7册，第571页。
③ (明)龚守愚编《圣训演》，《北京大学图书馆藏朝鲜版汉籍善本萃编》，第7册，第470—471页。
④ (明)龚守愚编《圣训演》，《北京大学图书馆藏朝鲜版汉籍善本萃编》，第7册，第515页。
⑤ 陈时龙《圣谕的演绎：明代士大夫对太祖六谕的诠释》，《安徽师范大学学报》(人文社会科学版)2015年第5期，第614页。
⑥ (清)黄虞稷《千顷堂书目》，第316页。

溪陈先生礼诗若干篇,以檃栝小学。此则专言内则者,故录之。'"换言之,这里引录的十首作品,仅仅是陈淳《小学礼诗》当中与女性行为规范直接相关的那一部分。《圣训演》之外,它们又见于清代乾隆初期陈弘谋所编《养正遗规》(与《训俗遗规》、《从政遗规》、《教女遗规》、《在官法戒录》合编合刻为《五种遗规》)卷上"陈北溪《小学诗礼》"。最前有"弘谋按"称:"小学之概,已于前二书(笔者按:朱熹《童蒙须知》、《程董学则》)见之。北溪陈氏复辑《曲礼》、《少仪》、《内则》诸书,择其要且切者,集为五言,次以韵语,俾童子时时讽诵,而服习焉。题之曰《小学诗礼》,盖歌咏所以养性情,而步趋因以谨仪节,过庭之训,殆于兼之。"①具体又分《事亲》、《事长》、《男女》、《杂仪》四组,凡43首,《北溪先生大全文集》及《全宋诗》均未收。而《男女》组诗十一首,其二"男十年出外,就傅学书记。学乐学射御,学礼学孝弟"主要叙述男子的学习项目,《养蒙内训》未采,其余十首已见前述。兹续录之:

小学诗礼

事　亲

凡子事父母,鸡鸣咸盥漱。栉总冠绅履,以适父母所。

其　二

及所声气怡,燠寒问其衣。疾痛敬抑搔,出入敬扶持。

其　三

将坐请何向,长者执席少者执床。原注:与坐悬衾箧枕簟,洒扫室及堂。

其　四

长者必奉水,少者必奉盘。进盥请沃盥,盥卒授以巾。

其　五

问所欲而进,甘饴滑以滫。柔色以温之,必尝而后退。

其　六

养则致其乐,居则致其敬。昏定而晨省,冬温而夏清。

其　七

三日则具沐,五日则请浴。燂原注:音潜,热也潘原注:米汁也请靧原注:音悔,洗也面,燂汤请濯足。

其　八

其有不安节,行不能正履。饮酒不变貌,食肉不变味。

---

① (清)陈弘谋编《养正遗规》,《四部备要》本,北京:中华书局,1989年,第60册,第11页。

其　九

立不敢中门，行不敢中道。坐不敢中席，居不敢主奥。

其　十

父召唯无诺，父呼走不趋。_{原注}：叶雌由切食在口则吐，手执业则投。

其十一

父立则视足，父坐则视膝。应对言视面，立视前三尺。

其十二

父母或有过，柔声以谏之。三谏而不听，则号泣而随。

其十三

父在不远游，所游必有常。出不敢易方，复不敢过时。

其十四

舟焉而不游，道焉而不径。身者父母体，行之敢不敬。

事　长

君子容舒迟，见尊者斋遬。足重而手恭，声静而气肃。

其　二

始见于君子，辞曰愿闻名。童子曰听事，不敢与并行。

其　三

尊年不敢问，长赐不敢辞。燕见不将命，道不请所之。

其　四

年倍事以父，年长事以兄。父之齿随行，兄之齿雁行。

其　五

见父之执者，不问不敢对。不谓进不进，不谓退不退。

其　六

侍坐于长者，必安执而颜。有问让而对，不及毋儳言。

其　七

君子问更端，则必起而对。欠伸撰_{原注}：持也杖屦，侍坐可请退。

其　八

侍饮于长者，酒进则拜受。未釂_{原注}：音醮，饮尽爵也不敢饮，未辨_{原注}：音遍，义同不虚口。

其　九

侍燕于君子，先饭而后已。小饭而亟之，毋啮骨刺齿。

其　十

从长上邱陵，必向长所视。群居有五人，长者席必异。

男女其二

男十年出外，就傅学书记。学乐学射御，学礼学孝弟。

杂　仪

喜怒必中节，周旋必中礼。淫恶不接心，惰慢不设体。

其　二

目不视恶色，耳不听恶声。非法不敢道，非德不敢行。

其　三

执虚如执盈，入虚如有人。使民如承祭，出门如见宾。

其　四

并坐不横肱，共饭不择手。揖人必违位，尊前不叱狗。

其　五

入国不敢驰，入里必致式。入户必奉扃，入门不践阈。

其　六

入境必问禁，入国必问俗。入门必问讳，与人不问欲。

其　七

临丧则不笑，临祭则不惰。当食则不叹，让食则不唾。

其　八

君子正衣冠，俨然尊瞻视。即之容也温，听之言也厉。　　以上清陈
弘谋编《养正遗规》卷上①

　　朱熹编类《小学书》，分内、外篇，共"立教"、"明伦"、"敬身"、"稽古"、
"嘉言"、"善行"六门，旨在"集古圣格言、至论以教学者，皆成童幼志进学之
序"（《直斋书录解题》卷九）②，堪称宋元以降最重要的训蒙著作，影响深
远。作为朱子高弟，陈淳也致力于蒙学教育，不仅在《代跋〈小学〉》中，强调
自幼及长的修为渐进、童蒙训导的终极目标在于"造道据德、而成大学之功
者"③，更亲自创作了《训儿童八首》（《孔子》、《弟子》、《颜子》、《曾子》、《人
子》、《洒扫》、《应对》、《进退》）、《启蒙初诵》、《训蒙雅言》、《暑示学子》、
《暑月喻斋生》等一系列诗文④，予以读书、崇德、修身、事亲、敬长各方面的
教导；特别是《启蒙初诵》、《训蒙雅言》、《暑示学子》，或三言，或四言，短小

---

① （清）陈弘谋编《养正遗规》，《四部备要》本，第 60 册，第 11—13 页。
② （宋）陈振孙《直斋书录解题》，徐小蛮、顾美华点校，上海：上海古籍出版社，1987 年，第
282 页。
③ （宋）陈淳《北溪先生大全文集》，《儒藏精华编》本，第 240 册下，第 1014—1015 页。
④ （宋）陈淳《北溪先生大全文集》，《儒藏精华编》本，第 240 册下，第 875—876、1034—
1039 页。

精悍,朗朗上口,前者更被誉为《三字经》的前驱①。由此观之,《小学诗礼》"集为五言,次以韵语,俾童子时时讽诵,而服习焉",也是相同的性质和功用②。

最后,对于南宋理学家而言,他们的一部分诗歌体现的是"玩心于六经"、"沉潜乎义理"③的创作宗尚,即取材于儒家经典,而以五七言的韵语结构来言浅意深地表达深微精奥的教化大义。陈淳的《隆兴书堂自警三十五首》和《闲居杂咏三十二首》皆属此类,尤其后者更以"仁"、"义"、"礼"、"智"、"孝"、"悌"、"忠"、"信"、"父子"、"君臣"、"夫妇"、"兄弟"、"朋友"等儒家传统概念作为小标题。同样地,《小学诗礼》虽然主要是针对童蒙的行为规范,但理论基础仍不出《曲礼》、《少仪》、《内则》等《礼记》诸篇。对于男女之防,《礼记·内则》有云:"男不言内,女不言外。非祭非丧,不相授器。""女子出门,必拥蔽其面,夜行以烛,无烛则止。"④显然,前引"女子不出门,出门必拥蔽。夜行必以烛,若无烛则止";"男不言内事,女不言外事。非祭不交爵,非丧不授器",这样的诗歌语言恰恰成为了经书原文的最通俗注脚。与此同时,藉由这些直白平实、便于记诵的文字,由以陈淳为代表的南宋理学家所倡导的伦理秩序在近古时代的民间社会得以构建并不断强化,甚至最终走向极端,演变为封建礼教中的一种道德桎梏。

---

① ［美］刘子健《比〈三字经〉更早的南宋启蒙书》,《文史》(第二十一辑),北京:中华书局,1983 年,第 134 页。
② 关于陈淳蒙学著作的具体情况,可参考曾振宇等《陈淳评传》,北京:人民出版社,2018 年,第 46—48 页。
③ (宋)魏了翁《古郫徐君〈诗史字韵〉序》,《鹤山集》卷五二,景印文渊阁《四库全书》本,台北:台湾商务印书馆,1986 年,第 1172 册,第 587 页。
④ (汉)郑玄《礼记注》,王锷点校,北京:中华书局,2021 年,第 361、362 页。

附录二　《续修四库全书》所收宋人别集与《全宋诗》补辑

——以幸元龙、何希之二家为例①

　　两宋三百年间,崇文尚儒的时代风气和雕版印刷技术的普及发展,极大地推动了宋代文人著书立说、编纂文集并将之付梓行世的积极性,催生了有宋一朝文学繁荣的现实面貌。《宋史·艺文志》著录宋人别集651家1 824部23 604卷,虽然尚未尽括当时的全部数量,但是基本反映了宋集问世、流传之盛况。元、明、清各朝,宋人别集在代有刊刻和屡经散亡的消长之间更加获得持续增长:明钞明刻宋集既多见善本佳本,又有由于宋元旧本久佚而成为今日存世之祖的大量情况,明人对于宋集的编刻传存做出了重要贡献;受此影响,清代学者不仅继续有意识地从事收藏、整理、抄录、刊刻等事业,更在《四库全书》编修期间,从《永乐大典》中重新辑出130种已佚宋人别集,于宋代诗文的保存、传播功不可没,当然其间挂一漏万的疏错亦并非少数②。时至今日,现存宋人别集多达741家③,较之万曼《唐集叙录》收录的113家唐人别集,是其六倍有余,却其实仍有遗漏。而正赖这七百余家现存宋集及其重要版本,《全宋诗》的编纂才具备了先决性条件和基础性资料。

　　1986年,《全宋诗》编纂工作启动,首先全面调查了现存宋人诗集以及传世版本;在这一过程中,又与负责《全宋文》编纂的四川大学古籍整理研究所合作,分工收集各大图书馆所藏宋人别集的目录卡片,互通有无。1998

---

① 这篇文字内容,曾单独发表于安徽师范大学中国诗学研究中心主编的《中国诗学研究》(第20辑),南京:凤凰出版社,2021年,第192—203页。正式见刊之前,方知南开大学文学院高印宝博士已发表《〈全宋诗〉失收二家诗辑考》(《宁夏大学学报》[人文社会科学版]2021年第1期),以《四库全书存目丛书》所收幸元龙、何希之二家别集为底本辑录佚诗。笔者所据《续修四库全书》,虽然整理底本不尽相同,但是新辑诗作基本一致,且高印宝博士的文章刊发时间更早,谨向其表示敬意!

② 关于元、明、清各朝保存、整理宋人别集的实绩,参见巩本栋《宋集传播考论》"综论篇"《论明人整理宋人别集的成绩》、《论清人整理宋人别集的贡献》二章,北京:中华书局,2009年,第31—76页。

③ 沈治宏《现存宋人别集版本目录·编例》,成都:巴蜀书社,1989年,第1页。

年,《全宋诗》正式出版,荟萃赵宋一代诗歌,"长篇短制,细大不捐,断章残句,在所必录"(《全宋诗·凡例》),力求囊括目前传世的宋人诗集和主要根据第一批书目的辑佚所得,是为正编①。而对于这些宋人诗集的版本选择,《全宋诗》编者强调"从实际情况出发,具体对待,不盲目信古。譬如一般以为四库本多有问题,但也不尽然"②,在有更早版本流传不废的情况下,经过细致的源流考索与认真的文字校勘,明确地采用了向来饱受删改诟病的《四库全书》本宋人别集作为整理底本,客观地凸显了《四库全书》在古籍整理方面的应有价值③。

　　作为中国古代规模最大的一部丛书,《四库全书》修成于清代乾隆中期。可惜一方面,四库馆臣人为地制造了抄入之书与存目之书的区别,对后者多有主观讥评,不利于典籍的长久流传;另一方面,乾隆中期直至清末,还有数量众多的清人著述,同样属于中国古代思想学术、历史文化的优秀遗产。有鉴于此,晚清、民国时期,不断有学者提出续修《四库全书》的动议。直至21世纪初,《续修四库全书》(1 800 册)终于问世,"其收录范围,包括《四库全书》以外的现存中国古籍,即补辑乾隆以前有价值的而为《四库全书》所未收的著述,以及系统辑集乾隆以后至民国元年(1912)前各类有代表性的著作"④,总计 5 213 种。

　　以《续修四库全书·集部》收录的宋人别集视之,自范仲淹《范文正公文集》二十卷至李龏《剪绡集》二卷,凡 53 种,另有方回《桐江集》、戴表元

---

①　关于《全宋诗》分为正编、补编两大部分的设想以及各自所据文献范围,《全宋诗·编纂说明》进行了详细的介绍:"从大的格局而言,我们拟将这部《全宋诗》分成正、补两编。正编包括:(甲)目前传世的诗集,(乙)第一批书目的辑集所得。所谓第一批书目,主要是:(一)现存宋元诗话、笔记及其他史籍。(二)现存宋元类书、总集,以及《永乐大典》和《诗渊》的残存本。(三)宋元方志,以及近年来集中印行的若干重要方志,如影印天一阁藏明代方志。(四)《宋诗纪事》、《宋诗纪事补遗》已引用到的书。(五)敦煌遗书。我们估计,这样紧缩范围,集中搜集,则宋代散佚诗人及作品,不致有太多的遗漏。……补编辑集范围主要是上述正编以及之外的明、清时期的各类书籍,以及书画题跋和散存各地的石刻、拓片、手迹、抄本等等。补编工作计划在正编基本完稿后进行,我们希望能在正编出版后的数年内努力完成。"北京大学古文献研究所编《全宋诗》,第 1 册,第 9 页。

②　北京大学古文献研究所编《全宋诗·编纂说明》,第 1 册,第 16—17 页。

③　漆永祥《乾嘉考据学研究》(增订本)第十三章《从〈全宋诗〉的编看〈四库全书〉的文献价值》,具体列举了杨亿、赵抃、王令、程颢、李之仪、杨时、张耒、周紫芝、李纲、汪应辰、王炎、黄乾、陈文蔚、刘宰、杜范、戴昺、林希逸、刘黻、何梦桂、汪梦斗等 20 位诗人,《全宋诗》以影印文渊阁《四库全书》本作为底本,而以其他宋、明、清朝的刻本、钞本等作为参校本,说明《四库全书》在《全宋诗》整理中重要的版本价值。北京:北京大学出版社,2020 年,第 382—385 页。

④　《续修四库全书编纂缘起》,《续修四库全书》,上海:上海古籍出版社,2002 年,第 1 册,第 1 页。

《剡源逸稿》、仇远《山村遗稿》《山村杂著》等，作者身处易代之际，或宋或元，未必一定；只是赵偕虽为赵宋宗室、入元不仕，但据《宋元学案》卷九三《静明宝峰学案》"元之乱也，方国珍据浙东，逼先生仕，不起"①及《赵宝峰先生文集》卷首《门人祭宝峰先生文》、《友祭宝峰先生文》"至正二十六年岁次丙午十二月戊申朔越十二日"②等表述，其主要生活经历在于入元以后，且又卒于元末，或不宜归入宋人。而与《全宋诗》所收宋人诗集相较，幸元龙《重编古筠洪城幸清节公松垣文集》十一卷、何希之《何希之先生鸡肋集》二卷、俞琰《林屋山人漫稿》一卷《附录》一卷、戴表元《剡源逸稿》七卷，这四种皆未涉及，可资拾遗补阙。其中，汤华泉《〈全宋诗〉、〈全宋文〉未收宋遗民别集二种跋》已经指出俞书"整集遗漏"③，具体作品另见于《全宋诗辑补》之俞琰名下④；笔者在参与"《全宋诗》补正"项目期间也曾选用《续修四库全书》影印清缪荃孙蕅香簃抄校本《剡源逸稿》为底本，校以中国国家图书馆藏清抄本及孙锵刻本《剡源佚诗》，并附《剡源佚诗》多出之诗及集外诗，整理戴表元诗稿⑤。兹就幸元龙、何希之二家别集所见佚作，掇拾如次。

一、《重编古筠洪城幸清节公松垣文集》

幸元龙（1169—1232），字震甫，号松垣，高安（今属江西）人。宁宗庆元五年（1199）进士。历京山县丞、随州州学教授、当阳县令、鄂州通判。理宗宝庆二年（1226），应诏上书、忤史弥远而致仕。绍定五年卒，年六十四⑥。著有《桂岩松垣集》，已佚。明万历四十四年（1616），裔孙幸鸣鹤"因《松垣文集》散乱阙略，仅存什一，窃恐其久而靡传，因遍搜遗稿，编汇成帙，考释订正，付诸剞劂氏，公之海内，以垂不朽云"⑦，成《重编古筠洪城幸清节公松垣文集》十一卷。可是，四库馆臣却认为："诗文各系以评语，间有注释，亦颇疏

---

① （清）黄宗羲原撰、全祖望补修《宋元学案》，陈金生、梁运华点校，北京：中华书局，1986年，第4册，第3098页。
② （元）赵偕《赵宝峰先生文集》，《续修四库全书》影印明嘉靖二十二年赵文华刻本，第1321册，第124、125页。"至正二十六年岁次丙午十二月戊申"，恰好已进入公元1367年1月。
③ 汤华泉《唐宋文学文献研究丛稿》，合肥：安徽大学出版社，2008年，第432页。
④ 汤华泉《全宋诗辑补》，合肥：黄山书社，2016年，第8册，第3618—3649页。
⑤ 《〈全宋诗〉杂考》（五），《北京大学中国古文献研究中心集刊》（第17辑），北京：北京大学出版社，2018年，第351—352页。
⑥ 刘琳《幸元龙与〈松垣文集〉》根据幸元龙别集及吴潜《乞裒万顷幸元龙遗泽表》、清雍正《江西通志》、《宋史翼》等文献记载，勾勒幸氏生平仕履，补充了《全宋诗》幸元龙小传缺载之生年。见《四川大学学报》（哲学社会科学版）1999年第1期，第65—66页。
⑦ （明）幸鸣鹤《编释幸清节公松垣文集序》，《续修四库全书》影印南京图书馆藏清赵氏小山堂抄本，第1320册，第2页。

略。元龙事迹无考,其题曰'幸清节公',亦莫详其得谥之由。首篇《论国是疏》内自引所作与陈晔、刘之杰二律,而终之曰'二诗之意切矣',殊非臣子对君之体。他文亦多鄙浅,而诗谓一篇为一韵,尤古无是例,殆出依托。"①将之归于存目。而刘琳先生通过与《宋史》记载的印证,指出"此书决非伪书,不但作者实有其人,其书中所涉及的众多事实、制度、人物、年代等都与史吻合,于史可征,绝未见有抵牾可疑之处"②,否定了馆臣的论断。

是书十一卷,分体编排:卷一奏疏,卷二书,卷三、卷四记,卷五寺院记,卷六宫观记,卷七序,卷八赋,卷九行状、墓铭,卷十诗,卷十一事迹。万历四十四年幸鸣鹤重编原本无存,中国国家图书馆、北京大学图书馆、南京图书馆、上海图书馆、辽宁图书馆、中山大学图书馆等皆藏清抄本③。

幸元龙诗,《全宋诗》册 55 卷二八六三页 34195 仅据清雍正《江西通志》卷一五三录《游越山》一首。今以《续修四库全书》影印南京图书馆藏清赵氏小山堂抄本为底本,校以中国国家图书馆藏清抄本(简称"国图本")、北京大学图书馆藏清抄本(简称"北大本")④、南京图书馆藏清抄本(简称"南图本"),录诗 10 首:

赞龙虎二字七言四句诗二首

十年局促池中住,一夕风云掀玉鳞。飞上九天苏宇宙,举飘甘雨泽斯民。

十载啸风岩谷间,从渠藜藋长青山。一朝飞步龙门去,不放狼狐入九关。

上制置使陈晔七言八句诗一律

长淮尾大应难掉,全蜀支伤未易经。欲合山河大世界,须凭湖汉小朝廷。一人智虑怕居井,四海才能宜在庭。清荡南阳卷梁汴,齐秦拱手拜威灵。

上制参刘之杰五言八句诗一律

元幕刘国图本作留朝望,边头局未终。只须驾降卒,自可殄残戎。增减非元气,赢输总隽北大本、南图本作骏功。豢养徒坐食,深恐饱飓空。

---

① (清)永瑢《四库全书总目》,1965 年,第 1542 页。

② 刘琳《幸元龙与〈松垣文集〉》,《四川大学学报》(哲学社会科学版)1999 年第 1 期,第 67 页。

③ 《中国古籍总目·集部》,北京:中华书局,2012 年,第 1 册,第 359 页。

④ 中国国家图书馆、北京大学图书馆两处所藏清抄本中的异文,由北京大学中文系古典文献专业博士研究生邱明、陈启远代为查校,谨向他们表示诚挚谢意!

时复任鄞州倅上书乞斩权相史弥远制使陈昳强愎自用
每事辄抑公公为之逼国图本、北大本、南图本作益
困乃逢迎朝旨劾奏公以小臣讪上令速致仕
公遂弃官归乡伏阙上七言八句诗一律

渊明篱下菊花黄,采菊见山滋味长。陈乞挂冠何待勒国图本作劾,辨明折槛不妨狂。此归风节乾坤响,所注国图本旁书作往江山草木香。多谢清朝用宽典,乘流遇坎听沧浪。

归寓舟中题七言四句诗一首

平生事可对人言,今日囊无半点钱。寄语江神明着眼,好分风力送归船。

挽涂运干五言八句诗一律

椿桂薰和气,四时春满堂。坤宫鱼变化,天府鹗横翔。荆渚风波地,萧滩剑戟场。不如归去好,香光南图本作气老莲方。

又思涂君乔梓五言八句诗一律

父子桂椿立,兄弟兰玉森。诗书结隆好,桑梓借清阴。滂处宗资幕,参承曾点心。月随星陨去,行路一国图本、北大本、南图本作亦沾襟。

宦归伤元直致政

善俗多贤德,明伦有著书。几倾少陵酒,屡访子云庐。游宦渠为饿,归来人已墟。钟灵旧乡井,犹有典刑余。

先君与陈化夫涂原直皆一乡善士称三长者不善者以三枯度目之
二十年间善者子孙兴荣而不善南图本善下有者字
替悴矣宝庆丁亥七月前二日陈化夫来访因追思古昔感伤
时事聊赋长风古韵一篇以寓怀耳

先君洪城居,元直云石舍。化夫家尉山,乡称三长者。鲠朴先君性,元直尚宽假。淡静多化夫,贤淑相匹亚。善积国图本作积善流庆长,月评香榆社。先君多子孙,雁塔鼎趾写。一荐三重科,骎骎方啖蔗。元直有冢子,发策争先鬻。姓名天府出,兰玉森庭下。化夫生鳞玉,凌雪赋脍炙。游试春宫闱,龙头政须夸。三君杂野狐,未有认为麝。恶人忞相凌,务国图本、北大本、南图本作狢持腐鼠吓。天理久乃定,稔恶天不贳北大本、南图本作贷。回首顾三君,粪缶与琼斝。先君二十年,寒泉悲浚下。元直亦高冢,墓木拱楸槚。化夫独无恙,冰染老疏雅。策杖来相过,跟跄出门舍。芙蕖北大本、南图本作蓉朝露鲜,木华秋风卸。樽酒道畴昔,光阴叹代谢。悽怆蓼莪思,迸血泪飞洒。涂君亦谢世,寥寥已长夜。典刑惟陈君,具与尽情话。人生寿几何,万事俱土苴。汲汲涉危机,不如乐清暇。

以上《重编古筠洪城幸清节公松垣文集》卷一〇

二、《何希之先生鸡肋集》

何希之①,字周佐,乐安(今属江西)人。度宗咸淳十年(1274)进士。宋亡不仕,遁迹以终。著有《鸡肋集》,于史无征,仅见于《四库全书总目》卷一七四:"此本首冠以廷试、省试策二篇,后附以诗文五十余篇,皆其子孙搜辑而成,故体制舛错,编次殊为无法,文格亦多平衍。盖阙帙之余,其菁华已不复存矣。"②现存中国国家图书馆藏清康熙五十八年(1719)刻本,殆《续修四库全书》据以影印之本。

是书卷首为熊朋来、周天凤题诗③,次《鸡肋集·目次》。正文未标卷次,然省试策《问复元祐之文及濂洛诸书》之后,另页首行顶格书"何希之《鸡肋集》"六字,版心页码亦重新标识,《续修四库全书》由此分作二卷。

何希之诗,《全宋诗》册 70 卷三六五六页 43919 仅据清曾燠《江西诗徵》卷二三录《送乐安教谕周亦山》组诗二首及明弘治《抚州府志》卷二二录残句一联,未及《鸡肋集》。今辑录 26 首:

书瑞州高安刘氏爱敬堂

周公与管蔡,恨不茅屋三间,此诗人激昂之言,意谓骨肉伦纪之际,处羁穷之地者,情好易洽,席富盛之势者,嫌隙易开。此周公所以愧于二陆也。然则万石君家,上堂甘旨,倡予和女,光霁一团,如高安刘氏爱敬堂者,岂非人间之至足、千载之美谈哉?彭城漂泊,夜雨凄然,那得有此。溯风望断,想象而为之赋。

---

① 何希之生卒年不详。祝尚书先生据《丁丑夏五偶书》"年已六十矣"(《续修四库全书》影印清刻本,第 1320 册,第 199 页),认为"丁丑"即南宋端宗景炎二年(1277),则当生于宁宗嘉定十一年(1218)。见《宋人别集叙录》(增订本),北京:中华书局,2020 年,第 1431 页。但是,根据何希之为其兄何霖所作《故郴州宜章知县潜心先生墓志铭》,何霖"生于端平乙未六月,得年四十三而没"(《续修四库全书》影印清刻本,第 1320 册,第 186 页),即生于南宋理宗端平二年(1235),卒于端宗景炎二年、元世祖至元十四年(1277),享寿四十三。因此,何希之的生年,不可能早至公元 1218 年,而应当在公元 1235 年之后。

② (清)永瑢《四库全书总目》,第 1543 页。

③ 熊朋来题诗:"浮丘山上三双鹤,俯吞湖汉拟衡霍。何家庭前四株桂,四时长花春蔽芾。杖下金鱼䐑香泽,却忆四子同坐席。一子独拥瑟,忽如圣师唤曾晳,尚似师旷歌无射。铿然舍瑟诵君文,四坐泠泠雅乐闻。我不及识盱江李,后人呕称似孟子。大集流传二百年,能以六经为根柢。又不见,眉山苏,盛壮闭门方读书。万言不用一难字,涛波万里行纡徐。知君不是曹吉利,矫揉木强挫初锐。书生生无食肉相,隽永鸡肋八珍味。邯郸梦短炊未熟,与君同梦俱蕉鹿。度寸之珠度尺玉,鲸锦卷还重致祝。祝君眉寿寿斯文,抱瑟听诗吾亦足。"周天凤题诗:"稀星殿落月,硕果标霜珠。明发联寤寐,惠然覵长裾。长裾映古貌,视我瑛瑶瑜。下言轶屈贾,上言溯黄虞。洪源导六籍,众漱随萦纡。向来二三策,乃与屠龙俱。绪余托鸡肋,清隽味益腴。庶羞集方丈,此品超熊鱼。安得正始音,置之东石渠。范世返淳雅,千秋垂令图。"以上并见《续修四库全书》影印清刻本,第 1320 册,第 167 页。《全元诗》册 13 熊朋来名下失收此诗,又失收周天凤其人,可补。

机云落寞东西屋,轼辙飘零风雨床。何似高堂潘奉母,光风吹拂到虞唐。

书瑞阳况道山《杜甫骑驴觅句图》

子美吟边寒日晚,尧夫花外小车迟。行窝春色无人画,却画骑驴欲雪时。

《何希之先生鸡肋集》:诗穷而后工,故少陵酸辛之迹,好事者喜称之,至绘而为之图。虽然,岂盛世事哉!邵先生从容洛下,大寒大暑不出,微吟半醉,肺腑皆春。若描画得此意出,天地间气象活动,都在目前。道山试深思之,当信吾言有味。

书永丰郭友仁《佩觿集》

自诗派法席盛行,诸解者如禅宗棒喝,头头皆是穿穴细碎,搜猎瑰奇,破珊瑚,支分缕解,而气机割裂,终未能佩六合之大全。刘宾客大音不完之论谓此。《佩觿集》镕古今话头为一块,通南北文章为一家,拾河洛之英,抉词源之秘,此过江以来所未有也。昔人云,不见此二百年矣。夹漈郑氏尝恨梵音行乎中国,宣尼书不能过跋提河。今郑之微言绪论,且与河东诸人同传,四方文献,翕然成章,兹非文轨会同之候,二百年来郁结颓积之一大快乎?觿虽小技,而此集聚天地山川混全之英,泄文人志士割裂之愤,见者解颐,听者释冰,其为觿也大矣。虽则佩觿,容兮遂兮,如圭如璧,如金如锡,终不可谖兮。赞曰:

诗通南北史,气涵天地先。九原宁复恨,书带亦欣然。

书艾樵村诗集 临川人,弧山其叔,癸酉同升

予昔与艾公弧山为同升,时流中惟此公落落有逸气。霜朝月夕,神交莫逆,而亦二十年别矣。别人不一见,而见其犹子樵村,于竹风萧瑟间,触目琳琅,恍如梦对,且不鄙以《樵歌》惠予。空山得此奇事,樵村朴被走万里,持一笑而归,正自可念。抑予读《樵歌》竟,为之击节曰:"樵君所论著非诗也,庶几所谓行秘书者,世有如此人而长不偶者乎?"为之歌弧山韵而归之。

昔昔吟鞭厌马蹄,新来宇宙觉清奇。当年墨客骚人咏,此日《生民》《清庙》诗。郡国兴贤闻汉诏,元和颂德欠韩碑。君归应共弧公语,吾道将行亲见之。

赠彭海月 庐陵人,能观星画龙

海月从来山公泛重湖,涉鲸波,迢迢走万里。晋把黄河、泰、华,极宇宙瑰奇盛丽之观,鱼龙所宫,巨蟹所家,析木天街、北岳医间所分野。缤纷俯仰,如览画图,落笔横纵,神会天出,奥理冥造,非世俗星翁画师浅焉管窥天、蠡测海也。天阳注视目不倾,蛟龙造次欲手揽。兹事奇崛,昌黎以此属无本,犹疑其未必然,海月然之矣。

海阔虬龙舞,月澄星纬斓。凌虚恣吞吐,身世蓬莱山。

赠江海客张相士 南丰人

燕颔食肉而封,班生领侯封如拾券。见柳恽者,谓其形天贱,宜易业。后乃确守素学,堂堂为贞元名臣。验不验易置乃如此。荀卿子、皮日休辈反覆此事,未尝

不为之阙然。抑相士而失瞳,此特未识坡公所谓天趣尔。张负识曲逆侯奇骨,得于糠粃不饱之时。张璟藏觅魏元忠贵气不可得,一怒即知其为卿相。拥地画灰,冥搜缓察,此意何可语人。张君客游江海,其负、璟之嫡孙行乎?何其说相之辄验也。一再过我,遂以二十八字壮其行。

祭酒布衣侯万里,浮屠缓死掇朝绅。凭君拂拭轩辕镜,照取真形说似人。

赠喻云卿

孔老本同学,宇宙皆吾人,人生受用处,亦有自然之分存焉。云卿既欲逃儒而之老,又欲舍外而之乡,自谋亦多事矣,而俱未免乎有待。平明视清老之镜,轻舟泛蜀公之装,此可易言乎哉?敬赋二十四字以安之。

行住坐卧是道,东西南北吾家。翛然无心任运,脚跟到处生涯。

诗送乐安教谕涂所志南昌人

所志光霁倾怀,亭亭恰好,抗志清高而非矫,与物为徒而非随。非特衿佩喜之,为朝阳前一辈行,倾竭莫逆,非特杏坛花雨,浓绿成荫。北来仕宦诸公,若军,若民,若僚吏,若征官,时时入馆,执经问难,听讲如诸生。吾教有此,非世之麒麟瑞芝耶?秩满戒行,既相与祖帐郊外,以华其去,复以小诗赆别。欲控竭极言,而终不得其所以言,别愁深处,政自难为言尔。

一团霁色拥皋比,黉舍如舟屈此奇。自北自南尊雅望,不夷不惠见襟期。杏阴摇荡山深处,燕语呢喃春去时。鳌水萦漪独无语,交情深厚若为诗。

送乐安县尉民安答儿字守一

守一苦硬清修,以梅隐命其读书之所。日与学士大夫讲学穷理,政最赫然,于是三年矣。而又葺桥梁于邑治之东,力赞鳌溪书堂之役而集于成。翛然一尉,所树立磊落卓绝,真宇宙间伟人。瓜未及而去之,白云在念,归鞍带月,邑中人士、深山毡倪,皆不忍其去而不能留也。为之诗以识别。

独醒看众醉,晚日似初时。晓气梅花迥,春波鸂鶒随。书堂间太极,江渚化通逵。天理源头活,何官不可为。

竞读远游赋,谁歌归去词。轩裳聊戏剧,甘旨足娱嬉。令伯陈情苦,溧阳归思驰。冥鸿云外去,梅隐论心谁。

送周山长高冈

予昔与高冈为同等。高冈方乘万里风,阔步燕台,而予坐疏懒,几三十年不入城府。山中睡意正酣,冥鸿天际,极目酸然。

昔日槐秋诧两雄,君今健翼更培风。知公合在云霄里,老我只宜丘壑中。从古真儒能益国,方当盛汉好收功。诸贤错落阳和调,赢得林间自在翁。

按：尾联已见《全宋诗》册 70 卷三六五六页 43919，题作《句》，出明杨渊弘治《抚州府志》卷二二，今补全诗。

挽盱江程总管

勋业还诸季，惟公独隐沦。烂柯移世运，挥麈静风尘。燕颔宁无相，凤毛殊有人。九京谁复识，哀些泪沾巾。

挽清江皮充斋尝请举由清江府判得南雄不置

桃浪飘残梦，棠阴换劫灰。西江甦涸辙，南国讯寒梅。雨散云归岫，春浓客满台。堂堂原上去，风旐袅余哀。

挽故国史宫讲致政黎公

教父乡闾望，名儿天下师。已荣秦国养，犹效老莱嬉。清颖驰泷梦，善和隔楚累。哀荣终始盛，俯仰古今谁。

挽黎司业所寄

殿庐惊昔别，几夕望魁躔。道脉诸儒后，家声三代前。蓼莪悲彻讲，薤露溢哀弦。楚些聊鸡絮，泷阡想大篇。

贽管总管壬寅

俗吏嘐嘐期会间，天将绝学寄侯藩。扶持气脉形神复，湔拂衣冠面目存。不遣孔徒悲旷野，应教他郡羡平原。拟歌乐职传新句，师帅宣风妙莫言。

代贽路宣差

凝香清处识郎君，又见朱旛拥后尘。桃李托根恩再世，藻芹生色喜重春。鲁侯善缵周公绪，文守能培蜀士醇。千载棠阴看壁记，行提化笔转洪钧。

贽赵理庵山长宣差之师，为涧堂取回僧田

曾提文印照湖漘，手取龟阴却幻尘。太守泰山称弟子，令君安邑免门人。诗书衣被蒙千里，肺腑真醇护一贫。理学世间成梦境，此庵子立欲谁邻。

遇①乐安主簿胡润甫寓庐陵，先尝理吾邑

漳溪守一飞凫迥，日断疑无结辈人。岂意胡威清绝世，尚怜黄霸旧遗民。枌榆接迹江河润，葵藿倾心雨露新。看取梅花消息动，河阳应放十分春。

寿李主簿

清于鳌水涵秋月，散作河阳万玉花。深谷嬉游称佛子，公庭严静类

---

① "遇"，原作"通"，据卷首目录改。

仙家。从渠嗤笑寒如许,似此安闲味尽嘉。一掬心香无量寿,毫倪长倚活生涯。

题周县尹牡丹画

姚魏春娇溢翠寒,风姨呼雨遣花残。何如巧绘真真面,长与诗人带笑看。

送吴士英并序

士英吴君,少而驰骛于场屋,壮而汩没于风涛,世故所婴熟矣。年逾五十,解鞍放辔,退焉自怢以老。皆山名其斋,漾波名其亭,水光山色,悠扬缱绻,善乎能自宽者也。书生襟怀,世界夐别,逍遥丘壑,以宇宙风月为菟裘,雕绘入诗,山川如画。

人世无穷事,物禁太盛时。要做十分尽,称意古为谁。至人游方外,落魄常若痴。不曳权门履,恐为诌子嗤。青山呈爽气,流水溶令姿。是中有真我,与我俱如如。范蠡重湖月,谢安别墅棋。英雄一转首,世上皆小儿。吴君恬晚节,占胜贪两奇。叠巘供色笑,片碧含清漪。微波漾明镜,天宇浮修眉。山水真薄相,晨暮相娱嬉。能赋俱词手,描画光陆离。走也乃末至,迎我索新诗。樽俎衣冠侣,笑语色丝辞。心斋坐忘日,新亭湖上期。尘意顿一洗,妙境巧相随。花柳相媚妩,鸥鹭自因依。掬水月在手,寻梅香满枝。清风华岁晏,幽光温翠微。流俗那能解,深心只自知。是为赤壁笛,是为商山芝。

和酬邹悦道 甲戌第

人间异宇宙,何地不嵌崎。苍茫天一壑,嵚岈棘重围。乐哉桃源春,瑞露湿霏微。引睇不可望,习习好风吹。五侯列珍膳,满座论襟期。吕梁从迅急,云梦自逶迟。人言武陵幻,乃今亲见之。姻朋叩诗坛,切切复怡怡。归来诧凤毛,挺之有此儿。阿咸荷料理,好善等缁衣。亦欲乱丹鼎,飞升继肉芝。常疑世俗人,惊见汉官仪。以故啖菜根,札定脚不移。岂意山中来,绮章遗色丝。落笔羡君壮,缩手笑予衰。长歌俱绝倒,万象解寒羁。乃知同袍子,自有会心时。惠诗能几月,驱车已再驰。勿隔同年面,慰此长相思。寒花晚更好,春意满南枝。

题杨补之墨梅 须溪有跋与诗

须老毫端突兀,补翁墨意离披。此画此诗俱似,芒寒沁入野枝。

题陈桂溪道山山居并序

昔人谓秘书省为木天,以蓬莱道山乃人间风月不到处也。桂溪筑居溪边,而仍其旧,曰道山书院,客遂以道山山居命之。盖其读书山间,散策尘外,修然身世之在蓬莱,想其风味,其鉴湖一曲、秘书外监之贺知章乎?极目烟霞,系之以诗,庶他日非道山座上生客。

一片书声碧落边,蓬山缥缈漾溪前。凭栏不隔沧波水,隐几时萦湖曲烟。檐外鹰声陪笑语,云间桂影舞婵娟。匆匆却笑陈无己,一饷崎岖上木天。

哭友梅外舅墓地名鹤薮岭,在屋之近。
　　　　寒梅匝眼,古木参天。嘉定辛巳生

龙盘鹤岭护堂堂,揽结乾坤秀气藏。木老尚摇嘉定雨,梅寒几见至元霜。梦魂留恋家山近,莫飨依稀彩侍旁。墓下轮回曾有约,从来书种味偏长。　　　以上《何希之先生鸡肋集》卷二

　　何希之文章,《全宋文》册 359 卷八三二三据清康熙《西江志》卷一九六录《书永丰郭友仁〈佩觿集〉后》一篇①。《何希之先生鸡肋集》卷二收录的《沁园春·词送李主簿》、《木兰花慢·赆廉车郭西野(小字注:和西野武昌)》、《临江仙·和陈简斋》等三首词作,则见于最新出版的《全元词》②。

---

① 曾枣庄、刘琳主编《全宋文》,第 359 册,第 270 页。
② 杨镰主编《全元词》,北京:中华书局,2019 年,第 489—490 页。

附录三　辑补《全宋文》、《全元文》未收何希之《鸡肋集》文章三十二篇

何希之由宋入元，《鸡肋集》中至晚多见元成宗大德年间（1297—1307）作品①，此时上距南宋灭亡已有二十余年之久。然而《全宋文》仅据清康熙《西江志》卷一九六收录《书永丰郭友仁〈佩觽集〉后》一篇，《全元文》未收其人其作。今据中国国家图书馆藏清康熙五十八年（1719）刻本《鸡肋集》续为董理，兼及个人按断，凡 32 篇，以补这两部断代文章总集之未备。

问求言十事　　甲戌廷对第六人

初考黄京教必大批：

辞严义卓，当是奇士。

覆考许国录再胜批：

说有理而足以当人心，文有力而足以发英气。融化十事，笔势翩翩，一泻千里，末亦救时之画，读之豁然。

详定潘察院文卿、陈正言过吏、侍中书舍人李珏，编排宇文右司十朋、赵郎中必槐，总算三十四分。监试陈侍御坚。　是科状元王龙泽。

尝闻府居之事，非巷居所宜处也；肉食之谋，非藿食所能知也。公朝清明，言路掀豁，顾效元祐故事，而以天下十事，下询草茅。小臣愚戆，突兀孤忠，欲抵掌谈天下事久矣，何幸从下风，吐一得之愚。而明问盘折，意婉辞微，方且于人之不容言与不足言者，俱致慨焉。愚也于执事"议尽天下之心"一语，油然有感于当世之故矣。

切谓人无智愚，皆可言天下之事；势有贵贱，皆当心天下之心。上

---

① 例如，《临江仙·和陈简斋》题下小字注"戊戌"，小序称"余甲戌与仲氏窃第"，而登第既为宋度宗咸淳十年事，之后第一个戊戌年为元成宗大德二年（1298）；《跋曾氏一经》、《赠万安州学正艾愚隐》二文，分别作于"大德丙午"、"大德壬寅"，前者为大德十年（1306），后者为大德六年（1302）；《与雪楼程公书》，请程巨夫为其父何宏中作墓志铭，作于大德八年（1304）；等等。

焉者以天下生人为心，则虽士传民语、工诵箴规，无非可言之人；下焉者以天地万物为心，则虽烛数兴亡、挽说利害，无非当言之事。上焉受天下之言，非以沽名；下焉谈天下之事，非以卖直。上下之间，视天下事，皆不过各求以尽吾心而已矣。彼有国家虽号求言之时，而乃未大彰听言之美；朝廷非真有讳言之意，而乃自怀不欲尽言之疑。是固谓彼我之间，不欲为是苦语，以相撄拂也。而起视四境，壒壒未舒，天下事独无龃龉于心乎？天下之患，莫大于上不好言，而使人不敢言；犹莫大乎上□好言，而人自疑于言。蒙露而行，宁无一溉之润；执热而濯，宁无一勺之醒。当天下尚可以言之时，吾为之，明日张胆，以言天下事：孰为天人之向背？孰为夷夏之盛衰？孰为闾里之欣戚？孰为正邪之界限？琅琅炳炳，倾倒毕陈，彼非泊然于宇宙之故者，何至恝焉？不一经其心，而吾乃付天下事于不足言，而毛举一二以塞责。然则天下事委之如此，而遂已乎？委之如此，而遂已焉。吾不知其何心。家国天下，皆吾身心宇宙间，何物非我，以一身而怀四海之虑，隐一室而存天下之忧。古之人非特势，在人上者，常思尽天下之责；虽眇焉一介之微，耿耿焉常若负山岳万钧之重。故上焉者如尧、舜、汤、文，至于我朝元祐之盛际，好言一脉，流润演迤，非谦也。吾居天下生人之上，即有天地万物之寄，吾尽吾心，不容不为天下而受天下之言也。下焉者如稷、契、伊、傅，至于我朝元祐之诸君子，直言华国，山岳动摇，非激也。吾仁义礼乐之身，即内夏外夷寄命之身，吾尽吾心，不容不为天下而言天下事也。噫，人亦各求尽吾心而已矣！衢室总章之访，养老乞言之风，彼于天命人心，岂真有呼吸存亡之警？瞽史工诵之规，庶人商旅之谤，彼于朝廷边鄙，岂真有俯仰成败之危？而且纳诲，且好言，且惟恐天壤间有一不得其职。君臣上下本不若此，而犹若此焉。盖不若此不足以尽吾心。言路通塞，关国利害不细，而司马门候三日不得见，识者知奏事之衰，若之何不求以尽吾心哉？赤帝子之兴，号反秦者，除偶语之法，而谏者无刑，去腹诽之诛，而谤者无禁，一时风声气习，足以鼓斯人而从之议下。公卿议下，博士议下，有司盐铁之议，不发于在廷之臣，而乃使文学之士呶呶者，日夜拂吾耳，骚吾心。彼虽非真有古昔君臣意度，而天下事衡之心者悉矣。游吾目乎八荒，慨芳心之如昨。此一心发源于帝王，流泽于两汉，丰畅郁茂于我朝。至我元祐，则又所谓煽隆烈为太和，簸蛰藏为群动，而天地草木之再春者也。

愚尝谓古今言路之亨，莫盛于我朝，而本朝君臣之尽心为国，犹莫盛于元祐。宰臣执奏，台谏论列，给舍缴驳，经筵留身，此亦我朝求言之常法;百官轮对,三馆封章,太学伏阙,外臣驿递,此亦我朝求言之常法。惟是元祐改诏求言一事,此则上下千古之所无,煌煌盛美,照耀简编。潞、温二老,古柏擎天,广言路,访阙失,开口以为第一义。而太府宋彭年,以言事获微谴,则慨慷歔欷,直欲为朝廷惜此治体。盖当时好贤纳谏之心,直通乎尧、舜、汤、文之心,故诸人直言极谏之心,亦直脉络乎唐虞三代诸贤之心。青苗复法,忠宣为之,而光力疾入对,乃曰:"是谁奸邪,劝行此事?"子瞻,温公门下士也。议复差役,条陈不可,且曰:"岂公今日作相,不许轼尽言耶?"布衣而严经筵之制,司谏而斥戚属之奢,不顾彼我,不避怨仇,均以快活生人为心,均以扶持国事为义。怀人忧国,一念皦然,天下事惟各求以尽吾心而已矣。故一时内夏外夷,尊如泰山,朝廷邦国,温平和煦,年谷顺成,方内无事,此皆一心之造也。世欲时元祐之时,可不心元祐之心哉? 夫人言一脉,与国脉相为存亡。排而抑之,如水斯滞;畅而通之,如泉斯决。屈伸好恶之间,关理乱兴衰之异。今天下事事动法元祐,而求言一意,度越拘挛又过之。朝廷有道,门馆无私,诸有忠虑于国者,谓宜叫阊阖,呈琅玕。而公朝虽揭容受之的,诸贤似有退逊之风,叩阍言事,岂无一二朝凤之鸣。而牵补常程,无异举子之媒课,试于天下大势所在,盖搔之而不醒,针之而不痛快。然则天下事,其信难言耶? 其亦无可言耶?

　　噫,天下事可言,何限也? 人亦各求尽其心而已矣。河粟虽富,东郡之水可伤;潢池弄兵,海滨之风正恶。宇宙间事会日新,何时岁熟,且美吾民。岁时伏腊,斗酒自劳,得一日为太平幸民乎! 饱食以嬉,不知堂厦之为适;负戴而疲,则望婆娑之木而憩焉。转盼去留,机关正急,狼心叵测,绥御良难。元祐间,范祖禹指陈浙西水灾之奏,司马光为政在顺民心之言。上焉者恐不宜,玩而莫之听;下焉者恐亦不宜,玩而莫之言也。噫,天人事势如此,则亦可以尽心焉尔矣! 飘风黄叶,正元朝士之无多;启明长庚,西汉大夫其有几。匈奴之患,日震日迫,曾无窥左足而先应者,安得班行错落数百辈皆为国谋,如谋其子孙者乎? 乌鹊之巢不毁,凤凰览辉而下;麋鹿之胎不殰,麒麟可系而游。际可行可,谁无是心;避色避言,宁愿有此。元祐间,王岩叟用人宜审之说,赵公锡、苏轼飘然去国之虑。上焉者恐不宜,怠于听;下焉者恐亦不宜,怠于言也。噫,朝廷气象如此,则可以尽心焉尔矣! 孔桑健吏,忘保障而志茧丝;叔子诣人,尚风流而笑勤恪。耕者入山巅,樵者坠深谷,江左三百余年间,仅存之食息,为人父而忍摧其子乎? 东南黑志数十州,烽火不到者几郡,北府子弟,独无一人为国了事乎? 逆境方新,后忧骎大,膏上肓下,长此安穷。勾不才之监司,布山东之诏令,使臂使指,自西自东,天下事仓皇急迫中,固有一转其锋而晶采异者。元祐间,置福星以甦疲氓,纠精锐以馘鬼章,如此措置,于今谓宜。上焉恐不宜,视此为平世之弱政;下焉恐不宜,指此为书生之大言。若不于此立心辨志,一大治之,寇当何时伏诛?兵当何时得决?天下忧政未掀也。噫,天下事势如此,则亦可以尽心焉尔矣!诸大夫国人,各以情告,越王犹可以伯;诸有忠虑,但勤攻己之短,诸葛犹可以守。布衣大帛,尚足强卫之社稷;歠粥面墨,尚足感滕之父兄。况堂堂天朝,上下一心,大义凛凛,而天下有不可为者哉?不然,朝廷虽广求言之路,而乃未免留依违苟且之意;公朝亦非真欲绝天下之言,而乃未免怀瑟缩畏避之私。上下含糊,以苟岁月,明白疏通之意寡,揣摩规避之意多,以此而当事会之冲,天下事又有难言者矣。天下之事,莫患乎人不容言。又其甚者,人不肯言。又其甚者,以为不足言。不容言,上之人责也。若臣子职分,则魏了翁所谓"臣之肝脑,本是报国之物",若逆料其上之不我听,而先为是蓄缩疑畏之态,一委天下事于不足言,是岂天民以天下自任之心哉?是岂唐虞三代、我朝元祐诸君子之心哉?近者台端大儒,伴伴抗议,谓元祐之治所以号女中尧舜者,朝廷以公心用君子,君子以公心报朝廷,欲法成周之治,先法元祐之治。斯言其于世道,有深长思矣。抑明问所逮,既已件别其条以请,而十事之陈,边防犹急,故敢因执事元祐之问,复举今日内外事势,与元祐细评之。

夫治内所以御外,尊夏所以攘夷。官府一体,必能平中原;朝廷肃清,必能定东山。此盖桑麻谷粟之论,论者不得以求奇也。国家十数年来,元臣身总中外,动取元祐事施行之。加以嗣皇新政,条贯日新,海内之气洒然,新雨之沐泥途,天下事谓宜何如?而内外事势,居然相反。故以治内论,则元祐犹有邪正之混淆,今则朝端必天下之选;元祐犹有新进之余毒,今则皇荂必夹袋之英;元祐之国论犹未一,今则中书政本之已清;元祐之倖门犹未绝,今则宫庭宦寺之影息。以此论之,虽谓今日之治胜如元祐,可也。以治外论,则元祐一贤相可以慑寮人,今乃以众正聚朝之日,不能寒叛逆之胆;元祐一戎监可以馘酋领,今乃以诗书元帅之声,不能折毡裘之心。边地非不宿重兵,而退却叛师,孰能如知庆州之张淙;沿江非不置列戍,而大败边寇,孰能如德靖寨之张忱。以此论之,虽谓今日之治不如元祐,亦可也。夫内有《天保》以上之规模,而外无《采薇》以下之勋业。在内之治,纤制曲防,几有周公太平六典之风;在外之患,震撼响发,且有孔明危急存亡之虑。是果谁咎而可哉?

薪寝将燃,枣红已迫,天下大势,安危在边。书生早夜以思,为世道而寻其源,则亦曰:"今日内治之规模,毫发不可易也。毋亦于治外者,而深长思而已矣。"

自古及今,当阃寄者最患乎事权之不一,御军政者最患乎功过之不明。事权不一,何以御敌;功过不明,何以使人。斯二者,古今之所同病,敢为执事言其故。何谓事权不可以不一?四封委之专治,范蠡所以谋吴;黄金恣其出入,陈平所以间楚。责之重,则任之者必专处之。日费千金之地,则其纤悉者无容较。徒手不可以击贼,画饼不可以饷军,疆场之事,固非可以谈河辩也。我艺祖宫廷赐予一金必吝,至边阃之臣,必厚其家,多与公钱,听其伸缩。高宗亦谓帅臣不可不重军事,不必反复迟疑,兵贵神速,法当便宜,动辄拘挛,何以却敌。幕府岂无功籍之虚申,而差级必绳,无以作战士之气;支予岂无泥沙之耗费,而千金不酬,无以伸边阃之威。国家一兵以上,无非生人之膏血,轻兵浪战,固非朝廷轸念根本之意。而今年不战,明年不征,数军实者,椎幸其无亡矢遗镞之费,则窥吾圉者,何以折其潜窥深入之谋。大抵斟酌剂量,朝廷自有微机;揣摩臆度,边臣宁免观望。带水悠悠,马饮欲竭;荆蜀措置,节钺方新。方将鼓一世之才,以当风雨怪盲之会,而可使有一毫疑沮之心哉?元祐间,王瓻请谕,熙河帅调遣军马,支费钱粮,帅司得一切从便宜,正谓是耳。

何谓功过不可以不明?云中之功不录,虽文帝不能服魏尚之心;街亭之过未诛,虽诸葛不能私马谡之爱。情有爱憎,法无轻重,孙武所以制胜于天下者,用法明也。高宗谓用命必赏,不用命必罚,何患人不尽力?淮西有誉,亲笔戒哉,沂中不进,便行军法,岂过为是严者?兵机两阵,胜负俄刻,人心少懈,国事谓何。国家涵养忠义,已非一日,安得尽无父兄法度之人,守圉捍敌,如贾生所谓金城者哉?而敌王所忾之忠,莫夺其全躯拯家之念;摧锋越河之勇,潜消于歌童舞女之娱。文恬武熙,习以为故,果何为其然?役使无章,人人诿鹤,功过易位,天下谁其与我,提撕其困惫,振发其精忠?此其机括,全在朝廷。元祐间熙河鬼章之捷,公著谓有劳不报,何以使人。而赏罚不明,善恶无所劝沮,苏公且于读宝训之际,历历言之,正谓是尔。夫重之以事权,申之以赏罚,治外之规模,其大者已先立矣。而又出爵赏以募舟马,刺黥盗以填军籍,除清野钱以安流民,修淮山寨以结义士,禁诸将掊克征敛之习,戒阃臣尚文厌武之风。边官省呵殿之兵,军伍归运营之卒,将卒必同甘苦,献捷勿吝金帛,件件靠实,人人奋呼,积之数年,何事不立?何至使边庭绎骚,飘忽不常,奋锸不惊,如登虚邑而莫故居哉?虽使天下常元祐,可也。然其本本原原之处,则又在乎君臣上下之各尽其心焉。心之忧矣,不遑假寐,天下事尚可为,君其勉之。

按:两宋开科取士,始于北宋太祖建隆元年(960),迄于南宋度宗咸淳十年(1274),共有登科进士近八万人;再加上特奏名进士的人数,总计或不少于十一万①,足见赵宋一朝科举考试的举行次数、录取人数之众多,以及这一铨选制度的日趋成熟完善。而何希之及其弟何梦牛,就同是有宋最后一次、咸淳十年榜的进士。由此观之,《鸡肋集》的最大价值,应当首先在于完整保存了何希之的这篇廷试策论《问求言十事》和考官的批语二道,原原本本地反映了何氏本人的一部分政治理想,即对于北宋哲宗元祐年间广开纳谏言路、君臣尽心为国的历史现实,满怀追忆与推崇("至我元祐,则又所谓煽隆烈为太和,簸蛰藏为群动,而天地草木之再春者也";"愚尝谓古今言路之亨,莫盛于我朝,而本朝君臣之尽心为国,犹莫盛于元祐";"惟是元祐改诏求言一事,此则上下千古之所无,煌煌盛美,照耀简编";"故一时内夏外夷,尊如泰山,朝廷邦国,温平和煦,年谷顺成,方内无事,此皆一心之造也。世欲时元祐之时,可不心元祐之心哉",等等)。同时,这种追忆与推崇,又是建立在南宋中期以来苏轼的道德、品格、学问、文章重新回归、世风为之振变的基础之上,所以整部《鸡肋集》,亦贯穿着何希之对于苏轼诗文的信手拈来与强烈体认。

问复元祐之文及濂洛诸书　　甲戌省试四名

知举曹尚书批:

文宿于理冠场。

文弊至今日极矣!今天下事事动仿元祐,何独斯文之不元祐哉?公朝慨文弊之虚浮,而欲范以元祐之制度,执事承天诏之风厉,而力叩以元祐之诸儒,新美人文之意、鸢飞鱼跃之机也。切谓文有源脉,学有根株,源深而后流长,根贲而后末茂。文章以学术为本,学术以师儒为宗。海内无宗工,无以兴起天下之学术;人心无学术,无以新美天下之文章。故必有濂洛诸儒,提挈纲维,开示蕴奥,则义理焕然大明。而后元祐之学术日以粹,必有元祐之粹学,风声鼓舞,气习薰陶,则举世知所向方。而后元祐之文体日以新,角鸣徵和,埙奏篪吹,此感彼应,理则然尔。

---

① 张希清《中国科举制度通史》(宋代卷)附录一"北宋贡举登科人数考"、附录二"南宋贡举登科人数考",上海:上海人民出版社,2015年,第871、901页。

试观斯文于三代之前，虞夏之书浑浑，商之书灏灏，周之书噩噩。至今读之，其旨高，其调古，纯正而淡泊，优柔而闲雅，如御东风，如醉醇醪，如闻《大韶》钧天之音，如聆浴沂咏归之瑟。何斯文气象若此其宽厚哉？尧、舜、汤、文王，□正学于其上；禹、皋、伊、傅诸儒，讲明正学于其下。膏沃而光晔，山鸣而谷应矣。秦汉以来，斯文日以不□□□为幻，为纵，为浮靡，为纤弱，破碎大道，岂山川清淑之气，独钟于嘉禾奇木，而此独斳耶？谈道必流佛老，谈治必杂刑名，谈经必泥章句，谈学必尚词章。仲舒、昌黎，号为数百载之奇遇，而言正心不及诚意，言诚意不及格物、致知，悠悠千载，此学术谁寄乎？然则又何责于斯文？

本朝道德清明之感、山川风气之会，激摩动荡。真儒实生以五代浑沦鄙野之陋习，一唱以通经学古之欧公，则黜西昆，崇我辈，文体之粹天下，为嘉祐。积至元祐，醲郁极矣。苏氏兄弟，笔墨凌厉霄壤间，《刑赏》一论，重厚雄深，可追古作。陈、黄诸儒，大篇短章，如大羹、玄酒，至今缀文之士，脍炙探索者，沃然其有余味。此非一人一日之积也。欧公之后有周、张，此叩彼击，星晖斗明，有以抽圣道之关；伊洛之滨有二程，一清一和，春风夜雪，有以发圣道之键。虑夫人指太极为一物，则加无极于太极之上，以明道体之精微；虑夫人欲动情胜以相攻，则继主静于中正仁义之后，以畅《大学》之宗旨。均得天地之气以为体，均得天地之理以为性，而人物则有不同者矣。《西铭》推天以及人，由人而及物，使人晓然于一本万殊之义，而不溺于兼爱为我之私。《易》推天理人事之微，《春秋》书尊王贱伯之义，而隐微则有难见者矣。故程子于序著体用显微之说，于传指宽猛是非之公，使人炳然于大义之敷宣，而不嫌发明漏泄之过。原心眇忽，较理分寸，析古今之同异，辨义理之精微。人炙其诲者，虚往而实归；士习其传者，支敷而派衍。阳和鼓动，万象翘舒，岂特当时之为文者，沐浴衣被造化中？凡南渡以来，唱于闽，和于浙，与夫江之东、江之西者，皆其派也，何至今日而斯文之弊乃尔哉？漂风之末，不能起羽；君子之泽，五世而穷。藏在人心者，不过濂、伊之一线，而东南半天下，无名学之宗师，则镃基根柢已弱矣。宿学雕零，无传经之家；新进峥嵘，无受业之素。此学术所以不明，人文所以不元祐也。虽然，谓秦无人，岂可厚诬河岳之英灵未断、前哲之膏馥犹香？河汾六经，足以当陈留之北面；《滕阁》一赋，足以掩诸老之大才。矧今天子妙拣真儒，宏开理学，人物权衡之地，皆取名胜，以程度之。造化轧苗如种，必生人文新美，非其候耶？

吾尝观湖学之教，凿凿乎体用之不相判，而闻人端士，多出其门；白鹿之规,昭昭乎义利之不相入,而遗音余响,至今使人闻之而气肃。彼皆唱和于一隅之地,无抑扬升降之权,而从游云集,人物伟然,矧气力有大于此者哉? 故心思之所感发、意气之所激昂,必有自□□□□□如张庭坚者,必有有物混成之□□□□□者①,必有刑赏忠厚之论如东坡者,必有□□大事之策如考亭者。读《陈情表》而不孝,则非子;读《出师表》而不忠,则非臣;习濂洛之书而文不元祐,则非士矣。抑吾于元祐之事有感焉,尝记元祐间,潞公以华发老臣为儒学宗,一时安□□□□在经筵,在言路,在金马玉堂,鳞□□□□□彰□□文之气日张。

书分宁余南麓行状举而不第,劝章杭山早退

南麓清规逸概,长材秀学,可蹑前修,可诏来哲。人徒见其蒿目世患,异时孑孑,讽乡衮早退,遂疑是翁蓄积不试,进士科乃失此人,不知南麓贻书遗翘材之时,已是吾徒对策忤当权之日。此时肺腑病已危惴,使其仕而用,用而赍志弗展,呼吸成败,亦不过能为所当为,如庐陵诸君子,无负吾意而已,其能以长绳系白日哉? 士君子垂青史,擅名声,不皆在位势之通显。齐鲁有大臣得之山泽隐约中,褚彦回只作中书郎而死,世不称为名士耶? 南麓虽未能以勋猷著世,吾知其垂世不朽,固自有在。何以知之? 以其当日之志知之,以其继志绪业之有人如震伯、泰伯知之。

书詹厚斋所藏文公《武夷櫂歌》

"苏才豪"、"黄②费安排",晦翁于宋人诗多不首肯,惟时时称说放翁。然吾观晦翁句意,天成流丽,此章反复理竭,道理灿然,品当在放翁上。见山而悟寿静,观水而知有木,古人于道体,见得分明,虽眼前山川景物,无并天机活处。程子花柳前川之诗,评者谓有春风沂水之趣,可见胸襟融释脱落,语言自别。诗自韦、柳门庭来,兴致固永;诗从羲、文、周、孔来,拍调更高。晦翁教人作诗,谓须格物致知,于道理上见得透,意正为此。异时庐陵名家,晦翁于诗人之目,荐之于朝,翁大不喜。切谓杜诗如史,晦翁诗如经,翁平生述作,羽翼六经,宪章万世,与天地造化分功。尝见北方儒先许鲁斋甲子、乙丑奏疏,惓惓以翁《四书精义》倾

---

① 下文举苏轼《刑赏忠厚之至论》,又据《宋文鉴》,张庭坚有《自靖人自献于先王》、王沂公(曾)有《有物混成赋》,疑此二句当作"必有自献于先王之□如张庭坚者,必有有物混成之赋如王沂公者"。

② "黄",原作"旷",据《朱子语类》卷一四○《论文下》"苏黄只是今人诗。苏才豪,然一滚说尽,无余意;黄费安排"改,殆指苏轼与黄庭坚二人。(宋)黎靖德编《朱子语类》,王星贤点校,北京:中华书局,1986年,第8册,第3324页。

竭敷陈,取知当世。且曰"止欲远处沙漠,无所用此",至哉言乎![1] 卒以基六合为家之业,胚斯文复兴之运,如翁所树立,真所谓绍往圣、继绝学、开太平,诗人而已乎?

书李主簿立仗马图

唐人置仗内六闲,如飞龙、祥麟、凤宛、鸳鸾,立者、顾者、引者、翼者,所以严禁卫、肃朝仪也。继是而兴,为金吾仗,为黄麾仗,品节虽殊,前屏后拥,仪鸾伟然。虽然,其事远矣,风惊电过,均为陈迹。吴兴好事者方绘之图,令君李公袭而珍之。当今六合为家,王会图更盛于昔,李公将朝夕乎其间,而独眷眷于存旧,此田子方收故公家畜意也。子方不遗故旧,穷士闻而归心。故迹已尘,宛今在目,踌躇骙袭,逸态萧疏。吾徒追省往事,览此有不为之慨然者乎?

书路学吏张君益上世事迹后

昔人读乐毅书而泣,余于慈溪翁书张北海事亦然。婉转愤切,道其上世遗事,及将仕君追痛始末如画,至今读之,幽惨透出纸背,有不可胜言之哀,不能不为将仕父子流涕。呜呼! 成败兴亡,天也,人亦能为其所当为者而已。北海公屈折万死,只成就一个,是而身亡家破,赍志九京,徒使志士仁人堕泪千载。"六朝兴废痛丘垄,空使奸雄叹宁馨。"[2]异时事势如云,可悲可愕,更有难为情者。然予观张氏家,诗书奕叶。功甫既以盛名,策勋场屋,易易如摘髭。君益复于爱河浩荡之世,确守一迁,喜为吾道作津梁。此其所立皆过人。天不能福其人之国,而能福其所以扶持其国之人。张氏之兴,信未艾哉!

书黄高远居士遗文乐安桐冈人,友梅翁之父

友梅翁之父高远跋郑母碈基云:古称妇人之贤者曰孟母,为其能三迁以教其子。至秦汉间,有巴寡妇清者,又能以财自卫,始皇至,为筑女怀清台。此皆妇人难能之事。余亲家郑氏,世以财雄于乡。绍定庚寅,盗弄潢池兵,余妹夫义夫与其兄质夫,能以其财,纠合骁勇,保卫乡井,寇不敢犯。朝廷命爵酬勋,以长幼之次,义夫不及焉,由是重有官爵之望,未遂其志而卒。时余妹年甫三十,惟一女在室,承其夫家。御寇

---

[1] "甲子"、"乙丑"当元世祖至元元年、二年(1264、1265),今检《许文正公遗书》卷七"奏疏",收录《时务五事》(至元三年)、《论枢密不宜并中书疏》(至元七年)、《辞左丞疏》(至元八年)、《汰冗官疏》(至元十三年)、《论生民利害疏》(至元十四年)、《楮币札子》(代)、《更历疏》(至元十七年)等篇,疑何希之所见征引《四书精义》的甲子、乙丑奏疏已佚。(元)许衡《许衡集》,许红霞点校,北京:中华书局,2019 年。

[2] 苏轼《平山堂次王居卿祠部韵》尾联"六朝兴废余丘垄,空使奸雄笑宁馨",文字稍异。(宋)苏轼《苏轼诗集》,孔凡礼点校,北京:中华书局,1982 年,第 2 册,第 593 页。

虚耗之余，重以丧祸，而竟能勤俭自将，反雕从朴。未几而家道日肥，遂能以女嫁二千石之子。越三年，而今之子某始生，盖质夫之子也。又能不惑群议，特出己见，抚以为子。及其既长，择师而教之。由是思广其田土，新其居室，以为子孙计。今距义夫之卒，二十有一年，而今之田土，视昔而肆，今之居室，视昔而华。其子文秀，又适朝班，登仕爵，以为士子功名之地。复能以财受爵，行将赴漕台之选，以遂义夫未遂之志。是亦皆妇人难能之事，方之古人，其殆庶几焉。表亲陈某，谓渠欲以所增之产，编年而书之册，属余序其始末。余与妹为同气，当其丧夫之时，亦余理家之始。今论功课效，乃反不及远甚，益信其有甚难者。昔宋若昭兄弟皆愚，而姊妹尽智。余亦似之，因蒙愧而为之辞。

此高远居士流落人间之片纸，友梅翁所痛恨于丁丑之火，欲见大全而不可复得者也。文章隐显有数，世传六丁事，往往类此。然尝记坡公云："为文不在多，一颂了伯伦。"是知君子为文，苟得窥见圣贤户牖，则虽单辞半句，出诸肺腑，亦足芬芳千载。晋之《归去来辞》、唐之李愿《盘谷序》，是皆一时绝唱，卓然揭词章于盛汉之表。居士此文，存诸郑氏故纸，乃劫火不烬之英。泰山仅一毫芒，而清妙天出，不见笔墨蹊径，看似寻常，作乃奇崛。末援宋若昭事，亦非草草读史者所能道。使金斋琳琅，非为雷电取摄，则湘弦泗磬，可胜味哉！昔老泉见凫绎先生之文，诚其子曰："后四十年，恐无复为斯文者。"[1]余得居士此作于翁家集中，把玩惊喜，盖一幅可以概平生。岂意永嘉之末，乃闻正始之音。

书友梅外舅所志息所

宋之嘉定辛巳十月，公实始生于是，再逢甲午，年昉七十有四。既得寿藏，乃自志其平生如此。公少负文名，至淳祐壬子，领荐一时，英声籍甚，诸老多避其锋。容山之东，鳌水之西，隐然元夫钜人在焉。侵寻世换，西席葆光，退与造物为徒。尝曰："无所不知为富贵，吾弗能已。无取于人谓之富，无辱于人谓之贵，其庶乎。"自是视势利荣艳、人所翕翕以热者，不啻如弃涕唾，惟誓笔砚，共保岁寒。其著《容忍说》及《如玉》《卧窗》等记，盖其心也。自儒家书外，犹精阴阳家。庄、列微言，参透关钥，故视死生如昼暮，一无所讳。夫人罗氏先卒，葬□洲湖，江山明秀。公表其墓，有同穴之约。且望其后人曰："读圣人书，为君子儒。"又曰："子子孙孙无忘此语。"其属意于此深矣。顾时时上念前冈大坪，

---

① 苏轼《凫绎先生诗集叙》："后数十年，天下无复为斯文者也。"文字稍异。（宋）苏轼《苏轼文集》，孔凡礼点校，北京：中华书局，1986年，第1册，第313页。

松楸在望,不敢离异。遂改今卜,坐乙辰,向辛戌,绸缪拮据,豫营真宅,而因刻所为志焉。

前辈云:"纵有千年铁门限,也须一个土馒头。"达人大观,乐天知命,不胶者卓矣。公之为此早计,固将欲此文此地俱千载也。余维昌黎韩公以斯文为唐大宗,李韩实序其编首。余于公谊均李韩,在公文固当牵联得书。况今所卜兆,山水萦抱,风气蓄泄,乃余昔所指画、而于公心适有契焉者,庸无辞乎? 然未也。君子生斯世,血气有衰,志气无馁。昔梁国鬼作寿冢,登灵床而歌,得寿乃余八十,此犹人道之委顺者尔。近世潜夫,为时闻人,自状其徐潭草堂有曰:"命乃在天,死便埋我。"亦甚放矣。及其自寿乐府乃云:"樽前未宜感慨、事犹须、看岁晏何如。"①于是进持笔橐,退佚家世,福寿尊荣,蔚为宋祭酒。取所素愿,如左契然。盖宋南渡后,放翁、后村均以盛名赐第,垂九十犹未耄,天之所以锡善,类类如此。公今寿域虽新,贞元逾壮,种学绩文,精悍如少年,荣名特券内事。然则此文,真早计哉。

再书息所志后

自昔高人达士,神情散朗,容与汗漫,期于九垓之外,故轻得丧、齐寿夭,视大千世如空花起灭。赵台卿刻石于墓,司空表圣赋诗于圹,是皆有见于死生、昼夜、往来之理,非意之也。然尝疑谈死生之理易,处死生之际难,昔人有言:"已知富不如贫,贵不如贱,特未知死,何如生尔?"死政自难。曹孟德气凌六合,乃为铜雀妓女怀殁世之悲。鸠摩罗什,西方学者,病亟,方遣弟子诵咒三番免难,不及事而卒。斯人所以处死生之故如此,矧文人才士作此楚楚,庸知非漆园变幻语乎?

翁平生嬉笑成章,玩世如小儿。岁之甲午,以所志示予,寤寐往事,浮云世态,清虚一大,洒然不系之舟。某受而读之,亦谓文士寓言尔。今年春,婴末疾,涉夏稍甚。阖门救疗,食不下咽,翁从容偃仰如常,时时对家人深衣笑语。危惙欲绝,无一语及其私,闻社友诵《金刚经》而别。呜呼! 此钱世雄语端明苏公着力时也,而安之若去来。然朝闻夕死,翁之所存,于是真矣。尝谓古今惟陶栗里处始终之际,于自挽无愧辞;秦太虚荼毒阇维之语,凄痛钟情,可发千载一笑。翁其渊明辈行人乎? 若夫学问沂高远居士之单传,诗词接梅坡罗公之衣钵。壬子以盛

---

① 原作"樽前未宜感慨事犹看岁晏何如卒",然此述刘克庄事,"命乃在天,死便埋我"见其《徐潭草堂》上梁文,"樽前未宜感慨,事犹须、看岁晏何如"见其《木兰花慢·癸卯生日》下阕,故疑何希之文中脱一"须"字、衍一"卒"字,暂据原词改。(宋)刘克庄著、辛更儒笺校《刘克庄集笺校》,北京:中华书局,2011 年,第 11、15 册,第 5170、7230 页。

年策荐书,岁晏志记诸作,精意溢出,而文足以开后学。俯仰七八年,父子、兄弟、夫妇、朋友,委折尽分,而行足以照乡间。族属、士友、亲知相见,必问安否。讣闻,感泣系路,远近会哭者数千人,足迹罕入城府。而邑之军、民、官,素闻其贤,皆遣使吊赙,此其至诚之感、厚德之化盖庶几。古陈寔、王烈之风,岂徒笔墨言议之不朽而已哉?某于翁,情虽翁婿,谊则师友。盖尝道斯文相与之情,与其立身行世之大概,流涕而诔之于几筵。兹又惓焉讽道于志辞之末,欲以见世之蝾蝣。人间操笔自诔者,必修身不贰,得正如翁,而后他日可以及此言。蔡中郎谓为人志墓,惟郭有道为无愧。嗟乎,何必有道如翁者,亦可谓超然无愧矣。

书乐安教谕黄从吾吟编

读君诗一再过,神眩目夺,如步山阴,如饮沆瀣,如苏学士酒酣,夜半嚼雪中虀根,有殊绝味。读至"门到张罗差简静,书聊遮眼却从容",矍然曰:"此当属我。道余近况如画,神情散朗,何其得祖腹中之所欲言也。"为吴氏寿康堂着语,兴寄超逸,咄已欲逼。简斋舟中长韵,句语浑成,意近世后村、南塘复作,当放出一头。盖前修最以长律为苦,少陵后,惟柳柳州千载突出。君天分高,故出语辄惊人,犹昔日弱冠决科时也,不可及,不可及。

书新淦罗伯强所携画轴内有补之所作《同心富贵词》,□甚,最难出脱,题咏甚多

逃禅词气,天成流丽。《玉烛》、《清平》之调,为梅传神,句意欲仙。至《同心曲》,则秦士矣。世但以画梅为工,往往为孤高盛名所掩尔。聚奎盛时人才,动如人意。六一文章妙天下,词语乃带唐人香奁风味。半山冲虚萧散,如化人修士,《胡笳十八拍》,宛然文姬肺腑中溢出。吾评清夷子,非梦良辈人也,亦尝奏赋明光,随齿牙流落,情词醉草,秋水芙蓉,其二公之流亚乎?辛丑鳌溪何某走笔为此曲解围,老仙含笑地下矣。

书周亦山所藏杭山诗帖

杭山翁赠言,妥帖严重,卓尔大雅。亦山赘见语,寄兴闲婉,风韵更研。亦山翁获接四方,魁人宿望,腹贮冰雪。所记先友如文山、本心、如心、遂初、巽斋诸公,树立犹伟,至今阅其名氏,形神俱肃。饮泉知脉,叶润流光,岂无自哉?太史公南游江淮与会稽,讲业齐鲁,成一家言。二程从太中公宦游江汉,与天下士大夫交际,退居洛城,著书力学,身益退而名益高。此事本属吾党,亦山其无逊。

书罗静观遗事戊辰由武昌节推归隐,后殁于水

余犹记甲戌与伯氏潜心客中都时,公留滞夔峡。一日得公至喜亭

书，慷慨世事，愤切忧爱。余喜谓仲氏："此振古之英，吾兄夹袋储也。"其主宾皆江表伟人，世道赖之矣。孰知曾不阅岁，而公反复忧愤，满怀风雨，乃已与樵歌牧笛同哉。盖公因文见道，于圣贤义理上尝有□，视富贵、贫贱、死生、利害如一，故其眇焉遁世之心，即其浩焉忧世之心，宇宙转徙，尽分实难。

世之君子，不幸而遭于难，宁以身赴不测之渊，不忍污盗贼之刃。全而生，全而归，近时如潘古心公亦然，固知天意有所存。三贤所归，同一水。公虽隐约樵渔，犹不免厄，飘泊浩荡，同李、杜、灵均修然长往。生不降其志，死不辱其身，亦可称元祐全人，而含笑见检法公于地下矣。世之以进取利达，婉切为公悯惜者，是乌足以知公？是乌足以知公？予知公最深，至临亦佳士，故因其来请，勤勤为公道之。

书陈益清西楼纪咏后

"无人说与刘玄德，问舍求田意最高。"自荆公下此一转语，而世不得齿于元龙。湖海之豪者，往往诋江湖嵚崎为羁客，以里巷偃蹇为高人。嗟乎，此刘伶闭关法也。吾道卷舒以时，勋名通塞皆天。禹稷缨冠，颜子闭户，儒者用世，易地则皆然。益清陈君席西楼之盛丽，而能业上世之箕裘，文献单传，园林四世。世方右文，则翱翔京、浙，蹑英杰以就声名；时当隐约，则逍遥泉石，友韦布而谈诗书。江湖之逸气、山间之胜韵，于是乎生平兼之矣。今人以豪杰自命者，不过奋髯抵几，以声价相倾动。吾观古之圣贤，循循于山林静退之中，而伟然自任，以天下之重，以布褐之癯，而负公衮之望，所谓豪杰正如此。野服衡山，深衣独乐，其人也。益清岁暮索居，气岸不折当年豪意，固在其元龙嫡孙，行乎深培厚积，风怒鹏飞，圣贤安知非我？《孟子》曰："豪杰之士，虽无文王犹兴。"

书陈益清所藏所翁竹画竹二龙一

顾恺之画为贵公子拾取，笑谓神物能变幻飞去，益□宝藏。所翁二画，玩之若神竹虽存，而龙逝矣。君子得时则行，不得时则龙蛇泥蟠天飞，升潜有数。翠竹荒寒，摇曳窗幅，迈往之韵，绝俗之标，盖武公《淇奥》之猗猗。而夷、齐，孤竹君之二子也，一壑清风，冰霜千载，赫兮喧兮，益清似之矣。顾惟二画均处彀中，而出没隐现，若此其不偶，造物岂无意于其间哉？

书黄适安自作墓志后

"若教俯首随缰锁，料得如今似我能。"东坡以此语寄蜀士杜伯升，神情感慨。适安获从先君砚席，精敏妙出一时。屈其座人，使琼琚玉佩按节，绿槐天街不难。乃如隆洼天马，浩不可羁，任情诗酒，奔轶绝尘，才如人意，固亦自有限哉。兹观所自为志，谈说四方，故意犹在，有赵台卿、杜牧之之风。落落逸气，固其平生受用得力处，未易为世俗龌龊者道也。昔谢奕客桓公之门，旷荡不检。或者病其放，公曰："此吾方外司马也。"以道眼观，适安非游乎方之外者乎？

书乐安教谕曾巽初诗集永丰人

诗意如芙蓉初日，姿态自然，少年语言，前辈风韵。更移步则后村矣，青原巉天，孕育瑰奇。庆历之六一，过江之平园、诚斋诸公，残膏剩滴，千载芬芳，一番元气。开辟庐陵之士，必有一番魁垒奇杰，以黼黻之异哉。

书黄义成《立郢集》乃翁名介，为常宁宰

长篇短章，群玉烂然。燕山夜鸿嘹唳，亦足惊听。坐念异时，石沧公振古奇胸，赍志以殁。意造物报人，不于其人，必于其人之子。本泉、芳洲，双璧瑰奇，再世传衣，天意在之矣。太丘之裔为元、季，陆抗之后为机、云，孰谓苍苍者无意于斯人哉？芳洲昔从予游，义成其字，览卷慰浣，书此以志。

书吴适可所携先世诰纸乐安人，祖作临桂尉

轩冕，物之傥来寄也。审雨堂之榜、邯郸逆旅之梦，道眼照世，前境皆幻。适可吴君方抱其上世百余年之诰纸，求缲藉于诸公，如护拱璧。如获一诰真可以疗饥寒，九京有知，不满临桂公一笑。抑余因是追省往事，盖至丁丑、戊寅间，世事亦多态矣。钧天梦罢，曾几何时。夜半之舟，已为有力者取去；新进小生，且不识绫饼馓为何物。适可乃能切切守此，璀灿如新，使一时见者，依希犹识前朝旧物。此鲁之宝玉大弓也，其可贵也夫，其亦可感也夫。

故郴州宜章知县潜心先生墓志铭

呜呼，吾尚忍铭吾兄之墓也耶！强学力行，如吾兄而不寿；苦硬清修，如吾兄而不寿；家庭偘偘孝友，如吾兄而不寿；政事润物所至，名卿大夫，倾侧前席，如吾兄而不寿。勃卒弃世，孤惸无家，邻笛之悲，负薪之戚，闻者堕泪。至今诵昌黎答崔清河语，贵贱寿夭，反置痛哉，茫茫之无知。呜呼，吾尚忍铭吾兄之墓也耶！

公讳霖，字商佐，世居抚安。高大父思，以特科授韶之昭平尉，终容州法曹。曾大父庚、大父湛，隐德不仕。先公宏中，以博学教授乡里，及门皆掇科级，称名士。公自束发，受业先公，终身不更他师。景定壬戌，由乡贡试礼部，擢第高等，授袁州萍乡警官。书生试繁剧，练习若素官

然。尝自书"苦硬修行，直践实履"八字于屏以自誓，持身如处女，发奸摘伏如神明。萍素患盗，公严保伍，夜柝声不绝，盗徒他境。邑政有未平，平于尉。清风凛凛，诸台荐书如束，将代分宜。吏罢软不任事，积讼牒数百，魁峰朱公貔孙为群辟，公疏决旬浃间，健决不留，一府惊服，两邑毛倪，送者系路。再转衡阳纠，衡于萍近，先声久在雁峰。始至，即兼诸司佥厅。衡仓宪鼎峙，文书填委，狱事烦滋。公涉笔命理，无丝毫阿附意。小心讯审，以赤子抚孤囚，洒扫狱宇如福堂，时以肉糜啖之。囚皆感泣曰："不幸遭此录事，非死我，则生我也。"吐实不匿，淹滞为空。郡守喜公廉能，虽家事，付以综核。绣使吴公观至，取诸郡狱连年不决，尽以付衡，公随事疏涤，剖析各当，而亦甚苦矣。太守杨公文仲、提举陈公合、罗公子京、提刑李雷应交章奏荐，去须入近耳。实斋刘公应龙帅广东，爱其才，以干官剡上，复留一年。治法征谋，悉以相委，情谊父子不啻也。咸淳甲戌，赴部秋班，得郴之宜章。时余与季弟梦牛皆擢第，留中都，叔氏垚亦自广西官满再调。亲见当日中朝诸公，敛袵渠渠，访逮待如耆德宿士。虽台臣论列，弹文未上，必于公质当否，盖以公节操、学问、政事皆绝人，此魁人达官所以不相舍。修名日起，视台阁步武如拾券。未几天地变化，人世怆然有代谢之感，而公亦厌世，乘云脱屣去之矣，时至元丁丑七月十八日也。

　　呜呼！雅道荒荒，清风寥沉。簠簋不饬，贾少年为汉初流涕；子云屈曲，为大夫官，《春秋》丹书诛之。公自少年拔起，吏氛脩然，琴鹤高致，六尘变坏，长往不返，深衣笑终，为元祐全人，非世之瑞芝、醴泉耶！人之云亡，没而不书，阙也。诸弟晦迹山林，未能自通于当世，文公干显扬之笔，辄追忆其大概，流涕而书之。公生于端平乙未六月，得年四十三而没，没于五都廖原寓所。时乡氛正恶，笥中如洗，卒窆窆未克襄事，遂谋改卜。母董氏安人，配董氏孺人。男三人：长萍生，抗志箕裘，以文学自力；次同生，后公十年卒；次衡生，为立叔之后。孙男承保，孙女定保。公于圣贤义理，研精覃思，古丰后村李公义山，以"潜心"铭其斋，故世称为潜心先生。铭曰：

　　坡公垂趋玉局兮，黄门援笔而铭其潜。南丰盛名而厄于时兮，曲阜揭行述以彰其贤。岂家庭之私论，实天下之公言。吾兄盛德，当时四方人士所共敬，而所就乃止此。恐世远义塞，将斯人不复识。公平生之大全，书之于石。慰彼寒泉，善必有后，吾欲问夫姻眷。前进士董定得填讳。

先君梅窗先生墓志

　　先君讳宏中，字子宏。曾大父讳思，以特试授官，终容州法曹，艮斋谢先生铭其墓。大父五四府君讳庚,父六七府君讳湛,母詹氏。开禧丁卯,先君寔生。少贫,刻意自立,博文力学,为时文人诸大家,争奉书币罗致。凡经先君口授指诲,率称名儒。举奉常第集英者,往往亦有之,而先君辄不利。既而四子相继成名,始有不在其身、在子之喜。先君训子素严,及官游迎养所至,犹以"廉勤"两字,饬厉再三。诸子奉以周旋,一时名公钜卿,荐牍如束笋。甲戌秋,希之与梦牛以新进士留在所,霖用考举及格趋班,垚自古桂再调,会于武林。明年,同时受阙归侍。又明年,先君年及古稀,春酒盈觥,子孙林立。或谓当继陈省华衣冠故事,而天地变化,先君亦从此逝矣,时丙子四月二十三日也。先君娶董氏,男五人:长霖,壬戌乙科,任楚萍警官、衡阳司纠、广东经幕,须入郴之宜章,后先君一年卒。次希之,甲戌对策第六人,初筮教授零陵。次垚,乙丑阮榜,由桂林簿尉再转春陵判官。次梦牛,与希之同登,主旰之广昌簿。次元善,出继袁之萍乡柳氏,今为萍乡濂溪书院山长。女二人:长适刘祐甫①,次适刘季说。孙男十四人,孙女四人,曾孙男三人。先君既即世,诸孤无似颠沛流离。越四年,始获葬于邑东山口陂之高坑十里而近。顾惟先君平生微言隐德,未易殚书,方将谒诸文公,以图不朽,姑叙梗概,记岁月云。至元丁丑十月十六日,孤哀子希之、垚、梦牛,孙萍生等泣血谨志。

李主簿德政碑

孔子曰:"苟有用我者,期月而已可也,三年有成。"又曰:"君子学道则爱人,小人学道则易使也。"圣贤设施,常自道理上立脚,故功力盛、义味永。虽东周季世,夫子一转移之,期月焉而效,三年焉而成。若今簿君李公之于乐安,以义理之化,理创残之邑,不两年而政成俗一,其民熙熙焉。若邹、鲁能发舒吾道功用至此,非尝学圣贤之学者乎?

共惟大元,奄有天下,以真实责士大夫。凡州县考绩,必曰盗贼息、户口增、田野辟、赋役均、狱讼简,以此五者为殿最。而乐安则有甚难言者。乐安本山水涸瘵处,又承累政败烂之后,几敛手不可复措。公以儒饬吏,从容为之。为政期年,五事备具,民气大和。或谓人情望治如饥渴,熙妪易易尔。曹、邻穷迫之邦,复龠风犹反手然。不然,则今州县明有司多矣,岂才智尽不如公哉? 为政有本领,行事论真实,事实不修,而

① 程钜夫《雪楼集》卷一六《何子宏墓志铭》:"二女子咸归于刘,曰祐雨、曰季说,婿也。"名字有异。见李修生主编《全元文》,南京:江苏古籍出版社,2000 年,第 16 册,第 414 页。然据清雍正《江西通志》卷五一,"景定二年辛酉解试"榜有刘祐甫,泰和(今属江西)人,疑即同一人。"雨"字形近而误。

智力加焉,一出而技穷矣。故尝以为公之为政事有五,而行之者一二者,其廉也。廉则本领正,听断公,件件靠实,事事任理,人人息心,无施不可。

方公之未至也,吉、淦境上,啸呼之党虔刘吾疆场者,迹混混浊如市。府县骚然议征,战无虚日,深山长谷之氓,以至郊关耆壮,无不枕戈待旦。偶得一日之隙,则佩刀剑以从南亩,卤莽灭裂,而耕蒿目且半为黄苇矣。饥寒转徙,井里丘墟,租粮搏手无策。其子孑仅存者,奸党又从而掀簸于其中。前政置狱南桥,取以一切,荷校载路,鞭血成流,而犹不辨,则或杀人以求之。此时岂特五事不败,幸其成,斯人且不知有生之乐,长此将安穷乎,此邑殆几泯泯也。

而公至至之日,严界限,谢请托,却馈遗,先以一廉为本领。而又持身如处女,爱民如赤子,御下如束湿,待僚友如兄弟,事上官如严师,传明教化,戢奸贪,省徭役,全自义理上做工夫。故一者既行,五者具举,数月之间,精采卓异。逾年化行,境外凶骄未整,吾邑独无桴鼓之警。云乡地联永丰,列栅置戍,至是省府明降罢兵,盖于是而盗贼息矣。村村鸡犬桑麻之迹相望,鬖老幼稚,瀯然休然,相睎以生。丰、淦两州之民,闻风慕义,愿受一廛,襁负而至者相属,盖于是而户口增矣。旧田诸都,荒抛几以万数,递年流民提携复业,遂成乐郊。山巅水际,锄耰铚艾于其上者如鱼鳞,盖于是而田野辟矣。维时上下以催征为奇货,公明榜约,蠲事例,罢所委,蒲鞭不施,输者系路,盖于是而赋役均矣。一邑四乡,户口浩繁,而以事在理者,常不过十数人。且二三人行旅往来,至终岁不识。追呼之,卒刑清事省,公府萧然,盖于是而讼狱简矣。凡此五美,今人以为殊尤旷绝之事,至是粲然具兴。极而为德政修,阴阳调,祈祷应,年谷登,气象丰美,薰为太平。嗟乎,吾道功用至此哉!子产为郑,三年而诵兴;乖崖治蜀,五年而信成。公于是才两年耳,一心两耳目,抚摩于其上,而政最乃如此。吾观公恂恂静退如中人,其遇事,乃如绝壁巉岩,凛不可犯。出而临政,惟以《至元新格》与《论语》一部相随,是以夫子学道爱人之意,行周官之法度。此所以不令而信,不怒而威于铁钺,其规模作用,过俗吏远矣。《诗》不云乎:“恺悌君子,民之父母。”举国之人,如在公父母乳哺中,故常愿尸而祝,社而祷,揭公德政,载之纪咏,庶观风者转而上闻,以无忘公赐。公曰:“此吾职也,尽心焉尔矣,其又何求?”抑公则何事于斯,而子弟于父母,终有不可解之自然者。谨裒与诵,刻之坚珉,而系之以铭,庶四方上下,闻风兴起,知孔氏家法政事自别,而今之世,亦未尝无古所谓廉吏也,今人岂尽不如古人哉?公,

相人也,名良佐,字汉臣,号漳溪。铭曰:

邑阻四塞,山高水深。狂獗吞咀,毒蛇浸淫。雁鸣嗷嗷,于飞靡诉。惟天阴骘,锡之召杜。侃侃李公,凫鸟翻跹。明月在空,清冰在悬。载其清静,爬梳栉理。如瘵斯瘳,如萎斯起。我有田畴,春膏满畬。我有黍稷,秋穰满车。始时邑人,掩耳嚣突。今无悍卒,桑阴寂寂。始时邑人,刁斗相闻。今无吠犬,明月村村。民祝我公,长宰百里。共识我公,实堪御史。象山崔嵬,鳌水涟漪。我公之德,百年之思。舆人有诵,宣布乐职。永矢弗谖,视此铭石。

漳溪说

昔韩魏公清规硕德,充塞宇宙,当时仰望如泰山乔岳,伊川称之为"间气"。何必魏公,凡群腥众腐中,冷然冰雪,不受纤埃者,皆间气也。人禀气于天,惟得清气分数多者最奇。汉臣李公与魏公同里闬,而官辙所至,穆如清风。其为吾邑,如倚天绝壁,峭不可玩。一日惠教,欲以漳溪名其斋。吾闻相台山水妙天下,漳尤此州溪流清绝处,荆公"青山如浪"之句,漳之胜概如画。以漳自况,象其德也,岂徒怀山河之旧而已?生魏公之乡,而欲似魏公之德,惟其有之,是以似之。天地间扶舆清淑之所钟,若汉臣,其杰出者哉!

与雪楼程公书

尝记晋人自恨与殷渊源语,己之府奥已竭,而殷陈势尤浩汗未可测。坡翁赟书富郑国,三复咏叹,以为宣公之大,无羡于功名,无畏于博学,无间之可入。寻常读此,草草看过,不知其心苦也,乃握笔命词,始心知之。盖大君子行乎斯世,落落穆穆,神明朗然。岁寒之茂松、九皋之鸣鹤、深夜之幽光,冷风逸响,笼盖人世,欲画绘其仿佛则不能,欲颠倒细碎出其囊,挟带鱼目游沧溟,曾不足以易姑射仙人之一笑。于是有含毫宛转,呕出心肝,虫吟唧唧,不自知沦于李长吉之苦者矣。此孔文举欲候李元礼,所以不得不长稽远引。明公为当代伊洛,窭寐饥渴、立雪门外者闵闵焉,自崖而返也。共惟明公有体有用,有德有言,以大家声萃众美之长,以全气局收天下之偏。方相儒书,常时挟金铿玉振之技,与韦布专一之士,角声势于春蚕叶叶之场。盱水湖山,英光振荡,泊出而应时,凤池翰墨将明,指搜茂异,一时名流隽望,横陈错落,东南之宝欲尽。此非特汉唐盛时所未有,为国家树根本之道,真孔明、公瑾之盛心也。淮海闽湘,嘘枯吹生,余事及之尔。先一州,后天下,岂苍生意哉?使之承御史,必能护气脉以靖朝端;使之掌禁近,必能鼓风雷以苏群蛰;使之列令仆,必能仪刑百辟,架群材,立清庙。皆公所能为,亦吾所能言。至其策勋名，间绿野，刊竹帛，铿锄炳耀，夸当时、名后代者，虽更，仆未易言也，虽然，亦不得言也。仆尝以斯文受知左右矣，策端黼黻，龙蛇飞动，映彻寒泉，此九牧人士所望其一语不可得，夤缘气类，遂为知己，非千载之一日，而山林野人所当东望以谢者乎？竹洲铭文凌厉崪嵂，伏读肃衼，于是九顿首，介太虚，以先君墓铭，请先兄志文，并干削正，辱宠绥之，使人复见西汉文章，非惟可以振幽遐，亦真可以照当今望也。非敢必也，明公方将入持大典册，见长庆诏书者，便如见大诰，而暇为猥且贱修简牍乎？天下之实，与天下共告，勿鄙夷。伏祗悚息，事大君子，彝语皆置，伏乞钧照。

按："雪楼程公"即程钜夫，号雪楼先生。元成宗大德三年（1299），程氏有《书何希之试策后》①，称"第六人何君希之……可谓贤已，而未及识"②。大德八年，作《何子宏墓志铭》，称"仲子始来求铭"③。据上文《先君梅窗先生墓志》，何宏中长子何霖，后于其父一年去世；次子何希之，即此"仲子"。而本文亦有"以先君墓铭，请先兄志文"之语，可知当作于是年。

谢雪楼程公书

往者凌猎贡书，赐答如响。先君辛勤翰墨，赍志未遂，大宗师嘉遗九京，手抉云汉。宠章之清实简远，光浮星纬，千载生气，荫映以之。不肖以晦迹幽深，莫知报称，山寒脉涸，亦莫知所以为谢，惟与诸年盟乎庄诵，东望师门，九顿首，刻诸心。世人但欲以科第荣其亲，不知外物俱不足恃。王介甫清流华贯，荣进在前，韶州府君政迹，必得张殿承论次以传，而后释然自幸免于罪衊。贱兄弟三十年沉郁之迹，垂垂欲老。若先君，非当今钜丽赐之不朽，恐遂湮没无闻，尚何颜食息于戴履之间耶？其昉自今，是先君与诸孤，一日偕出门下也。依倚之私，云天在上，钧翰重勤，谦鸣已甚。某非敢以山林傲绮纨，不能不以菲薄笑流俗。挽强蹶张者，诋诗书为六蝨；匍匐学步者，拾糠秕为时粃。亦有横翔高骞，坐毡拥盖，而起自寒檠之诸生者乎？亦有襜帷振辔，列城风竦，而沛然气味，与四方绅佩为握手忘年者乎？亦有储材笈中，窀窆幽反，榻前启拟，不进不休，而蝉联茹拔，朝奏暮可，列植要津者乎？凡区区为五云吏讽道者，皆斯世斯文关涉浩大，非谯子咕嗫、细碎儿女语。天地生物，日新月

---

①　此篇于《全元文》中重出，既见册14卷四九四页628吴澄名下，出《四库全书》本《江西通志》卷一六二；又见册16卷五三〇页177程钜夫名下，出《雪楼集》卷二四，题下小字注"大德三年十月十五日"，末署"大德己亥十月之望广平程某书"。当作程钜夫文为是。

②　李修生主编《全元文》，第16册，第177页。

③　李修生主编《全元文》，第16册，第414页。

化，南溟培飞，抟九万而风在下。山立霆碎，椽笔何必不如史迁；鲸铿春丽，蠡窗何必不如昌黎；幅巾告成，园林诗酒，风流文彩何必不如绿野。凡古人所能为，皆吾人所当为，亦明公所得为，且今人岂真不如古人哉？望古太隆，骫骳选愞，故自薄于庸流甘心焉。凡事合天理，当人心，亭亭恰好，便是圣贤。进退取舍合宜，无人非，无鬼责，无天诛，便是伊洛。某落落无所为于世，居贫食不足，从仕力难任，掩关静坐，烂煮菜根，惟以笔墨自娱，且以是励其子孙，无忘二三百载诗书统系。持此一事，藉手见古人禹、稷、颜回同道，今人岂真不如古人哉？承谕言不文，行不远，此最知言。古今惟文章能寿人以不死。诸所经营，风惊电过，须臾变灭。由菑川而韩、柳，由欧、苏而朱、陆，非必十分位貌，烨然与日月争辉。其文神施鬼设，奎璧陆离，与天地造化分工。二千年间，宇宙绚烂如画，所赖有此。不然，晋魏而已尔，田舍翁而已尔。凡为文，非必钩章怪字，掩其所不能，如古鼎、追蠡而后为古。奇正相生，词气与义理俱畅，烟云姿态，观者徘徊顾恋，如不忍舍，乃是真文章。马上诸公出诸纸上，多人读不得底句，尊尚之者曰："读书多，故其文古。"古文信如是耶？欧、苏将愧之矣。北人观书，显处观月，甚矣晋人善评也。尝记嘉祐中有四真之目：富公真宰相，包公真中丞，欧公真学士，胡翼之真先生。诵之者无留辞，闻之者无异议，其必有说矣。鲜有一身兼将相，更能四面占文章，世如明公，非其真耶？谈文章与谈世事异，故敢倾竭，肆其所欲言，惟明公毕教之。何当晋望宾荣，承下风以请。

跋曾氏一经

异时挟艺走场屋，与同袍裹饭待旦，棘门外杂坐，唧唧私评。敌旗掩蔼，专场觜距，勍者为谁，未尝不属目。曾氏兄弟微，而庠校间翰墨课最，选拟亦然，俄而皆然。盖其人虽往，而其文变幻光怪，尚蒙依延缘故纸间，事异迹陈，深可顾眷。祖父书灯之苦，捐金购聚，刻之于梓，梦中犹说波罗蜜，意亦勤已，斯文未可尽蹍为已陈之刍狗。近例以经赋选士，文学椽由此途入。此板一行，同志复见当时战艺本色。副墨之子、洛诵之孙，安知无融液透脱、舐鼎而升者乎？大德丙午良月，前进士何希之。

祭先母董氏安人文

呜呼哀哉！昔者吾母，配于先君。丁卯同庚，戊午同辰。一团瑞气，磅礴氤氲。郁而未发，芽而未春。穷居陋巷，萧然一贫。断机教子，剪髻延宾。扶持保抱，刻苦辛勤。间关历载，久屈而伸。诸儿无似，窃第连群。希之最后，几冠大庭。人谓吾母，燕国夫人。弟兄筮仕，联剡策勋。奉承母训，廉恕公仁。人谓吾母，范滂慈亲。莱衣戏舞，潘舆奉迎。庶几寸禄,菽水昏晨。谁知变化,沧海扬尘。潜深入密,苟全其身。吾母于此,曾无戚欣。忽以微恙,乃归其真。呜呼哀哉! 世之所重者贵,而吾母乃见其子,袍笏森然,不为贱矣;人之所难者寿,而吾母乃享其天年,七十有五,不为夭矣。变故以来,克终牖下者少,而吾母即世,子孙蒲前,哀荣终始,亦可以为难矣。虽然,人子之念何穷,昊天之德罔极。斯文未丧,吾道犹存,则所以报吾母者,岂不可勉,而今止于斯也,呜呼哀哉! 天长地久,古往今来,此心不酬,此冤难尽。敬挥血泪,奉上一觞,吾母有知,鉴此衷曲。哀哉!

赠万安州学正艾愚隐豫章人

自眉山公以盛名客儋耳,海外诸州,遂为缙绅士过化之所。蛮方烟雨,飞鸢跕跕,非人世。儋、万相望,悬寄海岛,水风荡激,不受尘侵,故蜿蜒清淑之积,人居其间,如东西州焉。黎翁符老辈,安贫守静,居然忠信魁奇。意春梦婆,亦能作圣贤口中语。水天一碧,清风吹衣。坡公为《易》、《书》、《论语》下注脚,合浦危舟,恃以无死,以为千古文章在焉。之地之人,淮阳顾可薄耶? 愚隐诗脚半天下,犹未已,将走万里,涉鲸波,为万安学,发老婆心,龌龊者未必不笑途辙之左。蜀之文翁、潮之赵德,岂惟可举然耸汉唐盛化于三代之表? 坡公神游八极,临睨旧邦,闻介翁琅然玉琴,为黎人士诗书道德,将抚掌大笑曰:“吾艾子今出世矣!”一笑书之,是为大德壬寅之良月。

赠乐安学正吴瑞叔南昌人

瑞叔盛年如春,低徊黉舍,忍饥苦吟,萧然黄卷圣贤之味。时时从予荒山断水间,樽俎谈咏,意象安闲,去世俗子远甚。意家庭闻见,涵润演迤,必有苗脉。一日惠示乃舅任斋伯仲诲帖,拈起山谷、驹父话头,勤渠祝规,若乾、淳行辈人语。家世诗书,含和郁粹,而又日夕乎贞元宿士、琴瑟书剑之侧。义路夹持,翔翔两骖,瑞叔虽欲解鞭放辔,中间固无歇泊处矣。太史迁之学,为杨恽存,诚子之传,为简斋前辈有所树立,皆不偶然。瑞叔立脚,已好培风厚积,前辈庸知非我耶?“谁谓华高,企其齐而。”

题王平轩槐隐乐安王子周

予异时对策,入谢殿庐,红绫饼赐罢,恭诣袍笏所,监官盛服,槐笏堆床,信意拈取。予得其滑而理,层峦三叠,蔚乎有文者取焉。有贺予者曰:“此笏,三公象也,君利名宜得此。”予辗然一笑。盖是时予知时事将变,欲仿闽中李瑾近例,挂冠涌金门,还笏,径归山中为隐者。会中朝诸公,力挽乃止。能几何日,黄粱炊熟,糠秕□目,闭关且三十年,此笏此槐，于是与此身久矣其隐矣。世间隐显皆梦事，富贵荣名在宇宙，犹草木荣华在目前，瞥然电过，俱为尘迹。草木何知，人自异尔。处则为远志，出则为小草。槐一也，抗志轩组者，以之拟侯王，浮云宦达者，以之拟蝼蚁。槐之标致，非别隐显之趣自殊。槐自王氏二郎以槐阴列三公，香名流丽千载。平轩，其诸孙，行乃独冥神静，退扁读书之所为"槐隐"。以隐命槐，进之于巢、许高人之品，着之在梅、竹、岁寒之间。平轩之趣高，而其待槐亦厚于王氏矣。抑平轩以斯文为族大宗，阶庭森森，以能名若此，其能终隐矣乎？以傥来付轩裳，悠然若槐安之梦，此隐者之事、王氏之心也；以诗书付子孙，郁然为槐庭之符，此隐而显者之事、王氏之德也。槐亦何知？或隐或显，王氏命之而已。来征予言，书以遗之。

送邹德翁江州酒副使号直心

昔人入仕，捧檄而喜，非专为禄仕喜也。书生试吏，倘可行志，崇卑、麄细、横竖皆宜。贡银铁以奉上供，作酒醴以调钧鼎，何莫非吾道功用事？直心超诣精敏，老手便剧，务乐安银场斗大处，而课程妙干，誉声隆隆。地大物众，钜镇雄藩，使得展其骥足，刃游余地矣。尝记王荆公奉使提狱江东，至饶，有一书生监酒，题诗于屏，有"杖藜携酒看芝山"之语，兴寄闲雅，大加称赏，以闻于朝，遂为显官。九江水陆之冲、舟车之会，南北贵人，日夕旁午。酒务以直心为之，才具之优，规画之巧，酝酿之工，供输之美，声实有不震耀彪炳者乎？车骑届途，视篆有日，既不能称贺觞于坐上，又不能祖道郊外，以宠其行。徒西向旌斾，繙黻片纸，以道吾□。建康令之醇酎，西凉州之蒲萄，荣名近矣，跂予望之。

丁丑夏五偶书

予甲戌对策罢，出寓观桥，与台州守臣黄中同邸。时黄方赴召，辱相劳苦如平生。杯行缱绻，笑语移夕，问余策，击节称善，喜见须眉，曰："魁有在矣！"俄读至策尾，哑然失声曰："且黄甲。"已而果然。盖余危急存亡数语，正犯当时病痛，士大夫多不乐闻此言。后谒谢陈公侍御，坐定，谓余曰："君策甚佳，当首选，以首句'吾闻'二字小屈。"太皇下教，称吾不当用此，当称"愚闻"，或称"臣闻"亦可。意以为恨，往往亦托焉尔。盖予之不大魁，黄台州固预料之矣。余因悟陈公遂初封事，婉转愤切，写危证如画，使于此翻然改纪，犹可为国，而览之不过一笑。以庭绅朝凤之鸣，犹不过且鸣且止，余欲以场屋布衣挽之，固宜其不偶也，然病势至此膏肓矣。犹记当日汪公紫源陈三策，谓宜抽内地兵列数十，大屯江上，联络守御；又当遣还使臣，倡以厚利，否则惟有投拜。此虽势竭力尽,为此热血相沃之着,而行之实可以缓亡,方且目为瞎贼妄语,曾未几而青盖入洛之兆成矣。遂初之言曰:"臣之一身小而天下大,臣之百年短而万世长。"斯言可悲矣哉! 暇日追省旧梦,涕感不已,故录前策,以示来者。记此,则年已六十矣。

主要参考文献

一、古籍（原本、影印本、整理本）

（一）经史典籍

（东汉）郑玄《礼记注》，王锷点校，中华书局，2021 年

（东汉）许慎《说文解字》，中华书局，1963 年

（西汉）司马迁《史记》，中华书局，1959 年

（东汉）班固《汉书》，中华书局，1962 年

（南朝宋）范晔《后汉书》，中华书局，1965 年

（唐）长孙无忌等《隋书经籍志》，上海商务印书馆，1955 年

（唐）令狐德棻等《周书》，中华书局，1971 年

（元）脱脱《宋史》，中华书局，1977 年

（明）宋濂《元史》，中华书局，1976 年

（宋）徐梦莘《三朝北盟会编》，上海古籍出版社，1987 年

（宋）李心传《建炎以来系年要录》，中华书局，1988 年

（清）徐松《宋会要辑稿》，刘琳、刁忠民、舒大刚、尹波等校点，上海古籍出版社，2014 年

（宋）刘学裘《刘氏传忠录》、（清）程勋《刘氏传忠录续编》，《北京图书馆藏家谱丛刊》闽粤（侨乡）卷，北京图书馆出版社，2000 年

（清）黄宗羲原撰、全祖望补修《宋元学案》，陈金生、梁运华点校，中华书局，1986 年

（唐）李吉甫《元和郡县图志》，贺次君点校，中华书局，1983 年

（宋）王象之《舆地纪胜》，文海出版社有限公司，1971 年

（宋）陈耆卿《嘉定赤城志》，《宋元方志丛刊》，中华书局，1990 年

（宋）卢宪《嘉定镇江志》，《宋元方志丛刊》，中华书局，1990年

（宋）周应合《景定建康志》，《南京稀见文献丛刊》，南京出版社，2009年

（元）袁桷《延祐四明志》，《宋元方志丛刊》，中华书局，1990年

（元）俞希鲁《至顺镇江志》，《宋元方志丛刊》，中华书局，1990年

（元）张铉《至正金陵新志》，《宋元方志丛刊》，中华书局，1990年

（明）杨渊（弘治）《抚州府志》，《天一阁藏明代方志选刊续编》，上海书店，
　　1990年

（明）夏良胜（正德）《建昌府志》，《天一阁藏明代方志选刊》，上海古籍书
　　店，1982年

（明）叶良佩（嘉靖）《太平县志》，《天一阁藏明代方志选刊》，上海古籍书
　　店，1981年

（清）郭柏苍（道光）《乌石山志》，石光明、董光和、杨光辉主编《中国山水志
　　丛刊》（山志卷），线装书局，2004年

（清）郭柏苍（光绪）《乌石山志》，福州市地方志编纂委员会整理，海风出版
　　社，2001年

（清）谢煌（光绪）《抚州府志》，《中国方志丛书》（华中地方·第253号），成
　　文出版社有限公司，1975年

（宋）晁公武撰、孙猛校证《郡斋读书志校证》，上海古籍出版社，1990年

（宋）陈振孙《直斋书录解题》，徐小蛮、顾美华点校，上海古籍出版社，
　　1987年

（明）杨士奇《文渊阁书目》，冯惠民、李万健等选编《明代书目题跋丛刊》，
　　书目文献出版社，1994年

（明）孙能传等《内阁藏书目录》，冯惠民、李万健等选编《明代书目题跋丛
　　刊》，书目文献出版社，1994年

（明）焦竑《国史经籍志》，冯惠民、李万健等选编《明代书目题跋丛刊》，书
　　目文献出版社，1994年

（清）黄虞稷《千顷堂书目》，瞿凤起、潘景郑整理，上海古籍出版社，2001年

（清）钱曾著，管庭芬、章钰校证《读书敏求记校证》，上海古籍出版社，
　　2007年

（清）季振宜《季沧苇藏书目》，《海王邨古籍书目题跋丛刊》，中国书店，
　　2008年

（清）于敏中等《天禄琳琅书目》、（清）彭元瑞等《天禄琳琅书目后编》，徐
　　德明标点，上海古籍出版社，2007年

（清）永瑢《四库全书总目》，中华书局，1965 年

（清）瞿镛《铁琴铜剑楼藏书目录》，上海古籍出版社，2000 年

（清）邵懿辰撰、邵章续录《增订四库简明目录标注》，中华书局上海编辑所，
　　1959 年

（清）莫友芝撰、傅增湘订补《藏园订补邵亭知见传本书目》，傅熹年整理，中
　　华书局，2009 年

（清）杨绍和《楹书隅录初编》，《续修四库全书》，上海古籍出版社，2002 年

（清）丁丙《善本书室藏书志》，《续修四库全书》，上海古籍出版社，2002 年

董康《书舶庸谭》，中华书局，2013 年

徐乃昌《积学斋藏书记》，柳向春、南江涛整理，上海古籍出版社，2014 年

傅增湘《藏园群书题记》，上海古籍出版社，1989 年

傅增湘《藏园群书经眼录》，中华书局，2009 年

（二）子部典籍

（宋）黎靖德编《朱子语类》，王星贤点校，中华书局，1986 年

（明）龚守愚编《圣训演》，《北京大学图书馆藏朝鲜版汉籍善本萃编》，西南
　　师范大学出版社、人民出版社，2014 年

（清）陈弘谋编《养正遗规》，《四部备要》本，中华书局，1989 年

（西汉）刘安撰、刘文典集解《淮南鸿烈集解》，中华书局，1989 年

（晋）崔豹《古今注》，商务印书馆，1956 年

（清）王士禛《居易录》，袁世硕主编《王士禛全集》，齐鲁书社，2007 年

（清）法式善《陶庐杂录》，涂雨公点校，中华书局，1959 年

（唐）欧阳询《艺文类聚》，汪绍楹校，中华书局，1965 年

（宋）李昉等《太平御览》，中华书局，1960 年

（宋）佚名《锦绣万花谷》，上海辞书出版社，1992 年

（宋）陈景沂《全芳备祖》，农业出版社，1982 年

（明）解缙等编《永乐大典》，中华书局，1986 年

（明）解缙等编《永乐大典》（卷二二七二—二二七四），国家图书馆出版社，
　　2014 年

《海外新发现〈永乐大典〉十七卷》，上海辞书出版社，2003 年

（明）佚名《诗渊》，书目文献出版社，1984 年

（晋）张华撰、范宁校证《博物志校证》，中华书局，1980 年

（宋）刘斧《青琐高议》，上海古籍出版社，1983 年

（宋）洪迈《夷坚志》，何卓点校，中华书局，2006 年

（宋）释法宏、（宋）释道谦编《普觉宗杲禅师语录》，《卍续藏经》，新文丰出版公司，1976 年

（宋）释蕴闻编《大慧觉禅师普说》，《卍正藏经》，新文丰出版公司，1980 年

（宋）释晓莹《云卧纪谭》，《卍续藏经》，新文丰出版公司，1976 年

（宋）释道冲《痴绝道冲禅师语录》，《卍续藏经》，新文丰出版公司，1976 年

（宋）释师范《无准和尚奏对语录》，《卍续藏经》，新文丰出版公司，1976 年

（宋）释祖元《佛光国师语录》，［日］高楠顺次郎等编《大正新修大藏经》，财团法人佛陀教育基金会出版部，1990 年

（清）王先谦《庄子集解》，中华书局，1987 年

（三）集部典籍

（南朝梁）萧统编、（唐）李善注《文选》，中华书局，1977 年

（南朝梁）刘勰撰，黄叔琳注、李详补注、杨明照校注拾遗《增订文心雕龙校注》，中华书局，2012 年

（宋）洪兴祖《楚辞补注》，白化文等点校，中华书局，1983 年

（宋）寇准《寇忠愍公诗集》，《宋集珍本丛刊》，线装书局，2004 年

（宋）欧阳修《欧阳修全集》，李逸安点校，中华书局，2001 年

（宋）欧阳修著、洪本健校笺《欧阳修诗文集校笺》，上海古籍出版社，2009 年

（宋）曾巩《曾巩集》，陈杏珍、晁继周点校，中华书局，1984 年

（宋）刘敞《公是集》，《宋集珍本丛刊》，线装书局，2004 年

（宋）王珪《华阳集》，影印文渊阁《四库全书》本，台湾商务印书馆，1986 年

（宋）王安石著、（宋）李壁笺注《王荆文公诗笺注》，高克勤点校，上海古籍出版社，2010 年

（宋）郑獬《郧溪集》，影印文渊阁《四库全书》本，台湾商务印书馆，1986 年

（宋）苏轼撰、（清）王文诰辑注《苏轼诗集》，孔凡礼点校，中华书局，1982 年

（宋）苏轼《苏轼文集》，孔凡礼点校，中华书局，1986 年

（宋）洪刍《老圃集》，影印文渊阁《四库全书》本，台湾商务印书馆，1986 年

（宋）汪藻《浮溪集》，影印文渊阁《四库全书》本，台湾商务印书馆，1986 年

（宋）刘子翚《屏山文集》，上海图书馆藏元刻残本

（宋）刘子翚《屏山先生文集》，光绪十二年（1886）佩三堂刻本

（宋）刘子翚《屏山先生文集》,民国二十二年（1933）三余书室铅印本

（宋）陆游《渭南文集》,马亚中、涂小马校注,浙江古籍出版社,2015 年

（宋）杨万里《诚斋集》,《宋集珍本丛刊》,线装书局,2004 年

（宋）姜特立《姜特立集》,王翼奇、钱之江、邱旭平整理,浙江古籍出版社,
　　2016 年

（宋）陈淳《北溪先生大全文集》,《儒藏精华编》本,北京大学出版社,
　　2018 年

（宋）释居简《北磵诗集》,《宋集珍本丛刊》,线装书局,2004 年

（宋）幸元龙《重编古筠洪城幸清节公松垣文集》,《续修四库全书》,上海古
　　籍出版社,2002 年

（宋）魏了翁《鹤山集》,影印文渊阁《四库全书》本,台湾商务印书馆,
　　1986 年

（宋）刘克庄著、辛更儒笺校《刘克庄集笺校》,中华书局,2011 年

（宋）李昴英《文溪集》,《宋集珍本丛刊》,线装书局,2004 年

（宋）家铉翁《则堂集》,影印文渊阁《四库全书》本,台湾商务印书馆,
　　1986 年

（宋）何希之《何希之先生鸡肋集》,《续修四库全书》,上海古籍出版社,
　　2002 年

（宋）陈起《江湖后集》,影印文渊阁《四库全书》本,台湾商务印书馆,
　　1986 年

（宋）计有功撰、王仲镛校笺《唐诗纪事校笺》,中华书局,2007 年

（宋）吕祖谦《宋文鉴》,齐治平点校,中华书局,2018 年

（宋）陈应行《吟窗杂录》,中华书局,1997 年

（元）许衡《许衡集》,许红霞点校,中华书局,2019 年

（元）刘壎《水云村泯稿》,《元史研究资料汇编》,中华书局,2014 年

（元）刘壎《水云村稿》,影印文渊阁《四库全书》本,台湾商务印书馆,
　　1986 年

（元）刘壎《水云村吟稿笺注》,清道光十年（1830）刘斯嵋爱余堂重刻本

（元）刘壎《水云村泯稿》,清道光十七年（1837）刘斯嵋爱余堂重刻本

（元）吴澄《吴文正集》,影印文渊阁《四库全书》本,台湾商务印书馆,
　　1986 年

旧题（宋）陈思编、（元）陈世隆补遗《两宋名贤小集》,影印文渊阁《四库全
　　书》本,台湾商务印书馆,1986 年

（明）徐师曾《文体明辨序说》,罗根泽校点,人民文学出版社,1962 年

（清）钱谦益、季振宜《全唐诗稿本》，屈万里、刘兆祐主编《明清未刊稿汇编》（第二辑），联经出版社，1979 年

（清）吴之振、吕留良、吴自牧选《宋诗钞》，中华书局，1986 年

（清）彭定求等《全唐诗》，中华书局，1960 年

（清）姚弘绪《松风余韵》，《历代地方诗文总集汇编》，国家图书馆出版社，2016 年

（清）李成经《方城遗献》，《历代地方诗文总集汇编》，国家图书馆出版社，2016 年

（清）阮元《两浙辑轩录》，《续修四库全书》，上海古籍出版社，2002 年

（清）倪劭《彭姥诗蒐》，《历代地方诗文总集汇编》，国家图书馆出版社，2016 年

〔朝鲜〕孙肇瑞《格斋集》，《韩国文集丛刊》，韩国景仁文化社，1988 年

〔朝鲜〕孙肇瑞《格斋赓韵唐宋贤诗》，《北京大学图书馆藏朝鲜版汉籍善本萃编》，西南师范大学出版社、人民出版社，2014 年

二、现代著作

北京大学古文献研究所编《全宋诗》，北京大学出版社，1998 年

陈新、张如安、叶石健、吴宗海等《全宋诗订补》，大象出版社，2005 年

汤华泉辑撰《全宋诗辑补》，黄山书社，2016 年

唐圭璋《全宋词》，中华书局，1965 年

唐圭璋《全金元词》，中华书局，1979 年

孔凡礼《全宋词补辑》，中华书局，1981 年

曾枣庄、刘琳主编《全宋文》，上海辞书出版社、安徽教育出版社，2006 年

李伟国《宋文遗录》，上海书店出版社，2022

李修生主编《全元文》，凤凰出版社，2004 年

杨镰主编《全元诗》，中华书局，2013 年

杨镰主编《全元词》，中华书局，2019 年

《中国古籍总目·集部》，中华书局，2012 年

《北京大学图书馆藏"大仓文库"书志》，中华书局，2014 年

卞东波《南宋诗选与宋代诗学考论》，中华书局，2009 年

卞东波《宋代诗话与诗学文献研究》，中华书局，2013 年

陈开林《〈全元文〉补正》，潘美月、杜洁祥主编《古典文献研究辑刊》（第二七

编·第 20—23 册），花木兰文化事业有限公司，2018 年

陈尚君《汉唐文学与文献论考》，上海古籍出版社，2008 年

陈尚君《唐诗求是》，上海古籍出版社，2018 年

陈垣《史讳举例》，中华书局，2004 年

褚斌杰《中国古代文体概论》（增订本），北京大学出版社，1990 年

傅璇琮主编《中国古代诗文名著提要》，河北教育出版社，2009 年

龚延明、祖慧《宋登科记考》，江苏教育出版社，2009 年

巩本栋《宋集传播考论》，中华书局，2009 年

郭伯恭《永乐大典考》，山西人民出版社，2014 年

胡建明《宋代高僧墨迹研究》，西泠印社出版社，2011 年

胡竹安、杨耐思、蒋绍愚编《近代汉语研究》，商务印书馆，1992 年

江静《赴日宋僧无学祖元研究》，商务印书馆，2011 年

江静《日藏宋元禅僧墨迹选编》，人民出版社、西南师范大学出版社，2015 年

金程宇《稀见唐宋文献丛考》，中华书局，2009 年

金开诚、葛兆光《古诗文要籍叙录》，中华书局，2005 年

孔凡礼《孔凡礼古典文学论集》，学苑出版社，1999 年

李红英《寒云藏书题跋辑释》，中华书局，2016 年

李裕民《四库提要订误》（增订本），中华书局，2005 年

刘尚荣《苏轼著作版本论丛》，巴蜀书社，1988 年

卢盛江《集部通论》，中华书局，2019 年

栾贵明《四库辑本别集拾遗》，中华书局，1983 年

栾贵明《〈永乐大典〉索引》，作家出版社，1997 年

倪根金主编《梁家勉农史文集》，中国农业出版社，2002 年

漆永祥《乾嘉考据学研究》（增订本），北京大学出版社，2020 年

钱钟书《宋诗纪事补正》，辽宁人民出版社、辽海出版社，2003 年

沈克成、沈迦《汉字简化说略》，《人民日报》出版社，2001 年

沈治宏《现存宋人别集版本目录》，巴蜀书社，1990 年

史广超《大典本宋代诗文文献整理与研究》，河南大学出版社，2021 年

孙琴安《中国评点文学史》，上海社会科学院出版社，1999 年

孙钦善《中国古文献学史简编》，北京大学出版社，2008 年

汤华泉《唐宋文学文献研究丛稿》，安徽大学出版社，2008 年

佟培基《全唐诗重出误收考》，陕西人民教育出版社，1996 年

王婵、曹辛华整理《唐圭璋文集》，河南文艺出版社，2016 年

王次澄《宋遗民诗与诗学》，中华书局，2011 年

王岚《宋人文集编刻流传丛考》，江苏古籍出版社，2003 年

王立军《宋代雕版楷书构形系统研究》，上海教育出版社，2003 年

王雪玲《清儒整理唐代文献研究》，中国社会科学出版社，2013 年

王友胜《历代宋诗总集研究》，北京大学出版社，2021 年

王兆鹏《唐宋词史论》，人民文学出版社，2000 年

吴光正《百年中国佛道文学研究史论》，中国社会科学出版社，2021 年

夏婧《清编全唐文研究》，上海古籍出版社，2019 年

严绍璗《日藏汉籍善本书录》，中华书局，2007 年

杨宝霖《〈全芳备祖〉中宋人佚诗辑校》，稿本

杨俊才《南宋诗人姜特立研究》，延边大学出版社，2009 年

杨镰《元诗史》，人民文学出版社，2003 年

杨玉锋《〈全宋诗〉补遗与宋代文学研究》，浙江工商大学出版社，2020 年

易新农、夏和顺编校《王礼培辑》，民主与建设出版社，2015 年

曾良《俗字及古籍文字通例研究》，百花洲文艺出版社，2006 年

曾振宇《陈淳评传》，人民出版社，2018 年

张忱石《〈永乐大典〉史话》，国家图书馆出版社，2014 年

张升《〈永乐大典〉流传与辑佚研究》，北京师范大学出版社，2010 年

张希清《中国科举制度通史》（宋代卷），上海人民出版社，2015 年

张玉范整理《木樨轩藏书题记及书录》，北京大学出版社，1985 年

张元济《张元济全集》，商务印书馆，2010 年

张涌泉《汉语俗字研究》（增订本），商务印书馆，2010 年

赵荣蔚《唐五代别集叙录》，中国言实出版社，2009 年

郑伟章《文献家通考》，中华书局，1999 年

朱刚、陈珏《宋代禅僧诗辑考》，复旦大学出版社，2012 年

朱腾云《〈全宋诗〉重出误收研究》，中国社会科学出版社，2017 年

祝尚书《宋代科举与文学》，中华书局，2008 年

祝尚书《宋集序跋汇编》，中华书局，2010 年

祝尚书《宋人总集叙录》（增订本），中华书局，2019 年

祝尚书《宋人别集叙录》（增订本），中华书局，2020 年

三、论文

陈才智《白氏集还是百氏集——兼论"牡丹最贵唯春晚"是否为白居易诗佚句》，《古籍研究》（总第 61 卷），凤凰出版社，2015 年

陈捷《日本入宋僧南浦绍明与宋僧诗集〈一帆风〉》，《中国典籍与文化论丛》

（第 9 辑），北京大学出版社，2007 年

陈时龙《圣谕的演绎：明代士大夫对太祖六谕的诠释》，《安徽师范大学学报》（人文社会科学版），2015 年第 5 期

陈小辉《〈全宋诗〉之王珪、郑獬、王安国诗重出考辨》，《湖南工业大学学报》（社会科学版），2017 年第 4 期

陈晓兰《宁波方志所录曾巩诗考辨》，《北京大学中国古文献研究中心集刊》（第 20 辑），北京大学出版社，2020 年

陈新《古代分体诗集的缺陷》，《文教资料》，1996 年第 1 期

程杰《〈全芳备祖〉的抄本问题》，《中国农史》，2013 年第 6 期

程杰《日藏〈全芳备祖〉刻本时代考》，《江苏社会科学》，2014 年第 5 期

杜春雷《宋遗民刘壎集版本考略》，《古典文献学术论丛》（第 3 辑），合肥：黄山书社，2013 年

费君清《〈永乐大典〉中南宋诗人姓名考异九则》，《文献》，1988 年第 4 期

高印宝《〈全宋诗〉失收二家诗辑考》，《宁夏大学学报》（人文社会科学版），2021 年第 1 期

哈磊《〈大慧语录〉的编辑与版本系统》，《西南民族大学学报》（人文社科版），2008 年第 9 期

何新所《新出北宋石刻碑志文献刍论》，《新宋学》（第 6 辑），复旦大学出版社，2017 年

侯体健《南宋禅僧诗集〈一帆风〉版本关系蠡测》，《中国典籍与文化》，2009 年第 4 期

江静《日藏宋元禅僧墨迹的文献与史料价值》，《国际中国文学研究丛刊》（第 2 集），上海古籍出版社，2013 年

李更《偈赞颂管窥——从〈全宋诗〉对偈赞颂的收录说起》，《北京大学中国古文献研究中心集刊》（第 7 辑），北京大学出版社，2008 年

李红英《袁克文经部善本藏书题识》，《文献》，2011 年第 4 期、2012 年第 1 期

李红英《袁克文史部善本藏书题识》，《文献》，2013 年第 1 期

李红英《袁克文子部善本藏书题识》，《北京大学中国古文献研究中心集刊》（第 12 辑），北京大学出版社，2012 年

李红英《袁克文集部善本书题跋辑录》，《版本目录学研究》（第 4 辑），北京大学出版社，2013 年

李裕民《略谈影印本〈全芳备祖〉的几个问题》，《古籍点校疑误汇录》（一），中华书局，1990 年

刘琳《幸元龙与〈松垣文集〉》，《四川大学学报》（哲学社会科学版），1999 年

第 1 期

刘琳《从〈全宋文〉的"全"看其学术价值》,《宋代文化研究》(第 17 辑),四川大学出版社,2009 年

吕肖奂《宋代南丰曾氏家族第四代诗词创作考论》,《广州大学学报》(社会科学版),2009 年第 6 期

皮庆生《陈旅文集版本考》,《文献》,2014 年第 6 期

漆永祥《简论〈全宋诗〉的编纂特色与学术价值》,《古籍整理出版情况简报》,2000 年第 5 期

钱志熙《论〈千家诗选〉与刘克庄及江湖诗派的关系》,《北京大学校报》(哲学社会科学版),2013 年第 2 期

阮堂明《〈全宋诗〉误收金元明诗考》,《苏州科技学院学报》(社会科学版),2010 年第 1 期

施贤明《国家图书馆藏〈玉笥集〉版本考述》,《图书馆理论与实践》,2014 年第 2 期

孙钦善《〈全宋诗〉回顾与补编之展望》,《北京大学中国古文献研究中心集刊》(第 10 辑),北京大学出版社,2011 年

王定勇《郭元钎考论》,《扬州大学学报》(人文社会科学版),2005 年第 5 期

王宏生《〈全宋诗〉疏误小札》,《福建江夏学院学报》,2012 年第 5 期

王岚《汪藻文集与诗作杂考》,《北京大学中国古文献研究中心集刊》(第 6 辑),北京大学出版社,2007 年

王岚《江湖派诗人小集的编刊(一)》,《北京大学中国古文献研究中心集刊》(第 15 辑),北京大学出版社,2016 年

王亮《文献学人费寅事迹述略》,《天一阁文丛》(第 15 辑),浙江古籍出版社,2017 年

王媛《陈世隆〈宋诗拾遗〉辨伪》,《文学遗产》,2014 年第 2 期

王媛《江湖诗集考》,《文史》,2016 年第 3 辑

王兆鹏《两宋所传词集续考》,《湖北大学学报》(哲学社会科学版),2011 年第 5 期

吴鸥《宋人徐安国诗歌事迹考》,《北京大学中国古文献研究中心集刊》(第 5 辑),北京大学出版社,2005 年

吴鸥《关于杨万里诗集的补遗》,《北京大学中国古文献研究中心集刊》(第 11 辑),北京大学出版社,2011 年

许红霞《从三百八十卷本〈两宋名贤小集〉看其汇集流传经过》,《海峡两岸古典文献学学术研讨会论文集》,上海古籍出版社,2002 年

许红霞《〈全宋诗〉所收僧诗致误原因探析》,《中华文史论丛》,2007 年第
　　4 期

许红霞《北磵居简著作的编纂流传及与日本僧人的密切关系》,《北京大学
　　中国古文献研究中心集刊》(第 10 辑),北京大学出版社,2011 年

许红霞《日藏宋僧诗集〈一帆风〉相关问题之我见》,《中国典籍与文化论丛》
　　(第 13 辑),凤凰出版社,2011 年

薛瑞兆《金代文学文献研究的成就及不足》,《学术研究》,2005 年第 3 期

杨宝霖《〈古今合璧事类备要〉别集草木卷与〈全芳备祖〉》,《文献》,1985 年
　　第 1 期

杨忠《苏轼全集版本源流考辨》,《中国典籍与文化论丛》(第 1 辑),中华书
　　局,1993 年

杨忠《读日本宫内厅书陵部藏宋元本汉籍札记》,《北京大学中国古文献研
　　究中心集刊》(第 3 辑),北京大学出版社,2002 年

杨铸《日本抄本〈百花诗集〉小考》,《北京大学中国古文献研究中心集刊》
　　(第 5 辑),北京大学出版社,2005 年

张伯伟《域外汉籍与唐诗学研究》,《学术月刊》,2016 年第 10 期

张忱石《记述国图新入藏〈永乐大典〉(卷二二七二—二二七四)往昔藏者行
　　踪》,《光明日报》,2015 年 11 月 17 日

张家才《关于北溪生平研究的几个问题》,《北方工业大学学报》,2002 年第
　　2 期

祝尚书《宋初西湖白莲社考论》,《文献》,1995 年第 3 期

常妍《〈重刊贞和类聚祖苑联芳集〉与〈新撰贞和分类古今尊宿偈颂集〉的对
　　比研究》,北京大学硕士论文,2013 年

[美] 刘子健《比〈三字经〉更早的南宋启蒙书》,《文史》(第 21 辑),中华书
　　局,1983 年

[日] 衣川贤次撰、金程宇译《南宋送别诗集〈一帆风〉成书考》,《域外汉籍
　　研究集刊》(第 11 辑),中华书局,2015 年

[韩] 琴知雅《北京大学藏朝鲜版古文献的资料价值——以收录于〈朝鲜版
　　汉籍善本萃编〉的集部文献为中心》,《古籍整理研究学刊》,2018 年第
　　4 期

后　记

　　记得 2010 年夏天本科毕业之际，王岚老师问我是否愿意参加"《全宋诗》补正"的项目，先帮着做一些基础性的抄录工作。那时懵懂的我并未预想到，此后更漫长的时光里，会与《全宋诗》这套皇皇巨著结下如此深厚的缘分。回望过去的十余年，从最开始的资料抄写、卡片排序，到渐渐熟悉《全宋诗》的结构体例与编纂得失、能够初步通过查阅文献进而完成若干小家订补的文稿，再到自己不断留心积累、主动发现《全宋诗》未及利用的各种典籍及其版本，并在誊抄辑录之外独立撰写成文，本科阶段学习的目录、版本、校勘等方面的理论知识，就在这一零散琐碎却又始终充满了惊喜与期待的实践过程中，从教科书里的文字，真正内化成了个人的专业素养和技能。

　　仔细想来，这些年的每一次辑佚所得、每一篇论文写成，仿佛都是不经意之间的灵感眷顾。2012 年，《文献》杂志上的《出土北宋残碑与相关文献的相互佐证》一文，让我偶然地了解、注意到《刘氏传忠录》及《刘氏传忠录续编》中有大量宋人的诗作和文章。顺此线索，我在逐一检核了两书所载宋人诗作在《全宋诗》中有无收录之后，写成《〈刘氏传忠录〉及〈续编〉中的宋佚诗辑考》，投给《北京大学中国古文献研究中心集刊》并得以发表。这是我在学术刊物上的第一篇文章。2013 年国庆假期，我去国家图书馆参观《永乐大典》展览，隔着玻璃橱柜看到了卷二二七二—二二七四这一零册的首尾两页。目光所及的短短瞬间，首页家则堂先生《瀛州集》中的《月湖记》和尾页《豫章熊朋来集》中的《次韵胡端逸赠湖隐道人二首》便深深吸引住了我。我隐隐觉得，这篇文章和这组诗作，有可能分别不见于《全宋文》和《全元诗》，此册《永乐大典》零本肯定有价值。后来直到 2017 年博士论文完成以后，才又偶然检索得知国家图书馆出版社早已影印出版了《永乐大典》（卷二二七二—二二七四）这一册的精装高仿本，非常方便使用，但其中的作品辑佚还鲜有涉及。于是我下定决心，要将里面所有佚作"一网打尽"，还以"《永乐大典》（卷二二七二—二二七四）辑佚研究"为课题名称，申请了第 63 批中国博士后科学基金面上资助项目，分别针对宋诗、元诗、宋元文、宋元词,撰写了一系列论文。2015 年秋季学期,我在王岚老师"宋人文集编刻研究"的课上选定刘子翚别集进行版本源流考证。为了做好这项工作,我多次前往上海图书馆查阅相关版本,进而发现《现存宋人别集版本目录》著录有误,这部保留了袁克文等藏家跋语的本子自有其珍贵之处,不应随便放过,就接连写成了《刘子翚佚诗佚文辑补》、《上海图书馆藏〈屏山文集〉残本考论》、《刘子翚〈屏山集〉版本源流考》三篇文章。我的博士后工作报告是在前期版本源流考订基础上继续完成的刘子翚《屏山集》整理,这也是我真正独立从事古籍整理工作的第一份成果。《刘子翚集》将由中华书局出版,希望各位师友批评指正。2017 年初,汤华泉教授的《全宋诗辑补》问世不久,"《全宋诗》补正"项目组便购入一套,王岚老师让我先从目录里挑拣一下哪些诗人的失收诗作比较多,我才关注到了刘壎其人其诗的问题。还记得 2017 年暑假,我几乎花了半个月的时间,差不多天天泡在国家图书馆古籍馆,逐页逐首录入道光重刻本《水云村吟稿笺注》十二卷里不见于《全宋诗》和《全元诗》的刘壎诗作。从文津街沿着西安门大街,再拐到西四南大街上的地铁站或者公交站,每天出馆后走在这一段不算太长的路上,迎着夕阳,脚步既充实又轻快。

不知不觉地,专事于辑佚考证的文章积累得更多了一些,我也想把它们汇在一起,作为自己长期参与《全宋诗》订补工作的一次阶段性检视和总结。2020 年,我以"稀见文献与宋元诗文辑佚"为课题名称,申报国家社科基金后期资助项目获得立项;交付出版时,书名改题"辑考"。这次结集之前,本书的部分章节已在《文献》、《长江学术》、《古籍研究》、《中国诗学》、《北京大学中国古文献研究中心集刊》、《中国典籍与文化论丛》、《版本目录学研究》、《中国四库学》等刊物公开发表,特此说明。

从 18 岁考入北京大学中文系开始,离家的时间渐与在故乡等长。感谢我的父母一直以来最深挚的惦记与牵挂,在每一顿"出门饺子回家面"的忙碌张罗中,在每一通电话、每一次视频的殷切叮咛中,也在那些太多地我看不到的身后、永远饱含盼念的目光里。

燕园十三载,给我留下了太多美好的青春记忆。感谢硕士、博士、博士后阶段的三位导师刘萍、王岚、漆永祥,与许红霞、李更、陈晓兰、董洪利、高路明、吴鸥、刘玉才、顾歆艺、王丽萍、顾永新、李简、张剑、张丽娟等各位老师,对于论文修改、发表和书稿撰写、项目申报,以及日常学习、工作、生活方面的指导、帮助与关心。王岚老师担任"《全宋诗》补正"项目的主要负责人,为拙作慨然赐序,推赏、关爱有加。

2019 年夏末,我南下江城,就职于武汉大学文学院。感谢黄佐斌书记、涂险峰院长在我入职前后的悉心照拂，感谢文学院、古籍所诸位师友的热情关照与积极鼓励。感谢立项、结项时，匿名评审专家提出的宝贵建议和意见。感谢上海古籍出版社杜东嫣女史联系拙作出版，感谢常德荣先生作为责编的敬业与专业。个人一路成长期间，所遇良师益友还有很多，难以具陈，感铭于心。

　　人民文学出版社已故资深编审陈新先生曾是《全宋诗》主编之一，后来又长期担任"《全宋诗》补正"项目的审稿专家。本书中早先发表的内容，录文、校记部分都按照《全宋诗》补正稿件的统一体例，由先生审读、订正，那些各色签条上并不容易辨认的小字意见，每每令我获益良多。倏忽之间，先生鹤归已逾五载，谨在此书最后，致以最深切的哀思与怀念。

赵　昱

2023 年 8 月

于珞珈山下

图书在版编目(CIP)数据

稀见文献与宋元诗文辑考／赵昱著. —上海：上
海古籍出版社，2023.11
ISBN 978-7-5732-0928-3

Ⅰ.①稀… Ⅱ.①赵… Ⅲ.①古籍研究—中国 Ⅳ.
①G256.1

中国国家版本馆 CIP 数据核字(2023)第 199056 号

稀见文献与宋元诗文辑考

赵 昱 著

上海古籍出版社出版发行

(上海市闵行区号景路 159 弄 1－5 号 A 座 5F　邮政编码 201101)

(1) 网址：www.guji.com.cn

(2) E-mail：guji1@guji.com.cn

(3) 易文网网址：www.ewen.co

商务印书馆上海印刷有限公司印刷

开本 787×1092　1/16　印张 21.75　插页 2　字数 378,000
2023 年 11 月第 1 版　2023 年 11 月第 1 次印刷

印数：1—1,300

ISBN 978－7－5732－0928－3

Ⅰ·3767　定价：98.00 元

如有质量问题，请与承印公司联系